Das moralische Gesetz
in *Evangelium* V

Martin Schlag

Das moralische Gesetz in *Evangelium Vitae*

PETER LANG
Frankfurt am Main · Berlin · Bern · Bruxelles · New York · Wien

Die Deutsche Bibliothek - CIP-Einheitsaufnahme

Schlag, Martin:

Das moralische Gesetz in Evangelium Vitae / Martin Schlag. - Frankfurt am Main ; Berlin ; Bern ; Bruxelles ; New York ; Wien : Lang, 2000
Zugl.: Rom, Päpstliche Univ. vom Heiligen Kreuz, Univ., Diss., 1998
ISBN 3-631-35445-2

Gedruckt auf alterungsbeständigem, säurefreiem Papier.

ISBN 3-631-35445-2

Printed in Germany 1 2 3 4 6 7

Inhaltsverzeichnis

Abkürzungsverzeichnis

AAS	Acta Apostolicae Sedis
Abs	Absatz
AcPhil	Acta Philosophica
Art	Artikel
ASS	Acta Sanctae Sedis
AT	Altes Testament
c(c)	Canon(es)
CCE	Catechismus Catholicae Ecclesiae 1997
CIC	Codex Iuris Canonici 1983
ders.	derselbe
dh	das heißt
DS	*Denzinger/Schönmetzer* (Hrsg), Enchiridion Symbolorum, Definitionum et Declarationum de rebus fidei et morum, Barcelona/Freiburg iB/Rom, 36. Auflage (1976)
ebda	ebenda
etc	et cetera
EV	*Johannes Paul II.* Enzyklika *Evangelium Vitae*, AAS 1995, 401 ff
f, ff	folgende
FN	Fußnote
GG	(deutsches) Grundgesetz
H	Heft
HK	Herder-Korrespondenz
Hrsg	Herausgeber
ieS	im engeren Sinn
ital	italienisch
KKK	Katechismus der Katholischen Kirche 1993
mE	meines Erachtens
MRK	(Europäische) Menschenrechtskonvention
n, nn	Nummer(n)
NRT	Nouvelle Revue Théologique
NT	Neues Testament
OR	L'Osservatore Romano
Rz	Randziffer

Sc Catt	Scuola Cattolica
S. Th.	Thomas von Aquin, *Summa Theologiae*
vgl	vergleiche
VS	*Johannes Paul II.*, Enzyklika *Veritatis Splendor*, AAS 1993, 1133 ff
zB	zum Beispiel

Vorwort

Bei der Darstellung des moralischen Gesetzes, das in Jesus Christus zur Frohbotschaft des Lebens geworden ist, habe ich versucht, die Lehre der Kirche — konkret die Lehre der Enzyklika *Evangelium Vitae*, die Gegenstand dieser Dissertation ist — mitten in die Gesellschaft hineinzustellen und ihre heilende, erlösende Wirkung für den Staat darzulegen.

Tatsächlich sind wir Zeugen von Verletzungen des Lebensrechts, deren Ausmaß und Art historisch unübertroffen sind. Die Situation in den technisch entwickelten Staaten mit liberalen demokratischen Rechtsordnungen scheint einem traurigen Tiefpunkt zuzuschlittern. Was als Ausnahme für eine ganz konkrete Konfliktsituation einer Schwangeren begann, um das Leben der Frau zu retten, wurde bald auf andere Fälle ausgedehnt. Schließlich wurde in manchen Staaten überhaupt auf die Angabe eines Motivs für die Tötung des Fötus verzichtet ("Fristenregelung") und die sogenannte "Freiheit" der Frau, ihr Kind im Mutterleib zu töten, als Recht beansprucht. Dies hat bereits zu Konsequenzen in der Gesetzgebung und der Rechtsprechung geführt. Es sei auf jene Urteile verwiesen, in denen Gerichte die Geburt eines Kindes nach "mißglückter" Abtreibung als Schaden anerkannt haben. Als weiteres Beispiel kann die Gesetzgebung gelten, die Abtreibungen in bestimmten Fällen (Indikationen) ausdrücklich für rechtmäßig erklären. Aber die Verletzungen des Lebensrechts betreffen nicht nur die Abtreibung. Die medizinische Entwicklung hat das Entstehen extrauteriner Embryonen ermöglicht. Sie können technisch als "biologisches Material" für zahlreiche Zwecke (Experimente, Forschung, Organlieferanten, etc) verwendet werden. Die aus dem Abtreibungsrecht abgeleitete Logik der Entrechtung des Embryos führt dazu, daß menschliche Lebewesen verdinglicht und wie Sachen behandelt werden. Dies sind offenkundige Verletzungen der Menschenwürde.

In den letzten Jahren hat sich eine neue Einbruchsstelle im Lebensschutz abzuzeichnen begonnen: Die Legalisierung der direkten Euthanasie. Sie war schon bei Einführung der Fristenregelung vorherzusehen, denn sie entspricht derselben Logik in einem anderen Lebensabschnitt: Als unnütz und störend empfundenes Leben wird beiseite geräumt.

Die Kirche kann und darf dazu nicht schweigen. Die Botschaft Christi hat eine sozialethische Dimension, weil sie sich an den Menschen richtet, der wesentlich auch relational ist. Der Mensch lebt vom Augenblick seiner Empfängnis an immer schon in Gemeinschaft. Theologisch gesprochen: Die menschliche Person ist nach dem Bild des dreieinigen Gottes geschaffen, der von aller Ewigkeit her eine *communio Personarum* ist. Das Christentum spricht daher notwendigerweise den Menschen auch in seiner Gemeinschaftlichkeit an, und zwar jeweils in konkreten historischen Umständen.

Der Papst hat Fragen der christlichen Gesellschaftslehre und besonders jene des Lebensrechts bei zahlreichen Gelegenheiten aufgegriffen. Die Enzyklika *Evangelium Vitae* liegt auf derselben Linie und ist ein Appell an alle Menschen guten Willens, sich der Dringlichkeit der Situation bewußt zu werden. Es ist in Kommentaren wiederholt darauf hingewiesen worden, daß die wesentlichen Aussagen der Enzyklika in den drei Prinzipien des dritten Kapitels enthalten sind. Dies stimmt, was das moralische Gesetz anlangt. Allerdings darf deshalb der sonstige Inhalt von *Evangelium Vitae* nicht gering geachtet werden: Er ist ein "Kursbuch" für die soziale Wende zu Gunsten der Kultur des Lebens und der Zivilisation der Liebe. Darüberhinaus setzt das richtige Verständnis des Inhalts der Enzyklika vieles voraus.

Gerade das zu ermöglichen war Aufgabe der ersten vier Kapitel der Dissertation. Um die Lehre von *Evangelium Vitae* zu begreifen, genügt es nicht, die drei feierlichen Prinzipien zu wiederholen, die *Evangelium Vitae* in ihrem dritten Kapitel enthält, sondern es ist zunächst erforderlich darzustellen, *als was* sie verkündet werden: als moralisches Gesetz (2. Kapitel), das Teil des Naturrechts ist (3. Kapitel) und bestimmte Handlungen als in sich schlecht verbietet (4. Kapitel). Dies wirft eine Reihe von Problemen auf, die die Enzyklika übersteigen. *Evangelium Vitae* verwendet Begriffe und Aussageweisen, die ein bestimmtes Verständnis von Moral, vor allem jenes der Enzyklika *Veritatis Splendor*, voraussetzen.

Weiters stellt sich die Frage, welchen innerkirchlichen Verbindlichkeitsgrad das päpstliche Lehramt für die in *Evangelium Vitae* formulierten Prinzipien beansprucht. Angesichts des hauptsächlichen Erkenntnisinteresses, das in dieser Arbeit verfolgt wird, ist diese Frage eine Vor— und Nebenfrage, die aber dennoch unbedingt geklärt werden muß, weil sich daraus der Grad an Sicherheit ergibt, mit der der Glaubende auftritt. Dieser Problematik ist das 5. Kapitel gewidmet.

Der Schwerpunkt und das Hauptinteresse der Dissertation bestehen in den Überlegungen zu den drei ethischen Prinzipien, die die Enzyklika *Evangelium Vitae* verkündet: Mord—, Abtreibungs— und Euthanasieverbot (6. bis 9. Kapitel). Es geht vor allem um die Bedeutung und die Begründung der katholischen Lehre hinsichtlich dieser Lebensrechtsverletzungen. Da die Kirche in diesem Dokument christlicher Gesellschaftslehre an den säkularen Staat herantritt, ist es zunächst notwendig zu wissen, welcher moralische Anspruch überhaupt erhoben wird. Dies gilt besonders für den Anspruch an die Gesetzgebung. Danach bedarf es des Aufweises der Rationalität dieses Anspruchs.

Die Methode ergibt sich aus dem soeben geschilderten Gegenstand der Untersuchung. Es handelt sich um die Darstellung der Position des päpstlichen Lehramts und um den Versuch ihn zu verstehen. Insofern ist die Methode — wie jene der Theologie im allgemeinen — jene der *fides quaerens intellectum*. Zugleich ist sie moralphilosophisch, weil die christliche Gesellschaftslehre, vor allem im Bereich naturrechtlicher Gebote, mit dem Anspruch philosophischer Nachvollziehbarkeit auftritt. Es müssen jedoch auch juristische Begriffe und Überlegungen angestellt werden, weil die Lehre der Kirche mitten in eine bestehende Sozialordnung hineingestellt und mit dieser konfrontiert wird.

Ich habe versucht, möglichst vollständig jene Literatur zu *Evangelium Vitae* zu verarbeiten, die bis Anfang 1998 erschienen ist. Die Literatur, die zu Fragen des Lebensrechts im allgemeinen erscheint, ist unübersehbar und repetitiv. Ich habe mich daher auf Vertreter von Positionen beschränkt, die mir besonders charakteristisch erscheinen. Die verwendete Literatur ist in der Bibliographie verzeichnet. Die Texte des II. Vatikanischen Konzils wurden im Literaturverzeichnis nicht eigens angeführt. Im Abkürzungsverzeichnis wurden alle im Text verwendeten Abkürzungen, außer jenen der einzelnen biblischen Bücher und der Dokumente des II. Vatikanischen Konzils, angegeben.

Mein Dank richtet sich an die Professoren der Päpstlichen Hochschule vom Heiligen Kreuz, deren Unterricht, Ermunterung und Ratschläge diese Arbeit ermöglicht und geprägt haben. Besonders danken möchte ich Prof. Dr. José María Yanguas, der diese Dissertation betreut hat. Seine spontane Bereitschaft, die Arbeit zu übernehmen, seine zahlreichen wertvollen und tiefgehenden Verbesserungsvorschläge und seine schnelle Lektüre und Korrektur des Textes, waren wesentliche Voraussetzungen für den Abschluß der Arbeit.

Rom, im Mai 1998

Vorwort zur Veröffentlichung

Seit dem Abschluß der Dissertation und ihrer Annahme als Doktorarbeit ist ein Jahr vergangen. In der Zwischenzeit sind Dokumente des Hl. Stuhls erschienen, welche die hier behandelten Themen betreffen: das *Motu proprio* Johannes Paul II. *Ad tuendam fidem* vom 18. Mai 1998 (AAS 1998, 457 ff) sowie die neue *Professio fidei*, die zusammen mit einer *"nota doctrinalis"* von der Glaubenskongregation am 29. Juni 1998 herausgegeben wurde (AAS 1998, 542 ff). Weiters die Enzyklika *Fides et Ratio* vom 14. September 1998 über das Verhältnis von Glaube und Vernunft (AAS 1999, 5 ff). Diese Dokumente konnten in die Dissertation nicht mehr aufgenommen werden, bestätigen aber ihre Ergebnisse.

Rom, im Mai 1999

I. Einführung in die Enzyklika

1. Gesamtcharakterisierung

a) Sozialethisches Grundanliegen

Vorliegende Arbeit ist der Versuch eines Dialogs zwischen dem katholischen Lehramt und dem Juristen, dem Staatsmann, im allgemeinen jeder Person, der als Bürgerin oder Bürger der liberal-demokratische Staat ein Anliegen ist. Diese Ausrichtung entspricht dem Grundanliegen *Johannes Pauls II.* bei Abfassung seiner Enzyklika "Evangelium Vitae"[1].

Mit wachsender Eindringlichkeit wiederholt der Papst, daß die Verbrechen gegen das Leben im sozusagen privaten und individuellen Bereich zwar ein noch nie dagewesenes numerisches Ausmaß erreicht haben, aber sie vor allem einen "bisher unbekannten und womöglich noch widerwärtigeren Aspekt"[2] aufweisen: Die Verfinsterung des Gewissens, die "Durchsetzung einer Anti-Solidaritätskultur, die sich in vielen Fällen als wahre 'Kultur des Todes' herausstellt." Der Papst spricht vom "Krieg der Mächtigen gegen die Schwachen", von der "Verschwörung gegen das Leben", die von starken kulturellen, wirtschaftlichen und politischen Strömungen, die eine leistungsorientierte Auffassung der Gesellschaft vertreten, aktiv gefördert wird[3].

---

1 Enzyklika *Evangelium Vitae* von Papst Johannes Paul II. an die Bischöfe, Priester und Diakone, die Ordensleute und Laien sowie an alle Menschen guten Willens über den Wert und die Unantastbarkeit des menschlichen Lebens, AAS 1995, 401 ff (in der Folge mit EV zitiert). Die im Text verwendete deutsche Version ist der Übersetzung der *Libreria Editrice Vaticana* entnommen.

2 EV 4.

3 Alle Zitate aus EV 12. In EV 13 ff zählt *Johannes Paul II.* einige neue Gefährdungen des Lebens auf, die sich trotz großer Unterschiede im einzelnen in das Gesamtbild der "Verschwörung gegen das Leben" einfügen: Abtreibung, chemische Abtreibung, Verhütung, Nidationshemmer, künstliche Fortpflanzung, pränatale Diagnose, passive Euthanasie an schwerstbehinderten Kleinkindern, Kindestötung, Euthanasie als Mitleidstötung, Euthanasie als utilitaristische bzw ökonomische Maßnahme, Organentnahme ohne entsprechende Todesfeststellung, verfehlte Entwicklungspolitik im Zusammenhang mit dem Bevölkerungswachstum.

EV ist ein Beitrag zur christlichen Gesellschaftslehre mehr noch als ein Dokument zur Individualethik[4]. Der Papst konzentriert seine Aussagen auf die *kulturelle* (ieS), *soziale* und *politische* Ebene[5], aus denen sich die "Kultur des Todes" zusammensetzt[6]. Auf der *kulturellen* Ebene ist vor allem ein moralischer Verfall der öffentlichen Meinung bemerkbar: Breite Bevölkerungsschichten "rechtfertigen manche Verbrechen gegen das Leben im Namen der Rechte der individuellen Freiheit und beanspruchen nicht nur Straffreiheit für derartige Verbrechen, sondern sogar die Genehmigung des Staates, sie in absoluter Freiheit und unter kostenloser Beteiligung des staatlichen Gesundheitswesens durchzuführen"[7]. Die *soziale* Ebene wird in erster Linie von der Akzeptanz und Durchführung der Verbrechen gegen das Leben im etablierten Gesundheitswesen gebildet. Die *politische* Ebene schließlich — und dies ist für den Juristen von besonderer Bedeutung — umfaßt die Gesetzgebung, die "in Abweichung von den Grundprinzipien ihrer Verfassungen" zugestimmt hat, verschiedene Lebensrechtsverletzungen "nicht zu bestrafen oder ihnen gar volle Rechtmäßigkeit zuzuerkennen"[8].

Noch konkreter: Dem Papst geht es in EV *vor allem* darum, daß Abtreibung, Euthanasie und andere Verletzungen des Lebens nie als *Freiheitsrechte* im westlich-demokratischen Staat gelten können. Die Verletzung des Lebensrechts ist *nie* Ausdruck der Freiheit, das wäre eine "perverse, abscheuliche Bedeutung" der Freiheit[9]. Die Todeskultur zeige ihr "subversivstes und verwirrendstes Gesicht in der immer weiter um sich greifenden Tendenz (...), die erwähnten Verbrechen gegen das Leben als *legitime Äußerungen der individuellen Freiheit auszulegen, die als wahre und eigene Rechte anerkannt und geschützt werden müssen*"[10].

EV ist daher (auch) eine eminent *rechtspolitische* Enzyklika, die den modernen Staat in seinen Existenzvoraussetzungen anspricht und herausfordert: in den Menschenrechten, der Rechtsstaatlichkeit, der Demokratie. Darüberhinaus betont *Johannes Paul II.* vor allem im dritten Kapitel seines Schreibens eine Konsequenz der Naturrechtslehre, die für den Juristen von unmittelbarer praktischer

4 Vgl unter anderen *L. Melina*, Corso di Bioetica. Il Vangelo della vita, Casale Monferrato (1996) 63 ff; *E. Sgreccia*, La Enciclica *Evangelium Vitae*: quale novità?, Medicina e Morale 1995, 655 ff, 670.

5 Vgl EV 18.

6 Vgl auch *J. Ratzinger*, "Die letzte Wurzel für den Haß gegen das menschliche Leben liegt im Verlust Gottes", HK 1991, 223 ff, besonders 227. Dieses Referat an das außerordentliche Konsistorium der Kardinäle (4.-7. April 1991) nimmt sich wie eine Skizze des Inhalts von EV aus.

7 EV 4.

8 EV 4.

9 EV 20.

10 EV 18 (Hervorhebung im Text).

Bedeutung ist: Die Nichtigkeit unsittlicher Gesetze, und zwar nicht bloß für den "intimen Gewissensbereich", sondern auch für die staatliche Geltung — Unsittlichkeit bedeutet *zivile* Nichtigkeit.

b) Theologische Grundlegung

Freilich bleibt EV bei aller juristischer Relevanz ein *theologisches* Schreiben, in dem die natürlich-philosophische Erkenntnis durch das Licht der Offenbarung vertieft und erweitert wird. Dies hat verschiedene wichtige Konsequenzen, die die eigentliche Bedeutung von EV ausmachen und auf die später noch ausführlicher einzugehen sein wird. Sie seien hier bloß übersichtsartig — und daher auch vereinfacht — angeführt.

Zunächst: EV ist eine Äußerung des kirchlichen Lehramts, dh eine verbindliche Äußerung. Obwohl mancherorts bezweifelt, ist die Zuständigkeit des kirchlichen Lehramts auch für spezifische moralische Normen wegen des untrennbaren Zusammenhangs von Glauben und Moral nicht in Frage zu stellen[11]. Die Besonderheit des konkreten Falls liegt in der *Form* der Ausübung des Lehramts: Der Papst hat eine kollegiale Vorgangsweise gewählt, durch die alle Bischöfe in die Formulierung der ethischen Prinzipien des dritten Kapitels (Mord, Abtreibung, Euthanasie) miteinbezogen wurden. Es liegt also einer der in LG 25 erwähnten Fälle vor, in denen das Kollegium der Bischöfe das oberste Lehramt zusammen mit dem Nachfolger Petri ausübt[12].

Aus diesem ihrem autoritativen Charakter ergibt sich ihr beschränkter Aussage*umfang*: Wie für VS gilt auch für EV, daß das Lehramt der Kirche keineswegs beabsichtigt, den Gläubigen ein besonderes theologisches und schon gar nicht ein spezifisches philosophisches System aufzuerlegen. Es geht vielmehr darum, bestimmte Grundrechtsverletzungen, die in gewissen Richtungen theologischen Denkens und manchen philosophischen Aussagen wurzeln und Entsprechung finden, als mit der geoffenbarten Wahrheit unvereinbar kundzutun[13]. Man

---

11 Vgl *I. Vatikanisches Konzil*, *Pastor aeternus*, DS 3050 ff, bes 3074; LG 25; *Glaubenskongregation*, Instruktion über die kirchliche Berufung des Theologen *Donum Veritatis* (1990) 15 f; KKK Rz 2032 ff; vgl *Johannes Paul II.*, Enzyklika *Veritatis Splendor* an alle Bischöfe der katholischen Kirche über einige grundlegende Fragen der kirchlichen Morallehre, AAS 1993, 1133 ff (in der Folge mit VS zitiert) n 37 (die im Text verwendete deutsche Version ist der Übersetzung der *Libreria Editrice Vaticana* entnommen); auch *L. Vereecke*, Magistero e Morale, in: Veritatis Splendor. Atti del Convegno dei Pontifici Atenei Romani, Vatikan (1994) 33 ff.

12 Auf LG 25 wird bei den einzelnen Prinzipien auch jeweils verwiesen.

13 Vgl VS 29.

darf sich daher von EV keinen moraltheologischen Traktat erwarten, obwohl es auch an Begründungen und Erklärungen nicht mangelt. Ebensowenig schließt EV jedoch deshalb die moraltheologische und philosophische Vertiefung, Begründung, Weiterführung und Ergänzung aus. All dies wird vielmehr erfordert[14].

Eine weitere für das Verständnis unerläßliche Vorbemerkung bezieht sich auf den engen Zusammenhang zwischen EV und VS. VS stellt gleichsam den "Linienspiegel" dar, auf dem EV geschrieben wurde. VS klärt die Begriffe und die Grundlinien, deren sich der Papst in EV bedient. Vor allem betrifft das die Lehre vom positiven, befreienden Charakter des moralischen Gesetzes und von der Existenz in sich schlechter Handlungen, die immer und ausnahmslos (dh ohne Rücksicht auf Absicht und Umstände) eine Verletzung der Personenwürde darstellen und daher schwer unsittlich sind. Konkrete Anwendungsfälle hievon sind die in EV angeführten Menschenrechtsverletzungen. Der Papst schreibt daher sogar ausdrücklich, daß er das "Evangelium des Lebens" als "Glanz der Wahrheit" überdenken und verkünden möchte[15].

Dem religiösen Zweck der Enzyklika entsprechen der theologische Inhalt und die theologische Methode: Wie alle Schreiben *Johannes Pauls II.* strahlt EV eine große und gelassene, geradezu prophetische Glaubenskraft sowie eine "unbezähmbare Freude"[16] aus. Die Vermittlung der Überzeugung, daß *in Christus und von Christus her* die großen Probleme der gegenwärtigen Welt gelöst werden können, gehört zu den Charakteristika seines Lehramts[17]. Denn "Christus, der neue Adam, offenbart eben dem Menschen in der Offenbarung des Geheimnisses des Vaters und seiner Liebe den Menschen selbst vollständig und erschließt ihm seine hohe Berufung"[18]. Christus, der menschgewordene Gott, ist der "hermeneutische Schlüssel" für das Geheimnis des Menschen und all seiner Erfahrungen: für Freiheit, Gesetz, Körperlichkeit, Leid, Freude, Geburt und Tod. Von den ersten Zeilen EVs an begegnet man dieser Gewißheit: Die Geburt Christi offenbart voll den Sinn jeder menschlichen Geburt; die Teilnahme am neuen, trinitarischen Leben schon hier auf Erden, das Christus im Heiligen Geist mitteilt, verleiht allen Aspekten des menschlichen Lebens Sinn; die Lebensfülle, zu der der Mensch berufen ist, geht weit über die irdische Existenz hinaus, weshalb die irdische Existenz nicht letzte, sondern "vorletzte" Wirklichkeit des menschlichen Lebens ist.

---

14 Vgl auch *S. Pinckaers*, Pour une lecture de *Veritatis Splendor*, Paris (1995) 65.

15 Vgl EV 6.

16 EV 84.

17 Vgl *P. Lombardía/J. Otaduy*, La Iglesia y la comunidad política, in: Instituto Martín de Azpilcueta (Hrsg), Manual de Derecho Canónico, Pamplona (1988) 765 ff, 799.

18 GS 22.

Johannes Paul II. kehrt in EV die in Sozialenzykliken traditionell verwendete Methode um. Anstatt von der Analyse der Natur auszugehen, um zur Glaubenswahrheit zu gelangen, wählt der Papst den von Christus geoffenbarten Glauben als Ausgangspunkt, um darzustellen, wie diese vollständige, weil geoffenbarte, Wahrheit der natürlichen Erfahrung und Erkenntnis des Menschen entspricht und diese erweitert. Dies unterstreicht die Einheit von Glaube und Vernunft[19]. Dem im II. Vatikanischen Konzil herbeigewünschten[20] und in VS kraftvoll vorangetriebenen Programm der biblischen Erneuerung der Moraltheologie[21] entsprechend, schöpft *Johannes Paul II.* bei seinen Darlegungen ausgiebig aus der Heiligen Schrift. Abgesehen davon, daß sämtliche Kapitelüberschriften Schriftzitate sind, widmet der Papst vor allem das erste Kapitel der aktualisierenden Kommentierung von Gen 4, 2 — 16 (Ermordung Abels durch Kain), das im zweiten Kapitel christologisch vertieft wird. Dabei handelt es sich nicht bloß um eine schöne "spirituelle Meditation", sondern genau um eines der Hauptanliegen der moraltheologischen Erneuerungsbewegung: die Verbindung von Bibel und Moral. Zugleich wäre die Nichtbeachtung der biblischen Kapitel ein Indiz für die gängigen Verirrungen in der Moraltheologie: Ein Zurücklassen der Offenbarung zu Gunsten eigener Einteilungen und Vorstellungen, was nur in Einseitigkeiten und Verzerrungen münden kann[22]. EV darf daher nicht auf eine Verurteilung von Abtreibung, Euthanasie, Selbstmord und anderen Handlungen, durch die unschuldige Menschenwesen vorsätzlich getötet werden, reduziert werden. Hauptthema der Enzyklika ist die Verkündigung eines Menschenbildes und einer Sicht des menschlichen Lebens, die auf dem Evangelium gründen, und den einzelnen, die Kirche und die Gesellschaft herausfordern[23]. Mehr als ein punktuelles Schreiben über Abtreibung und Euthanasie, ist EV ein Art "theologisches Kursbuch" für die Evangelisierung einer "Kultur des Lebens" in den demokratischen Gesellschaften westlichen Stils.

Johannes Paul II. bringt der Demokratie große Wertschätzung entgegen. Er bezeichnet Demokratie und Frieden als "die wertvollsten und notwendigsten Güter der Gesellschaft"[24], als positives Zeichen der Zeit und Wert. Im selben Atemzug ist jedoch hinzuzufügen, daß es dem Papst um die "*wahre* Demokratie"

---

19 Vgl *J. L. Illanes*, La vida, substancia y meta de la historia, Scripta Theologica 1996, 737 ff, 746 FN 23; *E. Sgreccia*, Medicina e Morale 1995, 670.

20 Vgl OT 16.

21 Vgl diesbezüglich auch *Päpstliche Bibelkommission*, Die Interpretation der Bibel in der Kirche, Vatikan (1993) III.D.3. Dort wird auch auf die Grenzen biblischer Moralbegründung hingewiesen.

22 Vgl *S. Pinckaers*, Pour une lecture, 15 f.

23 Vgl *C. Andersen*, Una nuova cultura della vita, Studi Cattolici 1995, 445 ff, 446.

24 EV 101

geht, jene, die mit dem Menschenrechtsstaat und dem materiellen Rechtsstaat in Ursprung und Wesen, historisch und idealtypisch, deckungsgleich ist. EV ist ein Appell an die westlichen Gesellschaften, sich der Dramatik der Situation bewußt zu werden: Wenn sich die Freiheit gegen den Menschen richtet, wenn die Demokratie Menschenrechtsverletzungen legitimiert, dann zerstört die Demokratie sich selbst und verkommt zum "Mythos"[25]. Ziel der Lehrverkündigung der Kirche über die Unverletzlichkeit des menschlichen Lebens ist es, den Staat zu fördern, besser gesagt: Es geht um die Rettung der Demokratie und der Freiheit[26].

Warum betont der Papst so die Demokratie? Zunächst sicher deshalb, weil er der Überzeugung ist, daß die Demokratie einen echten sozialethischen Wert darstellt. Andererseits jedoch ist sich der Papst mE durchaus der Bedingungen für die Vermittlung von Werten im Zusammenhang des Wertegesamtsystems bewußt. Die Demokratie ist eben die *epochen*prägende Staatsform der Gegenwart und teilt mit allen *epochen*bildenden Wertsystemen den zweideutigen Charakter von "Epochen": Institutionalisierung und damit Stärkung von Werten, aber auch Gefahr ihrer Aushöhlung.

2. Die Epoche der liberalen Demokratien

a) Epochen im allgemeinen

Um sich der Charakteristika einer Epoche und damit auch ihrer Existenz bewußt zu werden, muß der Blick auf Elemente gelenkt werden, die von so umfassender, genereller und systemprägender Art sind, daß sie dem Beobachter in der Regel entgehen[27].

Bestreben der historischen Wissenschaft ist es, ihren Gegenstand möglichst in Epochen zu strukturieren und damit anschaulich, greifbar und beschreibbar zu machen[28]. Eine solche historische Epoche besteht aus einem System einander bedingender Grundsätze und vor allem Institutionen, die zumindest anfänglich von einem gesellschaftlichen Wertkonsens getragen sind. Sie sind so miteinander verwoben, daß die tragenden Grundsätze und Institutionen nicht verändert werden können, ohne daß das ganze System aus den Angeln gehoben

---

25 EV 70.

26 Vgl EV 101.

27 Vgl *U. Claesges*, Epoché, in: Historisches Wörterbuch der Philosophie II (1971) 594-596, der die geistesgeschichtlichen Wurzeln dieses Begriffs in der skeptischen Philosophie der Antike darlegt.

28 Zur Ergänzung und gegebenenfalls zur Weiterführung vgl *M. Riedel*, Epoche, Epochenbewußtsein, in: Historisches Wörterbuch der Philosophie II (1971) 596-599.

wird. Das erklärt auch ihre Stabilität und Zählebigkeit, die aufgrund der Gewöhnung an Althergebrachtes weiterbesteht, wenn auch die ursprüngliche Sinnhaftigkeit und sachliche Akzeptanz in der Bevölkerung verlorengegangen sind. Ihre Veränderung bedarf in der Regel revolutionärer Ereignisse oder doch massiver kollektiver Motivationsschübe. Als Beispiele der jüngeren Geschichte lassen sich die Epoche der kommunistischen Staaten und der konstitutionellen Monarchien anführen. Beide sind relativ präzise mit Anfangs— und Enddaten (1830/48 — 1918; 1945 — 1989) einzugrenzen und von tragenden Strukturelementen geprägt.

Individualgeschichte kann ohne Berücksichtigung dieses strukturellen Hintergrunds (der "Weltbühne") nicht zutreffend dargestellt werden. Verhaltensweisen und Reaktionen werden erst verständlich, wenn kollektive Werthaltungen, Beschränkungen, Möglichkeiten, etc. mitgedacht werden.

Ein weiteres Charakteristikum der Epoche ist ein Element des soziologischen Gruppenbegriffs, nämlich die Sprachverkürzung durch gruppenspezifische Wortbedeutungen, also semantische Sprachregulierungen. Die Mitglieder der Gruppe, die im Fall der "Epoche" alle Zeitgenossen einer geohistorischen Einheit umfaßt, teilen gewisse Vorverständnisse und den Bedeutungshorizont tragender Grundsätze und Institutionen. Mit bestimmten Worten werden komplexe Tatsachen— und Wertsysteme bezeichnet, deren detaillierte Anführung und Erklärung viel Zeit in Anspruch nehmen würde und oft wohl auch erst eine Bewußtwerdung voraussetzt. Die Wort— und Begriffkonzentrationen sind nämlich meistens unbewußt und verdeckt und werden aufgrund der Vereinfachung von Denk—, Entscheidungs— und Handlungsstrategien nicht nachvollzogen — Bequemlichkeit ist nun einmal eine Konstante menschlicher Existenz. Diese Worte bilden daher sozusagen die Schlüssel zum Eindringen in die "epochalen" Zusammenhänge: Wo Sprachverkürzungen auftreten, liegt ein gemeinsamer Verständnishorizont vor. Mehr noch, gerade in jenen Begriffen, in denen die Sprache verkürzt wird, kristallisiert sich das Wesen der jeweiligen Gruppe.

b) Die Gegenwart als Epoche

Auch unsere Gegenwart ist eine Epoche, und es ist mE sehr wichtig, sich dessen bewußt zu bleiben und möglicherweise unreflektierte Verinnerlichungen zu vergegenständlichen. Die kritische Distanz zu manchen Phänomenen und Werthaltungen der Gegenwart bewahrt einen vor Selbstüberschätzung und bösen Überraschungen.

Auf die Fährte konnotationsbehafteter Schlüsselbegriffe zu epochentragenden Grundsätzen und Institutionen der Gegenwart gewiesen wird man durch Begriffe, bei denen man nach näherer Betrachtung des Auseinanderklaffens von Anspruch und Wirklichkeit gewahr wird. Besonders jene Begriffe sind verdächtig, die aus dem hehren Reich politischer Ideen zur kleinen Münze banaler Alltagsargumentation und Phrasendrescherei entartet sind — kurz die topische Legitimationsrhetorik. Hier tritt eben das gruppenspezifische Phänomen der Sprachverkürzung zu Tage, die Einblicke in die psychologische Verfaßtheit des Kollektivs erlaubt. Dies soll an Hand einiger Beispiele verdeutlicht werden.

Der Absatz 2 der Artikel 8 — 11 MRK[29] gestattet gesetzlich vorgesehene Eingriffe zur Erreichung bestimmter Ziele nur, wenn sie "in einer demokratischen Gesellschaft notwendig" sind. Was soll das heißen? Mit "demokratischer Gesellschaft" ist gar nicht die demokratische Staatsform, also die Bezeichnung des Trägers des *pouvoir constituant*, gemeint. Mit dieser Wendung wird vielmehr das Übermaßverbot oder die Verhältnismäßigkeitspflicht staatlicher Eingriffe in Grundrechtspositionen statuiert. Solche dürfen nur dann zur Erreichung der im öffentlichen Interesse gelegenen Ziele normiert werden, wenn sie zur Zielerreichung geeignet, erforderlich und adäquat sind. Dieser Grundsatz ist wohl zunächst einmal staatsformunabhängig: Niemand wird behaupten, daß das Übermaßverbot nur in Demokratien, nicht auch in Monarchien und Aristokratien Anwendung finden sollte. Warum dann die Verwendung dieser Bezeichnung, wenn etwas anderes gemeint ist? Ich erblicke darin einen Hinweis für die Bezeichnung unserer Epoche als jene der "freiheitlich-demokratischen Grundordnungen".

Läßt sich die Wortwahl der MRK vielleicht aus ihren Wurzeln in der angelsächsischen Rechtsordnung und Begriffswelt erklären, so tritt der Epochencharakter mancher anderer Rechtsinstitutionen deutlicher hervor.

Unsere Staats— und Rechtsordnung, die Teil des gesellschaftlichen Gesamtsystems ist, konstituiert sich idealtypisch aus bestimmten Grundsätzen, die ihr Wesen ausmachen. Die westlichen demokratischen Systeme gehen allesamt vom Gedanken der Repräsentation des Staatsvolkes durch gewählte Vertreter aus. Abgesehen davon, daß bereits die Annahme nur eines Staatsvolkes, einer *volonté generale*, überhaupt eines individuellen den Staat betreffenden Willens eine Fiktion ist und die Repräsentation der Allgemeinheit durch Parteien, Kammern, Verbände etc erheblich mediatisiert ist, trägt diese Konstruktion bereits im Konzept — und nicht bloß in ihrer Verwirklichung — eine *privatio* in sich: nämlich die überstimmte Mehrheit, die aus Gründen der Zweckmäßigkeit und der Einheit des Staatswillens (ebenfalls eine Fiktion), im konkreten Beschluß eben nicht repräsentiert wird.

29 Europäische Menschenrechtskonvention.

Weniger vom Konzept her als durch die Wirklichkeit sind auch die Gewaltenteilung und die Institution des "freien Mandats" ausgehöhlt. Bei den heutigen Club—, Partei— und Finanzzwängen noch von einem "freien" Mandat zu reden ist eine *contradictio in adiecto*, trotzdem gilt es — idealtypisch — als Grundpfeiler unserer parlamentarischen Demokratien.

Das System der Gewaltenteilung, der "checks and balances" beruht hauptsächlich auf dem Antagonismus von Vollziehung und Legislative: Der demokratisch legitimierte Gesetzgeber bindet die Vollziehung an das von ihm erlassene Gesetz. In Wirklichkeit jedoch handelt das Parlament wegen des Clubzwangs meist als Vollzugsorgan der Regierung, in der die Spitzen der im Parlament vertretenen Mehrheitsparteien Ministerposten bekleiden.

Diese Diskrepanz zwischen Anspruch und Realtität indiziert die oben beschriebene Sprachverkürzung und —regelung. Sie dient ganz offensichtlich der Legitimation politischer Systeme, wobei der jeweilige machtpolitische Inhaber des Definitionsmonopols über die Zuerkennung dieses Prädikats entscheidet. Damit wird auch ganz deutlich, welches Wert— und Wortgeflecht unsere Epoche prägt, nämlich jenes der freiheitlich-demokratischen Grundordnung.

Das Aufzeigen, daß in zentralen Bereichen der strukturellen Determinanten unserer Epoche ideologische Glaubwürdigkeit durch machtpolitische Sprachregelung ersetzt wurde, dient keiner grundlegenden Demokratiekritik. Es soll nur der Blick auf eine Hoffnung, aber auch auf Gefahren gelenkt werden.

Die Hoffnung rührt daher, daß die Verwendung einer im obigen Sinn regulierten Sprache offensichtlich etwas anderes meint. Trotz der teils Gruppenegoismen verratenden Rhetorik geht es um die Bewahrung eines staatlichen Gefüges, das jenseits aller Theorie und Sucht nach idealtypischer Perfektion im Sinn der Staatsformenlehre dem Einzelmenschen dient und ihm ein größtmögliches Maß an Freiheit, Würde und persönlicher Entfaltung garantiert. Schließlich verweist auch die Bewertung der Demokratie als Kulturleistung auf einen außer ihr selbst liegenden Wertmaßstab, den die genannten Werte abgeben. Es scheint die Einsicht in diese und in die Zweckmäßigkeit bestehender gesellschaftlicher Institutionen, zu denen auch der Staat zählt, zu sein, die die theoretischen Widersprüchlichkeiten pragmatisch auflöst. Dieser Zug zu einer materiellen, wertorientierten Beurteilung der Demokratie als soziokulturell zweckmäßigster Bedingung der Menschenrechtsgewährleistung ist auch in der Abschlußerklärung und dem Aktionsprogramm der Wiener Weltkonferenz über Menschenrechte erkennbar.

Andererseits liegt darin auch keine geringe Gefahr. Wird die Herrschaftstheorie zu transparent, kann es relativ leicht geschehen, daß sie und damit auch die dahinter stehenden und geschützten Werte *in toto genere* Ablehnung erfahren.

c) Epochenwechsel

Ansätze der Fassadenhaftigkeit des Rechts sind Vorboten des Epochenwechsels, der eine historische Umbruchs— oder Störzone darstellt. Anhänger des *ancien regime*, die Traditionalisten, sehen das Glück nur von den alten Strukturen gewahrt und bekämpfen die Neuerer, die durch die verkrusteten, toten Strukturen zu neuem Wertempfinden und zu neuer Verbindlichkeit des Rechts durchzubrechen trachten. Ihr Bestreben wird dadurch erschwert, daß die epochenprägenden Grundsätze und Institutionen gesellschaftlich tabuisiert werden. Ihre — auch verbale oder mentale — Verletzung wird sanktioniert und gesellschaftlich (sittlich und rechtlich) geahndet. Im Recht findet sich diese Tabuisierung im Strafrecht, im Zivilrecht (über die gute Sitten-Klausel), im Verwaltungsrecht (zB Vereinsrecht, Versammlungsrecht,...), aber auch im Verfassungsrecht.

Als Anschauungsbeispiel für eine geradezu bollwerkartige Bewehrung der "freiheitlich-demokratischen Grundordnung" als Epoche kann das deutsche Grundgesetz (GG) dienen. Sicher sind es die entsetzlichen Erfahrungen des deutschen Volkes, die bei diesen Bestimmungen Pate standen. In ihnen trägt das GG den Charakter einer "Rechtsordnung des Erschreckens". Im einzelnen handelt es sich um Art 20 GG, der gemäß Art 79 Abs 3 GG unveränderlich ist. Art 20 GG normiert Verfassungsgrundsätze für Bund und Länder: "Die Bundesrepublik Deutschland ist ein demokratischer und sozialer Bundesstaat." "Gegen jeden, der es unternimmt, diese Ordnung zu beseitigen, haben alle Deutsche das Recht zum Widerstand, wenn andere Abhilfe nicht möglich ist." (Art 20 Abs 4 GG). Weiters bestimmt Art 18 GG: Wer bestimmte Grundrechte zum Kampf gegen die freiheitliche demokratische Grundordnung mißbraucht, verwirkt diese Grundrechte.

Ähnliches normiert Art 17 MRK, der auf die MRK-Rechte, somit österreichische Grundrechte, anzuwenden ist. Sonst kennt Österreich keine Grundrechtsverwirkung, keine absolut unveränderlichen Verfassungsgrundsätze und kein positiviertes Widerstandsrecht.

Die Motivation des deutschen Wegs war es sicherlich, jeden formal-legalen Rückschritt in totalitäre Regime der Vergangenheit für immer unmöglich zu machen. Die Gefahr beginnt dort, wo der semantische Wert der Begriffe — aus welchem Grund immer — zunächst entleert und dann umgedeutet wird. Diese Vorgänge sind nicht nur Vorbeben des Epochenwechsels, sondern zT auch sein Motiv, weil letztlich und auf Dauer nur die ehrlich denkenden und Werte suchenden Menschen die Kraft zum politischen Willen und zur Gestaltung des Gemeinwesens aufbringen können und diese von rhetorischer Unredlichkeit abgestoßen werden. Die Abwehrreaktion des *ancien regime* (Tabuisierung) treibt sie jedoch fast unweigerlich in eine extreme Gegenposition, das Ergebnis ist der

Verlust der politischen Mitte. Die Zeit, derer es bedarf, um die schwierige goldene Mitte, die die Tugend ausmacht, wiederzuerlangen, hängt von vielen Faktoren ab und ist jeweils verschieden, doch ist es alles andere als leicht. Die Geschwindigkeit hängt ab vom Wissen um das Veränderliche in einer Gesellschaft und die Unterscheidung zwischen diesem und den unaufgebbaren Positionen, die jeder humanen Gesellschaft innewohnen müssen. Je reifer diese Erkenntnis ist, umso schneller werden unbrauchbar gewordene Strukturen abgeworfen und die Werte neu gesichert. Die Einleitung eines solchen historischen Epochenwechsels erfolgt fast unmerklich. Die Bedeutung der subtilen Veränderungen kann kaum *ex ante* beurteilt werden, ja ihr Charakter als Veränderungen wird erst im nachhinein mit einiger Sicherheit festgemacht.

d) Schleichender Epochenwechsel durch die "Kultur des Todes"

aa) Der Verlust der Grundlage

Johannes Paul II. folgt in EV genau dem eben aufgezeigten Schema: Er spricht zunächst *innerhalb* einer Epoche, akzeptiert ihre Werte und Wertzusammenhänge und macht sie sich zu eigen, weist dann auf die Gefahr der Aushöhlung zentraler Begriffe, der Fassadenhaftigkeit einer bloß formal verstandenen Demokratie und die Dramatik der gegenwärtigen Situation hin, um darauf die unaufgebbaren Werte herauszustreichen, ohne die eine wahre Demokratie nicht bestehen kann.

In der Folge soll dies mit den Worten der Enzyklika veranschaulicht werden.

Die gegenwärtige Todeskultur ist ein tragischer Wendepunkt, ein "überraschender Widerspruch" und eine "frontale Bedrohung" für die *"gesamte Kultur der Menschenrechte"*[30]. Sie ist ein Aufsspielsetzen der Demokratie und das Gegenteil, die Verkehrung des Rechtsstaats[31]. "Das 'Recht' hört auf Recht zu sein, weil es sich nicht mehr fest auf die unantastbare Würde der Person gründet, sondern dem Willen des Stärkeren unterworfen wird. Auf diese Weise beschreitet die Demokratie ungeachtet ihrer Regeln den Weg eines substantiellen Totalitarismus"[32]. Der Staat wird zum *"tyrannischen Staat*, der sich anmaßt, im Namen einer allgemeinen Nützlichkeit — die in Wirklichkeit nichts anderes als das Interesse einiger weniger ist — über das Leben der Schwächsten und Schutzlosesten, vom ungeborenen Kind bis zum alten Menschen, verfügen zu können. Al-

30 EV 18.
31 Vgl EV 18 und 19.
32 EV 20.

les geschieht scheinbar ganz auf dem Boden der Legalität, zumindest wenn über die Gesetze zur Freigabe der Abtreibung und der Euthanasie nach den sogenannten demokratischen Regeln abgestimmt wird. In Wahrheit stehen wir lediglich einem tragischen Schein von Legalität gegenüber, und das demokratische Ideal, das es tatsächlich ist, wenn es denn die Würde jeder menschlichen Person anerkennt und schützt, *wird in seinen Grundlagen selbst verraten* (...) Wenn diese Zustände eintreten, sind bereits jene Dynamismen ausgelöst, die zum Zerfall eines echten menschlichen Zusammenlebens und zur Zersetzung der staatlichen Realität führen"[33]. Diese Diagnose veranlaßt *Johannes Paul II.* von einer ungeheuren und dramatischen Auseinandersetzung zwischen Bösem und Gutem, Tod und Leben, der 'Kultur des Todes' und der 'Kultur des Lebens' zu sprechen[34].

Tatsächlich stehen die westlichen Demokratien an einer Wegscheide, die sie zu einer Wahl hinsichtlich der *Grundlagen* der staatlichen Rechtsordnung zwingt. Entweder der Mensch liegt dem Staat voraus und ist daher seiner Manipulation entzogen oder aber dem Staat liegt nichts voraus, weshalb alles für die Entscheidung der Mehrheit verfügbar ist. Die Wahl der zweiten Alternative bedeutet die Aufgabe des Menschenrechtsstaats und auch der pluralistischen Gesellschaftsform, denn wo nicht jeder Person ein Mindestbestand an Rechten effektiv garantiert wird, ist ein Abweichen vom Mehrheitswillen potentiell existenzgefährdend.

Dies gilt bereits und gerade für die Gesetze, die Abtreibung und Euthanasie straffrei stellen. In diesen wird nämlich bewußt vom Kriterium des "menschlichen Lebens" abgegangen, dh es genügt nun nicht mehr einfach ein lebendes menschliches Wesen zu sein, um als Person anerkannt und geschützt zu werden, sondern es werden von der politischen Mehrheit andere Kriterien festgelegt, die diese Anerkennung auslösen (etwa: Bewußtsein, Lebensfähigkeit, Lebensqualität, ...). Damit geschieht jedoch in unseren Rechtsordnungen etwas qualitativ Neuartiges. Im Menschenrechtsstaat sind die einzelnen Individuen nicht deshalb frei, nicht deshalb intelligent, nicht deshalb "Mensch", weil es ein Gesetz gäbe, das sie für frei, für intelligent, zum "Menschen" erklärt, sondern umgekehrt: *Weil* wir frei, intelligent und Menschen sind, ist alle staatliche Gewalt gebunden, uns jederzeit, unter allen Umständen und ohne weiteres als solche zu respektieren und zu achten. Im Augenblick, da ein Gesetzgeber den Menschen nicht gemäß der Seinswirklichkeit definiert, sondern gemäß seiner jeweiligen Ideologie (etwa: Menschen im Rechtssinn sind *nicht*: alle menschlichen Wesen älter als 80 Jahre; alle Schwerstkranken, deren Leben keinen Sinn mehr hat; alle menschlichen Embryonen vor dem 14. Tag der Entwicklung, etc.), hat er nicht nur diesen

33 EV 20.
34 EV 28.

Sektor der Bevölkerung verraten, sondern auch den Menschenrechtsstaat und den materiell verstandenen Rechtsstaat als solchen, denn er hat das Grundprinzip verändert, auf das sich die Rechtsordnung als ganze stützt. Auch in der eben beschriebenen Situation wird nämlich für die Kerngruppe der Bevölkerung der Lebensschutz zwar aufrechterhalten, aber der *Grund, warum dies geschieht*, hat sich geändert. Es entscheidet — auch für die noch Geschützten — nicht mehr ein Argument des *Rechts* des Menschen insofern und einfach, weil er Mensch ist, sondern es entscheidet die Definitionsgewalt einer Mehrheit, und damit ist der Grund des Schutzes letztlich ein Argument der Macht geworden. An die Stelle der "Stärke des Rechts" tritt das "Recht der Stärke"[35]. Es sei wiederholt: Dies gilt nicht nur für die ausgegrenzten Gruppen, sondern auch und gerade für *alle*. In dieser Situation beginnt das Recht zum Blendwerk politischer Manipulation zu werden, die demokratischen Institutionen werden zu hohler Fassade, deren Zusammenbruch unvermeidlich ist, kommt es nicht zu einem Umdenken.

bb) Die Tragik der Moderne

Aber nicht nur die demokratischen Institutionen, auch die Werte, die sie verkörpern, sind in Gefahr: vor allem die individuelle Freiheit, deren Ermöglichung die demokratische Staatsform ja vorzüglich dient. In der Epoche, in der wir leben, die mit der Aufklärung und der Französischen Revolution begonnen hat, besteht die Gefahr, daß sich das Ideal der Menschenwürde und der persönlichen und gesellschaftlichen Freiheit in eine totalitäre Ideologie pervertiert, die sich gegen den Menschen als einzelnen und als Gemeinschaft wendet. Diese Krise könnte durchaus das Ende der Epoche bedeuten, wenn nicht rechtzeitig ein Umdenken einsetzt. Eine freie Gesellschaft ist eine moralische Gesellschaft. Eine moralische Gesellschaft ist eine freie Gesellschaft. Eine freie aber unmoralische Gesellschaft ist im Begriff unfrei zu werden[36].

Es ist die Tragik der Moderne, daß sie von der Würde des Individuums und seiner Freiheit ausging und bei der Zerstörung der Person und ihrer Freiheit in historisch nie erlebten Dimensionen angelangt ist[37]. Der Mensch scheint zu-

---

35 Vgl EV 19.

36 Vgl *H. Hude*, Il rinnovamento sociopolitico, in: R. Lucas Lucas (Hrsg), Veritatis Splendor. Testo integrale e commento filosofico-teologico, Mailand (1994) 375 ff, 378.

37 Vgl auch *P. Serna Bermúdez*, La vida como problema de justicia: La contribución de la *Evangelium Vitae* a la Civilización del Derecho, in: Pontificium Consilium de legum textibus interpretandis/Pontificium Consilium pro Familia/Pontificia Academia pro Vita (Hrsg), "Evangelium vitae" e Diritto. Acta Symposii Internationalis in Civitate Vaticana Celebrati, 23-25 Maii 1996, Vatikan (1997) 41 ff.

gleich so verbittert, resigniert und vor allem so zynisch sich selbst gegenüber geworden zu sein, daß er nicht einmal am Verlust seiner selbst verzweifelt. Er unterwirft sich selbst dem Diktat der Leistungsgesellschaft und reduziert seinen eigenen *Sinn* auf den *Wert* seiner Produktionskraft und Genußfähigkeit. Der Mensch scheint sich selbst entfremdet zu sein, weil er sich nicht geliebt weiß und sich auch nicht selbst liebt — so paradox dies unserer Egoistengesellschaft scheinen mag. Deswegen hält er sich auch des Todes würdig. Für den Liebenden ist der Tod der geliebten Person absurd, das Sinnlose schlechthin, denn die Liebe besteht gerade darin, den anderen (auch sich selbst) als Person zu wollen, dh als Selbstzweck, und nicht als Mittel zu irgendeinem außerhalb der Person liegenden Ziel; die Liebe besteht darin, sich darüber zu freuen, daß es ihn oder sie gibt. Für den, der nicht liebt, ist der Tod (auch der eigene) "natürlich", "gesetzmäßig", "ein zu erwartendes und naturwissenschaftlich zu erklärendes Ereignis", etc. In unserer Kultur scheint sich eine Art "Verzweiflung aus Schwäche" breit zu machen: weil sich der Mensch von seiner eigenen Würde überfordert fühlt, senkt er deren Ansprüche und Eigenschaften und erachtet sich konsequenterweise des Todes nicht unwürdig. Dieses gesellschaftliche Klima kann sogar dazu führen, daß der Tod als "zivilisatorische Errungenschaft" gefordert und gefeiert wird[38]. Wie der Papst betonen wird, liegt die tiefste Wurzel dieses Selbstzynismus darin, daß der Blick auf Gott und Christus abhanden gekommen ist. Die Liebe Gottes ist der Grund und der ständige und unverlierbare Sinn des menschlichen Lebens vom ersten Augenblick an. Diese Liebe teilt sich uns definitiv in Christus mit, der die menschliche Würde in völlig unahnbarerweise wiederherstellt: Wir sind Ebenbild und Gleichnis Gottes in Christus und damit Kinder Gottes.

3. Die Gefahr des Integralismus: Einheit und Verschiedenheit zeitlicher und religiöser Ordnung

Solche Überlegungen könnten den Einwand nahelegen, es handle sich um Argumente, die bloß dem Gläubigen nachvollziehbar seien. Mehr noch: Würden sie mit dem Anspruch auf universelle Geltung erhoben, läge abzulehnender Integralismus vor, dh eine Vermengung von zeitlicher und religiöser Sphäre oder der Versuch, religiöse Ziele mit staatlichen Mitteln zu erreichen.

Bevor auf diesen Einwand eingegangen werden kann, müssen seine geistesgeschichtlichen Vorbedingungen und die Wurzeln der kulturellen Determinanten der Gegenwart — selbstverständlich ohne Anspruch auf Vollständigkeit — skizziert werden.

---

38 Vgl zum Vorstehenden *C. Caffarra*, La dignità della vita umana, OR (ital) 21.4.1995.

a) Der Verlust des Menschen in der Wissenschaft

Das Szenario der gegenwärtigen Rechts— und Sozialphilosophie ist das Erbe des gescheiterten Versuchs der Ethikbegründung durch die Aufklärung[39]. Deren Vertreter versuchten, unter Zugrundelegung einer rationalistischen, naturwissenschaftlichen Epistemologie[40], Ethik, genauer: die Gebote *christlicher* Ethik zu begründen. Dies ist jedoch deshalb unmöglich, weil die erwähnte Epistemologie die Zielursächlichkeit methodisch ausblendet und die Wirkursächlichkeit zum Deutungsschema erhebt[41]. Ohne Zielursächlichkeit ist eine rationale Ethik jedoch ausgeschlossen, obwohl die Aufklärung paradoxerweise ausschließlich im Namen der Ratio antritt. Diese Unmöglichkeit ergibt sich aus folgenden Gründen:

Ohne Zielursächlichkeit ist die Realität der menschlichen *Handlung* nicht adäquat beschreibbar, weil der Mensch immer um eines Zieles willen handelt. Die Ethik studiert jedoch gerade die menschlichen *Handlungen* insofern sie menschlich, dh frei und zielgerichtet sind, und zwar unter einem normativen Formalaspekt. Wer die Möglichkeit der Einsicht in Finalitäten systematisch ausblendet, kann daher auch nicht Ethik betreiben. Auch wenn er es Ethik nennt, betreibt er in Wirklichkeit Naturwissenschaft, indem er die Gesetzmäßigkeiten sucht, die menschliches Verhalten im Sinn des Ursache-Wirkung-Schemas äußerlich, technisch verursachen[42].

Ohne Zielursächlichkeit verändert auch die praktische Vernunft radikal ihr Wesen. Im klassischen Verständnis, dem der Begriff entstammt, ist die praktische Vernunft eine Erweiterung der spekulativen Vernunft durch die "Hinspannung" auf ein Ziel. Durch die praktische Vernunft erkennt der Mensch, welches Gute in einer konkreten Entscheidungs— und Handlungssituation, "hic et nunc", zu tun, und welches Übel zu meiden ist. Wird jedoch die Möglichkeit der ratio-

---

39 Vgl *A. MacIntyre*, After Virtue, Notre Dame, 2. Auflage (1984). Dieser Autor entstammt ursprünglich nicht der katholischen Denktradition. Er gelangt zu seinen Ergebnissen von aufklärerischen Ausgangspunkten her und ist deshalb paradigmatisch für eine Bewußtwerdung der eigenen Denkvoraussetzungen und —begrenzungen innerhalb der neuzeitlichen Moralphilosophie. Seine Ergebnisse werden von christlichen Denkern bestätigt, wie zB von *G. Cottier*, Questions de la Modernité, Paris (1985), besonders 29 ff.

40 Für eine Darstellung des typisch neuzeitlichen Wissenschaftsverständnisses vgl *R. Spaemann*, Ende der Modernität?, in: P. Koslowski/R. Spaemann/R. Löw (Hrsg), Moderne oder Postmoderne?, Weinheim (1986) 19 ff.

41 Vgl *R. Spaemann/R. Löw*, Die Frage Wozu? Geschichte und Wiederentdeckung des teleologischen Denkens, München/Zürich, 2. Auflage (1985) 124 ff (zur Philosophie I. Kants).

42 Diesbezüglich werden im Kapitel II 1. b) weitere Überlegungen angestellt.

nalen Einsicht in die Zielhaftigkeit als solche geleugnet, hört die praktische Vernunft auf "rational" zu sein und wird mit dem Willen gleichgesetzt, der damit zum einzigen dynamischen Prinzip des Menschen wird. Gibt es nämlich keine objektiven Ziele als solche, kein objektives, absolutes letztes Ziel, sind alle "Ziele" letztlich beliebig festsetzbar. Was "Ziel" ist, ist Folge der indeterminierten Festsetzung durch das Individuum. Damit wird jedoch auch die Freiheit von der Wahrheit getrennt. Freiheit wird zu bloßer *Wahl*freiheit, zu *In*determination, zu *In*differenz angesichts verschiedener Handlungsmöglichkeiten, ohne daß die Freiheit, oder besser der freie Wille, durch ihre oder seine Einbettung in die Person von vornherein und originär eine durch die Ratio vermittelte Zielhaftigkeit besäße.

Ethik im Rahmen technisch-naturwissenschaftlicher Rationalität ist daher tendenziell legalistisch und voluntaristisch. Versuche, die Ursprünglichkeit der Ethik und der menschlichen Freiheit in diesem Kontext, dh unter Beibehaltung der epistemologischen Prämissen, zu bewahren, münden unweigerlich in eine individualistische Konzeption, die die subjektive Autonomie zum Kriterium erhebt. Dies kann letztlich nur zum Preis der Inkommunikabilität der individuellen ethischen Entscheidungen geschehen, da ja rationale und damit universale Einsichten in Ziele, Güter, Werte, etc abgelehnt werden.

Die Auswirkungen einer solcherart grundgelegten Individualethik, vor allem die Konsequenzen des individualistischen Freiheitsbegriffs, sind auf sozialethischer Ebene unmittelbar. Wird das "Ich" als ein von allen anderen absolutes, dh losgelöstes, autonomes Individuum aufgefaßt, dann kann auch die Gesellschaft nicht mehr sein als ein bloßes Nebeneinander von "Egos". Deren gleichgelagerte Interessen, die sich auf knappe Güter richten, führen zum Überlebenskampf bzw zum Kompromiß, um größtmögliche *individuelle* Freiheit und *individuelle* Werte zu erlangen. In einer Gesellschaftslehre dieser Art gibt es kein echtes Gemeinwohl und keine *gemeinsamen* Werte. Damit sind nicht jene individuellen Werte gemeint, die alle Individuen (jedoch individuell) anstreben. Das wäre "Gemeinsamkeit", die sich rein zahlenmäßig, quantitativ oder extern ergäbe, sozusagen durch Aggregation. In einer solchen Sicht besteht stets die Notwendigkeit, individuelle und kollektive Interessen auszugleichen, sind die "anderen" eine Gefährdung oder zumindest eine Begrenzung der individuellen Freiheit und Entfaltung. Deshalb sind in dieser Sicht die kollektiven Wertmaßstäbe prinzipiell verhandelbar und relativ: Alles ist verhandelbar und veränderbar, solange ein gewisser äußerlicher sozialer Friede erhalten bleibt. Dies wird noch dadurch verstärkt, daß die für alle, universal geltende praktische Wahrheit hinsichtlich Gut und Böse abgelehnt wird.

Mit gemeinsamen Werten sind vielmehr solche Werte gemeint, die sich nur in der menschlichen Gemeinschaft als solcher finden, oder besser gesagt: Es ist die Entdeckung, daß die Person nicht nur selbständiges, sich selbst besitzendes Individuum ist, sondern wesentlich eine Beziehungsdimension in sich trägt. Deshalb ist die Gemeinschaft nicht nur keine Beschränkung des Individuums, sondern vielmehr eine Voraussetzung der persönlichen Entfaltung und echter persönlicher Freiheit. Das Gemeinwohl ist zunächst einmal das "Gut der Gemeinsamkeit".

Dies läßt sich nur verstehen, wenn man begriffen hat, was mit "Zielursächlichkeit" oder ethischer Finalität gemeint ist. Paradigma hierfür ist die ungeheuchelte Liebe. Schon das Adjektiv "ungeheuchelt" verrät, worum es geht und was einem untrüglichen und zugleich unerbittlichen menschlichen Ursinn entspricht. Die geliebte Person — wenn sie wirklich geliebt wird — ist nie Mittel für irgendeinen Zweck außerhalb ihrer selbst, zB politische Kontakte, Geld, ... nicht einmal für den eigenen Genuß an ihren guten Eigenschaften, sondern ist Selbstzweck, Grund für viele Verhaltensweisen, die zeigen, daß die andere Person "wichtig", "Zentrum des Lebens", Anziehungspunkt persönlicher Hingabe ist. Zugleich jedoch ist die geliebte Person "Ursache" intensiven Glücks, das aber vergeht, wenn sich dieses Glück zum Selbstzweck verwandelt und die andere Person zum Mittel der Befriedigung des eigenen Glückstrebens wird. Ein fragiles Paradoxon also, wenn man es auf der Ebene der Gefühle beläßt, aber feste und reifende Haltung, wenn sie von Vernunft und Willen umfaßt wird, ist die Liebe die einzige Haltung, die dem Mitmenschen gerecht wird und dem Grundsatz der Menschenwürde entspricht. Dieser besagt ja, daß jeder Mensch als Selbstzweck und nicht bloß als Mittel behandelt werden darf. Das christliche Gebot universaler Nächstenliebe hat durchaus ein säkulare Entsprechung.

Wenn also von der "Zielursächlichkeit" von Personen, Werten, Tugenden, etc. die Rede ist, darf man sich nicht am wirkursächlichen Schema, dh am technischen Mittel-Ziel-Schema orientieren. Es ist damit vielmehr etwas gemeint, was auch mit "Anziehung", "Zweck", "Sinn", "Bedeutung", wiedergegeben werden kann, Worte, die dem Vokabular der Liebenden vertraut sind.

Es ist sehr wichtig, sich dessen bewußt zu sein, daß es in einer Welt— und Menschensicht, die die Erkenntnisfähigkeit des Menschen in einer vorangehenden Methodenentscheidung auf technisch-naturwissenschaftliche Rationalität reduziert, überhaupt keinen Platz für die "Bedeutung" oder den "Sinn" anthropologischer Phänomene geben kann. Wie soll etwa ein menschliches Lächeln technisch erklärt werden? Es läßt sich naturwissenschaftlich als die Anspannung bestimmter Muskeln beschreiben, die in anderen gewisse physische Reaktionen auslösen, die aber wiederum individuell völlig verschieden und nicht vorhersehbar sein können. Die menschliche, sehr reale Bedeutung des Lächelns kann so jedoch nicht ausgedrückt werden. Aufgrund dieser reduzierten Sichtweise leben ihre Vertreter auch regelmäßig in *praktischer Schizophrenie*: Sie leben gemäß und sehnen sich nach jenen Wirklichkeiten, die sie wegen der Verabsolutierung einer reduzierten, partikulären Wissenschaftsmethode theoretisch leugnen.

Um der Gesamtheit der Wirklichkeit wissenschaftlich gerecht zu werden, bedarf es eben einer *philosophischen* Methode, dh einer systematischen Betrachtungsweise der Gesamtwirklichkeit insofern sie schlechthin ist und nicht insofern sie wägbar, meßbar, etc. ist. Vor allem dürfen nicht aufgrund pseudo-wissenschaftlicher Vorurteile Wirklichkeitsbereiche ausgeblendet werden. Wer sich der Möglichkeit verschließt, daß es jenseits des Partikularen das Universale gibt, dh wer sich der Transzendenz und dem Absoluten verschließt, der kann geistige Wirklichkeiten im allgemeinen — nicht bloß den Glauben — nicht erfassen. Er erhebt — auf in sich widersprüchliche Art und Weise — die Ablehnung des Absoluten zum Absoluten und beweist durch die Irrationalität seines Vorgehens, was er zu widerlegen sucht: Er bedient sich seiner rationalen, und damit universalen, absoluten Erkenntnisfähigkeit, um das Gegenteil dessen zu behaupten, was er gerade tut und vorlebt. Teile der modernen Wissenschaft gleichen daher einem Demonstrationszug gegen die Schwerkraft: Ein sinnloses Aufbegehren und Andenken gegen Evidenzen, das im selben Augenblick ihrer Ausführung nur ihre eigene Verfehltheit bestätigt und das Gegenteil dessen beweist, was behauptet wird.

Schlimm ist, daß dabei die rationale Durchdringung dessen, was der Mensch ist, das Studium anthropologischer Phänomene und daher auch die Ethik verkümmert. Das Gespür für den Menschen und damit der Mensch selbst drohen verloren zu gehen. In einer Sicht, die alles auf "pure Faktizität" reduziert, ist der Mensch ein Organismus mehr in der Welt, bestenfalls mit hoher Vollkommenheitsstufe. Sein Leben kann demzufolge auch keinen persönlichen "Sinn", keine "Bedeutung" haben, sondern ist eine Sache, eine Eigenschaft, die diesem Organismus anhaftet. Menschliches Leben, das entsteht, geboren wird und stirbt, dh Empfängnis, Geburt und Tod sind keine ursprünglichen Erfahrungen menschlicher Personen mehr, die in ihrem Sinn und ihrer Bedeutung gelebt, verstanden und angenommen werden können, sondern sind "Ereignisse", die durch das "Machen" in Besitz genommen oder abgelehnt werden. Die unvermeidliche Folge dieser Einstellung ist der *praktische Materialismus*, den *Johannes Paul II.* in EV folgendermaßen beschreibt: Lebensqualität wird auf materielles Wohlergehen beschränkt, Leiden wird als unnütz angesehen und wird nicht als Gelegenheit personalen Wachstums genützt, besonders wenn es sich um ein "aussichtsloses" Leiden handelt; der Körper wird auf seine reine Materialität verkürzt; die Sexualität wird zur Gelegenheit und zum Werkzeug des eigenen Ich[43]. Auf so-

43 Vgl EV 23.

zialer Ebene hat dies klare Auswirkungen: Anstatt Würde erhält der Mensch bloß Wert. Dh: anstatt Selbstzweck zu sein, der in keine anderen Werte und Güter umgerechnet werden kann, der inkommensurabel ist und über allen Sachen steht, werden der Mensch und sein Leben am Maßstab seiner Leistungsfähigkeit, seiner Zweckmäßigkeit und seiner Nützlichkeit für sich selbst und andere gemessen.

b) Die Kirche im säkularen Staat oder worum es in EV eigentlich geht

aa) Grundsätze

Der "Integralismus", dh die Vermengung und Gleichsetzung von Kirche und Staat, von religiöser und zeitlicher Ebene, widerspricht der im Evangelium enthaltenen Lehre Jesu Christi[44] und daher auch jener der katholischen Kirche, vor allem des II. Vatikanischen Konzils[45] und des Papstes *Johannes Paul II.*[46] Der Klarheit halber seien hier die Grundsätze über das Verhältnis von Kirche und Staat wiederholt, ohne daß sie im Rahmen dieser Arbeit näher ausgeführt werden können[47]:

1. Die katholische Kirche lehrt den christlichen "Dualismus", dh sie anerkennt die Eigenständigkeit sowohl der Kirche als auch des Staates als Institutionen jeweils eigenen Rechts mit verschiedenen Zielsetzungen. Die Kirche sorgt sich um das Heil der Seelen (was durchaus auch eine irdische Dimension hat), während dem Staat das zeitliche Gemeinwohl anvertraut ist.
2. Die jeweilige Eigenständigkeit bedeutet nicht Trennung oder gar Gegensatz beider Ordnungen. Die Autonomie zeitlicher Dinge und daher auch des Staates ist relativ: Sie bedarf Gottes, ihres Schöpfers, um im Vollsinn sie selbst zu sein. Deshalb steht das zeitliche Gemeinwohl — wenn es echt ist — immer dem Heil offen.
3. Die Kirche lehrt natürliche (durch die bloße Vernunft erkennbare) und übernatürliche (durch die mit dem Glauben erleuchtete Vernunft erkennbare) Wahrheiten. Im Bereich der Übernatur lehrt sie nicht nur, sondern besitzt sie

44 Vgl etwa Mt 22, 15 — 21.
45 Vgl GS 36, 40 ff, 76; DH 2, 11.
46 Vgl zB Enzyklika *Centesimus Annus*, n 25.
47 Vgl hiefür zB *E. Colom*, Chiesa e società, Roma (1996) 107 ff; *P. Lombardía/J. Otaduy*, La Iglesia, in: Instituto Martín de Azpilcueta (Hrsg), Manual, 791 ff; *A. Losinger*, »Iusta autonomia«. Studien zu einem Schlüsselbegriff des II. Vatikanischen Konzils, Paderborn (1989), besonders 145 ff; *J. Höffner*, Christliche Gesellschaftslehre, herausgegeben, bearbeitet und ergänzt von L. Roos, Kevelaer (1997) 305 ff.

auch soziale Macht *in der Gemeinschaft der Gläubigen.* Was den zeitlichen Bereich anlangt, mischt sie sich nicht in Fragen zeitlicher Ordnung ein, sondern verkündet die Grundsätze und urteilt moralisch auch in Spezialnormen, wie sie es etwa in der Soziallehre, VS und EV getan hat.

Worum geht es nun eigentlich in EV? Welchen Charakter tragen die Forderungen der Kirche im Bereich des Lebensrechts? Es wird damit die Frage nach der Einordnung dieser Lehre in das Beziehungsgefüge zwischen Staat und Kirche gestellt. Zunächst ist festzuhalten, daß es sich *nicht* um einen Anspruch der *libertas Ecclesiae* handelt, dh nicht um einen Anspruch der Institution Kirche gegenüber der Institution Staat auf selbständige Regelung ihrer inneren Angelegenheiten. Es geht auch nicht um die Einforderung eines Rechts der Kirche, das der Staat ihr oder ihren Gläubigen gewähren soll. Die Forderung nach staatlichem Lebensschutz und nach gesellschaftlicher Achtung der Person sind ebensowenig Forderungen der Religionsfreiheit, dh der Möglichkeit, eigene Gewissensüberzeugungen ungehindert leben und äußern zu dürfen. Nur in untergeordnetem Maße sind die in EV aufgestellten Prinzipien individualethische Postulate. Freilich sind sie das auch, weil bestimmte Handlungen für in sich schlecht und unzulässig erklärt werden. Zuvörderst und in erster Linie stellt der Papst in EV Grundsätze der christlichen Gesellschaftslehre auf, die den Staat *als solchen* betreffen, seine "Verfassung" im materiellen und grundlegenden Sinn. Der Staat selber ist krank. Das ist die Sorge des Papstes, die ihn zur Abfassung von EV veranlaßt. Insofern nimmt EV eine ganz besondere Stellung ein unter den anderen lehramtlichen Dokumenten zur Gesellschaftslehre, von denen sie sich abhebt. In "Mit brennender Sorge" mußte der Bischof von Rom die Menschenwürde, liberale Rechte und die *libertas Ecclesiae* gegen Übergriffe des Staates verteidigen, in den Verurteilungen des Marxismus und in anderen sozialethischen Dokumenten geht es um die mehr oder weniger gerechte Güterverteilung und andere drückende gesellschaftliche Probleme. Ähnlichkeit weist EV mit *Rerum novarum* auf: Auch in dieser Enzyklika mahnte die Kirche den mangelnden Schutz einer Kategorie von Personen an, die der skrupellosen Ausbeutung ausgesetzt waren[48]. Die gegenwärtigen Probleme der Lebensrechtsverletzungen sind jedoch bei weitem schlimmer: Es geht nicht mehr um den ungenügenden Schutz der Arbeiterklasse, sondern um die direkte, vorsätzliche Tötung von Menschen, die der Staat durch Abtreibungs— und Euthanasiegesetze ausdrücklich gutheißt. Der Staat gibt sich jedoch selber auf, wenn er in seiner Rechtsordnung ausdrücklich den Lebensschutz aufgibt. Es geht in EV nicht um die Liberalität des Staates, den sozialen Schutz, um Pluralismus, um mehr oder weniger Gerechtigkeit, sondern um den Staat selber, dh um das "Staatsein" des Staates. Wo der

48 Vgl EV 5.

Staat nicht die grundlegenste aller Forderungen des Gemeinwohls erfüllt, die sein Zweck ist, wo er seine eigene Grundlage, nämlich das Lebensrecht, verrät, dort hört er auf, überhaupt Staat zu sein[49]. Der Staat selber ist krank, oder, um es theologisch zu formulieren: Er ist erlösungsbedürftig. So wie alles Geschaffene, hat Christus auch den Staat erlöst, und der Staat bedarf der ständigen Aktualisierung dieser Neuschöpfung in Christus[50]. In EV stellt sich *Johannes Paul II.* bewußt mitten in den liberalen, demokratischen, pluralistischen, säkularen sozialen Rechtsstaat hinein, um von dessen eigener Logik ausgehend und unter Verwendung der epochentypischen Sprache eine *cooperatio ad sanationem* zu leisten. Die Kirche ist Salz und Sauerteig der Gesellschaft und sie trägt nichts an den Staat heran, was diesen von sich selbst entfremden würde. Im Gegenteil: Das Anliegen der Kirche ist die Selbstfindung des Staates und die Treue zu seinem eigenen Wesen.

bb) Die Unverzichtbarkeit der politischen Wirkungen des Christentums

Nun läßt sich aber trotzdem weiterfragen: Ist der Versuch der Einflußnahme auch nur in den Grundsätzen oder durch moralische Urteile nicht dennoch Einmischung der Kirche im staatlichen Bereich? Ist die Lehre der Kirche, auch jene im Bereich des Humanum, für den säkularen Staat, für die darin betriebene Rechtswissenschaft und Politik nicht einfach irrelevant, weil arational (wenn nicht gar irrational)?

Hermeneutisch gesehen ist eine solche von vornherein ablehnende Position armselig. Vom Blickpunkt der Kirche aus gesehen handelt es sich freilich auch bei EV um Verkündigung mit einer spezifischen "kircheninternen" Autorität und Verbindlichkeit. Aber der Inhalt der Verkündigung ist nicht bloß in religiösen Parametern (Dogmen, Lehrsätze, etc.) zu begreifen. EV ist vor allem Sinnangebot, Versuch der Erklärung von Bedeutsamkeiten urmenschlicher Phänomene (Leben, Tod, Leiden, Empfängnis, etc.), die verstanden, nicht bewiesen werden sollen. Wer sich durch Äußerungen der Kirche nicht autoritativ gebunden fühlt, darf sich trotzdem nicht *a-priori* den Aussagen in sich verschließen. Das wäre Antiaufklärung oder Dogmatismus im Namen der Aufklärung. Nur weil ein Text in einem bestimmten Kontext Autorität besitzt, heißt das nicht, daß er in einem anderen Kontext allein schon deshalb bedeutungslos wäre. Es wäre ein Vorurteil, eine naive aufklärerische Illusion, ein Verrat an der Vernunft, wenn sich die Ver-

---

49 Vgl besonders EV 20.

50 Vgl *P. Rodríguez*, Pastori e laici: distinzioni dei loro ruoli nella dottrina sociale della Chiesa, in: J. Joblin/R. Tremblay (Hrsg), I cattolici e la società pluralista, Bologna (1996) 158 ff, 196.

nunft von vornherein und ohne sich ihm zu stellen, einem bislang unbekannten Sinnhorizont verschließen würde[51].

Viel wäre bereits dadurch gewonnen, wenn über diese Fragen *sachlich* diskutiert werden könnte. Öfters hat es jedoch den gegenteiligen Anschein, nämlich daß die ethische Diskussion durch eine "Pan-Ideologisierung" verunmöglicht wird, weil die wirklich wichtigen Fragen, die Kernpunkte und die tiefen, möglicherweise unbewußten Absichten und Ängste, die sich hinter gewissen Positionen verbergen, nicht ausgesprochen, sondern in vorgefaßten Urteilen vorentschieden werden. Dies gilt etwa für die Behauptung, daß die Lehre der Kirche im Bereich natürlicher Wahrheiten, oder auch nur eine christlich inspirierte Philosophie unweigerlich in einen "fanatischen Dogmatismus" und "Intoleranz" mündeten und daher mit der Demokratie unvereinbar seien. Warum wird über diesen Punkt und die *Inhalte* der kirchlichen Verkündigung nicht offen diskutiert? Warum werden mühsam riesige Rechtfertigungsgerüste errichtet, um höchst einfache Aussagen und Motive zu cachieren[52]?

J. Ratzinger hat die Gefahr und zugleich die Unverzichtbarkeit des Christentums für den modernen Staat meisterhaft analysiert[53]. Den wenigsten ist bewußt, daß schon die bloße Möglichkeit der Ablehnung der Religion im Namen des Staates und der von ihm garantierten Freiheit überhaupt erst eine ideelle Errungenschaft des Christentums ist (wenngleich diese Freiheit oft den mit der Kirche verbundenen Machthabern des *ancien regime* abgetrotzt werden mußte). Der Rahmen, in der sich die gegenwärtige Diskussion bewegt, ist daher ein typisch und unverwechselbar christlicher, und es ist kein historischer Zufall, daß Aufklärung, Liberalismus und Menschenrechte in Ländern christlicher Tradition entstanden und letztlich nur in dieser Tradition gedeihen können. Erst der christliche Glaube hat nämlich "die Identifikation von Staat und Religion zerschnitten, dem Staat damit die Totalität genommen und mit der Differenz des Glaubens gegenüber dem staatlichen Bereich dem Menschen die Vorbehaltenheit seines eigenen Seins mit Gott und vor Gott gegeben, in der Gott ihn mit einem Namen ruft, den niemand sonst kennt (Offb 2, 17). Die Freiheit des Gewissens ist der Kern aller Freiheit"[54]. Im Gewissen wird sich der Mensch seiner seinshaften

---

51 Vgl *F. D'Agostino*, La vita e il diritto: L'*Evangelium Vitae* letta da un giurista, Anthropotes 1995, 129 ff, 130.

52 Vgl *A. Rodríguez Luño*, Etica, Florenz (1992) 22.

53 Vgl *J.Ratzinger*, Kirche, Ökumene und Politik (1987) bes 190 ff.

54 *J. Ratzinger*, Kirche, 181; vgl auch *Johannes Paul II.* Den Frieden auf soliden Grundlagen aufbauen. Ansprache anläßlich des Symposiums zum Thema "Die Kirche und die Menschenrechte" in Rom vom 14.-16.11.1988, in: Päpstlicher Rat *Justitia et Pax*, Die Kirche und die Menschenrechte. Historische und theologische Reflexionen,

Verwiesenheit auf Gott bewußt. Das Gewissen ist zugleich Organ der Gottunmittelbarkeit eines jeden Menschen und Ausdruck seines geschaffenen Wesens, der Unbeliebigkeit der menschlichen Existenz und ihrer seinshaften Bindung.

Der christliche Glaube ist für die Begründung des staatlichen Ethos unverzichtbar, denn er erweckt das Gewissen und begründet und ermöglicht das Ethos des Humanum. Wie bereits dargestellt, bildet die Reduzierung der Vernunft auf Berechenbares die Wurzel der gegenwärtigen Kulturkrise. Der Versuch, den Menschen von außen her, vom Quantitativen und Meßbaren aus zu befreien, muß fehlschlagen, denn das käme der Unterordnung der Freiheit unter den Zwang, des Geistigen unter das Quantitative gleich. Ohne Christentum gibt es kein Ethos: "Die Vernunft braucht Offenbarung, um als Vernunft wirken zu können. Die Beziehung des Staates auf den christlichen Grund ist unerläßlich, gerade wenn er Staat bleiben und pluralistisch sein soll"[55].

cc) Das Verhältnis von Glaube und Vernunft in der Moral

Dies bedarf einer Erläuterung. Dem christlichen Verständnis entspricht *nicht* der Gegensatz zwischen Vernunft und Glaube, sondern das Begriffspaar "Vernunft und vom Glauben bereicherte Vernunft". Dies bedeutet zunächst, daß das erwiesenermaßen Falsche, Irrationale, historisch Unwahre, etc auch nicht Gegenstand des Glaubens sein kann. Glaube ist Zustimmung zur geoffenbarten *Wahrheit*, die eine "Verlängerung" oder ein Licht *innerhalb* der menschlichen Vernunft ist. Gewiß gibt es im Glauben das "Geheimnis": Neue innere operative Prinzipien (Gnade, eingegossene Tugenden), das neue Gesetz (Christus), neue Mittel (Sakramente, Kirche), etc, die dem bloßen Verstand, und damit auch dem säkularen Staat, dem Nichtglaubenden, der Philosophie, der Naturwissenschaft etc entgehen. Unrichtig wäre es jedoch, die übernatürliche Dimension von vornherein auszuschließen und die philosophische *Denkmöglichkeit* des "reinen Humanum" (Mensch ohne Gott) zur ausschließlichen Wirklichkeit zu erheben[56]. Es ist eine schwer "beweisbare", aber stets unmittelbar beobachtbare und damit rationale Erfahrung, daß, wer sich mit dem "reinen Humanum" begnügen will, hinter dem Humanum zurückbleibt und unmenschlich wird. Dies ist nicht verwunderlich, denn "das Geschöpf sinkt ohne den Schöpfer ins Nichts (...). Überdies wird das Geschöpf selbst durch das Vergessen Gottes unverständlich"[57]. Christliche Moral hingegen ist Moral im Kontext der Erlösung oder besser gesagt Moral "in

---

Bonn (1991), Arbeitshilfen Nr. 90 des Sekretariats der Deutschen Bischofskonferenz, Seiten 7 ff.

55 *J. Ratzinger*, Kirche, 195.

56 Vgl *A. Rodríguez Luño*, Etica, 77 ff.

57 GS 36.

Christus". Die Person Jesu Christi, vollkommener Gott und vollkommener Mensch[58], offenbart dem Menschen den Menschen und löst alle Spannungen zwischen Glaube und Vernunft, Ethik und Moral, Gott und Welt auf. Er stellt das Humanum in seiner ursprünglichen moralischen Vollkommenheit wieder her, gibt das Gesetz der Liebe und die Gnadenmittel es zu erfüllen[59]. "Nur ein der christlichen Moral entsprechendes Leben, ein Leben in Christus, dessen Teilhabe sich im Geheimnis der Kirche vollzieht und auf der Gnade des heiligen Geistes gründet, vermag dem Menschen die Mittel und die Hoffnung zu geben, den Anforderungen des Humanums, der Würde des Menschseins voll zu entsprechen"[60].

Es ist daher die bewußt im Dialog mit dem säkularen Staat vertretene Position der Kirche: Der Glaube ist *universaler* als die bloße Vernunft, die Geheimnisse des christlichen Glaubens ermöglichen in ihrer Bedeutungsfülle und —tiefe einen breiteren rationalen Diskurs in der Gesellschaft mit höherer Zustimmungserwartung als dies die reine *Ratio* leisten kann. Zugleich lehnt das Christentum sowohl die Überdehnung seines Wahrheitsanspruchs ab, vor allem die Vermengung zeitlicher und ewiger Ordnung, als auch den religiösen Charakter des geltenden öffentlichen Rechts und ist daher Widerpart jedes staatlichen Totalitarismus. Trotzdem ist die Kirche nicht "eine von vielen gesellschaftlichen Kräften" mehr. Dies käme einer Rücknahme des Wahrheitsanspruchs des Christentums gleich. Die Kirche ist ebensowenig Repräsentanz eines "religiösen Bedürfnisses", sondern "Ort einer absoluten, den Staat überbietenden Öffentlichkeit" unter dem legitimierenden Anspruch Gottes, wobei gerade dieses Selbstverständnis in der Sphäre des staatliches Rechts keine adäquate Darstellung finden kann. Es liegt also eine Aporie vor, die eine Balance erfordert: Wenn die Kirche diesen Anspruch aufgibt, bewirkt sie gerade auch für den Staat nicht mehr, was er von ihr braucht; wenn der Staat jedoch diesen Anspruch annimmt, hebt er sich als pluralistischer auf. Deshalb der "christliche Dualismus", der sich in der Freiheit der Kirche und der Freiheit des Staats äußert. Je nach der geschichtlichen Lage ist die Gefahr der Verfehlung nach dem einen oder dem anderen Pol zu größer. Gegenwärtig scheint sich der Staat seiner Wertverwiesenheit zuwenig bewußt zu sein: Individuellen "Interessen" wird öffentliches Gewicht beigemessen, "Werte" hingegen werden "privatisiert". Der Staat "muß erkennen, daß ein Grundgefüge von christlich fundierten Werten die Voraussetzung seines Bestehens ist. Er muß

58 Vgl *Symbolum Quicumque*: "Perfectus Deus, perfectus homo: ex anima rationali et humana carne subsistens."

59 Vgl GS 22, VS 53.

60 *M. Rhonheimer*, Natur als Grundlage der Moral. Die personale Struktur des Naturgesetzes bei Thomas von Aquin: Eine Auseinandersetzung mit autonomer und teleologischer Ethik, Innsbruck/Wien (1987) 416.

in diesem Sinn sozusagen einfach seinen historischen Ort erkennen, den Erdboden, von dem er sich nicht gänzlich lösen kann, ohne zu zerfallen. Er muß lernen, daß es einen Bestand von Wahrheiten gibt, der nicht dem Konsens unterworfen ist, sondern ihm vorausgeht und ihn ermöglicht"[61]. Der Kampf um die *Öffentlichkeit* des Christentums, dh um die Maßgeblichkeit christlicher Werte in Gesellschaft und Gesetzgebung und nicht nur im privaten Bereich, ist der Kampf um den Grundbestand an Menschlichkeit und an menschlichem Maß, den auch der Staat braucht. "Wenn wir das nicht wieder einsehen und entsprechend Demokratie auf Christentum zu, Christentum auf den freien demokratischen Staat hin leben lernen, werden wir die Demokratie mit Sicherheit verspielen"[62].

Tatsächlich ist der Kampf gegen Kirche und Christentum im Namen individueller Freiheit und der Demokratie ein heilloser Anachronismus. Sicherlich, es gab eine Zeit, in der eine solche Haltung verständlich war. Als nämlich die Kirche sozial mit dem *ancien regime* autoritärer Prägung verquickt war. Gerade auch durch den zT anti-christlichen Kampf der Aufklärung, des Liberalismus, der Freimaurerei etc ist sich die Kirche des Wertes individueller und gesellschaftlicher Freiheit, der Menschenrechte etc tiefer bewußt geworden. Heutzutage jedoch ist eine Politik aktiver und passiver Zerstörung, Erstickung und Ausgrenzung des Christentums im selben Ausmaß Zerstörung und Zersetzung der Demokratie und der individuellen Freiheit[63]. Eine historische Versöhnung ist daher längst überfällig: Es geht um den Aufbau und den Erhalt *wirklich freier* Gesellschaften, die nicht auf dem Treibsand des ethischen Relativismus gedeihen, sondern nur auf dem zuverlässigen Boden der Wahrheit.

Das Dialogangebot von Seiten der Kirche hat *Johannes Paul II.* in VS und EV unterbreitet. Es darzustellen, seine Anziehungskraft und Plausibilität aufzuzeigen, ist Aufgabe der folgenden Kapitel.

---

61 *J. Ratzinger*, Kirche, 196.
62 *J. Ratzinger*, ebda, 193.
63 Vgl *H. Hude*, Rinnovamento, 380.

II. Das moralische Gesetz

1. Überwindung einer legalistischen Moral

a) Einleitung

Zur Darstellung des Themas eröffnen sich mehrere Zugänge. So wäre es etwa naheliegend, von der christlichen Naturrechtslehre auszugehen, die Erkennbarkeit und das Wesen des natürlichen Sittengesetzes zu behandeln, um danach dessen Eigenschaften zu erläutern. Hier soll jedoch der umgekehrte Weg beschritten werden: Zunächst sollen die Eigenschaften des als moralisch verkündeten Gesetzes dargelegt werden, um anschließend zum Naturrecht zu gelangen. Dies aus folgenden Gründen: Auf diese Weise werden erstens die Neuartigkeit und Besonderheit des moralischen Gesetzes in der modernen kirchlichen Lehrverkündigung hervorgehoben, und zweitens wird deshalb ein Nachdenken des Lehramts, das vom Glauben ausgeht, erleichtert.

Der erste Schritt zum Verständnis dessen, was das "moralische Gesetz" ist, besteht in einer Negation: Das moralische Gesetz (das natürliche Sittengesetz, die moralischen Verbote und Gebote, etc) ist *nicht* Gesetz im Sinn des staatlichen Gesetzes. Diese scheinbar banale Aussage ist alles andere als banal. Wie noch zu zeigen sein wird, ist gerade diese — oft unbewußte — Vermengung Quelle zahlreicher Verzerrungen, Entstellungen und auch praktischer Probleme. Die Gleichsetzung des Wesens von moralischem und staatlichem Gesetz (von Moral und Recht) ist gewiß naheliegend: Den Begriff "Gesetz" übernehmen wir vom staatlichen Gesetz, das wir unmittelbar erleben und das leicht erkennbar ist. Trotz der Wortgleichheit sind jedoch das moralische und das staatliche (juridische) Gesetz zwei verschiedene Wirklichkeiten, die streng zu unterscheiden sind und verschiedene Methoden erfordern: Die Rechtswissenschaft kann nicht moralisch, aber vor allem kann die christliche Moral nicht juridisch begriffen werden[64]. Das natürliche Sitten*gesetz*, das moralische *Gesetz* ist als innerliches, nicht

64 Vgl *J. Hervada*, La ley del Pueblo de Dios como ley para la libertad, in: Pontificio Istituto Giovanni Paolo II per studi su matrimonio e famiglia, Università Lateranense/Centro Accademico Romano della Santa Croce, Università di Navarra (Hrsg), Persona, Verità e Morale. Atti del Congresso Internazionale di Teologia Morale, Rom (1987) 379 ff (in der Folge wird dieses Sammelwerk mit Persona, Verità e Morale zi-

geschriebenes, praktisches Urteil der praktischen Vernunft[65], das sich in einem Willensakt manifestiert, in einem anderen, nur *analogem* Sinn "Gesetz"[66].

b) Der "ethische Gesichtspunkt" im moralischen Gesetz

Um seinen spezifischen Sinn zu erfassen, muß man das Gesetz als *moralisches* begreifen, dh es ist erforderlich, es in seinem originären ethischen Kontext zu sehen. Es kommt also auf den *ethischen Gesichtspunkt* an. Eine ganze Reihe von Wissenschaften, vor allem die Sozialwissenschaften, aber auch die Politik, die Technik, die Medizin, etc studieren und analysieren menschliche Handlungen und klassifizieren sie als nützlich, korrekt, sozial, gesundheitsfördernd und anzuratend, etc, dh als gut im Hinblick auf ein bestimmtes Ziel. Unter der Annahme, daß jemand gesund sein will, ist es "gut", daß er sich auf eine bestimmte Art und Weise verhält; unter Zugrundelegung eines bestimmten politischen Ziels, ist eine bestimmte Maßnahme "gut", weil zweckmäßig; unter der Annahme der Geltung einer bestimmten sozialen Gewohnheit, ist ein entsprechendes Verhalten "gut", weil sozialadäquat. Wie leicht ersichtlich, beschränkt sich diese "Güte" auf eine Mittel-Ziel-Analyse: Was geeignet und zweckmäßig ist, um ein bestimmtes *relatives* Ziel zu erreichen, erscheint als technisch, politisch, medizinisch, etc gut. Hievon wird der ethische Gesichtspunkt unterschieden: Gut und Böse im moralischen Sprachgebrauch haben einen absoluten, schlechthinigen Sinn, denn es geht dabei um die Beurteilung menschlicher Handlungen als solcher in ihrer Gesamtheit. Es geht in der Ethik um das *umfassende* Wohl der menschlichen Person, nicht bloß um dessen Teilaspekte; um die Frage also, ob eine Handlung den Menschen *als Menschen* vervollkommnet und nicht bloß als Techniker, Arbeiter, Träger sozialer Macht, Genießender, etc[67]. Aufgrund dieser Unterscheidung ist es möglich, zwischen einem technisch perfekten, dh in diesem Sinn "guten" Banküberfall oder Terroranschlag zu sprechen, ihn aber zugleich moralisch zu verurteilen. Der Gesichtspunkt des schlechthin Guten, der moralische Gesichtspunkt, ist ein absoluter. Die Aussage: "Es wäre zwar gut, dies oder jenes zu tun, das Gute muß aber hier zurückstehen", ist ethisch sinnlos, denn das ethisch Gute

---

tiert); *R. García de Haro*, La legge morale e le norme civili, in: Persona, Verità e Morale, 361 ff, 361.

65 Vgl VS 59 f.

66 Vgl *A. Rodríguez Luño*, Etica, 214.

67 Vgl *A. Rodríguez Luño*, Etica, 9 ff; *R. Spaemann*, Moralische Grundbegriffe, München, 5. Auflage (1994) 11 ff.

ist gerade das, was nie zurücksteht[68]. Dies gilt unabhängig von dem, was im konkreten Fall als ethisch gut betrachtet wird: In jeder Handlung wird etwas als absolut beurteilt, als Maßstab oder letztbegründendes Ziel einer Handlung. Es geht also um das, was *in sich* gut oder schlecht ist, um die jeweiligen Letztbegründungen. Allerdings wird der Blick auf diese, auch in der modernen Ethik, nicht selten durch Reduktionen verstellt, etwa durch die Einengung aller Ethik auf *Sozial*ethik, auf eine "soziale Institution", die ein geordnetes Zusammenleben garantieren soll[69]. Dies läßt die Frage nach dem persönlichen Lebensentwurf unbeantwortet. Mehr noch: Es besteht eine kulturelle Abwendung von der Moral zugunsten der Technik, die gar nicht primär auf der Flucht vor der Mühsal des Moralischen, sondern auf dem Verdacht seiner Unvernünftigkeit beruht. Gerade weil "Letztbegründungen" *Finalitäten* sind und nicht in das naturwissenschaftliche Wirkursächlichkeitsschema hineinpassen, wird die Moral schlechthin in den Bereich der Unvernunft verwiesen. Der Wunsch nach "exakter" Darstellung der Moral führt zum Versuch eines "ethischen Kalküls", zB der Berechnung des Verhältnisses von günstigen und ungünstigen Wirkungen einer Handlung. Damit hat aber die Ethik als solche abgedankt, weil es so das in sich Gute und Böse nicht mehr gibt und der ethische Gesichtspunkt folglich aufgegeben wird[70]. Naturwissenschaftliche Methoden können nur das Phänomenische, Gegenständlich-Meßbare und Quantifizierbare erkennen und studieren. Der Mensch jedoch hat *Innerlichkeit*, die sich mit einer bloß quantifizierbaren Methode nicht adäquat beschreiben läßt. In dieser Innerlichkeit sind Freiheit, Wille und Verstand, und damit auch Handlung, Ziel, Bedeutung und Letztbegründung, und daher auch Ethik und Moral angesiedelt.

c) Kurzer historischer Abriß der legalistischen Interpretation der Moral

Dennoch ist im Lauf der Geschichte auch der Moraltheologie diese Sphäre der Innerlichkeit in den Hintergrund geraten. Grund für den Verlust der Innerlichkeit ist der moralische Voluntarismus und Legalismus, der vor allem mit *Ockham* Eingang in die abendländische Geistesgeschichte gefunden hat[71]. Die Moral, vor

68 Vgl *R. Spaemann*, Grundbegriffe, 89; vgl auch *ders*, Glück und Wohlwollen. Versuch über Ethik, Stuttgart, 2. Auflage (1990) 15 ff.

69 Vgl *V. Possenti*, La "Veritatis Splendor" y la renovación de la vida social y política, in: G. del Pozo Abejón (Hrsg), Comentarios a la "Veritatis Splendor", Madrid (1994) 739 ff, 742.

70 Vgl *J. Ratzinger*, Kirche, 187 f.

71 Vgl *S. Pinckaers*, Las fuentes de la moral cristiana, Pamplona (1988) 313 ff. Für die Bedeutung des Voluntarismus schon bei Duns Scotus und seinen Einfluß auf das

allem das moralische Gesetz wird als Ausdruck des alleinigen, ausschließlichen und souveränen Entschlusses des göttlichen Willens begriffen. Ohne Rückbindung an ein objektives Gut und Böse könne Gott willkürlich befehlen, was zu tun (und *daher* gut) und was zu unterlassen (und *daher* böse) sei: *bonum quia iussum, malum quia prohibitum*[72]. Theologisch und metaphysisch betrachtet, ist eine solche Auffassung unhaltbar: Gott ist lauter Güte, und sein Wille ist mit seinem Sein identisch. An dieser Güte nimmt der Mensch mittels seiner personalen Natur teil und entdeckt mit seiner Vernunft die Regeln der eigenen Entfaltung, dh das natürliche Sittengesetz. Trotzdem hat sich dieser moralische voluntaristische Legalismus tief festgesetzt. Er begreift das natürliche Sittengesetz, das moralische Gesetz nicht als Ausdruck einer Wahrheit über das Gute für die menschliche Person, das der menschliche Verstand begreifen kann, sondern als Diktat des Willens des göttlichen Gesetzgebers. So wurden die moralischen Gesetze dem Modell positiver ziviler Gesetze angenähert[73]. Als von außen an den Menschen herangetragene, im Grunde nicht verständlich zu machende heteronome Befehle, nehmen sie den Charakter eingrenzender Normen an, die mit der eigenen Persönlichkeit, der Freiheit, dem Herzen und den Gefühlen nichts zu tun haben. Die legalistische Moral faßt Gesetz und Freiheit als Gegensätze auf: Wo Gesetz, dort keine Freiheit[74]. Dies ist ein Verständnis, das bis zu einem gewissen Grad dem staatlichen Gesetz entsprechen mag, wie es nirgends präziser und deutlicher als in den zeitlosen, altliberalen Geist kristallisierenden Formulierungen der "Déclaration des droits de l'homme et du citoyen" von 1789 zum Ausdruck kommt[75]. Tatsächlich kommt auch in den gegenwärtigen Spielarten legalistischer Moral, etwa in Teilen der politischen Philosophie, in Wirklichkeit eine juristische Methode zur Anwendung[76].

Wie *A. MacIntyre* hervorhebt, geht es bei der Frage nach der ethischen Methode um die Wahl der Grundfrage, um die Festlegung des Erkenntnisinteresses. Die typisch neuzeitliche Ethik weicht von der aristotelisch-thomasischen Ethik-

---

Konzept des Naturrechts vgl etwa *F. Inciarte*, Naturrecht oder Vernunftethik?, Rechtstheorie 1987, 291 ff.

72 Vgl *R. García de Haro*, La vita cristiana, Mailand (1995) 48 f; *E. Molina*, La moral entre la convicción y la utilidad, Pamplona (1996) 39 ff.

73 Vgl *L. Melina*, Formare la coscienza nella Verità, in: Veritatis Splendor. Atti del Convegno dei Pontifici Atenei Romani, Vatikan (1994) 55 ff, 62.

74 Vgl *E. Molina*, La moral, 65.

75 Dort heißt es in Art IV: "La liberté consiste à pouvoir faire tout ce, qui ne nuit pas à autrui: ainsi l'exercise des droits naturels de chaque homme n'a des bornes que celles, qui assurent aux autres membres de la société la juissance de ces mêmes droits. Ces bornes ne peuvent être déterminées que par la loi." Also: Das Gesetz ist die Grenze der Freiheit; wo Gesetz, da keine Freiheit.

76 Vgl *A. Rodriguez Luño*, Etica, 170.

tradition ab. Diese ist eine Moral der Tugenden[77] und stellt die Ausgangsfrage: "Was für ein Mensch soll ich werden?" Moralische Gesetze (Gebote und Verbote) spielen in dieser Sicht eine untergeordnete, dienende Rolle: Sie bestimmen das unerläßliche Minimum der Tugend[78]. Für die typisch neuzeitliche Moralphilosophie hingegen ist die Frage nach den Ge— und Verboten vorrangig: "Welche Gesetze soll ich befolgen und warum?"[79]. Dies ist durchaus im Einklang mit der Abkehr vom teleologischen Welt— und Menschenbild und der damit einhergehenden Sinn— und Bedeutungslosigkeit des Menschen und der Gemeinschaft als solchen. Die Frage nach dem Ziel des Menschen, damit auch nach den Tugenden und gemeinsamen Werten wird unbeantwortbar. Typischerweise treten daher stoische Denk— und Handlungsmuster auf, die das Gesetz, das nicht unbedingt finales Denken erfordert, in den Mittelpunkt stellt[80]. Die Tugenden werden zu nützlichen Eigenschaften, die die Gesetzeserfüllung fördern, stehen daher im Dienst des Gesetzes.

Auch die post-tridentinische katholische Reform hat die Neigung zur legalistischen Moral nicht unwesentlich mitverursacht. Als Reaktion auf den moralischen Nominalismus ockhamscher und reformatorischer Prägung wurde betont, daß das moralische Gesetz in die menschliche Natur eingeschrieben sei. Darin manifestiere sich der göttliche Wille, der so dem menschlichen Verstand zugänglich sei. Aufgrund der Universalität der menschlichen Natur sei auch das moralische Gesetz universell. Aufgabe des Moraltheologen sei die Anwendung der universellen Gesetze auf einzelne Gewissensfälle. Besonders letztgenannte Aufgabe entspricht dem dringenden Anliegen des Konzils, gute Beichtväter auszubilden. Moraltheologie wurde geradezu auf dieses — gewiß sehr wichtige — Ziel beschränkt: die praktische Befähigung zur Spendung des Bußsakraments. Dafür ist es jedoch in erster Linie erforderlich zu wissen, was Sünde ist und was nicht, wofür wiederum das Gesetz, vor allem in seiner negativen Verbotsdimension eine zentrale Stellung einnimmt. Die post-tridentinische Moral folgte daher auch einem strikt gesetzesorientierten Aufbau. In ihrem allgemeinen Teil wurden in der Regel vier Themen behandelt: Das Gesetz (das natürliche Sittengesetz, die Zehn Gebote im allgemeinen, die Kirchengebote), das Gewissen, die Handlung, die Sünde. Die spezielle Moral entsprach in ihrem Aufbau den Zehn Geboten. Davon getrennt wurde, vor allem für Ordensleute, ein "Weg der Vollkommenheit" gelehrt, der den gewöhnlichen Menschen und Christen angeblich überstei-

77 Vgl *S. Pinckaers*, Universalité de la loi morale et liberté, in: Persona, Verità e Morale, 341 ff, 353.
78 Vgl auch *M. Rhonheimer*, Natur, 272.
79 Vgl *A. MacIntyre*, After Virtue, 118 f.
80 Vgl *A. MacIntyre*, ebda, 170.

ge: Das Streben nach Tugenden und die damit verbundene Askese und Mystik[81]. Mit dieser Grundausrichtung der Moral sind jedoch auch etliche Prämissen des Nominalismus übernommen worden. So vor allem der indifferente Freiheitsbegriff und die ihm immanente Gegensätzlichkeit von Freiheit und Gesetz, das jene scheinbar "von außen" begrenzt. Für *Ockham* besteht Freiheit wesentlich in der Fähigkeit, zwischen Gegensätzlichem zu wählen. Der Wille wird dabei von nichts anderem bestimmt als von seiner eigenen Entscheidung. So befindet sich der Wille vor jeder Entscheidung in einem Zustand der Indifferenz, völlig ungebunden von allem, was nicht er selber ist. Weder Vernunft, noch natürliche Neigungen, noch äußere Ziele können die Freiheit in irgendeiner Weise innerlich bedingen, vermehren oder mindern[82]. Weiters fand Eingang in die posttridentinische Moral: Die Überbetonung der Kasuistik, die Fixierung auf den Einzelfall, der stets in einem nicht gänzlich aufzulösenden Spannungsverhältnis zu den notwendigerweise allgemein formulierten und daher nicht alle Einzelfälle berücksichtigenden Gesetzen steht. In dieser Überbetonung typisch juridischen "Falldenkens" liegt auch der Grund für die anhaltenden Spannungen zwischen "Laxismus" und "Rigorismus", wobei die "Pflichtenmoral" strukturell zum moralischen Minimalismus neigt, weil sie säuberlich zwischen Erlaubtem und Verbotenem zu scheiden hat. Die Tugend spielt hier keine unmittelbare Rolle[83].

Hinzukommt, daß die menschliche Natur, auch wenn die legalistische Moral sich auf sie beruft, in dieser Sicht in Wirklichkeit einen prämoralischen Bereich bildet, weil die menschliche Natur der Freiheit und der Vernunft äußerlich bleibt. Damit wurde die menschliche Natur fast unweigerlich nach Art der physischen oder biologischen Gesetze begriffen und eine Spaltung zwischen Freiheit und Natur bewirkt: Die Natur wird zum "Objekt" der Wahlfreiheit. Gemäß *Ockham* bestimmt der freie Wille den Sinn der Natur und der natürlichen Neigungen im Menschen: Wo Freiheit herrsche, dort sei Nicht-Natur, wo Natur sei, dort herrsche keine Freiheit[84].

Der indifferente Freiheitsbegriff zerreißt ferner das Verhältnis zwischen Freiheit und Vernunft. Die Vernunft kann nach dieser Theorie das moralische Gesetz nicht einsehen. Es gibt auch keine Natur, auf die sich der Verstand stützen könnte. Die Vernunft muß sich darauf beschränken, den bloßen Willen des göttlichen Gesetzgebers zu erkennen. Dies entweder in imperativen Anordnungen der Offenbarung oder in einem unmittelbaren kategorischen Imperativ in unserem Gewissen, den wir nicht begründen können. Jedenfalls ist das

---

81 Vgl *S. Pinckaers*, Lecture, 12; *E. Molina*, La moral, 65 ff.

82 Vgl *R. García de Haro*, La vita cristiana, 48; *E. Molina*, La moral, 41.

83 Vgl *S. Pinckaers*, Universalité, in: Persona, Verità e Morale, 354 f.

84 Vgl *E. Molina*, La moral, 43; *S. Pinckaers*, Universalité, 343 f; *R. García de Haro*, La vita cristiana, 49.

Ideal dieser Moral: Der Gehorsam aus Achtung vor dem Gesetz ohne nach Motiven zu suchen, da es keine gibt außer dem Willen Gottes[85].

Das tiefe Unbehagen mit dieser Art der Moraltheologie hat nach dem II. Vatikanischen Konzil zu einer Neukonzeption der Moraltheologie geführt, die nicht in jeder Hinsicht problemfrei und mit der christlichen Offenbarung im Einklang ist. VS ist die offizielle Stellungnahme des Lehramts zur moraltheologischen Erneuerungsbewegung, die im Anliegen und der Grundausrichtung gutgeheißen und ermuntert wird. Freilich mußten dabei auch gewisse Positionen als mit dem Glauben unvereinbar kritisiert werden, aber VS ist vor allem eine "diskrete Revolution der Konzeption christlicher Moral"[86], eine tiefgreifende Erneuerung ihrer Darstellungsweise[87], indem an die aristotelisch-thomasische Tradition der Tugendethik und die allgemeine Berufung zur Heiligkeit angeknüpft wird. Dieses "neue" Moralverständnis spiegelt auch EV wider[88]. Die Erneuerung betrifft vor allem das Verhältnis von Freiheit und Gesetz oder die Vereinbarkeit personaler Autonomie des Menschen mit der Existenz konkreter göttlicher Gebote.

2. Freiheit und moralisches Gesetz

a) Die christliche Freiheit

Tatsächlich ist das Hauptthema von VS nicht das moralische Gesetz, sondern die *christliche Freiheit* und deren Bezug zur *Wahrheit* im Licht der Christologie[89]. Es geht um die Bekräftigung des wesentlichen und *konstitutiven* Zusammenhangs zwischen Freiheit und Wahrheit[90]. Bevor sich VS daher der Frage nach dem Wert von Normen und ihrer Begründung sowie jener nach der Existenz des *"intrinsece malum"* zuwendet, behandelt sie das Wesen des moralisch Guten und

---

85 Vgl *S. Pinckaers*, Universalité, 344.

86 *S. Pinckaers*, Lecture, 7 f.

87 Vgl auch *A. Laun*, Die Enzyklika «Veritatis Splendor», in: G. Borgonovo (Hrsg), Gesù Cristo, Legge vivente e personale della Santa Chiesa. Atti del IX Colloquio Internazionale di Teologia di Lugano sul Primo capitolo dell'Enciclica «Veritatis Splendor», Casale Monferrato (1996) 253 ff. Auf Seiten 282 ff zeigt *A. Laun* Punkte der Erneuerung auf.

88 Vgl *L. Melina*, Il messaggio cristiano sulla vita, Studi Cattolici 1995, 428 ff, 433.

89 Vgl *A. Rodriguez Luño*, La libertà e la legge nell'enciclica "Veritatis Splendor", in: Atti del Convegno dei Pontifici Atenei Romani, Vatikan (1994) 43 ff, 43; *ders*, "Veritatis Splendor" un anno dopo. Appunti per un bilancio (I), AcPhil 1995, 223 ff, bietet eine Übersicht über die internationale Literatur, nach Sprachen gegliedert, für den Beobachtungszeitraum Oktober 1993 bis Dezember 1994.

90 Vgl etwa VS 4.

der Freiheit. Die Gebote Gottes, das moralische Gesetz schränken die menschliche Freiheit nicht ein, sondern entfalten den Menschen. Sie sind die "Gebrauchsanweisung"[91] unserer Natur, Anleitungen zum Glück und Entfaltungsprinzipien unseres eigenen Wesens. "Der Gehorsam Gott gegenüber ist daher nicht, wie manche meinen, eine *Heteronomie*, so als wäre das moralische Leben dem Willen einer absoluten Allmacht außerhalb des Menschen unterworfen, die der Behauptung seiner Freiheit widerspricht. Wenn Heteronomie der Moral tatsächlich Leugnung der Selbstbestimmung des Menschen oder Auferlegung von Normen bedeutete, die mit seinem Wohl nichts zu tun haben, dann stünde sie im Gegensatz zur Offenbarung des Bundes und der erlösenden Menschwerdung Gottes, eine solche Heteronomie wäre nur eine Form von Entfremdung, die der göttlichen Weisheit und der Würde der menschlichen Person widerspricht"[92].

Im Unterschied zur Gesetzesmoral, die Gesetz und Freiheit als Gegensätze auffaßte, betont VS: Um wirklich frei zu sein, bedarf der Mensch der Rückbindung an den Sinn der Freiheit, der die Liebe ist. Darauf muß näher eingegangen werden. Mit großer Wahrscheinlichkeit würde eine Umfrage zum Thema "Was ist Freiheit?" ergeben, daß der Großteil der Menschen mehr oder weniger dies darunter versteht: "Freiheit heißt, daß ich tun kann, was ich will." Tatsächlich entspricht dieses Verständnis durchaus der staatlichen Rechtsordnung und den dort gewährten Freiheitsrechten, die Bereiche abstecken, in die jedenfalls der Staat, nach weitergehender Interpretation auch die übrigen Staatsbürger, grundsätzlich nicht eingreifen dürfen. Eingriffe bedürfen der gesetzlichen Ermächtigung und müssen verhältnismäßig sein.

Für den individualethischen Bereich und das persönliche Handeln jedoch ist die zitierte "Vulgärdefinition" von Freiheit unzureichend. Bezieht man sie nämlich zunächst auf heteronome, dh von außen herangetragene, Sollensanforderungen, so sagt sie nämlich bei näherer Betrachtung nicht viel aus und verlagert das entscheidende Problem: Solange wir bei Bewußtsein sind, tun wir nämlich immer nur "das, was wir wollen". Auch wenn eine Person aus Furcht vor einer gesetzlichen oder sozialen Sanktion, aus Respekt vor dem Gesetz oder — im allgemeinen — vom Willen eines anderen beeinflußt handelt, stellt sie zwar Handlungen zurück, die sie vorgezogen hätte, aber im konkreten Fall zieht sie dennoch die wirklich gesetzte Handlung vor: *coactus tamen volui*, lautet die gemeinrechtliche Formel. Die Person hat wirklich diese Handlung gewollt, obgleich aus Motiven, die bewirken, daß sie sich unfrei fühlt. Sagt jemand also: "Ich will frei sein, ich will tun, was ich will", so sagt er oder sie in Wirklichkeit:

91 Vgl *R. Spaemann*, Die Unantastbarkeit des menschlichen Lebens, Freiburg/Basel/Wien (1987) 78.

92 VS 41.

"Ich will nicht tun, was Du (das Gesetz, die anderen, etc) willst, daß ich tue". Dies deshalb, weil der betreffenden Person in der konkreten Situation die selbst gewählte Handlung mehr Spaß, sie glücklicher macht oder ihr gerechter und besser erscheint, etc. Damit stellt sich aber erst die entscheidende und unausweichliche Frage: "Was will ich eigentlich?" Und das ist die Ausgangsfrage der Ethik: Weniger danach, was wir *sollen*, sondern nach dem, was wir eigentlich und im Grunde *wollen*[93]. Eine Freiheit als bloße "Freiheit *von*", als bloße Undeterminiertheit und Ungebundenheit aufgefaßt, wäre letztlich sinnlos[94]. Sie wäre mit einem einsamen Menschen in der Wüste vergleichbar, der in jedwede Richtung gehen kann: Er ist "frei", aber er empfindet diese Freiheit als sinnlos. Der Mensch sehnt sich nach der Liebe mehr noch als nach der Freiheit, nur in der Liebe ist der Mensch wirklich frei, weil sie der Sinn seiner Freiheit ist. In einem gewissen Sinn kann auch der Satz "Frei sein heißt können, was ich will" richtig verstanden werden, und zwar wenn man die tiefen Sehnsüchte von den trivialen Wünschen des Augenblicks unterscheidet. Es geht darum zu entdecken, *was* genau ich wirklich will. Die Erfahrung des hl. Paulus ist eine allgemeine: Wir erfahren uns partiell nicht frei, weil "ich nicht das tue, was ich will, sondern jenes, was ich hasse"[95]. In der Erfahrung der eigenen Freiheit ist jeweils auch die Erfahrung ihrer Grenzen eingeschlossen: Ich bin frei, wenn ich machen kann, was "ich" will, nicht was "meine" Eitelkeit, "mein" Stolz oder andere Leidenschaften wollen, daß ich tue. Solange diese Neigungen nicht in das "Ich" der Person eingeordnet werden, sind sie innere Gefährdungen des "Ich", die den vollen Selbstbesitz behindern. Dies wird als Unfreiheit empfunden. Das deshalb, weil die Freiheit nicht ein eigenes Handlungssubjekt ist, dh es ist nicht "die Freiheit", die handelt, sondern sie ist in ein handelndes Subjekt, in einen Menschen eingebunden, der vermittels seines vernunftgeleiteten freien Willens handelt. Man muß die Freiheit daher von der handelnden Person aus betrachten. Damit sind wir wiederum beim Ausgangspunkt der Ethik: Eine Handlung wird *moralisch* (und nicht juristisch, etc) erfaßt, wenn sie nicht als äußeres Ereignis mit bestimmten externen Folgen begriffen wird, sondern wenn sie von der handelnden Person aus gesehen wird, dh als eine überlegte Wahl, mit einer ihr innerlichen Finalität und Bedeutung[96], die immer auch das handelnde Subjekt verändert. Jedes echte Wollen, das sich in einem Handeln manifestiert, verändert den Wollenden (Han-

---

93 Vgl *R. Spaemann*, Grundbegriffe, 25.

94 Vgl *C. Caffarra*, *Veritatis Splendor — Evangelium Vitae*: Il destino dell'uomo, in: Pontificium Consilium de legum textibus interpretandis et al. (Hrsg), "Evangelium vitae" e diritto, 33 ff, besonders 35, der den neuzeitlichen Freiheitsbegriff im konkreten Zusammenhang der Lebensrechtsverletzungen darlegt.

95 Röm 7, 15.

96 Vgl VS 78; *L. Melina*, Coscienza, in: Atti, 64.

delnden): Man kann nicht stehlen ohne zugleich ein Dieb zu sein. Jede Handlung hat einen intransitiven, dh in der Person verbleibenden Aspekt[97]. Ethik hat daher wesentlich mit dem Lebensentwurf zu tun, dh mit der Beantwortung der Frage, was für ein Mensch die jeweilige Person werden will: verwirklicht oder nicht, entfaltet oder nicht, glücklich oder nicht. Diesen Zustand der Entfaltung, des "Aufblühens" der Person meint der Begriff "tugendhaftes Leben": Tugend ist gerade die Entfaltung einer Potentialität des Menschen durch die Vernunft, die *in* den vitalen Energien, Leidenschaften, natürlichen Neigungen, Strebevermögen (alle als Synonyme verstanden) eine Ordnung schafft, indem sie alle diese Dynamismen in die Gesamtheit der menschlichen Person integriert. Was den Menschen *wirklich* entfaltet, das sind die Tugenden, die die eigentliche moralische Regel abgeben. Es geht daher in der Ethik ganz zentral auch um die "Wahrheit der Person", dh um die Frage, ob es überhaupt so etwas gibt, was den Menschen *wirklich* entfaltet und vor allem ob dies etwas Universelles, Objektives ist, oder nicht eher etwas Individuelles und Sujektives. In VS lehrt *Johannes Paul II.*, daß der Mensch nicht nur als Selbstbesitz und Selbstand Person ist, sondern wesentlich auch durch seine Beziehung zu und vor allem durch seine Hingabe an andere. Darin besteht die "Wahrheit der Person", ihre Entfaltung und ihre Freiheit. Die Ge— und Verbote haben in dieser Sicht die Funktion, die Verknüpfung von Freiheit und "Wahrheit der Person" zu garantieren. Sie sind Dienst an der Freiheit.

Ein typisch neuzeitlicher Einwand gegen diese Konzeption wäre, daß wohl auch derjenige seine Freiheit manifestiert, der sich gegen seine eigene Entfaltung entscheidet. Der Mensch ist frei, sein Lebensprojekt zu bestimmen — auch gegen die Tugend, gegen das Glück und gegen sein "Aufblühen". Dies ist eine typische Position des ockhamschen Freiheitsbegriffs[98] und der von ihm begründeten Tradition, der — wie bereits dargetan — ein eigenes Moralsystem entspricht. Dieser Auffassung zufolge geht die Freiheit der Vernunft und dem Willen voraus. Noch ehe der Mensch vernünftig und voluntativ sei, sei er frei. Die Freiheit sei das ursprüngliche Vermögen des Menschen und bestehe in der Indifferenz, in der Gleichgültigkeit angesichts entgegengesetzter Güter[99]. Diese Sicht des Menschen überzeugt jedoch nicht, weil die Selbsterfahrung des Menschen einen anderen Befund ergibt: Die Freiheit erscheint nicht als eigenständiges Vermögen, sondern als *Eigenschaft* der menschlichen Vernunft und des Willens. In diesen zwei ursprünglichen Fähigkeiten wurzelt die Freiheit. Die Akte der Vernunft (Erkenntnis der Prinzipien) und des Willens (intentio) gehen der freien Wahl

97 Vgl *A. Rodríguez Luño*, Etica, 97 f.
98 Vgl zum modernen Freiheitsbegriff auch *J. Ratzinger*, Kirche, 230 ff.
99 Vgl *S. Pinckaers*, Universalité, in: Persona, Verità e Morale, 342.

voraus und bilden diese gemeinsam. Der Wille ist notwendigerweise *formal* auf das (formell) Gute ausgerichtet, aber blind und daher auf die Vernunft für das Licht deren praktischer Urteile angewiesen. Beide — Vernunft und Wille — bilden gemeinsam die freie Wahl als ein Mittel oder einen Weg, um das Ziel zu erreichen, das sie verfolgen. Die Freiheit ist daher nicht bloße Indeterminiertheit, die keinen anderen Grund hätte als sich selbst. Die Freiheit wurzelt in der Neigung zur Wahrheit und zum Guten[100]. Eine Wahl, die sich daher gegen Vernunft und Wille richtet, die sich für die Zerstörung der Person und gegen ihre Entfaltung entscheidet, ist daher *keine* Manifestation der Freiheit. Oder besser gesagt: Selbstverständlich ist auch diese Entscheidung nur möglich, *weil* der Mensch frei ist, aber im Maß, in dem sie die Vermögen schwächt, gegen deren Grundstruktur sie sich wendet und denen die Freiheit als Eigenschaft eingeschrieben ist, nimmt die Freiheit auch selber ab. Ähnlich wie die Farbe eines Körpers das Schicksal des Körpers teilt: Je weniger Ausdehnung der Körper hat, umso weniger Farbe ist sichtbar. In analoger Weise ist auch der Irrtum keine Manifestation von Intelligenz: Irrtum ist zwar nur deshalb möglich, weil der Mensch prinzipiell über Erkenntniskraft verfügt, aber im Irrtum erkennt die betreffende Person eben gerade nicht. Ebenso ist eine freie Wahl, die sich gegen die Ordnung der Vernunft richtet in eben demselben Maß freiheitszerstörend.

Es sei nochmals betont, daß dies nicht ohne weiters auf den Freiheitsbegriff der staatlichen Rechtsordnung zu übertragen ist, sondern ein originär anthropologisch-ethisches Freiheitsverständnis darstellt. Obwohl ethische und rechtliche Ordnung auf noch darzustellende Weise miteinander verbunden sind, muß der Staat in vielen Fällen einen "indifferenten" Freiheitsbegriff zu Grunde legen.

b) Autonomie

Wenn dem in der ethischen Ordnung so ist, wenn Freiheit sich nur durch die Befolgung des moralischen Gesetzes verwirklichen läßt, muß weitergefragt werden: Bleibt dann noch Raum für persönliche Autonomie?

Obwohl sich die Freiheit und das moralische Gesetz aus der Person des Menschen und seiner Entfaltung heraus ergeben, darf dies weder mit "Essentialismus" (Biologismus, Physizismus) noch mit "Moralpositivismus" identifiziert werden.

Der "Essentialismus" entspricht der "primitiv-naturrechtlichen" Vorstellung, man könne aus dem Sein oder dem Wesen der vernunftlosen Dinge unmittelbar

100 Vgl *S. Pinckaers*,ebda, 348 f.

die Gesetze ablesen, gemäß denen sich das Verhalten des Menschen ihnen gegenüber zu richten habe. Diese Auffassung wurde von VS zurückgewiesen[101].

Der "Moralpositivismus" begnügt sich mit dem Diktat moralischer Normen durch eine Erziehungsinstanz (Kirche, Familie, Staat, etc). Er übersieht, daß an der Basis der Befolgung des sittlich Gesollten oder Guten immer eine *eigene Einsicht* in das Gute steht. Authentische Moralität besteht nur dort, wo das "Du sollst" einer dem Subjekt äußerlichen Verpflichtung zum "Ich soll" einer innerlichen Überzeugung wird[102]. Auf *moralischer* Ebene gibt es im Menschen nichts, das nicht in seinem Inneren entspringt. Moralität besteht ja gerade in der radikal einsamen, unteilbaren und unmitteilbaren Entscheidung des Menschen im "Heiligtum seines Gewissens", in das nur Gott und die jeweilige Person entreten können[103]. Das moralische Gesetz kann daher in seinen *fundamentalen* Aspekten nicht von außen an das Gewissen herangetragen werden, obwohl diese Möglichkeit durch Erziehung, die Verkündigung der Kirche, etc zusätzlich besteht: Es entspringt der Autonomie der sittlichen Erfahrung des Subjekts selbst[104], das das moralische Gesetz er—*findet*, indem es es als in seiner rationalen Natur gegeben *entdeckt*[105]. Autonomie und Freiheit bedeuten nicht Freiheit *von* sittlicher Verbindlichkeit (das bedeutete deren Sinnlosigkeit), sondern *eigenständige* Einsicht in das sittlich Gute und die auf dieser Einsicht beruhende "Eigengesetzlichkeit". Der Mensch besitzt in seiner Seinswirklichkeit ein natürliches, geschaffenes Erkenntnislicht, das als solches, als *lumen intellectuale* mit einer natürlichen Neigung auf die intelligible Wahrheit im Bereich des Praktischen hin, sich dem sittlich Guten öffnet[106]. Durch Teilhabe trägt der Mensch das göttliche Gesetz als *Eigenbesitz* in sich.

Eine Folge der Rationalität und des autonomen Charakters des moralischen Gesetzes ist das Recht, nach dem "Warum?" des Sollens zu fragen. Ohne dieses wären ja sowohl Rationalität als auch Autonomie eine Illusion. Allerdings darf Rationalität nicht auf deduktive Beweisbarkeit reduziert werden[107]. Vieles, vor allem alle ersten Prinzipien sowohl der spekulativen als auch der praktischen Vernunft, werden durch unmittelbare Einsicht als wahr erkannt. Die Forderung nach universaler Beweisbarkeit wäre eine Aporie: Jeder Beweis ist Schlußfolgerung aus Prämissen. Würde man für jede Prämisse wiederum einen Beweis fordern, geräte man in einen unendlichen Regreß, der der Tatsache der effektiven

101 Vgl VS 42 Abs 2.
102 Vgl *L. Melina*, Coscienza, in: Atti, 57.
103 Vgl GS 16.
104 Vgl *M. Rhonheimer*, Natur, 35.
105 Vgl *A. Léonard*, Il fondamento della morale, Mailand (1994) 171 f.
106 Vgl *M. Rhonheimer*, Natur, 155.
107 Vgl auch *L. Melina*, Messaggio, Studi Cattolici 1995, 430.

Erkenntnis nicht entspricht. Diese ersten, einsichtigen Prinzipien sind an sich einfach zu erkennen. Im Bereich der moralischen Wahrheit, dh der Wahrheit über das Gute für die Person, kommt jedoch eine Schwierigkeit hinzu: Sie ist nicht eine rein spekulative Wahrheit, die man bloß "erkennen" könnte. Sie ist eine *praktische* Wahrheit, die man auch *an*erkennen muß. Dies setzt die Bereitschaft des ganzen Subjekts, einen grundsätzlichen "Gleichklang" der erkennenden Person mit dem Guten voraus, der durch die Tugenden bewirkt wird. Fehlen diese, was in der Realität des sündigen Menschen (dh aller Menschen) zumindest partiell der Fall ist, wird es nicht nur schwierig, das Erkannte zu erfüllen, sondern es überhaupt zu erkennen. Ist daher von rationaler Erkenntnis des Guten die Rede, ist zu bedenken, daß es sich um jeweils individuelle Rationalität mannigfach beschränkter Personen handelt. Keinesfalls wird hier die soziologisch-statistisch *generelle* Evidenz des ethisch Guten behauptet, sondern die *prinzipielle* Einsichtigkeit des Guten. Oft wird die Einsicht dem Leben folgen: Erziehung, Gehorsam, guter Rat, etc legen nahe, was der eigene Verstand zunächst nicht, später aber angesichts der guten Effekte wohl erreicht. Der Mangel an Tugend kann auch bewirken, daß das moralische Gesetz, die Gebote, anfänglich öfters als äußerlich, einengend und unfreimachend *empfunden* werden. Die emotionale Sphäre im Menschen zieht jedoch schnell nach, weil bald die Übereinstimmung des moralischen Gesetzes mit dem *instinctus rationis* bemerkt wird[108].

c) Authentizität, Vielfalt, Spontaneität und Individualität

Das moralische Gesetz ist nicht nur Garant der Verbindung von Freiheit und Wahrheit und damit der Freiheit selbst, sondern auch die Grundlage von Authentizität, Vielfalt, Spontaneität und Individualität. All diese Eigenschaften sind wesenstypisch für die menschliche Person. Der Mensch ist nicht bloß "Repräsentant" einer universalen Spezies (der menschlichen Natur), so wie es etwa ein konkretes Auto im Verhältnis zu seiner Produktionsserie ist. Die menschliche Person ist einmalig, unwiederholbar, unersetzbar, unaustauschbar, wie jeder Liebende und jede Liebende weiß. Das menschliche Leben und die menschliche Freiheit erschöpfen sich daher nicht in den universalen Regeln der menschlichen Natur, wie etwa auch den moralischen Geboten. Diese sind vielmehr Ausgangspunkt und Träger einer selbst unbestimmten Vielfalt individueller Gestaltungsmöglichkeiten und Wertbereicherungen, die jedoch immer nur so viel an praktischer Wahrheit enthalten, als sie auf der Grundlage des moralischen Gesetzes

108 Vgl *S. Pinckaers*, Universalité, in: Persona, Verità e Morale, 350.

aufruhen und insofern dieses in ihnen wirksam ist[109]. Das moralische Gesetz bringt in grundlegendster Weise die Ansprüche des menschlichen Personseins zum Ausdruck und ermöglicht daher erst menschliche Spontaneität und Authentizität in der Wahrheit der menschlichen Person[110]. Spontaneität und Authentizität im Bösen verdienen diese Bezeichnung nicht, sondern sind unmenschlich, selbstzerstörerisch. So wie also ein Leben, das sich auf die bloße Erfüllung der Pflicht (vor allem auf die Nichtüberschreitung der Verbote) *beschränken* würde, unmenschlich wäre, so wäre ein Leben unmenschlich, das sich im Namen der individuellen Autonomie über das moralische Gesetz hinwegsetzte. Eine Moral ist nicht deshalb *menschlich*, weil sie "angenehm" ist oder in die Launen des Augenblicks paßt, sondern weil sie den Menschen als ein Wesen respektiert, das in seinem eigenen Sein einen sittlich bedeutsamen, durch das Handeln zur Entfaltung gebrachten Sinn trägt[111]. Die unnachgiebige und kompromißlose Verteidigung der absolut unverzichtbaren Erfordernisse der personalen Würde des Menschen ist Weg und Existenzbedingung für den ganzen Reichtum individueller Initiative und Verschiedenartigkeit[112].

d) Theonomie und Autonomie

Auf diesen Punkt wird nochmals kurz zurückzukommen sein, weil er für das Verständnis der in EV formulierten Verbote wichtig ist. Zuvor soll jedoch der Frage nachgegangen werden, wie sich das eben zur persönlichen Freiheit und Autonomie Gesagte mit der Auffassung verträgt, daß Gott der Urheber des moralischen Gesetzes ist (Theonomie). Wie bereits im Zusammenhang mit dem moralischen Nominalismus angedeutet, bestehen grundsätzlich zwei mögliche Auffassungen über das Wesen des Gesetzes: 1. Das Gesetz kann als Ausdruck eines gesetzgeberischen *Willens* verstanden werden, der festsetzt, was gut oder schlecht ist, oder 2. als Ausdruck einer *Weisheit*, die — in Kenntnis von Gut und Böse — Normen aufstellt, damit der Mensch das Gute suche und das Böse meide[113]. Es ist offensichtlich, daß diese Gesetzesbegriffe den bereits besprochenen unterschiedlichen Freiheitsverständnissen entsprechen. Der kirchlichen Lehre entspricht die zweite Auffassung vom (moralischen) Gesetz als Ausdruck göttlicher Weisheit. Der durch die Vernunft erleuchtete freie Wille des Menschen er-

---

109 Vgl *M. Rhonheimer*, Natur, 145.
110 Vgl *M. Rhonheimer*, Natur, 407.
111 Vgl *M. Rhonheimer*, Natur, 366.
112 Vgl VS 96.
113 Vgl zB *I. Carrasco de Paula*, La legge di Dio al servizio dell'uomo, OR (ital) 4.5.1995.

hält im Gesetz eine unverzichtbare Hilfe. Das Gesetz hat die Aufgabe, die Freiheit zu instruieren und zu entfalten, gleichzeitig gegen ihre eigenen Schwächen zu stützen. Gott fördert die Freiheit des Menschen, indem er ihm durch seine Ver— und Gebote zur Vollendung seines Strebens nach dem wahren Guten führt, um den Menschen schließlich an der göttlichen Freiheit, der Schöpferin des Guten teilhaben zu lassen[114]. Die Ablehnung des Guten für den Menschen, die Nichtentfaltung seiner eigenen Natur durch die Überschreitung des moralischen Gesetzes, was im christlichen Sprachgebrauch Sünde heißt, hat daher Doppelcharakter: In erster Linie ist sie Verletzung des Menschen selbst und gerade *deshalb* auch Beleidigung Gottes, der unser Glück will[115].

Diesem Verständnis widerspricht eine anthropomorphe, konkurrenzielle Sicht des Verhältnisses des Menschen zu Gott. Dieser zufolge würde sich die Freiheit und die Weisheit Gottes nicht zugleich mit der Freiheit und Vernunft des Menschen vertragen. Was Gott zugeschrieben werde, würde dem Menschen genommen, und umgekehrt, was dem Menschen zugeordnet wird, würde Gott genommen. Eine solche Auffassung liegt unausgesprochen jenen Meinungen zu Grunde, die eine Unverträglichkeit zwischen innerweltlichen Geboten Gottes und der Autonomie des Willens annehmen. Eine solche Theorie genügt der katholischen Lehre nicht[116], die von der Partizipation des göttlichen Gesetzes im Menschen durch dessen Vernunft ausgeht[117]. Das Verständnis des Menschen als *imago Dei* bringt dies zum Ausdruck: Eine *imago* ist immer bloß unvollkommenes Abbild, dessen Wert und Würde im Grad der Ähnlichkeit mit dem Abgebildeten besteht. Der Mensch als Abbild Gottes nimmt mittels seiner Rationalität an der Ewigen Weisheit teil, die ihn geschaffen und zum Glück bestimmt hat[118]. Theonomie und Autonomie des moralischen Gesetzes im Menschen sind daher perfekt vereinbar.

---

114 Vgl *S. Pinckaers*, Universalité, in: Person, Verità e Morale, 351.

115 Vgl KKK Rz 1849 f; *F. Cuervo*, Principios morales de uso más frecuente, Madrid (1995) 2. Auflage, 65.

116 Vgl VS 36.

117 Vgl *A. Rodríguez Luño*, AcPhil 1995, 252 f.

118 Vgl *I. Carrasco de Paula*, L'uomo immagine di Dio, in: R. Lucas Lucas (Hrsg), Veritatis Splendor. Testo integrale e commento filosofico-teologico, Mailand (1994) 186 ff, 192 ff.

3. Der "doppelte Charakter" des moralischen Gesetzes: Untergrenze und "nach oben offener Weg"

Wie bereits angekündigt, muß nochmals auf das Verständnis der Gebote als Ausgangspunkte und begleitende Stützmauern der persönlichen Selbstverwirklichung zurückgekommen werden. Tatsächlich sichert das moralische Gesetz nicht nur die Freiheit, indem es die Verknüpfung von Freiheit und Wahrheit garantiert. Es ist auch ein "nach oben offener Weg". "Die verschiedenen Gebote des Dekalogs spiegeln in der Tat nur das einzige auf das Wohl der Person hingeordnete Gebot auf der Ebene der vielfältigen Güter wider, die die Identität der menschlichen Person als geistiges und leibliches Wesen in Beziehung zu Gott, zum Nächsten und zur Welt der Dinge kennzeichnen"[119]. Die einzelnen Ge— und Verbote schützen spezifische Güter (das Leben, die Familie, den guten Ruf, etc). Sie bilden die "Grundvoraussetzung für die Nächstenliebe", die "erste notwendige Etappe auf dem Weg zur Freiheit", der Anfang der Freiheit, nicht die vollkommene Freiheit[120]. Sie sind "Keime der Freiheit"[121], die in einem tugendhaften Leben entfaltet werden. Das moralische Leben oder die "moralische Frage" erschöpft sich daher keinesfalls in der Frage nach den einzuhaltenden Regeln. Sie ist zuvörderst eine Frage nach der Sinnfülle des Lebens[122], der Entfaltung der vollen Wahrheit der Person in seiner unwiederholbaren Individualität. Die untere Grenze des Erlaubten definiert noch nicht, was in diesem Sinn eine gute Handlung ist. "Letzten Endes sind nicht Handlungen gut, sondern Menschen. Was aber den Menschen gut macht, trägt in der christlichen Tradition den Namen 'Liebe'. Es ist eine Haltung der grundsätzlichen Bejahung der Wirklichkeit. Aus ihr entspringt ein universelles Wohlwollen, für das wir selbst nicht mehr im Mittelpunkt der Welt stehen, das sich aber sehr wohl auch auf uns selbst erstreckt: man muß auch mit sich selbst in Freundschaft leben, um gut zu leben"[123]. Oder mit anderen Worten der Enzyklika VS: "Wer 'nach dem Fleische' lebt, empfindet das Gesetz Gottes als eine Last, ja als eine Verneinung oder jedenfalls eine Einschränkung der eigenen Freiheit. Wer hingegen von der Liebe beseelt ist und 'sich vom Geist leiten läßt' (Gal 5,16) und den anderen dienen will, findet im Gesetz Gottes den grundlegenden und notwendigen Weg zur praktischen Übung der frei gewählten und gelebten Liebe. Ja, er spürt den inneren Drang — ein echtes und eigenes 'Bedürfnis' und nicht etwa einen Zwang —, nicht bei den Minimalforderungen des Gesetzes stehenzubleiben, sondern sie in

119 VS 13.
120 Alle Zitate aus VS 13.
121 Vgl *S. Pinckaers*, Universalité, in: Persona, Verità e Morale, 356.
122 Vgl VS 7.
123 *R. Spaemann*, Grundbegriffe, 95.

ihrer 'Fülle' zu leben. (...) Diese Berufung zu vollkommener Liebe ist nicht ausgewählten Gruppen vorbehalten"[124]. In dieser Sicht bestimmt das moralische Gesetz in seinen Verbotsnormen nur das unerläßliche Minimum der Tugenden, nicht jedoch deren Regel oder Maß[125]. Im ethischen Leben geht es daher auch nicht um die Anwendung allgemeiner Gesetze auf Einzelfälle, sondern um die Erreichung des Ziels der Tugend in konkreten Situationen. Es paßt demnach auch nicht ins moralische Schema (wohl aber ins juridische) von "ungeregelten Freiräumen" zu reden: Alles, das gesamte menschliche Leben, wird von der Dynamik der Tugend erfaßt.

4. Der Charakter des moralischen Gesetzes in *Evangelium Vitae*

Das bisher zum moralischen Gesetz Ausgeführte gelangt in EV zur praktischen Anwendung. Aufgrund des einführend hervorgehobenen Zusammenhangs von EV und VS kann dies keineswegs überraschen. Was in VS als "Wahrheit der Person" bezeichnet wurde, also der Selbstbesitz des Menschen, seine wesentliche Beziehungsdimension, seine Entfaltung in den Tugenden, besonders der hingebungsvollen Liebe, seine Würde als leib-seelische Einheit, haben ja das Leben oder die Existenz der betreffenden Person zur Voraussetzung. In EV nimmt das Leben jene begriffliche Rolle ein, die die Person in VS hatte[126]: "Die dem Leben eigene Wahrheit wird vom Gebot Gottes geoffenbart"[127]. Das ganze Gesetz des Herrn steht im Dienst des Schutzes des Lebens: Es wird als Weg des *Lebens* angeboten[128]. Das Gesetz ist *lebens*spendend[129]. Der positive Charakter der moralischen Gebote zum Schutz des Lebens wird unterstrichen: "Das Gute, das erfüllt werden soll, kommt nicht wie eine beschwerende Last zum Leben hinzu, weil der Grund des Lebens selbst ja das Gute ist und das Leben nur durch die Erfüllung des Guten aufgebaut wird"[130]. "Gott *fordert* vom Menschen, dem er das Leben *schenkt*, daß er es liebt, achtet und fördert. Auf diese Weise *wird das Geschenk zum Gebot*, und das *Gebot selbst offenbart sich als Geschenk*"[131].

Wie in VS wird auch in EV der Zusammenhang zwischen der Wahrheit der Person, die in EV im Begriff Leben konzentriert wird, und der Freiheit hervor-

---

124 VS 18.
125 Vgl VS 13 — 15.
126 Vgl hiezu auch *L. Melina*, Corso, 61 f.
127 EV 48.
128 Vgl Dtn 30, 15 f.
129 Vgl Sir 17, 11.
130 EV 48.
131 EV 52.

gehoben: Die "Wiederentdeckung des untrennbaren Zusammenhangs zwischen Leben und Freiheit"[132] sei von größter Bedeutung zur Erreichung des ersten Schritts für eine kulturelle Wende zugunsten des Lebens. Dieser erste Schritt bestehe in der Bildung des sittlichen Gewissens. Leben und Freiheit sind in ihrem *Sinn*, dh in ihrer Finalität, verbunden, der die Liebe ist: "Diese Liebe als aufrichtige Selbsthingabe ist der eigentlichste Sinn des Lebens und der Freiheit der Person"[133].

Ein Aspekt in EV hingegen ist gegenüber VS neu, und zwar der Hinweis darauf, daß das *Gesetz in seiner Gesamtheit* das Leben schützt. Es wird schwierig, das 5. Gebot zu erfüllen, wenn man die anderen Gebote nicht achtet, denn so verwandelt sich das 5. Gebot schließlich in eine "bloß äußerliche Verpflichtung, deren Grenzen sehr rasch sichtbar werden und für die man nach Abschwächungen oder Ausnahmen suchen wird"[134]. Nur die volle Öffnung für die Wahrheit der Person kann vor diesem legalistischen Minimalismus bewahren.

Von Anfang der Enzyklika an findet sich das Verständnis der Gebote als "offener Weg der Tugend". So gibt *Johannes Paul II.* in einem der ersten Kapitel das Ziel der Enzyklika an: EV soll eine "klare und feste Bekräftigung des Wertes des menschlichen Lebens und seiner Unantastbarkeit" (hier ist vom absoluten Verbot der Verletzung des Lebensrechts die Rede) "und zugleich" (dh im selben Augenblick und untrennbar davon) "ein leidenschaftlicher Appell im Namen Gottes an alle und jeden einzelnen sein: achte, verteidige, liebe das Leben, jedes menschliche Leben und diene ihm!"[135]. Besonders in EV 75 ff, aber schon vorher[136], betont *Johannes Paul II.* den Charakter der moralischen Verbote als untere, nicht zu unterschreitende Grenze, die gleichzeitig zu positiven Taten, zur Liebe drängen. Das ganze vierte Kapitel ("Das habt Ihr mir getan. Für eine neue Kultur des menschlichen Lebens.") schließlich ist eine positive Entfaltung dessen, was die Liebe zum Leben des Menschen fordert.

5. Das moralische Gesetz in Jesus Christus

a) Die Nova Lex

Ein ganz wesentliches Charakteristikum der in VS und EV vorangetriebenen Erneuerung der Moraltheologie wurde bewußt für den Abschluß dieses Kapitels

---

132 EV 96.
133 EV 96.
134 EV 48.
135 EV 5.
136 Vgl EV 41, 54.

aufgespart: das moralische Gesetz in Jesus Christus. Einleitend soll nochmals auf die bereits betonte Einheit von Offenbarung und Vernunft, auch in der Moral, hingewiesen werden. Die moralische Offenbarung ist nicht eine strikt von der natürlichen Erkenntnis getrennte Ordnung, sondern ein Licht *in* der Vernunft: Die Mysterien des Glaubens übertreffen zwar die tiefsten und kühnsten Sehnsüchte und Erwartungen des Menschen, sind aber als solche dem Verstand zugänglich, sinnvoll, und können rational entfaltet werden. Auf diese Art und Weise werden sie zu Quellen tieferer und umfassenderer Erkenntnis der Welt. Dies gilt auch für die "Erlösung des natürlichen Sittengesetzes" durch Jesus Christus.

In seinem Dialog mit dem reichen Jüngling[137] weist der Herr seinen Gesprächspartner zunächst auf die allererste Grundlage der Sinnfülle des Lebens, dh der Moralität, hin: Gott ist der Quell allen Seins, aller Wahrheit, alles Guten, Er ist die einzige Glückseligkeit des Menschen, das letzte Ziel. Ihn zu erkennen und zu lieben ist das Ziel aller Sittlichkeit, ist alle Sittlichkeit. Das sittliche Leben ist die geschuldete Antwort auf die Liebe Gottes. Deshalb beginnen auch im Alten Testament die Zehn Gebote mit der Selbstoffenbarung Gottes: "Ich bin Jahwe, dein Gott, der dich aus Ägypten herausgeführt hat, aus dem Sklavenhaus. Du sollst neben mir keine anderen Götter haben"[138]. Die Gebote sind ein *Bund* mit dem lebendigen, allmächtigen Gott: Ihn als Herrn und Gott anzuerkennen, macht den fundamentalen Kern, das Herzstück des Gesetzes aus[139].

Der reiche Jüngling empfindet jedoch die "Sehnsucht nach einer Fülle, die über die legalistische Auslegung der Gebote hinausgeht"[140]. Jesus verweist ihn auf die Gebote der natürlichen Sittlichkeit, und zwar auf die zweite Tafel des Dekalogs, die die Gebote der Nächstenliebe enthält. Damit tut er deren untrennbaren Zusammenhang mit dem Gebot der Gottesliebe dar, das er im ersten Satz angesprochen hat. Ebenso zeigt Jesus auf diese Weise, daß die Gebote kein Widerspruch zur Liebe sind, sondern ihre Voraussetzung. Aber nicht nur das: Jesus lädt den Jüngling schon durch die Aufzählung der *Gebote* ein, den Weg der Vollkommenheit einzuschlagen, denn Christus hat in der Bergpredigt ein neues Verständnis der Gebote erschlossen. Er führt sie ihrer Erfüllung zu, indem er ihre Forderungen verinnerlicht und ihren Anforderungen größere Radikalität verleiht. Jesus öffnet die Gebote des Alten Testaments zur Vollkommenheit hin, indem er in der Bergpredigt das Selbstbildnis seiner eigenen Heiligkeit zeichnet. Erst ab Christus ist das moralische Gesetz eine "Straße, die offen ist für einen sittlichen und geistlichen Weg der Vollkommenheit, deren Seele die Liebe ist

137 Mt 19, 16 — 26.
138 Ex 20, 2 f.
139 Vgl VS 11.
140 VS 16.

..."[141]. Jesus ist nicht gekommen, um das Gesetz aufzuheben, sondern um es zu erfüllen: Er ist die lebendige Erfüllung des Gesetzes, weil er die Bedeutung des Gesetzes mit totaler Selbsthingabe lebt. Mit anderen Worten: Jesus selbst ist das "neue Gesetz". Christliche Moral ist wesentlich Nachfolge Christi und *Lebensgemeinschaft* mit ihm. Die *Nachfolge Christi* ist "das wesentliche und ursprüngliche Fundament der christlichen Moral. (...) Es handelt sich hier nicht allein darum, auf eine Lehre zu hören und ein Gebot im Gehorsam anzunehmen. Es geht ganz radikal darum, *der Person Jesu selbst anzuhängen*, sein Leben und sein Schicksal zu teilen durch Teilnahme an seinem freien und liebenden Gehorsam gegenüber dem Vater"[142]. "Jesus fordert dazu auf, ihm zu folgen und ihn nachzuahmen auf dem Weg der Liebe, einer Liebe, die sich aus Liebe zu Gott völlig den Brüdern hingibt"[143].

Das Wesen des Christentums besteht, wie *R. Guardini* betont hat, nicht in einer abstrakten Lehre, dh in Aussagen, Weisheiten, Lehren, etc, die von Jesus Christus getrennt werden könnten. Das Wesen des Christentums ist Jesus Christus selbst. Immer besteht für die Theologie die Versuchung, eine Wissenschaft nach Art der Naturwissenschaft sein zu wollen. Ihre abstrakten und universalisierbaren Aussagen unterschieden sich dann von jenen der anderen Wissenschaften nur durch ihren autoritativen Charakter ohne konkret auf die Person Christi bezogen zu sein. Das Wesen des Christentums muß sich jedoch auch in der Moraltheologie niederschlagen, indem alle Gebote im Dienst der Liebe zur konkreten Person Jesus Christus verstanden werden[144].

Johannes Paul II. verwirklicht diese Aufforderung. Wir sollen Christus nachahmen im neuen Gebot der Liebe, der Liebe, mit der Er uns geliebt hat, die Er — als Gott — selber ist. Daher ist die Nachfolge Christi auch keine äußerliche Nachahmung, sondern eine wirkliche Identifizierung mit Christus. In der Taufe sind wir Christus geworden. Durch die heiligmachende Gnade wird die menschliche Natur vergöttlicht, wie Eisen, das in der Hitze glüht und das Feuer in sich aufnimmt, aber doch Eisen bleibt. Das Handeln folgt dem Sein, Christus soll in uns handeln[145]. Im moralischen Gesetz, Ausdruck der Weisheit und Liebe Gottes, erblickt der Christ das Licht, das es ihm ermöglicht, mit und in den Werken das göttliche Leben auszudrücken, das er ab dem Augenblick der Taufe mit

141 VS 15.
142 VS 19.
143 VS 20.
144 Vgl *R. Guardini*, Das Wesen des Christentums, München (1984).
145 *G. Ermecke*, Zur Begründung sittlicher Normen, in: V. Zsifkovits/R. Weiler (Hrsg), Erfahrungsbezogene Ethik, FS-Messner, Berlin (1981) 121 ff, 124, spricht von Moraltheologie als "Christonomie", die sich auf "Christomorphie" stützt.

der Gnade und der Liebe des Hl. Geistes empfangen hat[146]. Der Glaube ist ja nicht bloß "eine Summe von Aussagen, die mit dem Verstand angenommen" werden müssen, sondern gelebte Kenntnis von Christus. Glaube ist "Entscheidung, die die gesamte Existenz in Anspruch nimmt", Glaube ist "Begegnung, Dialog, Liebes— und Lebensgemeinschaft" mit Jesus, der der Weg, die Wahrheit und das Leben ist[147]. Glauben heißt Leben wie Christus gelebt hat, was sich der Papst nicht scheut, "evangelischen Radikalismus"[148] zu nennen. Ein Christentum, das nicht ernsthaft nach Heiligkeit strebt, verdient diesen Namen daher nicht. Christ sein und heilig sein sind *vom Anspruch her* Synonyme. Dies jedoch nicht in einem von der gewöhnlichen Alltags— und Weltexistenz abgetrennten Raum rein "religiöser" Selbstverwirklichung, sondern in unentflechtbarer Verbindung und Durchdringung der Weltwirklichkeit mit Christus. Ja, mehr noch: Erst Christus vermag die Weltwirklichkeit und das ethische Humanum als solches zu entfalten. Mensch und Welt werden erst durch Christus im Vollsinn säkular und human: Das Gesetz Christi, die Gnade und die theologischen Tugenden sind nicht wie ein "zweites Stockwerk" der Existenz des Menschen. Sie entsprechen dem ursprünglichen Sinn des menschlichen Daseins, aber nicht aufgrund der "Natur" des Menschen, sondern aufgrund des göttlichen Heilswillens und der nur *einen* Bestimmung durch das Ewige Gesetz. Diese Bestimmung konstituiert in der menschlichen Person eine untrennbare, aber unvermischte und unterscheidbare Einheit des Natürlichen und des Übernatürlichen. Die Person Jesu Christi ist der Verständnisschlüssel[149]: In ihm sind alle Dinge (Übernatur und Natur) gemäß einem einzigen Plan Gottes zusammengefügt. Moraltheologie muß daher grundlegend christologisch sein. Christus hat das Humanum in seiner Integrität in sich aufgenommen. Andererseits kann Christus auch nicht auf seine menschliche Natur reduziert werden. Daher darf man die wesentliche Eigenart christlicher Moral nicht übersehen, eine Moral der Gotteskindschaft, der Heiligkeit und der Identifizierung mit Christus zu sein[150].

So wird auch deutlich, daß ein bloß auf die Tat reduziertes Christentum völlig undenkbar, kraft— und wesenslos wäre. Ohne Verbindung mit Christus in den Sakramenten und im Gebet ist eine Lebensgemeinschaft mit Ihm nicht vorstellbar, denn es gäbe in uns kein göttliches Leben. Ein solches "aktives" Leben

---

146 Vgl Jak 2, 14-26; *A. Rodríguez Luño*, La libertà, in: Atti, 54.

147 Vgl Joh 14, 6. Alle Zitate aus VS 88.

148 VS 89.

149 Vgl GS 22; VS 53.

150 Vgl dafür grundlegend *J. Escrivá de Balaguer,* Christus begegnen, 4. Auflage, Köln (1977) Rz 65, 138; *ders.*, Freunde Gottes, 2. Auflage, Köln (1979) Rz 6, 38, 146 und passim.

ohne Kontemplation wäre die "Häresie der Tat", leere Betriebsamkeit, Aktivismus ohne bleibende Frucht.

In diesem Zusammenhang muß auf einen Aspekt hingewiesen werden, den *Johannes Paul II.* in VS besonders unterstreicht und der eine Wiederbelebung einer der Grundpfeiler thomasischer Moral darstellt: Die Lehre von der *Nova Lex*[151], die eine Zusammenfassung des bisher Gesagten darstellt. Ihr zufolge ist das "Neue Gesetz" oder das Gesetz des Evangeliums ein Gesetz, das dem Menschen aufgrund seines hauptsächlichen Elements innerlich ist. Dieses Element enthält alle Kraft und Dynamik des Neuen Gesetzes: Es ist die Gnade des Hl. Geistes, die der Mensch durch den Glauben an Jesus Christus empfängt[152], die den Menschen rechtfertigt und die durch Werke der Liebe heilbringend wirksam ist. Das Gesetz Christi ist demnach in erster Linie Gnade, Geschenk. In anderen Worten: Das Gesetz Christi ist in erster Linie Befähigung, Kraft, Neigung des Menschen, die göttlichen Pläne zu kennen, sie aus Liebe freiwillig zu erfüllen und so aktiv an der Vorsehung teilzuhaben, die uns zum eigenen Glück führt[153]. Die Gebote, die die Ansprüche seines Personseins ausdrücken, scheinen den Menschen manchmal zu überfordern. Sie tun es aber nicht. Sie täten es, wenn der Mensch jene Art von Autonomie besitzen würde, die ihn ganz auf sich selbst stellt. "Der Mensch ist jedoch nicht nur Geschöpf Gottes, sondern, durch das Werk der Gnade, auch Kind Gottes. Der christliche Moraltheologe darf das nie vergessen und etwa behaupten, die "christliche Moral" hätte dem Menschen nichts spezifisch Neues zu sagen. Sie hat ihm nämlich, unter vielem anderen, zu

---

151 Vgl *Thomas von Aquin*, Summa Theologiae I-II, qq 106 ff; *S. Pinckaers*, La ley nueva, en la cima de la moral cristiana, in: G. del Pozo Abejón (Hrsg), Comentarios a la "Veritatis Splendor", Madrid (1994) 475 ff, bes 484 ff. Dieser Beitrag stimmt inhaltlich weitgehend mit der bereits mehrfach zitierten Arbeit desselben Autors, Pour une lecture de *Veritatis Splendor*, Paris (1995), überein.

152 Vgl *Thomas von Aquin*, S. Th. I-II, q 106 a 1 c: "Id autem quod est potissimum in lege Novi Testamenti, et in quo tota virtus eius consistit, est gratia Spiritus Sancti, quae datur per fidem Christi. Et ideo principaliter lex nova est ipsa gratia Spiritus Sancti, quae datur Christi fidelibus. (...) Habet tamen lex nova quaedam sicut dispositiva ad gratiam Spiritus Sancti, et ad usum huius gratiae pertinentia, quae sunt quasi secundaria in lege nova, de quibus oportuit instrui fideles Christi et verbis et scriptis, tam circa credenda quam circa agenda. Et ideo dicendum est quod principaliter nova lex est lex indita, secundario autem est lex scripta." Vgl auch S. Th. I-II, q 91 a 5 c: "Et ideo dicitur quod lex vetus cohibet manum, lex nova animum. Tertio ad legem pertinet inducere homines ad observantias mandatorum. Et hoc quidem lex vetus faciebat timore poenarum, lex autem nova facit hoc per amorem, qui in cordibus nostris infunditur per gratiam Christi, quae in lege nova confertur, sed in lege veteri figurabatur. Et ideo dicit Augustinus, contra Adimantum manichaei discipulum, quod brevis differentia est legis et Evangelii, timor et amor."

153 Vgl *R. García de Haro*, Legge, in: Persona, Verità e Morale, 362.

sagen, daß er diesen Anforderungen seines Menschseins nicht ohne jene Gnade, dh göttliche Hilfe, gerecht werden kann, die uns über und in Christus, sowie vermittelt durch seine Kirche, zuteil wird. Die Erlösung ist nicht Erlösung von den sittlichen Ansprüchen des Menschseins oder vom 'moralischen Gesetz', sondern sie ist Erlösung vom menschlichen Unvermögen, diesen Ansprüchen voll und ganz zu entsprechen und das heißt auch: von der Unfähigkeit, der wirklichen menschlichen Würde gemäß zu leben"[154]. Mit Worten des Papstes: "Die Liebe und das Leben nach dem Evangelium dürfen nicht zuerst in der Gestalt des Gebots gedacht werden, denn das, was sie verlangen, geht über die Kräfte des Menschen hinaus"[155]. Sie sind Frucht des Hl. Geistes, der Gabe und Aufgabe zugleich ist. Das Neue Gesetz sagt nicht nur, was man tun muß, es verleiht auch die Kraft, es zu tun. Die Gebote Gottes sind daher den Fähigkeiten des Menschen angemessen, "aber den Fähigkeiten des Menschen, dem der Hl. Geist geschenkt wurde; des Menschen, der wiewohl er in die Sünde verfiel, immer die Vergebung erlangen und sich der Gegenwart des Geistes erfreuen kann"[156]. Im Gleichnis vom Pharisäer und Zöllner[157] ist stets die Rolle des Zöllners einzunehmen, der — reuevoll und demütig — weiß, daß die Erfüllung der Gebote Geschenk Gottes ist, und alle Selbstgerechtigkeit flieht, die sich — angesichts persönlicher Unzulänglichkeiten — bis zur Abschaffung der Gebote versteigen kann. Dem Hl. Geist, der vom demütigen und bereiten Herzen des Gläubigen aufgenommen wird, ist das Erblühen und Gedeihen des christlichen Lebens zu verdanken[158]. Moraltheologie muß daher auch grundlegend pneumatologisch sein: Das Gesetz Christi ist vorrangig die Gnade des Hl. Geistes. In dieser Sicht kann und muß das Verständnis und die Barmherzigkeit mit dem Sünder gepaart sein mit der Festigkeit in der sittlichen Lehre. Diese Festigkeit hat nichts mit Sturheit oder unerträglicher Unnachgiebigkeit zu tun, denn sie ist immer vom Wissen um die Schwierigkeiten, Schwächen und schmerzhaften Situationen, in denen sich Menschen befinden können, begleitet: "Während es menschlich ist, daß der Mensch, nachdem er gesündigt hat, seine Schwäche erkennt und wegen seiner Schuld um Erbarmen bittet, ist hingegen die Haltung eines Menschen, der seine Schwäche zum Kriterium der Wahrheit vom Guten macht, um sich von allein gerechtfertigt fühlen zu können, ohne es nötig zu haben, sich an Gott und seine Barmherzigkeit zu wenden, unannehmbar"[159].

---

154 *M. Rhonheimer*, Natur, 404 f.
155 VS 23.
156 VS 103.
157 Vgl Lk 18, 9-14.
158 Vgl VS 108.
159 VS 104.

Zum primären, innerlichen Element des Neuen Gesetzes kommt ein sekundäres, äußerliches hinzu: einerseits die Bergpredigt, als *"Magna Charta"* des Neuen Bundes, aber auch die sonstigen moralischen Unterweisungen des Herrn und die Moralkatechese der Apostel, andererseits die Sakramente als notwendige Instrumente der Gnadenmitteilung. Doch richtet sich auch dieses äußerliche sichtbare Element des Gesetzes Christi an das Herz des Menschen, also an seine Innerlichkeit, während der Dekalog mehr auf äußere Werke ausgerichtet war[160]. Gemäß der Logik der Inkarnation, die erlöst, was sie aufnimmt (*quod assumitur, redimitur*), nimmt Christus das natürliche Sittengesetz in sich auf und erhöht es in seiner Person. In ihm ergibt sich die Einheit von natürlicher und übernatürlicher Ordnung in einer Seinswirlichkeit.

Wenn — wie bereits gesagt — christliche Moral wesentlich Gleichgestaltung mit Christus durch die Gnade des Hl. Geistes ist und damit Teilhabe am Leben der Allerheiligsten Dreifaltigkeit schon hier auf Erden, so bedeutet diese Gemeinschaft zugleich Einverleibung in den mystischen Leib Christi, seine Kirche. Mehr noch: Die Kirche ist gerade und nichts anderes als die Gemeinschaft mit Gott Vater in Jesus Christus durch den Hl. Geist, mit den sichtbaren Banden des Glaubensbekenntnisses, der Sakramente und der hierarchischen Leitung und Gemeinschaft[161]. "Für die katholische Kirche ist (...) die *Gemeinschaft* der Christen nichts anderes als das Offenbarwerden der Gnade an ihnen, durch die Gott sie zu Teilhabern an seiner eigenen Gemeinschaft macht, die sein ewiges Leben ist"[162]. Damit fällt der Blick auf die überaus wichtige Aufgabe der Kirche, die Gott gewollt hat, damit die Menschen Christus begegnen können[163]. Derselbe Hl. Geist, der am Beginn der Offenbarung der Gebote und der Lehren Jesu steht, der das sittliche Leben in jedem einzelnen Christen aufbaut, ist auch das Lebensprinzip der Kirche. Der Hl. Geist gewährleistet, daß die sittlichen Gebote in der Kirche "heiligmäßig bewahrt, getreu dargelegt und im Wechsel der Zeiten und Umstände korrekt angewandt werden"[164]. Der Hl. Geist beschützt die Hirten der Kirche vor Irrtümern in Glaubens— und Sittenfragen, sichert die ganze Herde in Harmonie von Glauben und Leben auf dem Weg der Wahrheit.

Die Aufgabe der Kirche ist — anders als jene des Staats — nicht nur, das Zusammenleben der Menschen (mit einem Minimum an Vorschriften) zu ermöglichen und erträglich zu machen, sondern vielmehr die einzelnen Christen zur Heiligkeit zu führen. Nicht die Lösung von Interessekonflikten, nicht die Akzeptanz oder die Zustimmung der Mehrheit sind das Prinzip der christlichen Mo-

---

160 Vgl *S. Pinckaers*, Ley, in: Comentarios a la "Veritatis Splendor", 484.
161 Vgl LG 8 f.
162 *Johannes Paul II.*, Enzyklika *Ut unum sint*, n. 9.
163 Vgl VS 7.
164 VS 27.

ral, sondern das Leben Christi, der das Gute geoffenbart hat. So kann die Kirche zum Zeichen werden, dem widersprochen wird.

Dieses Schicksal teilt die Kirche mit dem Kreuz. Die "Logik" der Nachfolge Christi, dh des Lebens Christi im Getauften, der in jedem Menschen wiederum Mensch werden will, schließt das Kreuz ein. Das Maß der Liebe ist die maßlose Liebe Christi, der uns geliebt hat "bis zum Tod, ja bis zum Tod am Kreuz"[165]. Die Betrachtung des gekreuzigten Christus ist der königliche Weg zur Liebe, denn "keiner hat eine größere Liebe als wer sein Leben hingibt für seine Freunde"[166]. Im gekreuzigten Christus — den Juden Ärgernis, den Heiden aller Zeiten Torheit — ist alle Weisheit: Gottes Kraft und Weisheit[167]. In ihm — im gekreuzigten Herrn — geschieht die endgültige Offenbarung des Sinns menschlicher Freiheit durch die personale Offenbarung des Sinnzusammenhangs von Wahrheit der Person, Leben, Gutem und Freiheit: Die Selbsthingabe an Gott und die anderen. "*Der gekreuzigte Christus offenbart den authentischen Sinn der Freiheit, er lebt ihn in der Fülle seiner totalen Selbsthingabe* und beruft die Jünger, an dieser seiner Freiheit teilzuhaben"[168]. Christliche Moral ist daher potentiell Teilhabe am Martyrium[169]. Die Märtyrer bezeugen: Die Liebe zu Gott schließt auch unter den schwierigsten Umständen die Einhaltung seiner Gebote und die Weigerung, sie zu verraten — und sei es auch mit der Absicht, das eigene Leben zu retten — verbindlich ein. "Das Martyrium entlarvt jeden Versuch, einer in sich schlechten Handlung, und sei es auch unter 'Ausnahme'—Bedingungen, einen 'humanen Sinn' verleihen zu wollen, als illusorisch und falsch; mehr noch, es enthüllt offen das wahre Gesicht der sittlich schlechten Handlung: sie ist eine *Verletzung der Menschlichkeit des Menschen,...*"[170]. Die Märtyrer behüten uns vor der "gefährlichsten Krise", "die den Menschen überhaupt heimsuchen kann: die Verwirrung in bezug auf Gut und Böse ..."[171]. Die Märtyrer sind das in Blut geschriebene Morallehrbuch der Kirche.

Sicherlich sind nur vergleichsweise wenige zum Martyrium als dem Höhepunkt des christlichen Zeugnisses für die sittliche Wahrheit berufen, doch gibt es "ein kohärentes Zeugnis, das alle Christen täglich zu geben bereit sein sollen,

165 Phil 2, 8.
166 Joh 15, 13.
167 Vgl 1 Kor 1, 23 f.
168 VS 85.
169 Vgl VS 90 — 94.
170 VS 92.
171 VS 93.

auch auf Kosten von Leiden und schweren Opfern"[172]. Christliche Moral heißt nach Heiligkeit streben, Streben nach Heiligkeit bedeutet Bereitschaft zum heroischen Bemühen um ein tägliches Zeugnis der Liebe Christi im "Kleinkram" des Alltags. Es braucht nicht weiter betont zu werden, daß auch dies einen wesentlichen Unterschied zur staatlichen Rechtsordnung darstellt.

b) Vom "Gesetz des Lebens" zum "Evangelium des Lebens"

Auch die Lehre vom Gesetz Christi wird von EV aufgegriffen und weiterentwikkelt. In einem christologischen Bekenntnis, das zugleich methodische Grundaussage für sein ganzes Lehramt ist, schreibt *Johannes Paul II.*: "*Jesus ist das einzige Evangelium*: wir haben nichts anderes zu sagen und zu bezeugen. *Die Verkündigung Jesu ist die Verkündigung des Lebens.*"[173] "Das Evangelium von der Liebe Gottes zum Menschen, das Evangelium von der Würde der Person und das Evangelium vom Leben sind ein einziges, unteilbares Evangelium"[174].

In Christus wird das "Gesetz des Lebens" endgültig zum "Evangelium des Lebens", wird das Tötungsverbot zum Weg der Selbsthingabe: "In der Person Jesu von Nazaret erfüllt sich das Gesetz, und durch seinen Geist wird uns das neue Herz geschenkt. Jesus hebt nämlich das Gesetz nicht auf, sondern bringt es zur Erfüllung (vgl *Mt* 5, 17): Gesetz und Propheten lassen sich in der goldenen Regel von der gegenseitigen Liebe zusammenfassen (vgl *Mt* 7, 12). In Ihm wird das Gesetz endgültig zum 'Evangelium', zur Frohbotschaft von der Herrschaft Gottes über die Welt, die das ganze Dasein auf seine Wurzeln und seine ursprünglichen Perspektiven zurückführt. Es ist das *Neue* Gesetz, 'das Gesetz des Geistes und des Lebens in Christus Jesus' (*Röm* 8, 2), dessen grundlegender Ausdruck (...) die *Selbsthingabe in der Liebe zu den Schwestern und Brüdern* ist: 'Wir wissen, daß wir aus dem Tod in das Leben hinübergegangen sind, weil wir die Brüder lieben' (1 *Joh* 3, 14). Es ist das Gesetz der Freiheit, der Freude und der Seligkeit"[175].

---

172 VS 93. Die Bemühung um Heiligkeit in den kleinen Dingen des Alltags ist auch eine der Hauptaussagen des seligen Josemaría Escrivá de Balaguer, vgl etwa *ders.*, Christus begegnen, Rz 60; *ders.*, Freunde, Gottes, Rz 7, 312.

173 EV 80.

174 EV 2; vgl auch *A. Rodríguez Luño*, La legge divina del 'non uccidere', Studi Cattolici 1995, 435 ff. Für eine Analyse des christologischen Charakters von EV vgl *R. Tremblay*, La place du Christ dans l'encyclique de Jean-Paul II «Evangelium vitae», Annales Theologici 1995, 361 ff.

175 EV 49.

III. Die Erneuerung der Lehre vom natürlichen Sittengesetz

1. Einleitung

Es wird aufgefallen sein, daß bisher kaum von einem "Sollen", von Verbindlichkeit, Normativität, etc die Rede war. Dies beruht nicht auf einem Versehen, sondern ist ganz bewußt erfolgt. Ein legalistischer Zugang sollte vermieden werden. An diesem Punkt der Darstellung muß aber nunmehr doch behandelt werden, welche Stellung das "Naturrecht" in VS und EV einnimmt, was darunter verstanden wird, welche Unterscheidungen vorgenommen werden und wie die Erkennbarkeit des Naturrechts erklärt werden kann. Der Leser darf sich freilich keine Abhandlung über das Naturrecht erwarten: Dies würde eine den Umfang dieser Arbeit sprengende Monographie erfordern. Es soll einerseits dargestellt werden, was zu den angegebenen Punkten vor allem in VS gesagt wurde, und andererseits auf *den* klassischen Einwand gegen jegliche Naturrechtslehre eingegangen werden: die Seins-Sollens-Dichotomie.

2. Die *lex naturalis* in VS

Die Existenz der *lex naturalis* zu bekräftigen, ist gerade eines der Kernanliegen von VS[176], vor allem was die Existenz universaler und unveränderlicher, kategorischer und ausnahmsloser Verbote angeht. Die wesentlichen Kapitel in VS sind die nn 39 — 53, die einen kleinen Traktat über das Naturrecht darstellen[177].

Gemäß dem bereits öfters skizzierten Grundverhältnis der bloßen Vernunft zur Vernunft, die vom Glauben erleuchtet ist, entwickelt der Papst zunächst in zwei "Etappen" die traditionelle Lehre vom natürlichen Sittengesetz, um anschließend in sehr aufschlußreicher Weise auf einige Einwände einzugehen. In VS 42 — 44 Abs 1 wird das natürliche Sittengesetz als Teilhabe des rationalen Geschöpfs an der ewigen Weisheit Gottes dargestellt: Ausgangspunkt ist die *Freiheit* des Menschen, die erst durch den Gehorsam gegenüber dem Gesetz Gottes in der Wahrheit bleibt. Um das Gute tun zu können, muß der Mensch Gut

---

176 Vgl VS 4.

177 Vgl *N. Blázquez*, Ley natural, in: G. del Pozo Abejón (Hrsg), Comentarios a la 'Veritatis Splendor', Madrid (1994) 593 ff, 593.

und Böse unterscheiden können. Dies ist möglich durch das Licht der natürlichen Vernunft, *das das natürliche Sittengesetz ist.* Es ist kein von außen auferlegtes Gesetz, sondern dem Menschen ebenso innerlich wie die eigene Vernunft, die ein Abdruck des göttlichen Lichts im Menschen ist. "Daraus folgt auch, warum dieses Gesetz *Natur*gesetz genannt wird: Es wird so genannt nicht im Blick auf die Natur der vernunftlosen Wesen, sondern weil die Vernunft, die dieses Gesetz *erläßt*[178], zur menschlichen Natur gehört"[179]. Nach VS ist es also die menschliche Vernunft, die das Gesetz *erläßt*, dies aber nicht dezisionistisch, sondern intellektiv durch die Erkenntnis des praktisch Guten. Das natürliche Sittengesetz ist ein Urteil der praktischen Vernunft und als solches die "Vernünftigkeit *im* Willen", die Vernunft für den Willen. Der Wille hat als ihm eigenes Objekt — von Natur aus, notwendigerweise — das *bonum morale*, "sieht" es aber nicht. Die praktische Vernunft ist in ihren richtigen Urteilen, was mit "natürlichem Sittengesetz" gleichbedeutend ist, das Licht, mit dem der Wille handelt[180]. Durch diese Einbettung der praktischen Vernunft in die appetitive Struktur des Willens haben die Urteile der praktischen Vernunft präzeptiven Charakter, sie drücken einen Befehl aus, das ihnen von der naturnotwendig inklinativen Struktur des Menschen zukommt: Der Mensch *muß* handeln, sich unentwegt entscheiden, und in jeder dieser Entscheidungen wählt er immer, notwendigerweise etwas, das ihm — zu Recht oder zu Unrecht — die praktische Vernunft als gut vorlegt. Der Papst schreibt: "Wie das Naturgesetz selbst und jede praktische Erkenntnis, hat auch das Urteil des Gewissens befehlenden Charakter: Der Mensch soll in Übereinstimmung mit ihm handeln"[181].

Durch sein ewiges Gesetz waltet Gott über der ganzen Schöpfung mit liebender Vorsorge. Er tut dies auch für den Menschen, aber nicht "von außen", wie bei den vernunftlosen Lebewesen, sondern "von innen", eben durch die Vernunft, "die wenn sie mit Hilfe des natürlichen Lichtes das ewige Gesetz Gottes erkennt, dadurch imstande ist, dem Menschen die rechte Richtung seines freien Handelns zu weisen"[182]. Unter Verweis auf die Lehre des hl. Thomas[183], dessen

---

178 Hervorhebung von mir.

179 VS 42.

180 Mit "Urteil" meine ich die *propositiones universales*, von denen der hl. Thomas von Aquin spricht: "Et huiusmodi propositiones universales rationis practicae ordinatae ad actiones, habent rationem legis." (S. Th. I-II, q 90 a 1 ad 2); vgl auch S. Th. I-II, q 94 a 2.

181 VS 60. Diese Stelle von VS wird hier nicht zitiert, um das Urteil der praktischen Vernunft, das das natürliche Sittengesetz begründet, mit dem konkreten Gewissensurteil gleichzusetzen. Auf diese Frage wird hier nicht eingegangen. Es wird der präzeptive Charakter eines jeden praktischen Urteils hervorgehoben.

182 VS 43.

Verständnis der *lex naturalis* der Papst als Teil der kirchlichen Lehrverkündigung anerkennt[184], betont der Papst, daß das natürliche Sittengesetz zwar die menschliche Vernunft selber ist, dieser jedoch Verbindlichkeit deshalb zukommt, weil das natürliche Sittengesetz durch Teilhabe das ewige Gesetz (die Hinordnung aller Geschöpfe auf Gott) *ist*: "Diese Teilhabe des ewigen Gesetzes im vernunftbegabten Geschöpf wird Naturgesetz genannt"[185].

Diese Teilhabe wird durch die göttliche Offenbarung und den Glauben vertieft, indem eine besondere Unterscheidungshilfe und Befähigung mitgeteilt wird. Im AT hat Gott dem auserwählten Volk das Gesetz als Zeichen der Erwählung und des Bundes geschenkt[186]. Im Neuen Bund empfängt die Kirche mit Dankbarkeit das Gesamtgut der Offenbarung und verkündet es im Licht des Evangeliums vom "Neuen Gesetz", das Vollendung, nicht Widerspruch zum Alten Testament ist[187].

Das Verhältnis zwischen Vernunft und Glaube gilt auch für das menschliche Leben. Daß dieses ein sittliches Gut ist, begründet *Johannes Paul II.* zunächst damit, daß dies eine "Erfahrungstatsache" sei[188]. Aber auch "wenn der Mensch instinktiv das Leben liebt, weil es ein Gut ist, so findet diese Liebe weitere Motivierung und Kraft, neue Fülle und Tiefe in den göttlichen Dimensionen dieses Gutes"[189]. Das Leben des Menschen ist "in der Welt Offenbarung Gottes, Zeichen seiner Gegenwart, Spur seiner Herrlichkeit", es ist "anders und eigenständig gegenüber dem eines jeden anderen Lebewesens", weil der Mensch "eine eigene und besondere Verbindung mit dem Schöpfer" hat. Nur der Mensch kann "Wahrheit und Freiheit erlangen", nur er kann Gott erkennen und lieben: Daher ist das zeitlich-irdische Dasein Keim und Existenz, die über die Grenzen der Zeit hinausgeht[190]. Die Würde des Menschen wird jedoch durch die Sünde getrübt: Das Geschöpf wird vergöttert und verletzt seine konstitutive Beziehung zum Schöpfer, wodurch Mensch und Gemeinschaft ihre Bedeutung verlieren. Die

---

183 Anders als in der offiziellen lateinischen Version, in der es heißt "*sancti Thomae doctrinam* (VS 44), steht in der deutschen Übersetzung "thomistische Lehre". Daß zwischen der "Lehre des hl. Thomas" und der "thomistischen Lehre" ein Unterschied bestehen kann, braucht nicht extra hervorgehoben zu werden.

184 Vgl *N. Blázquez*, Ley, in: Comentarios, 612.

185 *Thomas von Aquin*, Summa Theologiae I-II q 91 a 2: "(...) talis participatio legis aeternae in rationali creatura lex naturalis dicitur", zitiert in VS 43.

186 Vgl VS 44 Abs 2.

187 Vgl VS 45; sowie Kap II.5. dieser Arbeit.

188 EV 34.

189 EV 38.

190 Alle Zitate EV 34.

Wiederherstellung ist in Christus erfolgt: "Mit der Menschwerdung des Gottessohnes erstrahlt im Leben des Menschen wieder das Bild Gottes ..."[191].

3. Die ethische Bedeutung der menschlichen Person

Die bisher dargestellten Aussagen von VS zum Naturrecht bewegen sich fast alle ganz im Rahmen der herkömmlichen christlichen Naturrechtslehre. Dies gilt möglicherweise nicht für das zitierte "Ableseverbot" moralischer Normen aus der "Natur der *Sache*", weil tatsächlich in Teilen der christlichen Tradition eine Neigung dazu bestanden hat und besteht. Damit hängen jene Aussagen in VS zusammen, die mE den innovativen und originären Beitrag *Johannes Paul II.* zur Naturrechtsdebatte ausmachen. Es geht um die Rolle der Person, besonders des menschlichen Leibs, die der Papst in der Auseinandersetzung mit dem kritischen Vorwurf des "Biologismus" (auch "Naturalismus", "Physizismus") behandelt[192]. Dieser Vorwurf richtet sich vor allem gegen die katholische Sexualmoral, welche angeblich biologische Gesetze mit moralischen verwechsle, und wird von Positionen aus erhoben, die zwischen sittlichen und vorsittlichen Gütern unterscheiden: Die vorsittlichen Güter (biologische, kulturelle,... Vorgegebenheiten, auch der menschliche Körper selbst) erhielten ihren sittlichen Sinn durch die Freiheit des Menschen. Diese Position läuft letztlich auf einen Leib-Seele-Dualismus in der Moral hinaus, der der psychologischen Erfahrung ebenso wie der kirchlichen Lehre von der Einheit des Menschen widerspricht: Vernunft und freier Wille sind *in* alle leiblichen und sinnlichen Kräfte eingebunden. Diese Kräfte, auch "natürliche Neigungen" (Leidenschaften,...) genannt, sind keine vorsittlichen Güter oder Objekte, weil sie immer schon als in das handelnde Subjekt integriert erfahren werden. So formuliert *Johannes Paul II.*: "Man kann nun die wahre Bedeutung des Naturgesetzes verstehen: Es bezieht sich auf die eigentliche und ursprüngliche Natur des Menschen, auf die "Natur der menschlichen Person", die die *Person selbst in der Einheit von Seele und Leib* ist, in der Einheit ihrer sowohl geistigen wie biologischen Neigungen und aller anderen spezifischen Merkmale, die für die Erreichung ihres Endzieles notwendig sind"[193].

Das Endziel des Menschen ist die Erkenntnis und Liebe Gottes und — damit in eins fallend — die Selbstverwirklichung und Entfaltung und daher das Glück jedes einzelnen Menschen durch die Tugend. Das Wort "Tugend" bezeichnet ei-

---

191 EV 36.
192 Vgl VS 47 — 50.
193 VS 50.

ne "Klasse von Gütern", die das jeweilige Strebevermögen, das sich auf diese Güter richtet, durch seine Integrierung in die handelnde Person zur Entfaltung bringt. Es kommt wesentlich auf die Integrierung der natürlichen Neigungen in die *Person* an, denn eine "wildwuchernde", sich verselbständigende Potenz richtet sich gegen das Wohl der Gesamtperson. Gerade die von der Vernunft erkannten Weisen der Integration aller natürlicher Neigungen in das Suppositum der Person als Leib-Seele-Einheit macht das natürliche Sittengesetz aus. Die Person ist insofern das *hermeneutische Prinzip* des natürlichen Sittengesetzes: Dieses ist die Entfaltung der Person gemäß der ihr eigenen Logik beseelter Leiblichkeit, die die objektiven Handlungsnormen natürlicher Sittlichkeit abgibt. "*Die menschliche Person ist, einschließlich des Leibes, ganz sich selbst überantwortet und gerade in der Einheit von Seele und Leib ist sie das Subjekt ihrer sittlichen Akte.* Durch das Licht der Vernunft und die Unterstützung der Tugend entdeckt die menschliche Person in ihrem Leib die vorwegnehmenden Zeichen, den Ausdruck und das Versprechen der Selbsthingabe in Übereinstimmung mit dem weisen Plan des Schöpfers."[194] Damit ist gemeint, daß die für die Person konstitutive Beziehungsdimension des Menschen auch *als* Leib besteht, dh nicht nur mittels des Leibes "ausgedrückt" wird, was bereits in der Nähe eines Dualismus stünde. Diese Beziehungsdimension des Menschen, die den anderen als Selbstzweck "braucht", schließt das Prinzip der Menschenwürde ein: Ohne Selbsthingabe, ohne Selbstvergessenheit ist die Beziehung nicht menschlich und der Mensch nicht im Vollsinn Person. Da jedoch der Wille des Menschen notwendigerweise, dh von seiner natürlichen Struktur her auf das wirklich Gute ausgerichtet ist, dh auf die Entfaltung seiner Person in der gemeinschaftlichen Beziehung, gehört die Menschenwürde zu den ersten Prinzipien des natürlichen Sittengesetzes. Die Menschenwürde ist kein zum Menschen *hinzu*kommendes normatives Prinzip, sondern sie *ist* die Beziehungsdimension der menschlichen Person als Person insoweit sie von der Intentionalität einer freien Wahl erfaßt wird, dh insofern ein Handeln willentlich andere Personen betrifft. Deshalb kann der Papst unmittelbar anschließend an den zitierten Text die Menschenwürde sowohl als "Licht" als auch als "sittliche Forderung" bezeichnen. "Im Lichte der Würde der menschlichen Person — die durch sich selbst bestätigt werden muß — erfaßt die Vernunft den besonderen *sittlichen Wert einiger Güter, denen die menschliche Person von Natur her zuneigt.* Und da die menschliche Person sich nicht auf ein Projekt der eigenen Freiheit reduzieren läßt, sondern eine bestimmte geistige und leibliche Struktur umfaßt, schließt die *ursprüngliche sittliche Forderung*, die Person als ein Endziel und niemals als bloßes Mittel zu *lie-*

194 VS 48.

ben und zu achten, wesentlich auch die Achtung einiger *Grundgüter* ein, ohne deren Respektierung man dem Relativismus und der Willkür verfällt"[195].

Dies ist auch für das Lebensrecht des Menschen von grundlegender Bedeutung: "Zum Beispiel finden sich Ursprung und Fundament der Verpflichtung zur absoluten Achtung des menschlichen Lebens in der der menschlichen Person eigenen Würde und nicht bloß in der natürlichen Neigung, sein physisches Leben zu erhalten. So gewinnt das menschliche Leben, das ein fundamentales Gut des Menschen ist, *sittliche Bedeutung* im Blick *auf das Wohl der Person, das stets um seiner selbst willen* geltend gemacht werden muß: Während es moralisch immer unerlaubt ist, einen unschuldigen Menschen zu töten, kann es gestattet, lobenswert und sogar geboten sein, aus Nächstenliebe oder als Zeugnis für die Wahrheit das eigene Leben hinzugeben (vgl Joh 15, 13). In Wirklichkeit kann man nur in bezug auf die menschliche Person in ihrer 'geeinten Ganzheit', das heißt 'als Seele, die sich im Leib ausdrückt, und als Leib, der von einem unsterblichen Geist durchlebt wird' (Familiaris Consortio, 11), die spezifisch menschliche Bedeutung des Leibes erfassen"[196]. Selbstzweck ist demzufolge die Person, nicht das physische Leben. Erst das Personsein begründet die *sittliche* Bedeutung des menschlichen Lebens. Es sei jedoch sofort hinzugefügt: Dies ist eine ethisch-gnoseologische Aussage, die nicht biologistisch falsch verstanden werden darf. Sie bedeutet *nicht*, daß im Menschen auf *ethischer* Ebene zwischen seinem Personsein und seinem rein "biologischen Leben" unterschieden werden könnte. Der Mensch *lebt* immer *als* Person. Man kann den Menschen nicht-moralisch *betrachten* (zB biologisch, psychologisch, physisch, etc), was aber *nie* ein ethisches Urteil, auch nicht jenes der moralischen Indifferenz und daher auch keine den Menschen betreffende Handlung erlaubt[197]. Eine Handlung bedarf ausnahmslos einer *moralischen* Begründung: Diese wiederum betrachtet das menschliche Leben nicht biologisch, etc, sondern immer moralisch und dh als Person.

4. Die Sein-Sollen-Dichotomie

a) Ihr geistesgeschichtlicher Kontext

Wie unschwer aus dem bisher Gesagten ersehen werden kann, handelt es sich beim dargestellten Verständnis des natürlichen Sittengesetzes um ein teleologi-

---

195 VS 48 (Hervorhebungen von mir).
196 VS 50.
197 Vgl *M. Rhonheimer*, Natur, 91 ff.

sches Projekt der Normbegründung: Das natürliche Sittengesetz besteht in der Hinordnung allen Handelns, ja des Lebens, auf das Gute für die menschliche Person, um sie vollständig zu verwirklichen. Die von der praktischen Vernunft erfaßte *lex naturalis* findet Ausdruck in den Geboten, die Gesetze des Lebens sind. Wer sie erfüllt, entfaltet das menschliche Leben, wer sie überschreitet, verdirbt es[198].

Der Einwand gegen ein solches teleologisches Konzept liegt auf der Hand: Gibt es *das* objektiv Gute für *die* menschliche Person überhaupt? Ist es nicht vielmehr so, daß es jeder Person in ihrer Einzigartigkeit und Unwiederholbarkeit zusteht, selber zu wissen, was ihr Glück ausmacht? Tatsächlich ist kaum zu leugnen, daß in manchen traditionellen Naturrechtslehren das Universale überbetont und der Aspekt der kreativen, dialogischen Eigengestaltung des Lebens vernachlässigt wurde. Allerdings beruhen jene modernen ethischen Systeme, die das Naturrecht ablehnen, weniger auf einer Antithese zur früheren Einseitigkeit als auf viel grundsätzlicheren philosophischen Optionen. Die typisch zeitgenössische Position bestünde darin, das moralische Urteil des einzelnen als unanfechtbar und letztgültig zu betrachten, weil es über so etwas Subjektives wie persönliche Entfaltung und persönliches Glück keine universalen und damit keine rationalen Urteile geben könne: Was nicht universal ist, kann auch nicht rational sein, denn Rationalität und Universalität implizieren einander. Was wahr und rational ist, gilt schon deshalb für alle.

Diese Auffassung setzt mehrere Prämissen voraus: Der Ausschluß der Möglichkeit rationaler Einsicht in die praktische Wahrheit über das Gute der Person beruht auf einem "Metaphysikverdacht", der alle derartigen Aussagen, vor allem jene über Finalitäten, in das Abseits der Ir— oder zumindest der Arationalität stellt. Ist dieser Schritt einmal vollzogen, kann persönliches Glück im Grunde nur mehr hedonistisch verstanden werden: als Gefühl. Über "meine Gefühle" kann tatsächlich nur ich wissen. Doch die Frage drängt sich auf: Was ist das Fundament dieser Gefühle? Erfahrungsgemäß ist das Glück eben nicht bloß Gefühl: Man kann gute Gefühle, sogar Lust empfinden, ohne Freude daran zu haben, ohne davon "etwas zu haben". Andererseits kann man sich freuen, glücklich sein und zugleich Schmerzen ertragen. Hat jemand Freude, hat es keinen Sinn zu fragen, "was er von der Freude hat". "Von der Freude hat man nämlich nichts, sondern etwas von etwas haben, das heißt eben: sich darüber freuen. Mehr als Freude kann man nicht von etwas haben"[199]. Die Freude steht über dem bloßen

198 Vgl auch *H. Seidl*, L'atto morale: oggetto, circostanze e intenzione, in: R. Lucas Lucas (Hrsg), Veritatis Splendor. Testo integrale e commento filosofico-teologico, Mailand (1994) 335 ff, 350.

199 *R. Spaemann*, Grundbegriffe, 37.

Gefühl; nur die Freude (das Glück) vermag den Menschen zufrieden zu stellen. Die Freude ist die innere Spannkraft des Menschen, die Geschmeidigkeit seiner Seele. Sie ermöglicht der Person, schnell auf neue Situationen zu reagieren und den jeweiligen Anforderungen der Liebe zu entspechen. Die Freude ist eine Folge der Liebe, ja sie ist ein Aspekt der Liebe. Ein Mensch, der wirklich liebt, ist auch froh; wem es an Freude mangelt, dem fehlen Liebe und Selbsthingabe. Wer Lustgewinn, subjektives Wohlbefinden, ja selbst seine eigene Freude zum Ziel seiner Handlungen macht, ist paradoxerweise nicht froh. Er muß lernen, "von sich selbst abzusehen und sich, wie wir sagen, *an etwas* oder *über etwas* zu freuen"[200], dh Werte anerkennen und sich von ihnen fordern lassen.

In der aristotelischen Tradition ist nun jedes Werturteil und daher auch jedes Urteil über Liebenswürdigkeit zugleich eine Seinsaussage über den Zweck, das *telos* eines Menschen oder einer Sache. Eine "gute" Uhr etwa ist eine solche, die bestimmte Zwecke erfüllt. Mehr noch: Man definiert eine Uhr von ihren Zwekken her ("Chrono-meter"). Freilich handelt es sich bei einer Uhr um ein von Menschenhand und —verstand gefertigtes Artefakt, dessen Zweck vom Menschen verliehen und daher auch wiederum leicht erkennbar ist. Bei Wesen hingegen, die naturwüchsig entstehen, die der Mensch um sich herum als gegeben vorfindet, ist der Zweck nicht von vornherein ansichtig. Kommt man nun auf Grund dieser Schwierigkeit von vornherein zum Schluß, daß auch der Mensch weder eine Finalursächlichkeit besitzt noch selbst Zweck für andere sein kann, entsteht eine Seins-Sollen-Dichotomie ("Hume'sches Gesetz": Unableitbarkeit des Sollens aus dem Sein). Diese Sicht setzt eine Reduktion auf ein Weltbild voraus, in dem nur dem Gegenstand der experimentellen Naturwissenschaft Realität zugebilligt wird. Das Sein wird auf Faktizität reduziert. In einer solchen Sicht wird nur eine materielle Wirkursächlichkeit zugelassen, die Zielursächlichkeit wird ausgeblendet. Hand in Hand mit der Vorherrschaft dieses Weltbildes wurde und wird das Hume'sche Gesetz als zeitlos gültige logische Wahrheit aufgefaßt. Daß dem so ist, ist vor allem aus einem Mangel an historischem Bewußtsein erklärbar[201]: Es ist die logische Konsequenz einer durchaus anfechtbaren geistesgeschichtlichen Option.

---

200 *R. Spaemann*, ebda, 37 f.

201 Vgl *A. MacIntyre*, After Virtue, 59.

b) Die Normativität der sittlichen Erfahrung

Das Hume'sche Gesetz trifft die Wirklichkeit nicht[202]: Ausgangspunkt der Ethik ist nicht die Physik oder die Metaphysik, sondern die moralische Erfahrung. Es ist bereits mehrfach auf die lehramtliche Ablehnung des "Essentialismus", dh die Ableitung von Normen aus dem Wesen der leblosen Dinge, verwiesen worden. *Thomas von Aquin* leitet die Erkenntnis der ersten Prinzipien der praktischen Vernunft *nicht* aus spekulativen Erkenntnissen ab. Das sittlich Gute ist für ihn Inhalt einer unabgeleiteten und eigenständigen praktischen Erkenntnis des Guten, und zwar der Gegenstand der durch die natürliche Vernunft geleiteten und durchformten sittlich-praktischen Erfahrung. Es sei wiederholt: Das Naturrecht, das natürliche Sittengesetz, das sittlich Gute, das moralische Gesetz, etc darf nicht physizistisch verstanden werden, dh es ist *nicht* eine Ordnung in den Dingen, die der Verstand nach Art eines Subjekt-Objekt Verhältnisses herausliest, sondern das Naturgesetz ist durch die Vernunft in einem Akt praktischer Erkenntnis konstituiert. Das Naturgesetz steht der Vernunft nicht gegenüber, sondern ist ein Akt dieser praktischen Vernunft selbst[203].

Das bedeutet nicht, daß die Metaphysik für die Ethik unerheblich wäre. Im Gegenteil: Jede ethische Aussage ist zugleich eine Aussage über den Menschen, denn es geht in der Ethik um das *Gutsein* des Menschen. Ethik ist in diesem Sinn also zugleich Anthropologie[204]. Betont werden soll, daß der *Ausgangspunkt* der Ethik nicht spekulativer Art ist, dh die normative Dimension, das Sollen, im menschlichen Handeln wird nicht abstrakt, von außen "entworfen", sondern ist eine innere, ursprüngliche, von vornherein im Menschen anwesende Wirklichkeit. Weiters ist jede ethische Aussage eine Aussage über das Ziel des Menschen, weshalb die Schlußfolgerungen aus den ersten Prinzipien durchaus metaphysische Erkenntnisse hinsichtlich der Natur des Menschen und ihrer Vervollkommnung voraussetzen. Darauf wird später zurückgekommen.

Es wird jedenfalls *nicht* vom Sein auf ein Sollen "geschlossen", sondern die Ethik ist ein Nachvollziehen des vom Menschen erlebten Sollens und seiner gelebten Sollensurteile. In diesem Sinn ist Ethik eine *praktische* Wissenschaft. Sie

---

202 Zum folgenden vgl grundlegend *A. Rodríguez Luño*, Etica, 39 f.

203 Vgl *G. Atkinson*, Human Nature as a Ground for Absolute Prohibitions, The American Journal of Jurisprudence 1986, 137 ff, 139.

204 Diese Aussage ist sogar für jemanden vertretbar, der sich selbst als Non-Kognitivist bezeichnet, dh praktische Wahrheit, die Wahrheitsfähigkeit von Normsätzen, ablehnt, vgl *O. Weinberger*, Natürliche Konstituenten der Gerechtigkeit, FS-Krawietz (1993) 563 ff, 567. *O. Weinberger* anerkennt anthropologische Voraussetzungen der Ethik und des Rechts, und zwar die Unausweichlichkeit der Gerechtigkeitsfrage, die uns als Gemeinschaftswesen immanent sei.

studiert die menschlichen Handlungen als *Handlungen* und nicht als bloß äußerliche Ereignisse in der Seinswelt. Der Ausgangspunkt der praktischen Wissenschaft schlechthin ist die jedem menschlichen Tun wesentlich und untrennbar beigesellte Erfahrung des intentionalen Zielstrebens. Den Gegenstand dieses Strebens nennt man das "Gute". In unserem Tun und Wollen streben wir stets notwendigerweise auf ein "Gutes", und zwar näherhin nach dem *wahrhaft* Guten, nämlich nach dem, dessen Besitz uns Freude beschert. Mehr noch: Ziel des naturhaften Strebens des Willens ist der dauerhafte Besitz des vollkommen und abschließend Guten, das in sich und nicht im Hinblick auf etwas anderes gut ist. Der Wille zielt auf den Besitz dessen, was formales Prinzip des "Gutseins", dh der Anstrebbarkeit und Begehrbarkeit, aller anderen Wirklichkeiten ist[205]. Er zielt auf das Ziel, das jenseits aller anderen Teilziele angestrebt wird und den Zielcharakter der als Mittel gewählten Handlungen begründet: das "letzte Ziel" oder "höchste Gut", das in jeder Entscheidung mitgewollt wird. *Formal* nach dem "unwirklich" Guten zu streben, wäre in sich widersprüchlich und ist daher unmöglich, denn entweder etwas wird als gut angesehen und kann daher als solches begehrt werden, oder es wird nicht als gut aufgefaßt, und kann daher *als solches* nicht angestrebt werden. Hinter diese elementaren Erfahrungstatbestände zurückzugehen oder diese begründen zu wollen, ist unmöglich. Wer sie jedoch bestreitet, versucht gegen Evidenzen anzudenken[206]. Die Frage der Ethik ist daher: Welches ist das eigentliche, nicht nur scheinbare, und welches das höchste, sich selbst genügende Gut?" Diese Frage wird aber nicht "abstrakt-deduktiv" gestellt im Sinn einer naturwissenschaftlichen Beobachtung außerhalb des Beobachters selbst liegender Ereignisse: Wer diese Frage stellt, *lebt* bereits eine bestimmte Antwort auf sie[207], dh ein bestimmtes Ethos. Ausgangspunkt der Ethik ist die Reflexion über die eigene, dh *menschliche* sittliche Erfahrung. Die menschliche Vernunft erkennt die ersten Prinzipien des natürlichen Sittengesetzes in der Reflexion über ihren eigenen ordinativen Akt. "Der Mensch findet deshalb im Naturgesetz nicht eine ihm 'gegenüberstehende' Naturordnung vor, die er sich 'aneignen' oder die er als 'aufgegebene' 'nachvollziehen' müßte, sondern er erkennt vielmehr im Naturgesetz *sich selbst* wieder und dabei auch, unabhängig und vor aller Erkenntnis der 'Theonomie', den verpflichtenden Charakter dieser Ordnung, die ja diejenige seiner eigenen praktischen Vernunft ist"[208]. Die gelebte Antwort auf die *praktische* Frage ("Was soll ich hier und jetzt tun?") bewegt sich von vornherein und originär auf der Ebene des Sollens, was sich auch darin erweist,

---

205 Vgl *A. Rodríguez Luño*, Etica, 161.
206 Vgl *M. Rhonheimer*, Natur, 248.
207 Vgl *M. Rhonheimer*, Natur, 43.
208 *M. Rhonheimer*, Natur, 141.

das sie sprachlich sauber kaum anders formuliert werden kann als mit dem Verb "Sollen". Das "Sollen" wird von der Ethik nicht "gesetzt", nicht "aufgestellt", sondern es setzt sich selbst, es drängt sich uns unmittelbar und unausweichlich auf, mehr noch: Wir befinden uns *ständig* "mitten drin".

Um zu verstehen, warum sich die spontane Aktivität der praktischen Vernunft schon ursprünglich auf der Sollensebene befindet, ist es erforderlich, das Wesen der praktischen Vernunft vor Augen zu haben. Praktische und spekulative Vernunft sind nicht zwei Potenzen, zwei "Vernünfte", sondern zwei Aspekte der einen und einzigen Potenz "Vernunft". Die spekulative Vernunft ist die Erkenntnistätigkeit, bei der die Vernunft erkennt, was *ist*, unabhängig von einer konkreten Handlungssituation. Von praktischer Vernunft hingegen spricht man, wenn die Vernunft darauf ausgerichtet ist zu erkennen, was hier und jetzt (dh nicht abstrakt und im allgemeinen oder für eine spätere, nicht aktuell existierende Entscheidungssituation) *erstrebbar* ist. Das Formalobjekt des praktischen Intellekts ist die Erstrebbarkeit einer Seinswirklichkeit (ihr Charakter als Gut) insofern sie Ziel einer (besser: *meiner* konkreten und gegenwärtigen) Handlung sein kann. Das Urteil der praktischen Vernunft darüber, was anstrebbar ist, hat eine appetitive *Struktur* und ist damit unmittelbar *präzeptiv*: Die appetitive Struktur wird als präzeptive Struktur wahrgenommen und verwirklicht, auch wenn die Erfahrung des "Sollens", der "Pflicht", des "Normativen" überhaupt, sich erst in der Reflexion des (spekulativen) Intellekts über seinen eigenen Akt vollendet[209].

Dies gilt gerade auch für das sogenannte erste (formale) Prinzip der praktischen Vernunft: *bonum faciendum, malum vitandum est.* Dieses Prinzip wird oft als Leerformel abgetan. Tatsächlich wäre es dies, wenn man es im Aussagemodus versteht. Es ist aber *kein* Aussage-Urteil, sondern "die in der Reflexion zum Ausdruck gebrachte Struktur eines vernunftgeprägten Strebeakts. Dieser Strebeakt selbst, bzw. das ihm zugrundeliegende erste praktische Urteil, ist das erste Prinzip der praktischen Vernunft"[210]. Die *Worte* "das Gute ist zu tun, das Böse zu unterlassen" sind daher *nicht* das erste Prinzip der praktischen Vernunft, sondern bloß dessen *Formulierung* auf einer anderen, reflektiven Ebene. Diese Formulierung ist "nichtssagend", weil ihre Aufgabe gar nicht darin besteht, etwas auszusagen. Die Funktion des ersten Prinzips der praktischen Vernunft besteht darin ordnend zu befehlen. Das erste Prinzip erklärt in fundamentaler Weise die *Praktizität* der praktischen Vernunft und ist daher in allen weiteren Prinzipien derselben mit seiner ordnenden Bewegung gegenwärtig[211]. Das erste Prinzip der praktischen Vernunft ist wie jedes andere praktische Urteil sprachlich

209 Vgl *M. Rhonheimer*, Natur, 50.
210 *M. Rhonheimer*, Natur, 51.
211 Vgl *M. Rhonheimer*, Natur, 78 f.

nicht ausdrückbar, jedenfalls nicht als logisches Urteil, höchstens als Befehl. "Der adäquate Ausdruck des praktischen Urteils als 'praeceptum' scheint allein ein vom präzeptiven Inhalt dieses Urteils geprägter Willensakt zu sein (...) bzw. die Handlung selbst. Die intersubjektiv erfahrene 'Sprache' des präzeptiven Aktes der Vernunft als solcher ist letztlich die Handlung"[212]. Erst auf der Ebene der Reflexion, die als Bewußtsein jedoch auch alles Urteilen und Handeln begleitet, wird die sprachliche Formulierung des *praeceptum* möglich, und zwar als Norm. Die Norm ist der Sinn eines Willensaktes (insofern hat *H. Kelsen* durchaus recht), aber eines rational zustande gekommenen und reflektierten.

In diesem Sinn ist die praktische Vernunft (wie die menschliche Vernunft überhaupt) ein Licht, das etwas sichtbar macht, was ohne dieses Licht verborgen bliebe. "Das Licht schafft nicht die Gegenstände seiner Leuchtkraft, sondern hebt sie aus ihrer Verborgenheit heraus"[213]. Damit nähern wir uns bereits dem eigentlichen Problem der Erkennbarkeit der verschiedenen Gebote des natürlichen Sittengesetzes. Es sei lediglich zusammenfassend wiederholt, daß das Problem der "Ableitung" normativer Sätze aus deskriptiven Aussagen ein Scheinproblem ist, da die Normativität der praktischen Vernunft der Gegenstandsbereich der Ethik und nicht deren Derivat ist. Das natürliche Sittengesetz ist kein Gefüge von Normen, die die praktische Vernunft vorfindet und befolgt, sondern das erste und unmittelbare Ergebnis der praktischen Vernunft. Erst danach kommt die (spekulative) ethische Reflexion darüber, in der es durchaus Ableitungen aus metaphysischen Erkenntnissen geben kann (etwa aus der Existenz Gottes und seiner Beziehung zum Menschen), und die Konkretisierung der reflektierten Normen im Einzelfall durch das Gewissen, dessen Urteile wiederum praktischer Natur sind.

Das bisher Gesagte ist kein verdeckter Idealismus. Die praktische Vernunft ist nämlich aus sich heraus unmittelbar präzeptiv (normativ), die Vernunft als solche ist jedoch nicht unmittelbar aus sich heraus praktisch. Sie ist dies nur, weil und insofern sie in die inklinative Struktur (der Strebenatur) der menschlichen Person eingebettet ist. Diese inklinative Struktur wird einerseits vom Willen, andererseits jedoch auch vom gesamten nicht-geistigen appetitiven Bereich konstituiert. Dieser nicht-geistige appetitive Bereich sind die natürlichen Strebevermögen, die Leidenschaften und Begierden, kurz: die natürlichen Neigungen, die das dynamische Prinzip im Menschen darstellen, ohne die es gar keine Veränderung und Bewegung in ihm gäbe. Diese natürlichen Neigungen sind nie blinde Triebe und Dränge, weil der Mensch rational ist: Der Neigung geht immer

212 *M. Rhonheimer*, Natur, 68; vgl auch *F. Inciarte*, Practical Truth, in: Persona, Verità e Morale, 201 ff, 204.

213 *M. Rhonheimer*, Natur, 210.

eine Kenntnis voraus[214]. Und auf die Richtigkeit dieser Erkenntnis kommt es an: Die *recta ratio* begründet *in* den naturhaften Neigungen die Einheit des Gesamtwohls der menschlichen Person, sie integriert alle Strebevermögen in die Einheit des handelnden Subjekts. In den natürlichen Neigungen ist das natürliche Sittengesetz *keimhaft* angelegt. Damit wird einerseits ausgeschlossen, daß die natürlichen Neigungen mit dem moralischen Gesetz identifiziert werden, andererseits hervorgehoben, daß sie für die praktische Vernunft von grundlegender Bedeutung sind: *Ohne sie gäbe es gar keine praktische Erkenntnis!* Sie bewegen erst die Vernunft zu erkennen und geben die Erkenntnisrichtung vor: Die menschliche Vernunft ist auch in den allerersten Prinzipien auf "Erkenntnismaterie" angewiesen. Der Mensch besitzt keine angeborenen a-priorischen Ideen im Sinn eines Werteidealismus, sondern die Vernunft ist ein *Licht*, das erhellt, nicht eine Quelle, die *aus sich heraus* gewisse Erkenntnisse zu liefern vermöchte[215]. Aus den natürlichen Neigungen als solchen allein kann man nicht Normen "ableiten", aber die natürlichen Neigungen gehören immer schon, von Anfang an, zum Menschen, sie haben einen *menschlichen* Sinn. Sie bilden kein "neutrales Rohmaterial", dem der freie Wille einen autonomen Sinn verleiht, sondern sie bilden, konstituieren den Menschen, der eine Einheit ist. Diese Einheit wird konstitutiv durch die ordnende Vernunft und exekutiv durch den Willen vollzogen und bekräftigt. Die natürlichen Neigungen enthüllen und verwirklichen ihren spezifischen menschlichen Sinngehalt erst im Licht der praktischen Vernunft. Im Licht der praktischen Vernunft werden die Objekte der jeweiligen naturhaften Neigungen als Güter für die menschliche Person "sichtbar". Ohne die Vernunft verblieben diese auf einer rein instinktiven, naturnotwendigen und zwanghaften Ebene und wären nicht menschlich, sondern tierisch. Sobald der *Mensch*, dh ein freies und vernünftiges Subjekt, handelt, gibt es kein rein triebhaftes Handeln mehr, sondern nur willentliches und vernunftgelenktes. Freilich gibt es auch im Menschen Triebe und können diese in pathologischen Fällen so stark werden, daß sie menschliche Freiheit ausschalten: Insofern liegt dann auch kein menschliches Handeln vor. In der Ethik geht es aber um das *menschliche*, dh freie und vernünftige, Handeln. In diesem findet der Mensch sich selbst vor: mit seinen Neigungen, seiner inklinativen Struktur und seiner Vernunft, die all diese Kräfte erkennbar macht, sie im *einen* menschlichen Bewußtsein vereint, ihnen dadurch menschlichen Sinn verleiht und diesen Sinn zugleich erkennt. Das klingt wie ein Paradoxon, ist es aber nicht: Der Mensch ist Mensch durch seine Rationalität und seinen freien Willen; alles in ihm wird menschlich erst durch diese zwei

214 Vgl *S. Theron*, Consequentialism and Natural Law, in: Persona, Verità e Morale, 177 ff, 182.

215 Vgl *M. Rhonheimer*, Natur, 236.

Elemente menschlicher Geistigkeit. Insofern konstituiert die Rationalität den menschlichen Sinn des Menschen und aller seiner Neigungen, aber es ist nicht der Mensch, der seine Rationalität konstituiert, sondern der Schöpfer: Der Mensch stiftet nicht seinen eigenen Sinn. Insofern verleiht die Vernünftigkeit des Menschen den menschlichen Neigungen ihren Sinn, und erkennt der Mensch zugleich den Sinn seiner Neigungen mittels seiner Vernunft. Da — wie schon dargestellt — der Wille notwendigerweise auf das Gut der menschlichen Person (des "Ich") ausgerichtet ist, ordnet die (praktische) Vernunft die einzelnen Güter (Ziele) der natürlichen Neigungen in dieses "Gesamtgut der Person" ein. Diese "Einordnung" ist das natürliche Sittengesetz: Es bezeichnet jene Klassen von Gütern (=allgemeinste Prinzipien), deren Erstrebbarkeit durch die einzelnen natürlichen Neigungen des Menschen dem Wohl der Person entspricht. Dieses Wohl der Person ist ihre Entfaltung und daher ihr Glück durch und in den Tugenden. Diesen Tugenden entsprechen Gebote (jene des Dekalogs), deren negative Formulierung (Verbote) die angestrebten Güter vor Verletzung schützen.

Es sei der Klarheit halber hinzugefügt, daß sich die Tugenden zum Glück des Menschen nicht wie ein Mittel zu einem externen Zweck verhalten (wie zB ein technisches, chemisches, etc. Mittel zur Vermehrung des Wohlbefindens), sondern die Tugenden *sind* das Glück des Menschen. Der tugendhaft entfaltete Mensch ist glücklich und der glückliche Mensch ist tugendhaft. Das Glück ist der *terminus internus* der Tugenden.

Auch diese allgemeinsten Prinzipien, die die Grundschicht des Naturrechts bilden, werden nicht abstrakt deduziert, wie mE inzwischen deutlich geworden sein müßte. Das natürliche Sittengesetz ist ein *ordo rationis*, den die Vernunft nicht "anläßlich" der natürlichen Neigungen oder außerhalb und getrennt von ihnen konstituiert, sondern *innerhalb* ihrer. Erst durch das reflektive Zusichkommen der Vernunft werden sie aussag— , analysier— und begründbar. Es werden daher praktische Einsichten nicht aus deskriptiven Sätzen abgeleitet, wohl aber ist — auf der reflektiven Ebene — praktische Einsicht natürlich begründbar, und zwar im Hinblick auf richtige anthropologische Erkenntnisse. Damit schließt sich wiederum der Kreis zur ethischen Bedeutung der menschlichen Person.

Dieses Kapitel soll das Verständnis der Texte erleichtert und die Koordinaten aufgezeigt haben, in denen sich EV und VS bewegen. Bevor der konkrete Inhalt und die Implikationen der Definitionen in EV wiedergegeben werden, muß noch kurz skizziert werden, was unter einem moralischen Objekt zu verstehen ist, denn als solche definiert der Papst einige Handlungen, die das menschliche Leben verletzen.

IV. Das moralische Objekt

1. Das intentionale Verständnis des moralischen Objekts

Der KKK gibt die christliche Lehre vom *Objekt* der Handlung als eine der Quellen der Sittlichkeit wieder[216]. Diese sind: 1. das gewählte Objekt, 2. das angestrebte Ziel oder die Absicht, 3. die Umstände der Handlung[217]. Das Objekt wird als ein Gut definiert, "auf das sich der Wille bewußt richtet. Es ist der 'Stoff' einer menschlichen Handlung. Das gewählte Objekt bestimmt den sittlichen Charakter eines Willensaktes, je nachdem, ob es gemäß dem Urteil der Vernunft dem wahren Gut entspricht oder nicht. Die objektiven Regeln der Sittlichkeit drücken die vernunftgemäße Ordnung des Guten und des Bösen aus, die durch das Gewissen bezeugt wird"[218].

In VS hat *Johannes Paul II.* diese Lehre vor allem in Auseinandersetzung mit dem sogenannten "Teleologismus" vertieft[219]. Das Wort "Objekt" kann leicht im Sinn einer äußeren Gegenständlichkeit mißverstanden werden, also als "Erfolg", Ergebnis oder Konsequenzen einer Handlung. Um jedoch der menschlichen Handlung als Handlung gerecht zu werden und damit erst im eigentlichen Sinn Ethik betreiben zu können, ist es notwendig, von der Intentionalität, dh der Zielgerichtetheit jeder menschlichen und daher freien und vernunftgeleiteten Handlung auszugehen. Das menschliche Wollen, das sich in einer Handlung manifestiert, ist nie ein abstraktes "Wollen", sondern immer konkretes "*etwas* Wollen". Dieses "etwas", also der Sachverhalt, den jemand verwirklichen will, wird in aller Regel als Mittel gewollt, um ein anderes Ziel (letztlich das letzte Ziel) zu erreichen. Dieses dahinterstehende Ziel ist die Intention oder das Motiv der Handlung. Es kommt aber zunächt auf die Handlung *selbst* an, diese ist ja der Anlaß der moralischen Überlegungen. Die Handlung hat nicht nur mittelbare Ziele (Motive), sondern auch ein unmittelbares Ziel, eben den gesetzten Sachverhalt. *Moralisch* relevant ist nun *nicht* der äußere Sachverhalt *als solcher*, dh als physisches, biologisches,... Ereignis, sondern das frei gewählte Verhalten des

216 Vgl KKK, Rz 1749 — 1756.
217 Vgl KKK, Rz 1750.
218 KKK, Rz 1751.
219 Vgl hauptsächlich VS 71 — 83.

Menschen ihm gegenüber oder der vernunftgeprägte Wille ihm gegenüber[220]. Mit Worten des Papstes: "Um den Gegenstand einer Handlung, der sie sittlich spezifiziert, erfassen zu können, muß man sich daher in *die Perspektive der handelnden Person* versetzen. Das Objekt des Willensaktes ist ja ein frei gewähltes Verhalten. Insofern es mit der Vernunftordnung übereinstimmt, ist es Ursache der Güte des Willens, macht es uns sittlich vollkommener und hilft uns, unser letztes Ziel im vollkommenen Guten, der ursprünglichen Liebe, zu erkennen. Unter 'Objekt' einer bestimmten sittlichen Handlung kann man daher nicht einen Prozeß oder ein Ereignis rein physischer Ordnung verstehen, die danach zu bewerten wären, daß sie einen bestimmten Zustand in der äußeren Welt hervorrufen. Das Objekt ist das unmittelbare Ziel einer freien Wahl, die den Willensakt der handelnden Person prägt"[221].

In diesem Zitat sind zwei Schritte zu unterscheiden. Zunächst geht es darum, die Handlung zu umreißen, die ethisch bewertet werden soll, oder besser gesagt: Es geht um die Erkenntnis dessen, was die ethisch relevante Handlung ausmacht. Dafür verweist VS auf die Perspektive der handelnden Person, auf ihren Willen, ihre Wahl, etc. Dies ist weiter oben als "Intentionalität" bezeichnet worden. Die ethische Relevanz und Identität einer Handlung ergibt sich aus ihrer vom Vorsatz strukturierten Intentionalität, die von der darüberhinausgehenden Intention oder dem Motiv dieser Handlung zu unterscheiden ist. Der Vorsatz ("das, was ich will") grenzt die Handlung ab, er bestimmt ihre Strukur, indem er durch seine Wahl bestimmte Elemente zu handlungsbestimmenden und daher konstitutiven Elementen macht und andere nicht erfaßt. Das Willenselement muß bei einer Handlung in ihr Objekt miteinbezogen werden. Freies und damit zugleich auch moralisch relevantes Handeln ist vor allem ethische Standortbestimmung des eigenen Ich. Es ist eine freie Wahl, durch die eine Verfügung über das eigene Selbst getroffen wird. Freies Handeln ist Selbstgestaltung durch die Bestimmung des Verhältnisses zu anderen und zum Kosmos. Mehr als in den Wirkungen und den Folgen in der Außenwelt, besteht die ethische Handlung im eigentlichen Sinn in der Veränderung des eigenen Ich. Deshalb besteht die moralische Dimension unserer Handlungen vielmehr in dem, was wir wählen als in den Folgen unserer Handlungen: Die Selbstverfügung kann nur in einer Wahl oder im Vorsatz bestehen. Der Charakter der ethischen Wahl als Selbstverfügung wird deutlich, wenn die Folgen unserer Handlungen drastisch von dem abweichen, was wir wollen. *G. Grisez/R. Shaw* führen zwei plastische Beispiele an[222]: 1. A be-

220 Vgl *A. Günthör*, Chiamata e risposta, Band I, Rom (1982) 498; *D. Tettamanzi*, Verità e Libertà. Temi e prospettive di morale cristiana, Casale Monferrato (1993) 474.

221 VS 78.

222 Vgl *G. Grisez/R. Shaw*, Fulfillment in Christ, Notre Dame (1991) 103 f.

schließt B zu ermorden. B stirbt jedoch aus natürlichen Gründen bevor A seinen Vorsatz ausführen kann. Obwohl A keine äußeren Wirkungen hervorgerufen hat, ist er — moralisch gesehen — ein Mörder. 2. M möchte ihrem kranken Kind Medizin geben, irrt sich jedoch schuldlos und verabreicht stattdessen ein tödliches Gift. Zu ihrem Entsetzen stirbt ihr Kind. M ist trotzdem keine Mörderin.

Der zweite Schritt, von dem in VS 78 die Rede ist, könnte man jenen der ethischen Bewertung der Handlung nennen: Die Überprüfung, ob sie mit der Vernunftordnung übereinstimmt. Allerdings geht es dabei *nicht* um die nachträgliche Anwendung von Regeln auf angeblich vor-sittliche und ethisch noch nicht relevante Willenstätigkeit, sondern der Vorsatz bezieht sich immer schon und von vorneherein auf eine *Handlung*, dh auf eine Verhaltensweise, welche die praktische Vernunft als gut beurteilt und dem Willen vorgelegt hat. Der Wille könnte sich ohne dieses vorangehende Licht der praktischen Vernunft gar nicht in Bewegung setzen, um einen Vorsatz zu bilden. Der Vorsatz befindet sich daher von vorneherein immer schon auf moralischer Ebene. Sobald eine freie Handlung vorliegt, befindet sie sich auf sittlicher Ebene. Jede Handlung ist sittlich relevant. Worum es geht, ist die Überprüfung der Richtigkeit des praktisch-sittlichen Urteils der Vernunft an Hand des *ordo rationis*. Es muß festgestellt werden, welche objektive sittliche Bedeutung die vom Vorsatz abgegrenzte Handlung hat. Das ist gemeint, wenn wir vom moralischen Objekt als Quelle der Sittlichkeit sprechen: Es ist der "objektive Gehalt", der "Sinn", die "personale Bedeutung" der Handlung. Das moralische Objekt ist in diesem Sinn die sittliche Definition einer Handlung.

Die "Definition" oder die "personale Bedeutung" einer Handlung wird durch das ordnende und normative Urteil der praktischen Vernunft erkannt[223]. Dieses Urteil entsteht durch die Inbeziehungsetzung des vom Vorsatz erfaßten Verhaltens zu Gott und damit zum Wohl der menschlichen Person, dh zum glücklichen Leben, das — wie gesagt — das notwendige und naturgegebene, der Freiheit vorausliegende und sie strukturierende dynamische Prinzip der menschlichen Natur ist.

Eine Handlung ist sittlich gut, wenn sie mit dem Wohl der menschlichen Person wirklich übereinstimmt, dh wenn es der von der *recta ratio* begründeten Ordnung der tugendhaften Entfaltung des menschlichen Lebens entspricht. Mit anderen Worten: Wenn es auf das wahre Gut des Menschen *hingeordnet* ist. "Das menschliche Handeln ist dann sittlich gut, wenn es die willentliche Hinordnung der menschlichen Person auf das letzte Ziel und die Übereinstimmung der

223 Vgl *A. Rodríguez Luño*, Etica, 195 f; *ders*, El acto moral y la existencia de una moralidad intrinseca absoluta, in: G. del Pozo Abejón (Hrsg), Comentarios a la "Veritatis Splendor", Madrid (1994) 693 ff, 702, 707.

konkreten Handlung mit dem wahren Gut, wie es von der Vernunft in seiner Wahrheit erkannt wird, bestätigt und zum Ausdruck bringt"[224]. Das moralische Objekt sucht eine entscheidende Vorfrage zu beantworten: Ob das letzte Ziel Gott sein *kann*, ob die Einzelhandlung objektiv auf Gott hinordenbar ist. Wenn die Handlung als solche die menschliche Natur durch die Vermehrung der Tugenden und des Glücks entfaltet und vervollkommnet, so ist diese Frage zu bejahen[225]. Insofern wird auch klar, daß das moralische Objekt das erste und entscheidende Element der Moralität ist[226]. Die "gute Absicht" genügt nicht: Wenn eine Handlung nicht auf das wahre Gut der Person hinordenbar ist, dann ist sie sittlich schlecht und steht im Gegensatz zum höchsten Gut, dh Gott selbst, der unser Glück will.

Andererseits wird aber auch deutlich, daß die Hinordenbarkeit des moralischen Objekts auf das letzte Ziel nur *ein* Element der sittlichen Güte ausmacht: Die Handlung muß auch effektiv auf Gott hingeordnet *sein*. "Die ihrem Gegenstand nach gute menschliche Handlung besitzt auch die Eigenschaft, auf das letzte Ziel *hingeordnet* werden zu können. Eben diese Handlung erlangt dann ihre letzte und entscheidende Vollkommenheit, wenn der Wille sie durch die Liebe *tatsächlich* auf Gott *hinordnet*"[227].

Schon aus dem bisher Gesagten wird ersichtlich, daß die Erkenntnis des moralischen Objekts einer Handlung und des natürlichen Sittengesetzes parallel läuft, aber nicht in eins fällt. *Beide sind Urteile der praktischen Vernunft*: Die personale Bedeutung einer Handlung (das moralische Objekt) ergibt sich durch ihre Beziehung zum Wohl der Person, das seinerseits gerade das natürliche Sittengesetz ausmacht. Ob ein Objekt gut ist, dh auf Gott hinordenbar ist, "erkennt die Vernunft im Sein des Menschen selbst, verstanden in seiner vollumfänglichen Wahrheit, und damit unter Berücksichtigung seiner natürlichen Neigungen, seiner Triebkräfte und seiner Zweckbestimmtheiten, die immer auch eine geistige Dimension besitzen: Genau das sind die Inhalte des Naturgesetzes und damit die geordnete Gesamtheit der 'Güter für die menschliche Person', die sich in den Dienst des 'Gutes der Person' stellen, des Gutes, das sie selbst in ihrer Vollendung ist. Das sind die von den Geboten (des Dekalogs) geschützten Güter, der nach dem hl. Thomas das ganze Naturgesetz enthält"[228].

---

224 VS 72.

225 Vgl *H. Seidl*, L'atto, in: Veritatis Splendor, 344.

226 VS 79: "Das vorrangige und entscheidende Element für das moralische Urteil ist das Objekt der menschlichen Handlung, das darüber entscheidet, ob sie *auf das Gute und auf das letzte Ziel, das Gott ist*, hingeordnet werden kann."

227 VS 78.

228 VS 79.

Analysiert man die menschlichen Handlungen etwas eingehender hinsichtlich ihrer "Bedeutung", so bemerkt man, daß es diesbezüglich verschiedene Arten der Handlung gibt: Solche, deren menschlich-moralische Bedeutung ohne Angabe der Intention nicht verständlich ist und andere, bei denen unabhängig von der Intention klar ist, *was* jemand tut. Zur Verdeutlichung sei von *A. Rodríguez Luño* folgendes Beispiel entlehnt[229]: Eine Mutter kommt an einem Schultag vormittags nach Hause zurück und findet ihr Kind, das in der Schule sein sollte, auf dem Sofa liegend vor. Ihre Frage: "*Was* machst Du?", wird kaum mit der Antwort: "Das siehst Du ja, ich liege auf dem Sofa!" zufriedenstellend geklärt sein. Denn die Bedeutung dieser Handlung, bzw die Handlung selbst im moralischen Sinn, ist diesfalls erst durch die Angabe ihres Motivs und der Umstände identifizierbar. Das Kind kann auf dem Sofa liegen, weil ein Teil des Unterrichts ausgefallen ist, weil es krank ist, weil es nach einer schlechten Note deprimiert ist oder weil es faul ist. Je nach dem Motiv und den Umständen liegt auch ein anderes Objekt, eine andere Bedeutung vor. Ebenso wissen wir aufgrund der bloßen Sachkenntnis, daß ein Mann in seinem Garten gräbt, noch nicht *was* er tut: vielleicht betreibt er ein Hobby oder er geht einer Erwerbstätigkeit nach oder er gehorcht seiner Frau.

Beispiele für Handlungen der anderen Art, also solcher, deren Bedeutung auch ohne Angabe von Motiven verständlich ist, wären die Teilnahme an einem bewaffneten Raubüberfall oder der außereheliche Beischlaf. In diesen Fällen mögen die Motive und Umstände verschieden sein, aber es ist jeweils klar, *was* die Beteiligten tun. Dieser Unterschied ergibt sich aus der verschiedenen Beziehung zur menschlichen Person, genauer zum Körper als deren leibliche Dimension.

2. Das "in sich schlechte" Handlungsobjekt

Die Eindeutigkeit der Bedeutung einer Handlung, dh die Eindeutigkeit ihres Objekts, liegt durchgängig lediglich im Bereich jener Handlungen vor, die die Person *verletzen* (negative Norm oder Verbotsnorm). Dies deshalb, weil die Ausdrucksformen auf das Wohl der Person hinordenbarer Akte (positive Norm oder Gebotsnorm) nicht von vornherein begrenzbar und vorhersehbar sind, die Verletzungen der Person hingegen schon. So gibt es etwa unzählige Arten, einem Freund die Zuneigung zu erweisen, aber ihn zu foltern wird nie als Ausdruck dieser Zuneigung gelten können. Es gibt bestimmte Handlungen, durch die die Person immer verletzt wird. "Das hängt damit zusammen, daß die

229 Vgl *A. Rodríguez Luño*, El acto, in: Comentarios, 704 f.

menschliche Person nicht ein rein geistiges Wesen ist, sondern daß sie sich von Natur auf eine bestimmte Weise manifestiert, nämlich durch ihren Leib und durch ihre Sprache. Wo der Leib und die Sprache nicht als Repräsentationen der Person respektiert, sondern nur als Mittel zu anderen Zwecken gebraucht werden, da wird die Person selbst nur als Mittel gebraucht. Daraus ergibt sich ganz konkret, daß die absichtliche und direkte Tötung eines Menschen, daß die Folter, die Vergewaltigung oder der Einsatz der Sexualität als Mittel für bestimmte Zwecke immer schlecht sind"[230].

Es sind diese Handlungen, deren objektive Bedeutung dem Wohl der Person entgegengesetzt und deshalb vom moralischen Gesetz verboten sind, die VS im Anschluß an die christliche Tradition "in sich schlechte Handlungen" (*intrinsece malum*) nennt. Die Existenz des "in sich Schlechten", dh die Existenz universaler, absoluter und unbedingter Verbote, die keine Ausnahme zulassen[231], steht im Zentrum des moraltheologischen Dissenses[232]. Seine Ablehnung hat sich wie eine "diskrete Revolution" unter den Moraltheologen ausgebreitet und entspringt einer tiefen psychologischen Abwehrreaktion gegen "alte Sichtweisen", vor allem gegen das physizistische Verständnis des Handlungsobjekts[233]. Die verallgemeinernd als "teleologische Ethik" bezeichneten Strömungen der Moraltheologie und —philosophie (auch "Proportionalismus", "Konsequentialismus") lehnen — mehr oder weniger differenziert und mit unterschiedlichen Begründungen — das *intrinsece malum* ab: Es gäbe nur relative und Ausnahmen unterliegende Handlungsnormen. Um die wesentliche Eigenart der Moral als Wissenschaft des *Sittlichen* zu bewahren, werden sittliche (moralische) Güter, wie Liebe, Klugheit, Gerechtigkeit,... von vorsittlichen (prämoralischen) Gütern, wie Gesundheit, Leben, Tod, materielle Güter,..., unterschieden. Die Abwägung der voraussehbaren Folgen einer Handlung auf der vorsittlichen Ebene begründe die "Richtigkeit" der Handlung, während die moralische Güte aus der Ausrichtung des Willens auf das sittlich Gute stamme. Aufgrund "verantwortlicher Abwägung", in der eine Proportionalität zwischen dem gewählten Mittel und dem verfolgten sittlichen Wert hergestellt werde, könne ein Eingriff in ein vorsittliches Gut vorgenommen werden, auch wenn dies gegen Gebote verstoße, die traditionell als *intrinsece malum* angesehen werden.

230 *R. Spaemann*, Grundbegriffe, 93.
231 Vgl *F. Cuervo*, Principios, 66.
232 Vgl *F. Cuervo*, Principios, 123 ff.
233 Vgl *S. Pinckaers*, Universalité, in: Persona, Verità e Morale, 341.

So gehen etwa *D. Mieth*[234] und *B. Fraling*[235] von einer Trennung von "Heilsweg" und "sittlicher Richtigkeit" aus. Heiligkeit und Martyrium seien keine höhere Form von Sittlichkeit, sondern etwas anderes. Jemand, der in unbedingter Treue zu seiner Gewissenserkenntnis stehe und ihr gemäß handle, wirke darin auch sein Heil, selbst wenn sein Tun, objektiv und nach seinem konkreten Inhalt betrachtet, sittlich nicht der rechten Ordnung entspreche.

Diese Position ist in dieser Zuspitzung unhaltbar: Heiligkeit und sittliche Vollkommenheit bedingen einander, wobei sich sittliche Vollkommenheit auch auf den Umgang mit den eigenen Verfehlungen und Irrtümern bezieht. Insofern gibt es Heilige, die gesündigt haben, ja, alle Heiligen haben gesündigt, aber es gibt keinen Heiligen, der oder die nicht dafür Buße getan hätte. Es gibt Heilige, die Praktiken unterstützt haben, die in unseren Augen sündhaft erscheinen (zB Kreuzzüge, Inquisition, Zinsverbot), aber auch hier muß man sich vor vorschnellen Urteilen und überzogenen theoretischen Ableitungen hüten. Abgesehen von den historischen Unwahrheiten und Anachronismen, die sich um diese "Dauerbrenner" der Kirchenkritik ranken, ist zweierlei zu bedenken. Einerseits verändert sich der ethische Kontext von Handlungen, wodurch sich auch deren moralische Beurteilung verschiebt, andererseits kann sich eine Person tatsächlich in einem unverschuldeten Gewissensirrtum befinden. Eine — objektiv — unsittliche Tat ist in diesem Fall nicht schuldhaft, sie ist aber auch nicht "gut" für die handelnde Person: sie entfaltet nicht die menschliche Natur so wie es die wirklich tugendhaften Akte tun[236].

Einen bedenkenswerten Einwand gegen die in VS vertretene Lehre hinsichtlich des *intrinsece malum* erhebt *W. Wolbert*[237]. In VS 77 betont der Papst, daß die vorhersehbaren Folgen Umstände seien, die die Schwere einer schlechten Handlung zwar modifizieren, ihre moralische Spezies jedoch nicht verändern können. Entgegen dieser Aussage vertritt *W. Wolbert* die Meinung, daß es sich zunächst aus den "Zufällen unser Sprache" ergäbe, was das Objekt einer Handlung im traditionellen Sinn ausmache. So sei etwa für die Handlung "Verabreichung von Zyankali" der Tod eines Menschen sittlich konstitutiv, obwohl der Tod ja eine Folge sei, während im Wort "Vergiften" der Tod bereits ins Objekt "hineindefiniert" sei. "Man hat also zwischen handlungsbeschreibenden und

---

234 Vgl *D. Mieth*, Die Moralenzyklika, die Fundamentalmoral und die Kommunikation in der Kirche, in: ders (Hrsg), Moraltheologie im Abseits? Antwort auf die Enzyklika "Veritatis Splendor", Freiburg iB, 2. Auflage (1994) 9 ff, 11 f.

235 Vgl *B. Fraling*, "Freiheit und Gesetz". Gedanken zur Enzyklika "Veritatis Splendor", in: D. Mieth (Hrsg), Moraltheologie im Abseits?, 129 ff, 135.

236 Vgl VS 63.

237 Vgl *W. Wolbert*, Die "in sich schlechten" Handlungen und der Konsequentialismus, in: D. Mieth (Hrsg), Moraltheologie im Abseits?, 88 ff.

nicht-handlungsbeschreibenden Folgen zu unterscheiden."[238] Gleiches gelte für das Diebstahlsverbot. In der Regel bestehe kein Recht, eine fremde Sache wegzunehmen. Im Fall äußerster Not ist diese Berechtigung aber gegeben. Der Umstand der Not verändere also die Spezies der an sich schlechten Handlung der Wegnahme einer fremden Sache. Man könnte jedoch eine solche Handlung auch "Mundraub" nennen, dann wäre die Handlung schon vom Objekt her gut[239]. Es ließe sich diesbezüglich eine historische Entwicklung "sittlicher Wertungswörter" feststellen. Obwohl in der Tradition der Moraltheologie hiezu verschiedene Meinungen vertreten worden seien, verurteilten GS und VS etwa Sklaverei und Folter eindeutig. Dies sei deshalb möglich, "weil sich die entsprechenden Vokabeln bereits zu eindeutig negativen Wertungswörtern entwickelt haben."[240]

Diese Beobachtungen treffen zweifelsohne zu. Allerdings läßt sich aus ihnen keine Kritik an VS formulieren. *W. Wolbert* stützt sich für seine Beispiele vor allem auf Aussagen von Manualisten und zeigt, daß sie nicht recht hatten. Dem ist — in gewissen Grenzen — zuzustimmen, doch darf der Inhalt von VS nicht mit der Lehre der Manualisten gleichgesetzt werden. VS vertritt eben gerade *keinen* physizistischen Folgenbegriff, wie es hingegen *W. Wolbert* in den von ihm angeführten Beispielen und in seiner Interpretation von VS tut. Der Papst versucht in VS *nicht*, das moralische Objekt innerhalb der Lehre von den Quellen der Moralität zu definieren, sondern stellt diesen Überlegungen den Abschnitt über das Naturrecht voraus, in das die Frage der Definition des moralischen Objekts zu situieren ist. Bei der Umschreibung eines moralischen Objekts handelt es sich weder um "Wertungswortspiele" noch um Begriffsjurisprudenz noch um Juristerei, sondern um ein Urteil der praktischen Vernunft, mit welcher der Mensch konstitutive und nicht-konstitutive Elemente unterscheiden kann. Der Papst selbst bezieht in den ethischen Prinzipien des dritten Kapitels von EV konstitutive, das Objekt bestimmende Folgen in die Definition der Handlung ein, gemäß einer — wiederum von der praktischen Vernunft durchzuführenden — Unterscheidung zwischen nicht-konsitutiven und konstitutiven Folgen bzw. zwischen nicht-konsitutiven und konstitutiven Umständen. Umstand im Sinn der "Quellenlehre" ist eine Folge oder eine Qualifizierung, die nur dadurch mit der moralischen Ordnung in Berührung kommt, daß es eine Handlung begleitet, die von sich aus bereits in Beziehung zu den Tugenden steht. So ist etwa die Höhe eines Geldbetrags moralisch relevant, wenn es sich um gestohlenes Geld handelt. Wenn eine bestimmte Eigenschaft oder Folge jedoch der hauptsächliche Grund dafür ist, warum eine Handlung den Tugenden widerspricht, dann gehört sie zum

238 *W. Wolbert*, ebda, 96.
239 Vgl *W. Wolbert*, ebda, 97.
240 *W. Wolbert*, ebda, 101.

Objekt. So ist in der Handlung "Lied in einer religiösen Zeremonie singen" die religiöse Zeremonie kein "Ortsumstand" oder deren Unterbrechung keine "Folge" der Handlung "Singen", sondern die Bedeutung der Handlung, deren Objekt also, besteht gerade in der Unterbrechung einer liturgischen Handlung. Das Singen hingegen ist ein Umstand im moralischen Sinn[241]. Auf die Beispiele *W. Wolberts* angewandt bedeutet dies, daß "Verabreichung von Zyankali" gar kein *moralisches* Objekt ist, da in dieser Beschreibung kein Element enthalten ist, das eine Verbindung zur moralischen Ordnung herstellen könnte. Diese Wortfolge beschreibt daher gar keine menschliche Handlung: Sie ist eine inadäquate Formulierung, denn eine menschliche Handlung ist immer bereits deshalb eine moralische Handlung, weil sie eine freie Handlung ist und damit eine innere Hinordnung auf Gott und seinen Repräsentanten, die menschliche Person, aufweist. "Verabreichung von Zyankali" wird erst dann zum sprachlichen Ausdruck eines moralischen Objekts, wenn es die Tötung eines Menschen bedeutet. Es geht also, wie *W. Wolbert* im Ansatz richtig erkennt, um die adäquate Beschreibung einer bereits bestehenden anthropologischen Wirklichkeit — allerdings darf man sich nicht durch "Wertungswortspiele" den Durchblick auf die Wirklichkeit selbst verstellen.

Wenn von Umständen und Folgen die Rede ist, setzt VS ein nicht-physizistisches Verständnis voraus. Es geht um Umstände und Folgen im moralischen Sinn, dh um jene Folgen, die nicht die Handlung selbst, ihre Bedeutung, konstituieren.

Einen weiteren beachtenswerten Einwand formuliert *K. Demmer*: Er plädiert sozusagen für einen "flexiblen" Materiebegriff. Die "schwere Materie", ein Element der schweren Sünde, sei keine isolierte Größe. Der Sünder "schafft sich im Verlauf seiner Geschichte die ihm geradezu auf den Leib geschnittene schwere Materie"[242]. Dies bedeute keine Willkür, denn nicht jede Materie ließe jeden Akt zu. Trotzdem sei die "Aktmetaphysik" zu überwinden, die aus dem Vorherrschen rechtlicher Kategorien stamme und eine Weise der "Reißbrettmoral" erzeugt hätte.

Diese Aussagen entsprechen einer wichtigen pastoralen Einsicht, nämlich daß das christliche Leben nicht minimalistisch auf Vermeidung von juridisch eingegrenzten schweren Sünden reduziert werden darf. Das Hauptgebot ist ja die Liebe. Trotzdem ist es mE unbestreitbar, daß es dort, wo die menschliche Person in ihrer Würde verletzt wird, keine "Flexibilität" der Materie geben kann. In die-

241 Vgl A. *Rodríguez Luño*, "Veritatis Splendor" un anno dopo. Appunti per un bilancio (II), Ac Phil 1996, 47 ff, 61.

242 *K. Demmer*, Optionalismus — Entscheidung und Grundentscheidung, in: D. Mieth (Hrsg), Moraltheologie im Abseits?, 69 ff, 84.

sen Fällen ist — und zwar auch in Einzelhandlungen — die Materie *jedenfalls* schwer. Damit ist selbstverständlich noch nicht entschieden, ob die entsprechende Handlung auch eine (schwere) Sünde ist, denn hiefür sind klares Bewußtsein und volle Einwilligung erforderlich. Letztlich weiß daher nur Gott, der das Innerste des Menschen sieht, ob jemand gesündigt hat.

Die teleologische Ethik überwindet in ihren Ansätzen den physizistischen Ausgangspunkt nicht, sondern verbleibt in der dualistischen Konzeption der menschlichen Handlung, indem sie von der Existenz nicht-moralischer Elemente moralischen Handelns ausgeht. Dies ist jedoch unzutreffend. Was eine Handlung als moralische konstituiert, ist der freie Wille. "Der Wille ist die einzige Potenz, deren Objekt per se die moralische Dimension besitzt; denn Gegenstand des Willens ist das sittlich Gute; sofern etwas gewollt wird, wird es auch immer gemäß seinem 'esse morale' gewollt. Insofern sich der Wille auf das "Gut" (Objekt oder finis) anderer Potenzen erstreckt, so will er diese nicht auf der ihnen entsprechenden naturalen Ebene, sondern bereits als (sittlicher) Wille. Der Wille erstreckt sich also nie auf vor-sittliche Güter; oder genauer: vor-sittliche (ontische) Güter sind, insofern sie Objekte des Willens sind, bereits in der Dimension der Moralität"[243]. Die Kritik an VS hat, wie gezeigt, ihre Grundlage gerade auch in einer solchen physizistischen Auffassung des Handlungsobjekts und einem normativistischen Verständnis der Ethik.

Die zielgerichtete Betätigung einer menschlichen Fähigkeit ist moralisches Objekt einer menschlichen Handlung insofern sie dem Willen von der Vernunft als ein bestimmtes durch die Vernunft erkanntes und geordnetes Gut vorgelegt wird. Sie ist aber auch Ziel des Willens — ganz unabhängig von der stets zusätzlich gegebenen Intention (des Motivs). Im Wollen des Objekts ist das Motiv, derentwegen das Objekt überhaupt gewollt wird, immer mitgewollt. Beide — Intention und Objekt — bilden einen einzigen zusammengesetzten Willensakt. Wer etwas Böses will, um etwas Gutes zu erreichen, der hat keinen "guten" Willen. Intention und Objekt verhalten sich wie Form und Materie. Es gibt Materien, die ungeeignet sind, eine bestimmte Form aufzunehmen. Ebenso gibt es Handlungsobjekte, die in sich ungeeignet sind, als Materie für eine scheinbar noch so gute Intention zu fungieren, weil sie nicht auf Gott und die menschliche Person hingeordnet weden können.

Von einem noch prinzipielleren Gesichtspunkt aus gesehen, löst die teleologische (proportionalistische) Methode überhaupt die Ethik als solche auf: Durch die Ablehnung des *intrinsece malum* bleiben nur mehr die Intention und die Umstände, zu denen auch die Konsequenzen gehören, als Determinanten moralischen Handelns übrig. Es entscheidet daher letztlich der Handelnde selbst dezi-

---

243 *M. Rhonheimer*, Natur, 333.

sionistisch darüber, was gut und böse ist, denn der objektive Maßstab sowohl der Konsequenzen als auch der Intentionen seiner Handlung ist abhanden gekommen. Lehnt man nämlich generell die Möglichkeit absoluter moralischer Verbote ab, wird Denken in sittlichen Kategorien unmöglich, genauso wie die Ablehnung des Nicht-Widerspruchsprinzips die Sinnlosigkeit jeglicher Aussage, jeglichen kommunikativen Verhaltens und überhaupt jeden Verhaltens impliziert. Wenn es keine absoluten Verbote gäbe, dann würde die Sittlichkeit, deren Wesensstruktur sich im ersten praktischen Prinzip *malum vitandum, bonum faciendum* manifestiert, keinen Sinn machen, denn dann gäbe es *prinzipiell* keinen Unterschied zwischen Gut und Böse. Genauso wie es *prinzipiell* keinen Unterschied zwischen wahr und falsch gäbe, wenn es keine absolut falschen Aussagen geben würde[244].

In VS weist *Johannes Paul II.* die "teleologischen Ethiken" zurück, *insofern* sie die absolute Gültigkeit der moralischen negativen Gebote, die ohne Ausnahmen verpflichten, in Frage stellen[245]: "*Zurückgewiesen werden muß daher die (...) Ansicht, es sei unmöglich, die bewußte Wahl einiger Verhaltensweisen bzw konkreter Handlungen nach ihrer Spezies* — ihrem 'Objekt' — *als sittlich schlecht zu bewerten, ohne die Absicht, mit der diese Wahl vollzogen wurde, oder ohne die Gesamtheit der vorhersehbaren Folgen jener Handlungen für alle betroffenen Personen zu berücksichtigen*"[246]. Mit großer Eindringlichkeit wiederholt der Papst die Existenz absoluter, ausnahmslos geltender Normen[247]. Die gegen sie verstoßenden Akte sind in sich schlecht. Ihre Schlechtigkeit kann durch eine gute Absicht zwar abgeschwächt, aber nicht aufgehoben werden: "Sie sind 'irreparabel' schlechte Handlungen, die an und für sich und in sich nicht auf Gott und auf das Gut der menschlichen Person hinzuordnen sind: (...)"[248].

3. Der ethische Kontext des *intrinsece malum*

Es wurde bewußt zunächst vom moralischen Objekt gesprochen und erst danach vom *intrinsece malum*, um zu unterstreichen, daß auch das "in sich Schlechte" ein Handlungsobjekt ist. Dies ist von grundlegender Bedeutung. Das *intrinsece malum* ist als moralisches Objekt *kein* physisches Ereignis (*genus naturae*), son-

---

244 Vgl *F. Inciarte*, Practical Truth, in: Persona, Verità e Morale, 206.

245 So vor allem ab VS 76.

246 VS 79.

247 Vgl *B. Kiely*, L'atto morale nell'enciclica "Veritatis Splendor", in: Veritatis Splendor. Atti del Convegno dei Pontifici Atenei Romani, Vatikan (1994) 108 ff, 113. Er zählt ebda elf einschlägige Belegstellen auf.

248 VS 81.

dern die personale Bedeutung einer Handlung, die mit dem Wohl der Person nicht vereinbar, nicht auf das letzte Ziel des Menschen hinzuordnen ist (*genus moris*)[249]. Dafür ist die Berücksichtigung des *ethischen Kontextes* wichtig. Es geht dabei stets um die eine Frage, *was* die Handlung moralisch objektiv ist, dh auf welche moralisch objektiven Elemente sich die freie Wahl richtet. Dies ist vor allem im Bereich der sogenannten "Empfängnisverhütung" virulent[250], aber auch für das Lebensrecht von großer Bedeutung. Die Behauptung eines *intrinsece malum* erfolgt immer bezüglich eines ethischen Kontextes. So ist etwa im Bereich der Sexualmoral nicht die Einnahme von ovulationshemmenden Präparaten als solche, noch die Verhinderung der Empfängnis als solche noch die "Künstlichkeit" des Eingriffs das *moralische* Objekt. Diesfalls handelt es sich um die Beschreibung physisch-biologischer Vorgänge. Das moralische Objekt ist immer eine Wahl, und zwar im angegebenen Beispiel die Wahl eines Mittels, welches vermeidet, daß die betreffende Person sich des ehelichen Aktes[251] enthalten muß, aus der eine unerwünschte Schwangerschaft entstehen könnte, oder in anderen Worten: die willentliche Unfruchtbarmachung eines frei gewählten ehelichen Aktes anstatt sich zu enthalten. Daher liegt dieses moralische Objekt *nicht* vor, wenn eine Frau zur Abwehr von Schwangerschaften im Fall einer Vergewaltigung oder zur Regelung des Menstruationszyklus die "Pille" einnimmt.

Die Behauptung einer solchen Bezüglichkeit des *intrinsece malum* zum ethischen Kontext ist etwas ganz anderes als die Annahme der "teleologischen Ethik", Handlungen seien aufgrund ihrer Folgen gut oder schlecht. "Denn der ethische Handlungs-Kontext selbst wird ja 'in der konkreten Situation' gerade *nicht* aufgrund voraussehbarer Folgen einer Handlung modifiziert. Der ethische Kontext einer Handlung ist vielmehr Bestandteil der von der praktischen Vernunft vergegenständlichten *sittlich-objektiven* Dimension des menschlichen Handelns und vermag deshalb den Bereich eines *intrinsece malum* abzustek-

---

249 Vgl grundlegend *J. Finnis*, Moral absolutes: tradition, revision and truth, Washington (1991); vgl auch *I. Fucek*, De gravitate obiectiva peccati coniugatorum contraceptione artificiali utentium, Periodica de re morali canonica liturgica 1984, 5 ff. Dieser Autor gelangt jedoch zu dem Ergebnis, es wäre empfehlenswert, den Begriff *intrinsece malum* nicht zu verwenden: Er entstamme der Kasuistik und der Papst verwende ihn nicht. Es fragt sich allerdings, warum man die Terminologie verändern soll, wenn die Lehre sich inhaltlich nicht verändert hat. Außerdem hat VS inzwischen die terminologische Frage ziemlich eindeutig geklärt.

250 Vgl *M. Rhonheimer*, Minaccia di stupro e prevenzione: un'eccezione? Sc Catt 123 (1995) 75 ff; *ders*, Sexualität und Verantwortung. Empfängnisverhütung als ethisches Problem, IMABE-Studie Nr. 3, Wien (1995).

251 Es wird hier bewußt auf den *ehelichen* Akt abgestellt. Bei außerehelichen sexuellen Akten stellen sich zusätzliche Probleme, die die Darstellung nicht belasten sollen.

ken"[252]. Das moralische Objekt enthält ein *intentionales* Element, weil die Handlung vernunftgemäß als ein zu erstrebendes Gut gewählt wurde, und zwar in einem bestimmten ethischen Kontext, der durch das ordnende Urteil der praktischen Vernunft in das moralische Objekt aufgenommen und integriert wird[253]. Die moralische Unordnung besteht nie in einem physischen oder biologischen Ereignis (verhütete Empfängnis, Tod,...), sondern in einem freien und intentionalen Verhalten der Person, in der Verletzung einer Tugend.

4. Positive und negative Normen

Es ist mehrfach betont worden, daß das natürliche Sittengesetz nicht nur Verbote enthält, sondern vor allem jene Klassen von Gütern, die Tugenden, bezeichnet, die die menschliche Person entfalten. Als nicht zu unterschreitendes Minimum legt das natürliche Sittengesetz auch Verbote vor, deren Erfüllung der Ausgangspunkt der Tugenden ist. Das natürliche Sittengesetz ist universal, weil es auf der Universalität der menschlichen Person als leib-seelische Einheit gründet[254]. Dies widerspricht nicht der Einmaligkeit der Person, eben weil zwischen Geboten und Verboten zu unterscheiden ist. Die *Ge*bote vereinen alle Menschen in dem anzustrebenden Gut, legen aber die Intensität seiner Verfolgung nicht fest. Sie sind zu unterscheiden von den Verboten, die *semper et pro semper*, dh absolut gelten. "Es ist jedem und allezeit verboten, Gebote zu überschreiten, die es allen und um jeden Preis zur Pflicht machen, in niemandem und vor allem nicht in sich selbst die persönliche und allen gemeinsame Würde zu verletzen"[255].

Diese Unterscheidung beruht auf mehreren Gründen: Die Gottes— und Nächstenliebe kennt keine obere Grenze (ihr Maß ist die Maßlosigkeit), wohl aber eine untere (Verbote); die Art der positiv zu setzenden Handlungen hängen von oft nicht vorhersehbaren Umständen ab, die Verbote hingegen nicht; Zwang oder andere schwerwiegende Gründe können die Befolgung positiver Gesetze ausschließen, nichts kann jedoch den Menschen an der Unterlassung in sich schlechter Handlungen hindern[256].

---

252 *M. Rhonheimer*, Natur, 371.

253 Vgl *M Rhonheimer*, Sc Catt 123 (1995) 85.

254 VS 51: "Insofern aber das Naturgesetz die Würde der menschlichen Person zum Ausdruck bringt und die Grundlage für ihre fundamentalen Rechte und Pflichten legt, ist es in seinen Geboten universal, und seine Autorität ersteckt sich auf alle Menschen".

255 VS 52.

256 Vgl VS 52.

Dem Juristen werden diese Unterscheidung von Geboten und Verboten und die damit zusammenhängenden Schwierigkeiten aus der Diskussion um die sozialen Grundrechte vertraut sein. Anders als die liberalen Freiheitsrechte, die geschützte Freiräume abgrenzen, in denen grundsätzlich jeglicher staatliche Eingriff zu unterlassen ist, verpflichten die sozialen Grundrechte den Staat zu einem positiven Handeln. Dieses von vornherein verfassungsrechtlich festzulegen, ist von solcher Schwierigkeit, daß justiziable soziale Grundrechte in den westlichen Demokratien politisch fast durchwegs undurchsetzbar sind.

Abgesehen von der Tatsache, daß es leichter ist anzugeben, was man *nie* tun darf als alles vorzuschreiben, was gut ist (das wäre schlicht unmöglich), sollen einige vertiefende Überlegungen hiezu versucht werden. Es gibt nur ein absolutes Gut, nämlich Gott. Alle anderen Güter (Ziele) sind geschaffene und damit kontingente Güter, auch das menschliche Leben. Nur das absolute Gut darf ausschließlich um seiner selbst willen gewollt werden. Ein geschaffenes Gut so zu wollen wäre Sünde. Es ist unmöglich, alle kontingenten Güter gleichzeitig zu wollen, manchmal schließen sie einander nämlich aus. Deshalb entspricht diesen Gütern nicht immer ein positiver Akt des Willens, obwohl zugleich immer ein die Personenwürde verletzender Akt ausgeschlossen bleibt. Dies deshalb, weil die Würde der Person (nicht ihre bloß irdische Existenz) den Maßstab und das hermeneutische Prinzip der Ethik abgibt.

Die Unterscheidung zwischen Ge— und Verboten ist nicht mit jener der formalen Aussagelogik gleichzusetzen, in der jede positive Aussage negativ ausgedrückt werden kann und umgekehrt. Ge— und Verbote hingegen betreffen eine andere Ordnung, nämlich die der Praxis. Ein Gebot ist darauf gerichtet, etwas zu tun, ein Verbot, etwas *nicht* zu tun. Beide sind nicht gegenseitig in einander überführbar[257], da es sich um die Bedeutung von Wahlakten handelt. Vor allem kann ein Gebot nicht adäquat in das Verbot der Unterlassung guter Akte umgeformt werden. Auch hat die Unterlassung einer in sich schlechten Handlung, dh die Nichtverletzung der menschlichen Person nicht die selbe Bedeutung wie die Setzung einer guten Handlung, die die menschliche Person entfaltet.

Das Auseinanderhalten von Ge— und Verboten ist weiters für das Bestehen einer pluralistischen Gesellschaft grundlegend. So ist es nämlich möglich, eine Pluralität moralisch unterschiedlicher Lebensformen zu akzeptieren, ohne die kategorische Grundlegung der Rechtsordnung — die Würde der menschlichen Person und die sie schützenden absoluten Verbote — unter den Füßen zu verlieren.

---

257 Vgl *C. Huber*, Presupposti epistemologici, in: R. Lucas Lucas (Hrsg), Veritatis Splendor. Testo integrale e commento filosofico-teologico, Mailand (1994) 251 ff, 255 f.

V. Der dogmatische Rang der ethischen Prinzipien im III. Kapitel von EV

1. Eine neue Form lehramtlicher Äußerung

Für jeden, der auch nur oberflächlich mit dem christlichen Glauben und mit dem kirchlichen Lehramt, vor allem mit jenem *Johannes Paul II.*, vertraut ist, konnte der Inhalt der in EV vorgenommenen Klarstellungen keine Überraschung sein.[258] Wie einführend angedeutet, liegt ihre innerkirchliche Bedeutung in ihrem dogmatischen Rang. Diese Frage hat kontroverse Antworten gefunden. Sie steht im größeren Zusammenhang eines neuen Stils des päpstlichen Lehramts, das sich in den letzten Jahren veranlaßt gesehen hat, die traditionelle kirchliche Lehre in zentralen Glaubens— und Sittenfragen zu bestätigen[259]. In einem kurzen Kommentar zur Enzyklika hat *W. Kasper* geschrieben: "Man mag unter Fachleuten die formale lehramtliche Qualifikation dieser Aussagen diskutieren, über die damit ausgesagten Inhalte kann es unter katholischen Christen keinen Dissens geben"[260]. Zugleich stellt er in einer Fußnote zu diesem Text klar, daß seines Erachtens auch die fachtheologische Diskussion zu diesem Problem nicht sehr sinnvoll sei: "Es ist nicht weiterführend zu diskutieren, ob es sich bei den drei hochrangigen lehramtlichen Aussagen in der Enzyklika um Dogmen im Sinn der beiden Mariendogmen von 1854 und 1950 handelt. Die Form lehramtlichen Sprechens hat sich im Laufe der Geschichte immer wieder verändert. Die beiden genannten Mariendogmen sind insofern nicht die allgemeine Norm, sondern eher die späte geschichtliche Ausnahmeform. Eher wird man davon ausgehen, daß es sich in der Enzyklika um eine neue Form lehramtlicher Äußerung von hoher oder höchster Verbindlichkeit handelt. Dies gilt auch deshalb, weil der Papst nicht 'definiert', sondern eine biblisch verwurzelte ununterbrochene

258 Vgl *I. Carrasco de Paula*, Evangelium Vitae: Der Weg zu einer neuen ethischen Sensibilität, Imago Hominis 1995, 95 ff; vgl *L. Ciccone*, I problemi etici dell'aborto nell'enciclica *Evangelium Vitae*, Medicina e Morale 1995, 701 ff, 701 f.

259 Vgl VS; EV; aber auch *Johannes Paul II*, Apostolisches Schreiben vom 22.5.1994 *Ordinatio sacerdotalis*, AAS 1994, 545 ff; *Glaubenskongregation*, *Responsio ad propositum dubium* vom 28.10.1995, AAS 1995, 1114.

260 *W. Kasper*, Ein prophetisches Wort in die Zeit, Communio 1995, 187 ff.

Tradition, über die allgemeiner Konsens besteht, kraft seiner besonderen Autorität 'bestätigt'"[261].

Dennoch kann mE die Frage nach der "Rangordnung" der in EV vorgelegten Prinzipien nicht einfach abgetan werden. Handelt es sich nämlich um "Dogmen" ieS, wie zB die beiden letzten Mariendogmen, so zeitigt das auch rechtliche und disziplinäre Folgen. In einem Dogma ieS verkündet die Kirche eine Offenbarungswahrheit in endgültiger und universalkirchlich verbindlicher Form, so daß die Leugnung dieser Lehre als Häresie verworfen und mit der Tatstrafe der Exkommunikation belegt wird[262].

Alle Kommentatoren der Enzyklika sind sich darin einig, daß die in EV vorgetragenen Prinzipien zwar feierliche Äußerungen des Lehramts, aber eben nicht Dogmen im strengen Sinn darstellen. Der eigentliche Streit betrifft in erster Linie die Frage, ob der Papst sich in diesen Lehräußerungen dennoch des Charismas der Unfehlbarkeit erfreut und in zweiter Linie, welchen Rang und welche theologische Qualifikation sie besitzen.

Die Unfehlbarkeit der Kirche und ihres Lehramts im speziellen ist auch in der Theologie eine *quaestio dolens*. Sie wird es solange bleiben als ihr positiver, soteriologischer Sinn und Charakter nicht im Blick behalten wird: Das Charisma der Unfehlbarkeit soll die Gemeinschaft der Kirche vor Irrtum schützen, die Wunden des Irrtums heilen und dem Wachstum im lebendigen Glauben dienen[263].

Um zu untersuchen, wie weit das Charisma der Infallibilität im allgemeinen reicht und ob die drei feierlichen Äußerungen in EV davon erfaßt sein könnten, wird ihr Wortlaut schon hier wiedergegeben:

1. "Mit der Petrus und seinen Nachfolgern von Christus verliehenen Autorität *bestätige ich* daher in Gemeinschaft mit den Bischöfen der katholischen Kirche, *daß die direkte und freiwillige Tötung eines unschuldigen Menschen immer ein schweres sittliches Vergehen ist.* Diese Lehre, die auf jenem ungeschriebenen Gesetz begründet ist, das jeder Mensch im Lichte der Vernunft

---

261 *W. Kasper*, ebda, 189. Vgl auch *J. Ratzinger*, Non uccidere, in: Pontificia Academia pro Vita (Hrsg), Evangelium vitae di Sua Santità Giovanni Paolo II. Enciclica e Commenti, Vatikan (1995) 153 ff, 160: "Davanti a questo testo non ci si può rifugiare in discussioni formalistiche, su cosa, quando e dove, con quale autorità ciò venga insegnato."

262 Vgl cc 1364 iVm 751 CIC; vgl auch *Internationale Theologenkommission*, Die Interpretation der Dogmen (Oktober 1989) B.III.3., in: Sekretariat der deutschen Bischofskonferenz (Hrsg), Theologie und Kirche, Arbeitshilfen Nr. 86, Bonn (1991) 75 ff, 89.

263 Vgl *Internationale Theologenkommission*, ebda C.II.3., 96 (dort ist von den Dogmen ieS die Rede. Das Gesagte gilt jedoch genauso für das Lehramt im allgemeinen.)

in seinem Herzen findet (vgl. *Röm* 2, 14-15), ist von der Heiligen Schrift neu bestätigt, von der Tradition der Kirche überliefert und vom ordentlichen und allgemeinen Lehramt gelehrt"[264].

2. "Mit der Autorität, die Christus Petrus und seinen Nachfolgern übertragen hat, erkläre ich deshalb in Gemeinschaft mit den Bischöfen — die mehrfach die Abtreibung verurteilt und, obwohl sie über die Welt verstreut sind, bei der eingangs erwähnten Konsultation dieser Lehre einhellig zugestimmt haben — daß die *direkte, das heißt als Ziel oder Mittel gewollte Abtreibung immer ein schweres sittliches Vergehen darstellt, nämlich die vorsätzliche Tötung eines unschuldigen Menschen.* Diese Lehre ist auf dem Naturrecht und auf dem geschriebenen Wort Gottes begründet, von der Tradition der Kirche überliefert und vom ordentlichen und allgemeinen Lehramt der Kirche gelehrt"[265].
3. "Nach diesen Unterscheidungen bestätige ich in Übereinstimmung mit dem Lehramt meiner Vorgänger und in Gemeinschaft mit den Bischöfen der katholischen Kirche, daß *die Euthanasie eine schwere Verletzung des göttlichen Gesetzes ist,* insofern es sich um eine vorsätzliche Tötung einer menschlichen Person handelt, was sittlich nicht zu akzeptieren ist. Diese Lehre ist auf dem Naturrecht und auf dem geschriebenen Wort Gottes begründet, von der Tradition der Kirche überliefert und vom ordentlichen und allgemeinen Lehramt der Kirche gelehrt"[266].

---

264 EV 57: "Quapropter Nos auctoritate usi Petro eiusque Successoribus a Christo collata, coniuncti cum Ecclesiae catholicae Episcopis, *confirmamus directam voluntariamque hominis innocentis interfectionem graviter inhonestam esse semper.* Doctrina haec, cuius innituntur radices illa in non scripta lege quam, praeeunte rationis lumine, quivis homo suo reperit in animo (cfr *Rom* 2, 14-15), inculcatur denuo Sacris in Litteris, Ecclesiae Traditione commendatur atque ordinario et universali Magisterio explanatur." (AAS 1995, 465)

265 EV 62: "Auctoritate proinde utentes Nos a Christo Beato Petro eiusque Successoribus collata, consentientes cum Episcopis qui abortum crebrius respuerunt quique in superius memorata interrogatione licet per orbem disseminati una mente tamen de hac ipsa concinuerunt doctrina — *declaramus abortum recta via procuratum, sive uti finem intentum seu ut instrumentum, semper gravem prae se ferre ordinis moralis turbationem,* quippe qui deliberata exsistat innocentis hominis occisio. Haec doctrina naturali innititur lege Deique scripto Verbo, transmittitur Ecclesiae Traditione atque ab ordinario et universali Magisterio exponitur." (AAS 1995, 472)

266 EV 65: "His rite interpositis distinctionibus, Magisterium Nos Decessorum Nostrorum iterantes atque in communione cum catholicae Ecclesiae Episcopis *confirmamus euthanasiam gravem divinae Legis esse violationem,* quatenus es conscia necatio personae humane, quae moraliter probari non potest. Haec doctrina lege naturali atque Verbo Dei scripto adnixa, Ecclesiae Traditione traducitur atque Magisterio ordinario et universali explicatur." (AAS 1995, 477)

Wie leicht ersichtlich, sind die drei Prinzipien fast wortgleich aufgebaut. Für die in diesem Kapitel interessierenden Fragen der formalen Einordnung (der "theologischen Gnoseologie") ist von Bedeutung, daß sich *Johannes Paul II.* in der ersten und zweiten Erklärung (bezüglich Mord und Abtreibung) ausdrücklich auf die Petrus und seinen Nachfolgern übertragene Autorität, in der dritten Erklärung (bezüglich der Euthanasie) auf die Übereinstimmung mit dem Lehramt seiner Vorgänger beruft. Weiters weist der Papst auf die Gemeinschaft mit den Bischöfen der katholischen Kirche hin, die er hinsichtlich der Verurteilung der Abtreibung besonders hervorhebt. Im zweiten Satz aller drei Prinzipien beruft sich der Papst auf vier Erkenntnisquellen: das Naturrecht, die Heilige Schrift die Tradition und das ordentliche und allgemeine Lehramt der Kirche. Es fällt auf, daß die erste Definition über den Mord eine Art "Grunddefinition" bildet, während jene über Abtreibung und Euthanasie deren Anwendung sind: Wie in beiden Prinzipien ausdrücklich gesagt wird, sind Abtreibung und Euthanasie schlecht, *weil* sie die Tötung eines (unschuldigen) Menschen darstellen. Alle drei Handlungsdefinitionen sind weiters konkrete sittliche Anwendungen des Prinzips der Unantastbarkeit des unschuldigen Menschenlebens, das der Papst in EV 57 Abs 2 voranstellt. Auch dieser Absatz ist für die Frage des dogmatischen Rangs wichtig: "Die absolute Unantastbarkeit des unschuldigen Menschenlebens ist in der Tat eine in der Heiligen Schrift ausdrücklich gelehrte, in der Tradition der Kirche ständig aufrechterhaltene und von ihrem Lehramt einmütig vorgetragene sittliche Wahrheit. Diese Einmütigkeit ist sichtbare Frucht jenes vom Heiligen Geist geweckten und getragenen 'übernatürlichen Glaubenssinnes', der das Gottesvolk vor Irrtum bewahrt, wenn es 'seine allgemeine Übereinstimmung in Sachen des Glaubens und der Sitten äußert'"[267].

2. EV enthält keine Dogmen im eigentlichen Sinn

Die zitierten Texte sind nunmehr vor dem Hintergrund der kirchlichen Doktrin von der Unfehlbarkeit des Lehramts und der von der Theologie entwickelten Qualifikationenlehre zu analysieren. Unter Unfehlbarkeit versteht die Kirche ihre eigene Irrtumslosigkeit bei bestimmten lehramtlichen Äußerungen sowie im übernatürlichen Glaubenssinn aller Gläubigen *in credendo*. Christus gewährleistet seiner Kirche durch den Beistand des Hl. Geistes die Unfehlbarkeit, damit diese sich in der Weitergabe der christlichen Botschaft niemals vom wahren Glauben entferne.

267 Das interne Zitat entpricht LG 12.

Welche lehramtlichen Äußerungen sind erfaßt? Zunächst jene Lehrsätze, die weiter oben als Dogmen ieS bezeichnet wurden. Wie das Vatikanum I gelehrt hat, besitzt der Papst, wenn er *ex cathedra* spricht, dh, wenn er in Ausübung seines Amtes als Hirt und Lehrer aller Christen, mit höchster apostolischer Autorität eine Glaubens— und Sittenlehre als von der ganzen Kirche festzuhalten definiert (*tenendam definit*), jene Unfehlbarkeit, mit welcher der göttliche Erlöser seine Kirche bei der Definition von Glaubens— und Sittenlehren ausstatten wollte[268]. Damit steht die Definition ebenfalls des Vatikanum I über den Gegenstand des Glaubens in Zusammenhang: Mit göttlichem und katholischem Glauben ist all jenes zu glauben, was im geschriebenen oder überlieferten Wort Gottes enthalten und von der Kirche entweder durch ein feierliches Urteil oder durch das ordentliche und allgemeine Lehramt als von Gott geoffenbart (*tamquam divinitus revelata*) zu glauben vorgelegt wird[269]. Ersichtlicherweise decken sich beide Definitionen inhaltlich nicht: Im Dogma der päpstlichen Unfehlbarkeit bei *ex cathedra*—Lehren, hat das Vatikanum I bewußt das Wort *tenendam* und nicht *credendam* verwendet, um das *obiectum secundarium infallibilitatis* miteinzuschließen[270]. Damit sind jene Wahrheiten gemeint, die zwar nicht formell von Gott geoffenbart wurden, aber so eng mit der Offenbarung verbunden sind, daß die Vorlage der Offenbarung ohne sie unmöglich wäre. Darauf ist noch zurückzukommen. Im Dogma über den Gegenstand göttlichen und katholischen Glaubens hingegen ist ausschließlich das von Gott Geoffenbarte angesprochen. Jedenfalls ergibt sich aus der Kombination beider Dogmen der Kernbereich, den die Theologie in der Lehre von den theologischen Qualifikationen als mit dem höchsten Grad an Gewißheit ausgestattet bezeichnet: *de fide divina et catholica.* Alle Glaubens— und Sittenfragen, die in der Hl. Schrift und der Tradition enthalten sind und von der Kirche in feierlichem Entscheid oder durch ordentliches

268 *Vatikanum I*, Dogmatische Konstitution *Pastor aeternus*, IV. Kapitel, DS 3074: "...: Romanum Pontificem, cum ex cathedra loquitur, id est, cum omnium Christianorum pastoris et doctoris munere fungens pro suprema sua apostolica auctoritate doctrinam de fide vel moribus ab universa Ecclesia tenendam definit, per assistentiam divinam ipsi in beato Petro promissam, ea infallibilitate pollere, qua divinus Redemptor Ecclesiam suam in definienda doctrina de fide vel moribus instructum esse voluit;...".

269 *Vatikanum I*, Dogmatische Konstitution *Dei Filius*, III. Kapitel, DS 3011: "Porro fide divina et catholica ea omnia credenda sunt, quae in verbo Dei scripto vel tradito continentur et ab Ecclesia sive sollemni iudicio sive ordinario et universali magisterio tamquam divinitus revelata credenda proponuntur."

270 Vgl *A. Antón*, *«Ordinatio sacerdotalis»*: Algunas reflexiones de 'gnoseología teológica', Gregorianum 75 (1994) 723 ff, 734 f.

und allgemeines Lehramt als von Gott geoffenbart vorgelegt werden, sind mit göttlichem und katholischem Glauben zu glauben[271].

Bilden die Lehräußerungen von EV Dogmen in diesem Sinn? Einiges spricht dafür. Das fünfte Gebot ist eindeutig explizit geoffenbart. Allerdings läßt sich dasselbe nicht ohne weiteres von Abtreibung und Euthanasie sagen. Wie EV ausführt, werden sie nicht ausdrücklich in der Hl. Schrift erwähnt: Die Ablehnung von Abtreibung und Euthanasie ist auf dem geschriebenen Wort Gottes *begründet*[272] (das heißt wohl nicht enthalten). Das Mordverbot hingegen sei "von der Heiligen Schrift neu bestätigt", die Unantastbarkeit des unschuldigen Menschenlebens werde "ausdrücklich" von der Hl. Schrift gelehrt[273]. Andererseits waren — wie der Papst zu Recht betont — sowohl Abtreibung[274] als auch Euthanasie[275] dem jüdischen Volk zutiefst fremd. Seine Kultur schätzte vielmehr das ungeborene Leben, sehnte sich nach Nachkommenschaft und ehrte das Alter. Diese kulturellen Werte sind in die Hl. Schrift eingegangen und werden von etlichen Stellen der Bibel widergespiegelt. Man kann also durchaus von einer einschlußweisen schriftlichen Offenbarung der sittlichen Verwerflichkeit auch von Abtreibung und Euthanasie ausgehen. Jedenfalls sind alle drei moralischen Normen von der Tradition überliefert, und zwar nicht bloß implizit, sondern ausdrücklich[276]. Da die Tradition eine der Quellen der Offenbarung ist, zählen die drei Prinzipien zum formell Geoffenbarten.

Die Frage, ob die Erklärungen in der Form eines feierlichen Urteils (*sollemni iudicio*) ergangen sind, kann mE nicht einfach mit dem Hinweis auf den Ort ihrer Verlautbarung, nämlich einer Enzyklika, beantwortet werden[277]. Obwohl unüblich, wäre es nicht von vornherein kategorisch auszuschließen, daß ein Papst

---

271 Vgl c 750 CIC; *Internationale Theologenkommission*, Interpretation B.II.3., 85.

272 Vgl EV 62, 65.

273 EV 57.

274 Vgl EV 44 f. Vgl diesbezüglich auch *J. Connery*, *Abortion:* The Development of the Roman Catholic Perspective, Chicago (1977) 7 ff, besonders 14 f.

275 Vgl EV 46 f.

276 Vgl die Nachweise bezüglich Mord und Abtreibung in EV 54, 61. Bezüglich der Tradition der Kirche zur Abtreibung vgl auch *J. Connery*, Abortion, 35 ff; *Kongregation für die Glaubenslehre*, Erklärung zur vorsätzlichen Abtreibung vom 18.11.1974, AAS 1974, 730 ff. Das ununterbrochene moralische Bewußtsein der Kirche über das Übel der Euthanasie bildet einen Teil der Tradition bezüglich der Tötung eines Unschuldigen im allgemeinen. Die Tradition der Kirche in Krankenpflege und Sterbebegleitung, der Pastoral an Sterbenden, der Annahme von Leid und Tod, etc. läßt in dieser Frage keinen ernstzunehmenden Zweifel aufkommen.

277 So etwa *E. Sgreccia*, La Enciclica *Evangelium Vitae*: Quale Novità?, Medicina e Morale 1995, 655 ff, 662, der jedoch davon ausgeht, daß die Prinzipien von EV die Kraft und in gewissem Maße auch die Form dogmatischer Definitionen *ex cathedra* hätten.

mittels einer Enzyklika feierlich ein Dogma verkündet[278]. Zu Recht ist darauf hingewiesen worden, daß der Papst in EV Lehrentscheidungen mit einer im Lehramt der Kirche bisher ungewohnten Feierlichkeit ausspricht[279]. Der formelhafte Charakter, die Anrufungen päpstlicher Autorität, die Angabe der Offenbarungsquellen deuten allesamt in diese Richtung. Trotzdem liegt in EV mE aus den folgenden Gründen *kein* feierliches Urteil vor[280]. Erstens, hat sich im Lauf der Geschichte eine ganz bestimmte Praxis bezüglich der Feierlichkeit einer lehramtlichen Vorlage herausgebildet (Verfahren, Formel, Ort, Ritus, etc.). Gewiß mag sich dieser Usus in Zukunft auch verändern können, doch wenn der Papst jetzt bewußt diese Form nicht wählt, spricht zunächst alles dafür, daß er keine feierliche Erklärung im dogmatischen Sinn machen wollte. Zweitens, sind sich alle Kommentatoren, und gerade die "offiziösen"[281], darin einig, daß der Papst die ordentliche Lehrform gewählt hat.

Damit ist allerdings noch nicht ausgeschlossen, daß eine Glaubenswahrheit *de fide divina et catholica* vorliegt, denn auch das ordentliche und allgemeine Lehramt ist gemäß Vatikanum I[282] und CIC[283] Quelle solcher Glaubensgewißheit. Und daß der Inhalt zumindest der drei hier behandelten normativen Äußerungen zum ordentlichen und allgemeinen Lehramt der Kirche gehört, wird kaum ernsthaft zu bestreiten sein. Sowohl in synchroner als auch in diachroner Hinsicht ist das Lehramt der Bischöfe diesbezüglich einhellig, was durch das Konsultationsverfahren des Weltepiskopats im Vorfeld von EV zusätzlich ausgedrückt wurde.

Bleibt nur mehr zu prüfen, ob das Lehramt die Prinzipien *als* von Gott geoffenbart (*tamquam divinitus revelata*) zu glauben vorlegt. Wie *A. Rodríguez Luño*[284] zu Recht betont, tut es das *nicht.* In den vom Papst gewählten Formulierungen, ist das eigentliche Objekt seiner Bestätigung das schwere moralische

---

278 Vgl etwa die Hinweise hinsichtlich der verschiedenen Positionen zur damaligen Zeit *B. Brinkmann*, Gibt es unfehlbare Äußerungen des 'Magisterium Ordinarium' des Papstes?, Scholastik 1953, 202 ff.

279 Vgl *G. Miranda*, I problemi etici dell'eutanasia nell'Enciclica *Evangelium Vitae*, Medicina e Morale 1995, 719 ff, 727.

280 *D. Composta*, Riflessioni sull'enciclica «Evangelium Vitae», Divinitas 1996, 147 ff, 162 f, scheint anzunehmen, daß jene Stellen der Enzyklika, die den Dekalog anwenden, kraft unfehlbaren Lehramtes auf feierliche Weise vorgelegt werden.

281 Vgl *J. Ratzinger*, Non uccidere, 153 ff; *J. Medina Estévez*, La Fede e il Magistero al servizio della vita, in: Pontificia Academia pro Vita (Hrsg), Evangelium vitae di Sua Santità Giovanni Paolo II. Enciclica e Commenti, Vatikan (1995) 198 ff, 201 ff; *A. Rodríguez Luño*, Legge, Studi Cattolici 1995, 436.

282 Vgl DS 3011.

283 Vgl cc 750 f CIC.

284 Vgl Studi Cattolici 1995, 437 und 444 FN 10.

Unrecht jeder direkten und freiwilligen Tötung eines unschuldigen Menschen. Die Kirche bestätigt die Wahrheit dieser Äußerung. Sie ist auch geoffenbart, aber die Tatsache ihrer Offenbarung bildet nicht den Gegenstand der lehramtlichen Vorlage. Dies wäre der Fall gewesen, hätte der Papst zB geschrieben: "Das ordentliche und allgemeine Lehramt lehrt, *daß es von Gott geoffenbart ist*, daß die freiwillige und direkte Tötung eines unschuldigen Menschen immer schwer sündhaft ist." In den feierlich verkündeten Dogmen der letzten 150 Jahre kommt diese Sprechweise klar zum Ausdruck[285]. In EV werden die moralischen Prinzipien hingegen nicht *tamquam divinitus revelata* vorgelegt.

Ein weiterer Unterschied ist hervorzuheben. Bei den feierlich verkündeten Dogmen der letzten 150 Jahre ist stets auch eine der Anathema-Formel ähnliche Poena-Formel angefügt, wenn es sich um eine nicht-konziliare feierliche Definition handelt[286] bzw eine Anathema-Formel bei Konzilsdefinitionen[287]. Wie schon frühere feierliche Lehraussagen[288], weisen die Prinzipien des dritten Kapitels von EV eine andere Form auf. Es fehlt jede Poena-Formel. Auch dieser Unterschied bestätigt das hier vertretene Auslegungsergebnis: Die normativen Äußerungen in EV — für sich alleine genommen — stellen *keine* Glaubenswahrheiten *de fide divina et catholica* dar und zeitigen daher auch nicht die mit einem Dogma ieS verbundenen kirchenrechtlichen Konsequenzen.

Damit wird jedoch nicht ausgeschlossen, daß der *Inhalt* der Prinzipien des dritten Kapitels aus anderen Gründen als EV doch Dogmen ieS darstellen könnten. Dies betrifft vor allem das erste Prinzip (Mordverbot): Es kann wohl kaum

285 Vgl *Pius XII*, Apostolische Konstitution *Munificentissimus Deus*, 1. Nov. 1950, DS 3903: "...definimus divinitus revelatum dogma esse: ..."; *Vatikanum I*, Dogmatische Konstitution *Pastor aeternus*, 18. Juli 1870, DS 3074: "...divinitus revelatum dogma esse definimus: ..."; *Pius IX.*, Bulle *Ineffabilis Deus*, 8. Dez. 1854, DS 2803: "...definimus, doctrinam, ... esse a Deo revelatum...".

286 Vgl *Pius XII.*, *Munificentissimus Deus*, DS 3904: "Quamobrem, si quis, quod Deus avertat, id vel negare, vel in dubium vocare voluntarie ausus fuerit, quod a Nobis definitum est, noverit se a divina ac catholica fide prorsus deficisse."; *Pius IX.*, *Ineffabilis Deus*, DS 2804: "Quapropter si qui secus ac a Nobis definitum est, quod Deus avertat, praesumpserint corde sentire, ii noverint ac porro sciant, se proprio iudicio condemnatos, naufragium circa fidem passos esse et ab unitate Ecclesiae deficisse, ...".

287 Vgl *Pastor aeternus*, DS 3075: "Si quis autem huic Nostrae definitioni contradicere, quod Deus avertat, praesumpserit: anathema sit."; vgl ebenso die Kanones zur dogmatischen Konstitution *Dei Filius*, DS 3021-3043.

288 Vgl *Pius XII.*, Apostolische Konstitution *Sacramentum Ordinis*, 30. November 1947, DS 3859: "Quae cum ita sint, divino lumine invocato, suprema Nostra Apostolica Auctoritate et certa scientia declaramus et, quatenus opus sit, decernimus et disponimus:..."; *Paul VI.*, Apostolische Konstitution *Sacram unctionem infirmorum*, 30. November 1972, AAS 1973, 5 ff.

bestritten werden, daß das universale und ordentliche Lehramt dieses Prinzip beständig als göttlich geoffenbart vorlegt. In dieser Arbeit beschränken wir uns jedoch auf die Formulierungsweise in EV, weshalb andere Überlegungen außer Betracht bleiben müssen.

3. Die Unfehlbarkeit "definitiver" Lehraussagen

Einige Autoren haben nun daraus abgeleitet, daß die drei Prinzipien auch nicht unfehlbar seien[289]. Was damit im einzelnen gemeint sein soll, ist nicht immer klar[290]. Im allgemeinen jedoch scheinen die Vertreter dieser Ansicht die Unfehlbarkeit einer päpstlichen Lehre den in einem feierlichen Urteil verkündeten Aussagen vorzubehalten. Oder anders formuliert: Sie lehnen die Unfehlbarkeit des ordentlichen Lehramts des Papstes ab.

Der Gegenstand unserer Untersuchung verbietet die umfassende Behandlung dieses Fragenkomplexes, die den Rahmen dieses Kapitels sprengen würde[291]. Zum Problem im allgemeinen sei nur so viel gesagt, daß die Formulierung des Dogmas in *Pastor aeternus* die päpstliche Unfehlbarkeit nicht ausdrücklich auf feierliche Urteile beschränkt. Worauf das Dogma abstellt, ist der Wille des Papstes, die gesamte Kirche in einer Glaubens— und Sittenfrage definitiv zu binden (*tenendam definit*). Die Bearbeitung von EV erfordert die Analyse eines anderen Aspekts desselben Problems: *Johannes Paul II.* beruft sich nämlich in Fußnoten dreimal auf LG 25[292] und einmal (bei der Verkündigung des Prinzips der Unantastbarkeit unschuldigen Menschenlebens) auf LG 12. In diesem Zusammenhang verweist der Papst ausdrücklich auf die Unfehlbarkeit einer solchen Lehre[293]. In

---

289 Vgl zB *M. Vidal*, Manuale di etica teologica 2, Parte prima. Morale della persona e bioetica teologica, Assisi (1995) 382; *P. Carlotti*, Evangelium Vitae. La rilevanza teologico-morale, in: M. Toso (Hrsg), Educare alla vita, Rom (1996) 185 ff, 215.

290 *E. Ferasin*, L'aborto nell'enciclica 'Evangelium Vitae', in: G. Russo (Hrsg), Evangelium Vitae, Commento all'Enciclica sulla Bioetica, Turin (1995) 105 ff, 111 f, scheint "Unfehlbarkeit" bloß terminologisch mit Dogma ieS gleichzusetzen. Er schreibt nämlich, daß es auch ein nicht-feierliches unfehlbares Lehramt gibt. Worauf es ankomme, sei die Definitivität.

291 Vgl hiezu *B. Cole*, Infallibility: Breadth and Depth, A Possible Explanation, Angelicum 1995, 489 ff; *ders*, The New Sins Against Faith and *Evangelium Vitae*, Angelicum 1996, 3 ff; *T. Bertone*, A proposito della recezione dei Documenti del Magistero e del dissenso pubblico, OR (ital) 20.12.1996, 1.

292 Genaugenommen bezieht sich der Papst auf LG 25 b; vgl *F. A. Sullivan*, The Doctrinal Weight of *Evangelium Vitae*, Theological Studies 56 (1995) 560 ff, 560 f: "It is obvious that the reference is to the following sentence in the conciliar document:..."; ebenso *B. Cole*, Angelicum 1996, 15.

293 Vgl EV 57 Abs 2.

LG 25 hat das Vatikanum II bekanntlich die Unfehlbarkeit des Bischofskollegiums und seines Hauptes, des Papstes, in LG 12 jene der Gesamtheit aller Gläubigen (Hierarchie und Laien) *in credendo* vermittels des übernatürlichen Glaubenssinns behandelt. Durch den ausdrücklichen Verweis auf diese zwei Stellen sowie durch seine Sprechweise ("ich bestätige"), scheint der Papst zum Ausdruck zu bringen, daß er die übereinstimmende Glaubensüberzeugung des Bischofskollegiums und den Glaubenssinn der Gesamtkirche aufnimmt, formuliert und verkündet. Er fungiert sozusagen als Sprecher jenes Kollegiums, dem er als Nachfolger Petri vorsteht. Hinsichtlich der Unfehlbarkeit der feierlichen Lehraussagen von EV stellen sich demzufolge zwei zu klärende Vorfragen: Wie weit reicht die dem Bischofskollegium gemäß LG 25 garantierte Unfehlbarkeit und unter welchen Voraussetzungen wird sie ausgeübt? Und: Ist es denkbar, daß der Papst als sein Sprecher auftritt?

a) Das obiectum infallibilitatis

Zunächst soll untersucht werden, ob die Aussagen von EV 57, 62 und 65, moralische Einzelnormen also, überhaupt zum Gegenstandsbereich des Charismas der Unfehlbarkeit (*obiectum infallibilitatis*) gehören. Tun sie das nämlich nicht, braucht gar nicht weiter darüber nachgedacht zu werden, *wer* zu seiner Ausübung berufen ist (*subiectum infallibilitatis*).

LG 25 c 1. Satz gibt den Umfang jener Unfehlbarkeit an, mit der Christus seine Kirche ausstatten wollte: Sie reicht so weit wie die Hinterlage der göttlichen Offenbarung, die heilig zu bewahren und treu zu verkünden ist[294]. Schon auf Grund der Definitionen des Vatikanum I ist unbestritten, daß das explizit Geoffenbarte, dh das ausdrücklich in Bibel und Tradition enthaltene Wort Gottes unverlierbar und irrtumslos von der Kirche festgehalten wird. Es wird daher primäres oder direktes Objekt der Unfehlbarkeit genannt. Im konkreten Fall von EV könnte damit eigentlich bereits zur Frage nach dem Träger des Charismas übergegangen werden, denn die Prinzipien von EV sind in der Offenbarung enthalten und gehören damit zum primären Objekt der Infallibilität. Es kann jedoch sein, daß jemand den Traditionsbeweis für die Verwerflichkeit der Euthanasie als unzureichend erachtet oder generell — zu Recht oder Unrecht sei dahingestellt — konkrete sittliche Normen vom Gegenstandsbereich der Offenbarung

294 LG 25 c 1. Satz: "Haec autem infallibilitas, qua Divinus Redemptor Ecclesiam suam in definienda doctrina de fide vel moribus instructam esse voluit, tantum patet quantum divinae Revelationis patet depositum, sancte custodiendum et fideliter exponendum."

ausnimmt[295]. In einem solchen Fall wären das Verbot der Euthanasie und die anderen moralischen Normen entweder (bloß) implizit oder gar nicht geoffenbart. Wie weit reicht das Charisma der Unfehlbarkeit in dieser Materie? Wohl gemerkt: Es geht hier nicht um die Frage, ob die Kirche in sittlichen, nicht geoffenbarten Belangen überhaupt etwas sagen darf. Das kann nicht geleugnet werden, ohne die gesamte Lehrtradition der Kirche in Moralfragen, besonders die Soziallehre, und damit die Heilsaktualität schlechthin der lehrenden Kirche, aufzuheben. Die Kirche hat das Recht, immer und überall moralische Grundsätze und Einzelurteile über die Gesellschaftsordung und Einzelbelange zu verkünden, soweit es die Grundrechte der Person und das Heil der Seelen erfordern[296]. Es geht hier um die Frage, ob und wann die Kirche in diesem Bereich unfehlbar spricht.

Gleich vorweg eine Klarstellung: Auch die Moral gehört grundsätzlich zum Bereich unfehlbarer, definierbarer Lehre[297]. Eine Beschränkung der Infallibilität auf angeblich rein "dogmatische" Aussagen ist die giftige Frucht einer rationalistisch-positivistischen Reduktion des Wahrheitsbegriffs, dem die praktische Wahrheit abhanden gekommen ist: Der christliche Glaube ist keine Summe abstrakter Aussagesätze, sondern ist vor allem Bekenntnis zu einer konkreten Person, in dessen Nachfolge der Getaufte steht. Glaube ist vor allem Leben mit Christus. Der Versuch, die Sittenlehre (Wie soll ich leben?) aus dem Glauben herauszubrechen, bedeutet dessen Tod. Er tut der Offenbarung Gewalt an: Die Unterscheidung zwischen Dogmatik und Moral ist bekanntlich das Ergebnis einer relativ späten Entwicklung der Theologie, die ursprünglich von der Einheit beider Materien ausging. Die Trennung ist letztlich auch nicht mit dem Lehramt vereinbar, das stets formelhaft von Glaubens— und Sittenlehre (*doctrina de fide et moribus* und ähnlich) spricht[298].

---

295 Vgl zB *J. Fuchs*, Die sittliche Handlung: das intrinsece malum, in: D. Mieth (Hrsg), Moraltheologie im Abseits?, Freiburg/Basel/Wien (1994), 2. Auflage, 177 ff, 192 und passim.

296 Vgl c 747 Abs 2 CIC. Die Aussage von *J. Fuchs*, Handlung, 191 f, die kirchliche Unfehlbarkeit decke sich mit den Grenzen der göttlichen Offenbarung, " — und wenn die Unfehlbarkeit insbesondere, dann auch das Lehramt einfachhin.", ist mE inhaltlich abwegig und logisch — als Induktion vom Besonderen zum Allgemeinen — bedenklich.

297 Vgl grundsätzlich zur Zuständigkeit des Lehramts in moralischen Fragen: *J. Ratzinger*, La via della fede. Saggi sull'etica cristiana nell'epoca presente, Mailand (1996) 37 ff, 99. *D. Mieth*, Die Moralenzyklika, die Fundamentalmoral und die Kommunikation in der Kirche, in: Ders (Hrsg), Moraltheologie im Abseits?, Freiburg/Basel/Wien (1994) 9 ff, 11, plädiert für eine Beschränkung des kirchlichen Lehramts auf die Prinzipienlehre.

298 So zB allein in LG 25 sechsmal.

Theologisch formuliert lautet die Frage nach der Unfehlbarkeit kirchlicher Lehre in nicht geoffenbarten sittlichen Belangen, ob LG 25 das *obiectum secundarium infallibilitatis* einschließt und was zu diesem gehört. Der oben zitierte erste Satz von LG 25 c scheint vom Wortlaut her das Charisma der Unfehlbarkeit auf das strikt Geoffenbarte zu beschränken. Eine Interpretation an Hand der Konzilsakten hingegen führt zu einem anderen Ergebnis.

Die Worte *tantum patet quantum divinae Revelationis patet depositum, sancte custodiendum et fideliter exponendum* wurden im Schema III von LG eingeführt[299]. Wie das Redaktionskommittee erklärt, sollte dadurch unzweifelhaft festgestellt werden, daß das *obiectum infallibilitatis* der Kirche denselben Umfang habe wie die geoffenbarte Glaubenshinterlage. Es erstrecke sich daher auf alles, und nur auf dieses, was entweder direkt zur geoffenbarten Glaubenshinterlage gehört oder was erforderlich ist, um die Offenbarung *unversehrt zu bewahren und treu zu lehren*, wie es bereits Lehre des Vatikanum I (DS 3070) bezüglich der Unfehlbarkeit des Bischofs von Rom sei[300]. Das interne Zitat des Vatikanum I lautet in der hier einschlägigen Passage: "Der Hl. Geist ist den Nachfolgern Petri nicht deshalb verheißen worden, damit sie durch seine Offenbarung eine neue Lehre verkünden, sondern damit sie durch seinen Beistand die von den Aposteln überlieferte Offenbarung bzw die Glaubenshinterlage *unversehrt bewahren und treu lehren.*"[301] Der Text findet sich also in der kursiv hervorgehobenen Passage fast wörtlich wieder. Was mit dieser Formulierung gemeint ist, erhellt aus den Akten des Vatikanum I. In den erklärenden Fußnoten zum Schema I der dogmatischen Konstitution des Vatikanum I über die Kirche (die nicht in dieser Version Konzilstext wurde) wird zu einer — dem späteren Text von *Pastor aeternus* (Vatikanum I) und LG 25 (Vatikanum II) ähnlichen — Formulierung[302] gesagt, damit sei das doppelte Objekt der Unfehlbarkeit ausge-

---

299 Für die Geschichte dieses Konzilsdokuments, die verschiedenen Textstufen und sonstigen Materialien vgl *F. Gil Hellín* (Hrsg), Concilii Vaticani II Synopsis "Lumen Gentium", Vatikan (1995).

300 "...ut haec duo indubitanter affirmentur: ... b) *Obiectum infallibilitatis* Ecclesiae, ita explicatae, eamdem habet extensionem ac depositum revelatum; ideoque extenditur ad ea omnia, et ad ea tantum, quae vel directe ad ipsum depositum revelatum spectant, vel quae ad idem depositum sancte custodiendum et fideliter exponendum requiruntur, ut habetur in Conc. Vat. I: Denz. 1836 (3070), ubi de infallibilitate Romani Pontificis.", in: *F. Gil Hellín* (Hrsg), Lumen Gentium, 260.

301 DS 3070: "Neque enim Petri successoribus Spiritus Sanctus promissus est, ut eo revelante novam doctrinam patefacerent, sed ut, eo assistente, traditam per Apostolos revelationem seu fidei depositum sancte custodirent et fideliter exponerent."

302 Vgl Mansi 51, 543A: "Obiectum igitur infallibilitatis tantum patere docemus, quantum fidei patet depositum, et eius custodiendi officium postulat;...". Zum Ab-

drückt: einerseits dessen unmittelbares Objekt (das geoffenbarte Wort Gottes), andererseits dessen sekundärer Gegenstand (das, was der Bewahrung und Verkündigung der Offenbarung entspricht)[303]. Im Schema II über die Kirche — das ebenfalls nicht Text des Vatikanum I wurde, aber inhaltlich ähnlich ist — heißt es dann: Obwohl die Unfehlbarkeit des Lehramts eigentlich und zuvörderst dem geschriebenen und überlieferten Wort Gottes gilt, muß sie sich notwendigerweise auf all jene Urteile erstrecken, *ohne welche die Bewahrung der göttlichen Hinterlage nicht möglich wäre*[304].

Auch andere Stellen von LG 25 bestätigen die Einbeziehung des *obiectum secundarium* in den Begriffsumfang der Unfehlbarkeit. In Schema II von LG 25 b hatte es geheißen: "*...authentice docentes una cum Romano Pontifice ut testes fidei in revelata fide tradenda in unam sententiam conveniunt,...*". Das unfehlbare Lehramt der Bischöfe war diesem Wortlaut zufolge auf die strikt geoffenbarte Glaubenshinterlage beschränkt. Schema III, das in dieser Stelle mit dem endgültigen Text von LG identisch ist, lautet hingegen: "*...authentice res fidei et morum docentes in unam sententiam tamquam definitive tenendam conveniunt,...*". In der Erläuterung dazu heißt es, die Veränderung sei eingeführt worden, "damit nicht der Eindruck entstehe, daß die Unfehlbarkeit des Bischofskollegiums nur auf das beschränkt sei, was dieses als göttlich geoffenbart zu glauben vorlegt. Es wird jedoch hinzugefügt, daß es sich um die Vorlage eines definitiv festzuhaltenden Urteils handelt"[305].

Ebenso hatte der letzte Satz von LG 25 b im Schema II bezüglich des Verpflichtungsgrades von Konzilsdefinitionen geheißen: "*...quorum definitiones ab omnibus sincero animo accipi debent.*" Der endgültige Text hingegen lautet: "*...quorum definitionibus fidei obsequio est adhaerendum.*" Der Unterschied wird folgendermaßen begründet: Konzilsdefinitionen übersteigen die "aufrichtige Anhänglichkeit des Verstandes" als Verpflichtungsgrad; sie erfordern vielmehr Glaubensgehorsam. Dieser Glaubensgehorsam läßt allerdings verschiedene Abstufungen zu — je nach der größeren oder geringeren Nähe der definierten

lauf und zur Geschichte des I. Vatikanischen Konzils vgl *Kl. Schatz*, Vaticanum I 1869-1870. Band III. Unfehlbarkeitsdiskussion und Rezeption, Paderborn (1994).

303 Vgl Mansi 51, 580A.

304 Vgl Mansi 53, 313D: "Licet igitur ecclesiasticum magisterium proprie et maxime in ipso verbo Dei scripto et tradito versetur; nihilominus ad ea quoque omnia porrigatur necesse est, de quibus, nisi sententia feratur, illa divini depositi custodia exerceri non potest."

305 *F. Gil Hellín* (Hrsg), Lumen Gentium, 256: "Pro verbis: 'in revelata fide tradenda' (...), ponuntur verba '*res fidei et morum* docentes', ne videatur infallibilitas corporis episcopalis coarctari tantum ad ea quae ab eodem ut divinitus revelata credenda proponuntur. Additur tamen quod agitur de casu quo proponunt sententiam *tamquam definitive tenendam.*"

Wahrheit zur göttlichen Offenbarung. Diese Verschiedenheit des Zustimmungsgrades wird durch die allgemeine Formulierung "Glaubensgehorsam", nicht aber "göttlicher Glaubensgehorsam" ausgedrückt[306]. Durch diese vorsichtige Nuancierung des Konzils wird deutlich, daß die Zustimmung zu einer als definitiv verkündeten Glaubens— oder Sittenlehre ein *Glaubens*akt ist, auch dann, wenn sie nicht als göttlich geoffenbart vorgelegt wird.

Die Interpretation von LG 25 ergibt demnach, daß das *obiectum secundarium* oder *indirectum*, dh jene Wahrheiten, die nötig sind, um die Offenbarung unversehrt zu bewahren und treu zu lehren, vom Charisma der Unfehlbarkeit erfaßt ist. Auch *G. Philips* bestätigt in seinem Kommentar zu LG, daß das Vatikanum II den Gegenstandsbereich der Infallibilität im angegebenen Sinn klargestellt hat[307]: Es seien davon auch bestimmte philosophische Wahrheiten erfaßt, ohne die das Glaubensgebäude in sich zusammenbräche oder sich in eine fideistische Illusion auflösen würde, wie zB die Wahrheitsfähigkeit der menschlichen Vernunft. Wer diese leugnet, kann überhaupt keinen Glaubensartikel annehmen[308].

Das nachkonziliäre Lehramt hat das *obiectum infallibilitatis* deutlicher herausgestellt. In der Erklärung *Mysterium Ecclesiae* hat die Glaubenskongregation festgehalten, daß sich die Unfehlbarkeit des Lehramts nicht bloß auf die Glaubenshinterlage, sondern auf alle Wahrheiten bezieht, ohne die dieses Vermächtnis nicht richtig bewahrt und gelehrt werden könnte[309].

Der CIC 1983 bringt in diesem Zusammenhang — seinem Charakter als Gesetzbuch entsprechend — kaum Aufschluß. In seinem c 749 wird lediglich die Formulierung beider vatikanischer Kirchenversammlungen wiederholt. Auch im CIC wird das Partizip *tenendam* statt *credendam* verwendet, wodurch schon im Vatikanum I der Einschluß des indirekten Objekts in das Charisma der Infallibilität angedeutet wurde.

---

306 *F. Gil Hellín* (Hrsg), Lumen Gentium, 258: "Loco antiquioris formulae (...) haec ponitur, quo melius urgeatur adhaesio definitionibus Concilii debita. Quae talis est, ut *sinceram animi adhaesionem superet*, quippe quae, ubi de definitionibus agitur, obsequium fidei penitus attingat: quod quidem fidei obsequium gradus diversos admittit iuxta maiorem vel minorem relationem veritatis definitae cum divina Revelatione. Ad hanc disparem adhaesionis gradum, adhibetur formula generica '*fidei obsequio*', non autem: 'fidei *divinae* obsequio'."

307 Vgl *G. Philips*, La Chiesa e il suo Mistero. Storia, testo e commento della *Lumen Gentium*, Mailand, 4. Auflage (1989) 287.

308 Vgl *G. Philips*, ebda, 287, 289.

309 *Glaubenskongregation*, Erklärung vom 24.6.1973 *Mysterium Ecclesiae*, AAS 1973, 396 ff, 401: "Secundum autem catholicam doctrinam, infallibilitas Magisterii Ecclesiae non solum ad fidei depositum se extendit, sed etiam ad ea, sine quibus hoc depositum rite nequit custodiri et exponi."

Mit Deutlichkeit schließlich sprechen die Instruktion *Donum Veritatis* verbunden mit der *Professio Fidei* 1989, der KKK und VS. In ihnen wird auch ausdrücklich auf die für EV bedeutsame Problematik der Unfehlbarkeit hinsichtlich einzelner Gebote des natürlichen Sittengesetzes eingegangen.

In der bei bestimmten Anlässen abzulegenden *Professio Fidei*[310] sowie in der Instruktion *Donum Veritatis*[311], die einen ausführlichen Kommentar zum Glaubensbekenntnis darstellt, werden drei Stufen der Verbindlichkeit unterschieden:

1. "Wenn das Lehramt der Kirche unfehlbar und feierlich ausspricht, eine Lehre sei in der Offenbarung enthalten, ist die Zustimmung mit theologalem Glauben gefordert. Diese Zustimmung erstreckt sich auch auf die Unterweisung des ordentlichen und universalen Lehramtes, wenn es eine Glaubenslehre als von Gott geoffenbart zu glauben vorlegt."
2. "Wenn es 'definitiv' Wahrheiten über Glauben und Sitten vorlegt, die wenn auch nicht von Gott geoffenbart, jedoch eng und zuinnerst mit der Offenbarung verbunden sind, müssen diese fest angenommen und beibehalten werden."
3. "Wenn das Lehramt — auch ohne die Absicht, einen 'definitiven' Akt zu setzen — eine Lehre vorlegt, (...) ist eine religiöse Zustimmung des Willens und des Verstandes gefordert"[312].

Im KKK heißt es:

"2035 Die höchste Stufe in der Teilhabe an der Autorität Christi wird durch das Charisma der *Unfehlbarkeit* gewährleistet. Diese reicht so weit wie das Vermächtnis der göttlichen Offenbarung. Sie erstreckt sich auf alle Elemente der Lehre einschließlich der Sittenlehre, ohne welche die Heilswahrheiten des Glaubens nicht bewahrt, dargelegt und beobachtet werden können.

2036 Die Autorität des Lehramtes erstreckt sich auch auf die einzelnen Gebote des *natürlichen Sittengesetzes.* Es ist heilsnotwendig, sie zu beobachten, wie der Schöpfer es verlangt. Wenn das Lehramt der Kirche die Vorschriften des sittlichen Naturgesetzes in Erinnerung ruft, übt es einen wesentlichen Teil seiner prophetischen Aufgabe aus, den Menschen zu verkünden, was sie in Wirklichkeit sind, und sie daran zu erinnern, was sie vor Gott sein sollen."

Im gegebenen Zusammenhang kommt es vor allem auf die im zweiten Absatz von *Donum Veritatis* 23 genannten Wahrheiten über Glauben und Sitten an, die definitiv vorgelegt werden. Diese müssen "fest angenommen und beibehalten

310 AAS 1989, 105.

311 *Glaubenskongregation*, Instruktion über die kirchliche Berufung des Theologen, 24.5.1990, AAS 1990, 1550 ff.

312 *Donum Veritatis*, 23, AAS 1990, 1559 f.

werden"[313]. Was ist damit gemeint? Erfreut sich das Lehramt in diesen Definitionen des Charismas der Unfehlbarkeit?

Es scheint zunächst, daß dem nicht so sei. In den nn 15 bis 17 kommentiert die Instruktion, welche Glaubens— und Sittenlehren *inhaltlich* den einzelnen Graden der Zustimmung entsprechen. Erstens wird das Charisma der Unfehlbarkeit insbesondere bei einem kollegialen Akt der Bischöfe, wie es bei den Konzilien der Fall ist, und durch eine *ex cathedra*—Lehre des Papstes ausgeübt[314]. Davon werden weiters in der n 16 jene definitiven Aussagen unterschieden, die zwar in den Glaubenswahrheiten nicht enthalten, aber mit ihnen innerlich so verknüpft sind, daß sich ihr definitiver Charakter letztlich von der Offenbarung selbst herleitet. Dazu gehört auch die Moral, insbesondere das natürliche Sittengesetz[315]. "Andererseits enthält die Offenbarung selber moralische Lehren, die an sich von der natürlichen Vernunft erkannt werden könnten, die aber aufgrund der sündigen Verfaßtheit des Menschen schwer zugänglich sind. Es ist Glaubenslehre, daß diese moralischen Normen vom Lehramt unfehlbar gelehrt werden können"[316]. Es wird hier also textlich zwischen unfehlbaren Definitionen und definitiven Lehren unterschieden. Ebenso scheint dies schließlich *Donum Veritatis* 17 a zu tun: Die Bischöfe haben den göttlichen Beistand auch dann, wenn sie *weder* eine unfehlbare Definition abgeben *noch* sich "definitiv" aussprechen.

Auch der KKK ist nicht so eindeutig wie man es zunächst annehmen könnte. KKK 2036 sagt nämlich nicht, daß sich die Unfehlbarkeit auf die einzelnen Gebote des natürlichen Sittengesetzes erstreckt, sondern lediglich, daß die *Autorität* des Lehramts dies tut, was nicht automatisch dasselbe ist.

Wie sind diese Stellen zu verstehen? Wie *N. Lüdicke* zu Recht schreibt[317], ist *Donum Veritatis* 17 nicht so auszulegen als würde es unfehlbare Definitionen des Bischofskollegiums von einer nicht-unfehlbaren Lehrweise abheben, die dennoch als "definitiv" bezeichnet würde[318]. Vielmehr werden im Kontext die

---

313 Im lateinischen Text: "...firmiter amplectendae et retinendae sunt."; in der *Professio Fidei*: "Firmiter amplector et retineo...".

314 Vgl *Donum Veritatis* 15.

315 Vgl *Donum Veritatis* 16 b letzter Satz.

316 *Donum Veritatis*, 16 c.

317 Vgl *N. Lüdicke*, Also doch ein Dogma? Trierer Theologische Zeitschrift 1996, 161 ff, 182 f.

318 In diesem Sinn scheint jedoch *A. Antón*, Gregorianum 1994, 740, die Stelle auszulegen. Allerdings weist er im selben Absatz darauf hin, daß eine im absoluten Sinn verstandene Definität nichts anderes sein kann als Infallibilität: "No pocos eclesiólogos hallan muy difícil el distinguir entre una doctrina propuesta '*definitive*', que no sea al mismo tiempo '*infalible*'. Si el '*definitive*' se entiende en su sentido abso-

beiden unfehlbaren Lehrweisen des Bischofskollegiums (n 15: Konzil; *ex cathedra*—Lehre des Papstes; n 16: definitive Lehre im Bereich des *obiectum indirectum*) von seinen nicht-unfehlbaren Lehren unterschieden. Die Hervorhebung des in *Donum Veritatis* 17 a in Anführungszeichen gesetzten "definitiv" markiert den Unterschied zur konziliaren Form unfehlbaren Lehrens. *Donum Veritatis* 15 betont auch ausdrücklich, daß das Charisma der Unfehlbarkeit in verschiedener Weise ausgeübt werden kann. *Insbesondere* geschehe das bei einem kollegialen Akt wie bei einem Konzil. In LG 25 b jedoch wollte das Vatikanum II die Unfehlbarkeit der Bischöfe ausdrücklich und gerade *nicht* auf einen kollegialen Akt des Episkopats beschränken. Schema II hatte die Formulierung "*...collegialem nexum servantes...*" vorgesehen. Diese wurde in "*...communionis nexum...*" abgeändert, um die Streitfrage zu vermeiden, ob in der Ausübung des gewöhnlichen und allgemeinen Lehramts ein strikt kollegialer Akt vorliege. Der approbierte Text könne keinesfalls so ausgelegt werden, als läge er die Notwendigkeit eines kollegialen Akts ieS nahe[319]. Ebensowenig wollte — wie schon gezeigt — LG 25 die Unfehlbarkeit auf ihr unmittelbares Objekt beschränken.

Donum Veritatis muß — wie ihr eigener Wortlaut in n 15 nahelegt — in diesem Sinn interpretiert werden. Man kann der Instruktion in diesem Punkt vielleicht mangelnde Deutlichkeit vorwerfen. Allerdings ist anzunehmen, daß durch die gewählte Unterscheidung zwischen unfehlbaren Definitionen und (ebenfalls unfehlbaren) definitiven Lehren die rechtlichen Abgrenzungen und Wirkungen der Dogmen ieS aufrechterhalten werden sollten. Andererseits ist die in *Donum Veritatis* 23 b und der *Professio Fidei* gewählte Terminologie gar nicht so unklar. So gebraucht etwa c 748 CIC sehr ähnliche Worte:

Abs 1: "Alle Menschen sind verpflichtet, die Wahrheit über Gott und seine Kirche zu suchen, und, wenn sie diese Wahrheit erkannt haben, sind sie auf Grund göttlichen Rechts verpflichtet und berechtigt, sie fest anzunehmen und zu bewahren (*amplectendi ac servandi*)."

Abs 2: "Niemandem ist es je gestattet, andere gegen ihr Gewissen zur Annahme des katholischen Glaubens zu zwingen"[320]. Aus dieser Formulierung wird deutlich, daß durch die Verben *amplecti*, *tenere* bzw *servare* in den lehramtli-

---

luto y sin acotación alguna deberá en última instancia excluir el error de modo absoluto."

319 So die erläuternden Bemerkungen, vgl *F. Gil Hellín* (Hrsg), Lumen Gentium, 256, 258.

320 C 748 CIC: "1. Omnes homines veritatem in iis, quae Deum eiusque Ecclesiam respiciunt, quaerere tenentur eamque cognitam amplectendi ac servandi obligatione vi legis divinae adstringuntur et iure gaudent. 2. Homines ad amplectendam fidem catholicam contra ipsorum conscientiam per coactionem adducere nemini umquam fas est."

chen Texten die Bindung an die *Wahrheit*, und ausschließlich an diese, gemeint ist. Der CIC verwendet sehr deutliche Worte (Wahrheit über Gott, göttliches Recht, *nemini umquam fas est*, etc.), die über eine lediglich disziplinäre Maßnahme der Zweckmäßigkeit in einer konkreten historischen Situation hinausgehen. Gleiches ist daher auch für die in *Donum Veritatis* und der *Professio Fidei* genannten definitiven Lehräußerungen in Glaubens— und Sittenfragen anzunehmen: Die Kirche bindet an die Wahrheit. Es ist im übrigen ganz undenkbar, daß die Kirche an etwas anderes binden könnte. Wenn etwas als irreformabel, also unveränderlich, und definitiv vorgelegt wird, das fest anzunehmen und beizubehalten, unter Eid innerlich zu glauben und nach außen zu lehren ist, was kann dann anderes gemeint sein, als daß diese definitiven Aussagen wirklich für *wahr* gehalten werden? Und gerade in einer solchen Äußerung kann Gott seine Kirche, Säule und Fundament der Wahrheit[321], nach katholischer Glaubensüberzeugung nicht im Stich lassen.

Trotzdem drängt sich die Frage auf: Macht nicht *Donum Veritatis* 16 c selbst die Unterscheidung zwischen dem Bereich des natürlichen Sittengesetzes, in dem das Lehramt ("bloß") definitiv lehren kann, und den geoffenbarten moralischen Lehren die *unfehlbar* verkündet werden? Auch hier gilt zunächst ganz allgemein das zu den nn 15 bis 17 der Instruktion Gesagte: *Donum Veritatis* kontrastiert nicht die zwei Lehrweisen (feierliches Urteil — definitive Aussage) als ob die eine unfehlbar und die andere möglicherweise irrig wäre, sondern bezieht sich auf verschiedene Formen der Ausübung des einen Charismas. Was *Donum Veritatis* 16 c ausdrücklich als *de fide* festhält, ist die Definierbarkeit auch moralischer Normen (im Sinn eines Dogmas ieS) und nicht bloß dogmatischer Sätze.

Unbestrittenerweise bleibt jedoch die Kompetenz des Lehramts, eine praktische Wahrheit, die nicht direkt geoffenbar ist, definitiv, dh unfehlbar vorzulegen, damit sie fest angenommen und beibehalten wird, auf den sekundären Bereich der Unfehlbarkeit beschränkt. Es sind davon also jene Wahrheiten erfaßt, die mit der Offenbarung innerlich so verknüpft sind, daß ohne sie eine bestimmte Lebensweise mit dem Evangelium Jesu unvereinbar wäre[322]. Die Frage stellt sich, ob damit das ganze natürliche Sittengesetz umgriffen ist, oder nur einige Prinzipien (zB die obersten und allgemeinen). Die Antwort des KKK und der Instruktion ist klar: Das ganze Sittengesetz und alle seine Einzelgebote sind jedenfalls im sekundären Objekt der Unfehlbarkeit enthalten. Darüberhinaus gibt es auch direkt geoffenbarte sittliche Normen (zB Dekalog). *Donum Veritatis*

---

321 Vgl 1 *Tim* 3, 15.

322 Vgl *I. Biffi*, I tipi dell'adesione del teologo al Magistero della Chiesa, in: Glaubenskongregation (Hrsg), 'Donum Veritatis'. Istruzione e Commenti, Vatikan (1993) 111 ff, 113.

zählt den "Bereich des Naturgesetzes" zu jenen Inhalten, über die das Lehramt "definitiv" entscheiden kann[323] und KKK 2036 spricht von den "einzelnen Geboten des natürlichen Sittengesetzes", auf die sich die Autorität des Lehramts erstreckt. Obwohl, wie bereits erwähnt, KKK 2036 nicht ausdrücklich die "Unfehlbarkeit", sondern die "Autorität" des Lehramts im Bereich des natürlichen Sittengesetzes anführt, wird doch aus dem Zusammenhang deutlich, welcher Art diese Autorität ist. KKK 2036 erklärt und präzisiert den vorangehenden Punkt, mit dem er eine Einheit bildet: *Auch* die Einzelgebote des natürlichen Sittengesetzes gehören grundsätzlich zum Gegenstandsbereich der authentischen Lehrverkündigung. Der Gewißheitsgrad der jeweils verkündeten Lehre hängt vom Ausmaß der Inanspruchnahme des Charismas der Unfehlbarkeit durch das Lehramt ab: Nicht jede Aussage über das natürliche Sittengesetz ist unfehlbar, wohl aber jene, welche die Kirche "definiert" oder "definitiv" vorlegt.

Aus beiden Dokumenten lassen sich weitere Argumente herauslesen. Einerseits, sind der Dekalog, die Bergpredigt und die anderen moralischen Lehren der Hl. Schrift göttlich geoffenbart. Insofern die moralische Einzelnorm unmittelbare Anwendung und notwendige Konsequenz dieser geoffenbarten Prinzipien sind, gehören sie schon allein deshalb zum sekundären Objekt der Infallibilität. Weiters bilden Schöpfungs— und Erlösungsordnung eine Einheit: Das natürliche Sittengesetz ist in das Evangelium Jesu Christi aufgenommen und untrennbar mit ihm verbunden. Wer das natürliche Sittengesetz nicht erfüllt, entspricht mit seiner Lebensweise nicht dem Aufruf zur Nachfolge Christi. Damit hängt auch letztlich zusammen, daß die Erfüllung des ganzen Sittengesetzes *heilsnotwendig* ist. Gott kann in einer so wichtigen Frage seine Kirche nicht im Stich lassen. Es ist unmöglich, daß Christus, der seiner Kirche immerwährenden Beistand und dauernde Gegenwart verheißen hat, seine Kirche in einer heilsnotwendigen Frage irren ließe. Damit ist nun nicht gesagt, daß das Lehramt in jeder Aussage über sittliche Belange unfehlbare wäre, etwa bei Empfehlungen in der Soziallehre, aber wenn ein bestimmtes Verhalten feierlich oder definitiv als Sünde bezeichnet wird, kann dieser heilsnotwendigen Lehre kein Irrtum beigemischt sein[324]. Es ist undenkbar, daß Gott sein Volk als ganzes der Gefahr der Sünde aussetzt[325].

---

323 Vgl *Donum Veritatis* 16 b letzter Satz.

324 Im einzelnen ist genau darauf zu achten, *was* als Objekt der Handlung beschrieben wird. So können *mutationes materiae* als solche erkannt und Mißverständnisse vermieden werden, vgl vor allem das berühmte Beispiel vom Zinsverbot.

325 *F. A. Sullivan*, The 'Secondary Object' of Infallibility, Theological Studies 54 (1993) 536 ff, 544, scheint die Frage offenzulassen, ob alle Belange des natürlichen Sittengesetzes den nötigen Zusammenhang mit der Offenbarung aufweisen, um dem sekundären Objekt der Unfehlbarkeit anzugehören. Die Lehre von EV über

Werden die bisher angestellten Überlegungen auf EV angewandt, so stellt sich die Frage, ob die darin enthaltenen besonders hervorgehobenen Prinzipien eigentlich "definitiv" gemeint sind. Wie *S. Pinckaers* berichtet, habe der Papst nach einer Rückfrage bei den Präsidenten der Bischofskonferenzen nicht die Formel *definitive tenendam* gewählt[326]. Diese Wortfolge findet sich hingegen in *Ordinatio Sacerdotalis*. Kann daraus geschlossen werden, daß die in EV enthaltene Lehre nicht definitiv ist? Folgendes ist zu bedenken. Selbst in ihren feierlichsten Erklärungen sagen die Päpste nicht ausdrücklich, daß sie unfehlbar lehren[327]. Es kommt nicht auf die Bezeichnung an, sondern auf die aus der Art des Dokuments, der Häufigkeit der Vorlage und der Sprechweise ersichtliche Absicht[328]. Diesbezüglich ergeben sich aus EV selber klare Unterscheidungen und Abstufungen. Die Enzyklika zählt etwa in den nn 13 ff einige neue Gefährdungen des Lebens auf, die sich trotz großer Unterschiede im einzelnen in das Gesamtbild der "Verschwörung gegen das Leben" einfügen[329]. *Johannes Paul II* beklagt diese Erscheinungen ohne auch nur annähernd jenen Grad an Verbindlichkeit zu erreichen, den er bei den drei Prinzipien einsetzt. In deren Formulierung ist vor allem beachtenswert, daß der Papst besonderes Gewicht auf die Ausnahmslosigkeit der moralischen Verwerflichkeit von Mord, Abtreibung und Euthanasie legt. Es werden ja Handlungen als in sich schlecht bezeichnet, die auf Grund des unwandelbaren, für alle Menschen, Zeiten und Orte geltenden Naturrechts abzulehnen sind. In allen drei Prinzipien betont der Papst diese Zugehörigkeit zum Naturrecht. Damit hat er aber auch klar zum Ausdruck gebracht, daß er diese Lehre als irreformabel und definitiv vorträgt. Mit der vom Papst gewählten Formulierung müßte eigentlich aller Zweifel darüber ausgeräumt sein, daß der Papst vereint mit den Bischöfen ein Urteil über Mord, Abtreibung und Euthanasie ausgesprochen hat, das von allen Katholiken fest angenommen und definitiv beibehalten werden soll. Es ist kaum ersichtlich, welche andere Auslegung der vom Papst gewählten Ausdrucksweise gerecht werden könnte[330].

Mord, Abtreibung und Euthanasie fällt jedoch gemäß *F.A. Sullivan* jedenfalls unter diese Kategorie, vgl *ders*, The Doctrinal Weight of *Evangelium Vitae*, Theological Studies 56 (1995) 560 ff, 564.

326 Vgl *S. Pinckaers*, L'Evangile de la vie face à une culture de mort, Nova et Vetera 1995, 5 ff, 12.

327 Vgl *F. A. Sullivan*, Theological Studies 56 (1995) 563.

328 Vgl LG 25.

329 Vgl die in FN 3 angeführten Praktiken.

330 Vgl *F. A. Sullivan*, Theological Studies 56 (1995) 563: "It is hard to see how any other interpretation would do justice to the language which he used."

b) Das Sichtbarwerden des Konsenses im Bischofskollegium

Was den dogmatischen Rang der drei in EV enthaltenen Prinzipien hinsichtlich des *obiectum infallibilitatis* betrifft, liegt also eine definitive Äußerung in einer zum Gegenstandsbereich des Charismas der Unfehlbarkeit gehörenden Frage vor. Es müssen nun einige Überlegungen zum *subiectum infallibilitatis*, dh zum Träger dieser Unfehlbarkeit angestellt werden.

Der Papst "bestätigt" die Unfehlbarkeit des allgemeinen Lehramts zu diesen Fragen, ohne selbst ein unfehlbares Urteil abzugeben, meint *L. Scheffczyk* zur analogen Problematik bei *Ordinatio Sacerdotalis*[331]. Oder wie *J. Ratzinger* zum selben Thema schreibt: Der Papst habe keine neue dogmatische Formel gesetzt, "sondern eine Gewißheit bekräftigt, die in der Kirche beständig gelebt und festgehalten wurde. In der Fachsprache müßte man sagen: Es handelt sich um einen Akt des ordentlichen Lehramtes des Papstes, nicht um eine feierliche Definition 'ex cathedra', auch wenn inhaltlich dabei eine als definitiv zu betrachtende Lehre vorgelegt wird. Mit anderen Worten: Eine in der Kirche schon existierende, nun aber in Zweifel gezogene Gewißheit wird mit der Autorität des Papstes explizit als solche bestätigt; es wird ihr eine konkrete Gestalt gegeben, die das immer schon Gelebte auch in eine verbindliche Form bringt, wie man das Wasser einer Quelle faßt, das dadurch nicht verändert, aber gegen etwaiges Versickern und Versanden geschützt wird"[332]. Im selben Artikel beklagt *J. Ratzinger* einen "einseitigen Begriff von Unfehlbarkeit als einzig verbindlicher Entscheidungsform in der Kirche", der zur Handhabe geworden sei, um manche päpstliche Dokumente zu relativieren[333]. Doch welche dogmatischen Grundlagen haben nun diese "neuen Formen lehramtlicher Äußerung von hoher oder höchster Verbindlichkeit"[334] hinsichtlich des *subiectum infallibilitatis*? Der Papst verweist — wie schon gesagt — auf die Unfehlbarkeit des Bischofskollegiums *in docendo* (LG 25) und der Universalkirche *in credendo* (LG 12). Er nimmt sozusagen an der Unfehlbarkeit anderer "Organe" der Kirche teil. Wie bereits weiter oben festgehalten, bedarf es zur Aktualisierung des Charismas der Unfehlbarkeit keines strikt kollegialen Akts des Bischofskollegiums. Diese Einengung wurde vom Konzil ausdrücklich ausgeschlossen[335]. Andererseits dürfte es für eine Glaubenslehre iSv LG 25 nicht genügen, daß die Bischöfe unabhängig von einander und ohne von einander zu wissen, sozusagen "parallel", inhaltlich dasselbe leh-

---

331 Vgl *L. Scheffczyk*, Das responsum der Glaubenskongregation zur Ordinationsfrage und eine theologische Replik, Forum Katholische Theologie 1996, 127 ff, 129.

332 *J. Ratzinger*, Grenzen kirchlicher Vollmacht, Communio 1994, 337 ff, 342 f.

333 Vgl *J. Ratzinger*, ebda, 338.

334 Vgl *W. Kasper*, Communio 1995, 192 FN 1.

335 Vgl *F. Gil Hellín*, Lumen Gentium, 256, 258.

ren[336]. Dies wäre dann wohl eher ein Fall von LG 12 (übernatürlicher Glaubenssinn). LG 25 b garantiert den über die Welt verstreuten Bischöfen die Unfehlbarkeit, wenn sie *übereinkommen*, daß eine Glaubens— oder Sittenlehre definitiv beizubehalten ist (*in unam sententiam tamquam definitive tenendam conveniunt*). Diese Übereinstimmung muß dem Gläubigen irgendwie deutlich werden, sie muß sich in einer bestimmten Lehraussage kristallisieren. Dieses Bedürfnis nach "Glaubenssicherheit" spiegelt sich auch im c 749 Abs 3 CIC wider: Keine Lehre gilt als unfehlbar definiert, wenn dies nicht offenkundig feststeht[337]. Die Entstehungsgeschichte[338] des c 749 CIC ist auch für das hier anstehende Problem von Bedeutung: Es geht um die Frage, wie der von LG 25 b geforderte Konsens für die Gläubigen offenkundig wird, wenn er nicht notwendig in einem einzigen und gemeinsamen Akt besteht. Während der Kodexreform kam dafür eine päpstliche Erklärung in den Blick, die den bestehenden Konsens des Weltepiskopats deklarativ feststellt. Es wurde dem projektierten Kanon ein eigener Zusatz angefügt, der die Unfehlbarkeit der über die Welt verstreuten Bischöfe wegen der notwendigen Offenkundigkeit an eine solche päpstliche Proklamation binden sollte. In der letzten Überprüfung des Kodexentwurfs, die der Papst persönlich mit einem kleinen Beraterkreis vornahm, wurde der Zusatz jedoch als überflüssig gestrichen: Die Unfehlbarkeit des ordentlichen und allgemeinen Lehramts schlösse evidentermaßen die Übereinstimmung mit dem Papst ein. Eine zusätzliche päpstliche Erklärung könne höchstens eine gewisse Sicherheit für die Übereinstimmung unter den Bischöfen und mit dem Papst erbringen. Die Irreformabilität der Lehre stamme nicht aus einer solchen Erklärung, sondern gehöre innerlich zur Lehre selbst, sofern sie von allen Bischöfen als endgültig festzuhalten gelehrte werde. *N. Lüdicke* folgert daraus zu Recht: "Gestrichen wurde die *Vorschrift*, die Gewißheit über das Vorliegen einer definitiven Lehre des ordentlichen und universalen Lehramts des Bischofskollegiums *müsse* durch eine authentische Erklärung des Papstes feststehen. Die *Möglichkeit*, dadurch eine bereits gegebene Unfehlbarkeit offenkundig zu machen, wurde mit der Streichung nicht bestritten; sie blieb aus *der Perspektive der Rechtssicherheit* als opportun

---

336 Dies scheinen jedoch *Ford/Grisez*, Contraception and the Infallibility of the Ordinary Magisterium, Theological Studies 39 (1978) 258 ff, 272 ff, anzunehmen; wie hier *K. Becker*, Competencia del magisterio y alcance de sus declaraciones, in : R. Lucas Lucas (Hrsg), Comentario interdisciplinar a la 'Evangelium vitae', Madrid (1996) 299 ff, 306 f; *A. Antón*, Gregorianum 75 (1994) 732.

337 "Infallibiliter definita nulla intellegitur doctrina nisi id manifeste constiterit." Vgl auch *W. Beinert/P. Krämer*, Anathema, Lexikon für Theologie und Kirche I, 3. Auflage (1993) 604 f.

338 Vgl *N. Lüdicke*, Trierer Theologische Zeitschrift 1996, 204 ff; *E. Tejero*, Kommentar zu c 749 CIC, in: Instituto Martín de Azpilcueta (Hrsg), Comentario Exegético al Código de Derecho Canónico III, Pamplona (1996) 50 f.

im Blick. Es sollte lediglich das mögliche Mißverständnis ausgeschlossen werden, ein solcher päpstlicher Akt bedeute mehr als die bloße Feststellung einer Lehrübereinstimmung des Bischofskollegiums"[339]. Aus diesem Grund wurden in c 749 Abs 2 CIC die Worte *una cum eodem Romano Pontifice* eingefügt, die LG 25 b nicht enthält[340]: Diese besondere Hervorhebung, daß die über die Welt verstreuten Bischöfe *gemeinsam mit dem Papst* lehren müssen, um unfehlbar zu sein, garantiert nicht bloß die Einheit, sondern auch die notwendige Offenkundigkeit eines Konsenses, wenn der Bischof von Rom ihn feststellt.

Gerade um solche Erklärungen des Papstes handelt es sich mE in EV. In den zitierten Prinzipien stellt der Papst einen Konsens der Bischöfe fest, bestätigt eine universale Glaubensüberzeugung und wird zum Garanten der lebendigen Überlieferung der Kirche. Die Vorgehensweise des Papstes steht in vollem Einklang mit LG, mehr noch: Sie wird von der Glaubenssicherheit gefordert und stellt nach meinem Dafürhalten eine der neuen Formen der Ausübung des *Munus Petrinum* dar, zu deren Entwicklung und Vertiefung *Johannes Paul II* in *Ut unum sint*[341] aufruft. Gerade in ökumenischer Sicht ist dieser auf die Lehre des Bischofskollegiums und den Glaubenssinn der Gesamtkirche abgestellte Dienst am Glauben von großer Bedeutung. Durch das vorangegangene Konsultationsverfahren hat der Papst die Glaubensüberzeugung der Bischöfe erfragt und ihren Konsens festgestellt. Als Haupt des Bischofskollegiums fügt er seine Zustimmung hinzu, die notwendig ist, damit überhaupt ein Akt des Bischofskollegiums vorliegt: Ohne sein Haupt ist das Bischofskollegium unvollständig. Die drei feierlichen Erklärungen des Papstes (EV 57 d, 62 c, 65 d) sind daher unfehlbare Sittenlehre im Sinn von LG 25 b[342], ohne Dogmen im Sinn der cc 750 f CIC zu sein.

Der Klarheit halber sei noch folgendes gesagt. Es könnte die Meinung vertreten werden, die päpstlichen Erklärungen als solche besäßen nicht Unfehlbarkeit, sondern die Unfehlbarkeit werde bloß authentisch als bereits bestehend anerkannt: Es handle sich also um nicht-unfehlbare Feststellungen einer unfehlbaren Lehre[343]. Wenn man diese Auffassung logisch zu Ende denkt, steht man vor

---

339 *N. Lüdicke*, Trierer Theologische Zeitschrift 1996, 207.

340 C 749 Abs 2 CIC: "...aut quando per orbem dispersi, communionis nexum inter se et cum Petri successore servantes, *una cum eodem Romano Pontifice* authentice res fidei vel morum docentes, in unam sententiam tamquam definitive tenendam conveniunt."

341 Enzyklika vom 25. Mai 1995, AAS 1995, 921 ff.

342 Zum gleichen Ergebnis gelangt *I. Carrasco de Paula*, Dal *dono* al *vangelo* della vita: per una lettura teologica dell'*Evangelium Vitae*, Medicina e Morale 1995, 757 ff, 762 ff.

343 Vgl etwa *L. Melina*, Dalla *Veritatis splendor* all'*Evangelium vitae*, Anthropotes 1995, 111 ff, 116 f: "Possiamo quindi dire che il Papa, in un esercizio molto

einer Aporie: Die fehlbare Bestätigung von irgendetwas kann immer nur etwas Fehlbares zum Ergebnis haben. Diese Auffassung wird für EV und die anderen Dokumente, in denen das Lehramt diese Redeweise wählt, hier nicht vertreten. Die päpstlichen Erklärungen ergehen nicht sozusagen "außerhalb" des Konsenses des Bischofskollegiums und sind ihm nicht irgendwie entgegen— oder aufgesetzt, sondern sie sind das *Sichtbarwerden* des Konsenses. Sie *sind* der kristallisierte und ausformulierte Konsens. Insofern sind sie wirklich und im eigentlichen Sinne mit dem Charisma der Unfehlbarkeit ausgestattet: Sie brauchen nichts zu "verleihen" oder zu "bestätigen", sondern sie fallen mit dem originären Träger der Unfehlbarkeit in eins wie Körper und Gestalt.

---

impegnativo del suo Magistero autentico non infallibile, è un testimone autorevole di una dottrina morale il cui contenuto è infallibilmente insegnato dal Magistero ordinario universale della Chiesa." Ähnlich auch *L. Ciccone*, La vita umana è sacra e inviolabile, in: G. Russo (Hrsg.), Evangelium Vitae. Commento all'enciclica sulla bioetica, Turin (1995) 65 ff, 72; ebenso *C. Pozo*, Valor (nota teológica) de la "Evangelium Vitae", Familia et Vita 1997, 98 ff, 109.

VI. Das moralische Objekt des Tötungsverbots

1. Einleitung

An den Beginn der drei Prinzipien stellt *Johannes Paul II.* die Unantastbarkeit unschuldigen menschlichen Lebens. Es ist das Grundprinzip, aus dem die ethische Ablehnung von Abtreibung und Euthanasie hervorgeht. Wie verschiedentlich festgehalten worden ist[344], geht es dem Papst in EV vorrangig um jene aktuellen Gefährdungen des Lebensrechts, die von Abtreibung und Euthanasie ausgehen, doch stünden die zwei Prinzipien, die diese Probleme betreffen, ohne das Grundprinzip unvermittelt nebeneinander — wie zwei Rechtsätze mit verschiedenen Regelungsgegenständen. In EV werden Abtreibung und Euthanasie zu schwerem sittlichen Unrecht erklärt, weil und insofern sie die Tötung menschlichen Lebens bedeuten. Abtreibung ist ein schweres sittliches Vergehen, "nämlich die vorsätzliche Tötung eines unschuldigen Menschen"[345]; Euthanasie ebenso "insofern es sich um eine vorsätzliche Tötung einer menschlichen Person handelt"[346]. Bereits im Zusammenhang mit dem ersten Prinzip sind etliche jener Fragen zu behandeln und zu klären, die dann bei der Erörterung der beiden anderen Prinzipien zur Anwendung kommen. Es kann daher hier dem systematischen Aufbau der Enzyklika gefolgt werden.

Johannes Paul II. entfaltet das Tötungsverbot in einer doppelten Formulierung: Zunächst positiv, indem er das unschuldige Menschenleben als absolut unantastbar erklärt, dann negativ in der schon bekannten Verurteilung der direkten und freiwilligen Tötung eines unschuldigen Menschen[347]. Die einzelnen Elemente der Definition sind von großer Bedeutung.

---

344 Vgl zB *N. Blázquez*, "Evangelium Vitae" o el desafío de la vida, Studium 1995, 179 ff, 196.

345 EV 62.

346 EV 65.

347 Beide befinden sich in derselben Nummer 57 EV. Übersichtlichkeitshalber sei der Text hier nochmals abgedruckt: "Die absolute Unantastbarkeit des unschuldigen Menschenlebens ist in der Tat eine in der Heiligen Schrift ausdrücklich gelehrte, in der Tradition der Kirche ständig aufrechterhaltene und von ihrem Lehramt einmütig vorgetragene sittliche Wahrheit. (...) Mit der Petrus und seinen Nachfolgern von Christus verliehenen Autorität bestätige ich daher in Gemeinschaft mit den Bischöfen der katholischen Kirche, daß die direkte und freiwillige Tötung eines unschuldigen Menschen immer ein schweres sittliches Vergehen ist."

2. Der sittliche Gesichtspunkt der Tötungshandlung

Der Papst spricht von der freiwilligen, willentlichen Tötung[348]. Daß eine menschliche Handlung willentlich sein muß, um überhaupt eine moralische zu sein, ist eine Trivialität. Dies kann also nicht der Sinn dieser Aussage sein. Was dadurch vielmehr unterstrichen wird, ist das Wesen eines moralischen Objekts — und die drei Prinzipien definieren ja jeweils moralische Objekte. Das Wesen eines moralischen Objekts besteht darin, die objektive Bedeutung einer vernunft— und willensgeprägten Entscheidung zu sein. Wie bereits wiederholt festgehalten wurde: Handlungsobjekt im moralischen Sinn ist nicht der physische Gegenstand als solcher oder die Folge im physikalischen Sinn, die von der menschlichen Einwirkung verursacht wird, sondern die objektive Bedeutung der Handlung selbst, durch die das handelnde Subjekt über sich selbst im ethischen Sinn verfügt. Für das Tötungsverbot heißt dies, daß sein Objekt nicht der Tod als solcher ist, sondern die Tötungshandlung[349]. Der Tod ist ein Naturereignis, das sich nicht in der Sphäre des Moralischen befindet. Er ist daher mit dem moralischen Handeln, das eine Tötung bedeutet, absolut unvergleichbar und kann nie zur Rechtfertigung einer Tötung herangezogen werden. So wird etwa falscherweise zur Rechtfertigung der künstlichen Fortpflanzung auf die angeblich hohe Zahl natürlicher Aborte[350] verwiesen: Da "in der Natur" viele Embryonen sterben, dürften auch in den von Menschenhand geschaffenen Laborbedingungen Embryonen "verbraucht" werden. Ein solches Argument übersieht die radikale Inkommensurabilität von physischer und moralischer Sphäre. Aus dem — richtigen — Satz, es sei besser, daß ein Mensch stirbt als daß hundert sterben (physische Ebene) kann nicht abgeleitet werden, es sei besser, diesen einen zu töten (moralische Ebene), um hundert zu retten.

Die Erkenntnis dessen, was ein moralisches Objekt ausmacht, ergibt sich aus der objektiven Beziehung der Handlung zur menschlichen Person. Für das Tötungsverbot bedeutet dies, daß der entscheidende ethische Gesichtspunkt wiederum nicht die medizinisch konstatierbare und die physikalisch kausal auf einen Handelnden zurückführbare, willentliche Beendigung des biologischen Lebens ist, sondern daß gerade in und durch diese Handlung die Person des Menschen verletzt wird. "So gewinnt das menschliche Leben, das ein fundamentales Gut des Menschen ist, sittliche Bedeutung im Blick auf das Wohl der Person, das stets um seiner selbst willen geltend gemacht werden muß: (...)"[351]. Entschei-

348 Im lateinischen Text wird der Ausdruck "voluntariam" verwendet.

349 Vgl *L. Melina*, Corso, 176 f.

350 Vgl hiezu *G. López-García*, La realidad del aborto espontáneo, in: Persona, Verità e Morale, 333 ff.

351 VS 48.

dend ist nicht das *Faktum* der Tötung, sondern die Verletzung der Person[352]. Wenn der Papst daher in EV, und gerade auch in diesem ersten Doppelprinzip vom menschlichen Leben spricht, dann meint er die "Fülle des Lebens", wie sie mit dem griechischen Ausdruck "zoe" bezeichnet wird. In den biblischen, vor allem johanneischen, Texten wird ja "zoe" bekanntlich von "bios" abgehoben: während "bios" das biologische Leben meint, kommt in "zoe" auch die Person mit ihrer übernatürlichen Berufung zum Ausdruck[353]. *Johannes Paul II.* macht deutlich[354], daß es ihm nicht um die faktische Existenz, das "nackte Leben", das bloße Überleben, etc. des Menschen geht. Er verabsolutiert nicht das (körperliche) Leben auf Erden, was im Widerspruch zur Schöpfungs— und Erlösungsordnung stünde[355]. Jenseits des philosophischen Personbegriffs spricht der Christ vom Leben von der Fülle her, zu der Gott es bestimmt, mehr noch, im Hinblick auf welche Gott dieses Leben mitgeteilt hat[356]. Leben im Vollsinn bedeutet für den Glaubenden das ewige Leben, das ewige Heil des Menschen, das hier auf Erden beginnt und im Jenseits sowie nach der Auferstehung der Toten in verherrlichter Art und Weise fortgeführt und vollendet wird. Dieses ewige Leben ist das höchste Gut des Menschen, hierin findet sein Personsein seine letzte und endgültige Entfaltung.

Doch bereits auf rein philosophischer Ebene ist unverkennbar, daß das menschliche Leben keine in sich abgeschlossene Größe ist: Es hat Grundbedürfnisse, und zwar nicht nur biologischer Art. Der Mensch steht unausweichlich und ständig vor Entscheidungen, die sich aus der appetitiven Struktur seiner physischen und geistigen Natur ergeben: Er strebt stets nach oder will stets etwas solange er bei Bewußtsein ist. Deshalb empfindet der Mensch sein Leben nicht bloß als Gabe, sondern als Aufgabe. Es ist stets noch unfertig, verlangt nach Entfaltung unter Einsatz der Intelligenz und des freien Willens. Es gibt kein "statisches" Leben, das wäre ein Widerspruch zu sich selbst. "Unantastbarkeit" und "Heiligkeit" des menschlichen Lebens bedeuten daher nicht seine Unberührbarkeit und Unveränderlichkeit (zB durch operative Eingriffe), sondern seine Eigenschaft als Gabe Gottes an den Menschen, damit er sein Leben im Einklang

352 Diese Frage ist — und darauf wird noch zurückzukommen sein — unabhängig davon, daß menschliches Leben in jeder Phase nur als personales Leben existiert. Es geht hier nicht um eine anthropologische Vorfrage, sondern um ein spezifisch moralisches Problem.

353 Vgl auch *G. Mattai*, Evangelium vitae e teologia morale, Asprenas 1995, 565 ff, 569.

354 Vgl auch EV 2.

355 Vgl *F.Compagnoni*, La verità della vita umana, Rivista di teologia morale 1995, 169 ff, 169.

356 Vgl *J. L. Illanes*, La vida, substancia y meta de la historia, Scripta Theologica 1996, 737 ff, 747.

mit dem Projekt des Schöpfers führe und es für die Liebe, die sein Sinn ist, öffne[357]: Daher "kann es gestattet, lobenswert und sogar geboten sein, aus Nächstenliebe oder als Zeugnis für die Wahrheit das eigene Leben hinzugeben (...)"[358].

Doch selbst mit dieser weiteren Differenzierung, die vom Begriff des menschlichen Lebens ausgeht, ist das Objekt des Tötungsverbots nicht ausreichend beschrieben. Denn es stellt sich die Frage, wann denn nun in einer Tötungshandlung die *Person* getroffen ist und wann nicht. Welches ist das Kriterium, um objektiv diese Unterscheidung treffen zu können?

3. Unschuld als Element des Handlungsobjekts

Im Anschluß an die ununterbrochene Tradition der Kirche führt *Johannes Paul II.* hiefür das Kriterium der "Unschuld" als Element des Objekts an. Obwohl es manchmal gerechtfertigt und gefordert sein kann, das eigene Leben hinzugeben, bleibe es "moralisch immer unerlaubt, einen unschuldigen Menschen zu töten", hatte der Papst schon in VS 48 geschrieben und wiederholt er in EV. Die Unschuld ist der springende Punkt der Definition, weshalb gerade um ihn die meisten Auseinandersetzungen geführt werden.

Es wird hier zunächst versucht, positiv darzustellen, welche Funktion die Unschuld in diesem Prinzip ausübt und warum, danach soll auf einige Einwände eingegangen werden.

Die Unschuld des menschlichen Lebens besitzt eine doppelte moralische Funktion: Einerseits begründet sie die personale Betroffenheit durch eine Tötungshandlung, dh erst wegen seiner Unschuld bedeutet die Auslöschung eines menschlichen Lebens die Verletzung der Personenwürde des getöteten Subjekts. Dies könnte man die *Begründungsfunktion* der Unschuld nennen. Andererseits bewirkt die Unschuld durch diese Begründung zugleich die Abgrenzung von anderen Handlungen, die eben moralisch *keinen* Mord bedeuten, nämlich Notwehr und Todesstrafe. Die Unschuld der Person hat diesfalls auch eine *Abgrenzungsfunktion*. Notwehr und Todesstrafe sowie alle Handlungen, die aufgrund der noch durchzuführenden Abgrenzungen, *außerhalb* des Objekts des Tötungsverbots liegen, sind nicht Ausnahmen vom Mord[359]. Sie sind nicht "Mord", der aus-

---

357 Vgl *P. Cattorini/M. Reichlin*, Sofferenza, Malattia, Eutanasia, in: G. Russo (Hrsg), Evangelium Vitae. Commento all'enciclica sulla bioetica, Turin (1995) 126 ff, 133.

358 VS 48.

359 Vgl auch *E. Sgreccia*, La Enciclica *Evangelium Vitae*: quale novità?, Medicina e Morale 1995, 655 ff, 663; *A. Fernández de Benito*, El aborto, «no» a la vida, in: Johannes Paul II, Evangelium Vitae. Texto y Comentarios, Valencia (oJ) 217 ff, 221.

nahmsweise zulässig ist, sondern sie sind schlicht und einfach kein Mord, so wie die Entgegennahme des Kaufgegenstandes keine Ausnahme vom Diebstahlsverbot ist. Gerade die Untersuchung dessen, was "Schuld" im Sinn des Tötungsverbots ausmacht und welche Handlungen folglich außerhalb seines Objekts liegen, kann begreifen helfen, was Unschuld ist und warum die intentionale Struktur einer Handlung, die auf die Tötung unschuldigen Lebens gerichtet ist, wesentlich, dh vom Objekt her, von der Tötung schuldigen Lebens verschieden ist.

Wie *L. Ciccone* zu Recht hervorhebt, darf unschuldiges Leben nicht einfachhin mit "sündenlosem Leben" gleichgesetzt werden. "Innocens" sei im Sinn von "non-nocens" zu verstehen, dessen Gegenteil "nocens" ist[360]. Das bedeutet: Eine Person lebt dann ein schuldiges Leben im Sinn des Tötungsverbots, wenn sie anderen durch ihr freies Handeln (nicht durch ihre bloße Existenz) schadet. Schuld und Unschuld besitzen daher einen ausgeprägt sozialethischen Charakter: Erst im Bezug auf andere werden sie denkmöglich und relevant. Dies gilt nun ganz allgemein von allen Rechten und Pflichten (außer jenen, die sich ausschließlich auf das Verhältnis zwischen Einzelmenschen und Gott beziehen): Die Existenz anderer Menschen bildet die Grundvoraussetzung ihrer Denkmöglichkeit. Bei der "Unschuld" jedoch, so wie sie im Zusammenhang mit dem Lebensrecht zu verstehen ist, geht es um das Grundelement der Soziabilität, die Voraussetzung dafür, daß Menschen überhaupt zusammenleben und sich gegenseitig als Rechtsträger anerkennen können. "Unschuld" ist ein Strukturelement des Rechts insofern, als nur das gegenseitige Vertrauen darauf, daß der oder die andere die Ordnung der Gerechtigkeit achten wird, ein Zusammenleben in einer rechtlich verfaßten Gesellschaft ermöglicht[361]. Zum biologisch-anthropologischen Faktum des menschlichen Lebens kommt die Unschuld als ein normatives Element hinzu. Woraus leitet es sich ab? Ist nicht das personale Leben *als solches* das Grundprinzip der Rechtsordnung? Gewiß, doch gerade, *weil* die Achtung des menschlichen Lebens die Grundlage der Rechtsordnung, die Voraussetzung aller Rechte und Pflichten, des Zusammenlebens schlechthin ist, verlangt es die Grundbereitschaft der gegenseitigen Achtung des Lebens. Die Unschuld ist ein ursprüngliches Charakteristikum jedes Menschen insofern er oder sie immer schon in Gemeinschaft steht. Jede Person ist wesentlich auch relational. Unschuld wird nicht verliehen, sondern angeboren, aber man kann sie durch freies Handeln verlieren. Wer die Grundbereitschaft der gegenseitigen Achtung des Lebens aufkündigt, stellt sich selbst außerhalb der elementarsten aller Solidar-

---

360 Vgl *L. Ciccone*, La vita umana è sacra e inviolabile, in: G. Russo (Hrsg), Evangelium Vitae, 65 ff, 72.

361 Vgl *F. D'Agostino*, La vita e il diritto: L'*Evangelium Vitae* letta da un giurista, Anthropotes 1995, 129 ff, 136 f.

gemeinschaften, jener des Überlebens. Dieser Mensch verliert seine "Unschuld". Nochmals wird deutlich, daß es sich bei der Schuld, die das Recht auf Leben verwirken läßt, nicht um jede Sünde, jedes Vergehen, nicht einmal um jedes Verbrechen handeln kann, sondern nur um jene Verbrechen, die das Leben und Zusammenleben anderer zerstören. Der Verbrecher verstößt gegen die Gerechtigkeit und das Gemeinwohl, verletzt das Grundvertrauen und wird so "schuldig" oder "strafbar". Ganz allgemein, dh vorerst abgesehen vom Spezialfall der Todesstrafe, besteht der wesentliche Zweck der Strafe in der Wiederherstellung der verletzten Ordnung der Gerechtigkeit und damit in der Wiedererlangung der Unschuld. Dieser Strafzweck geht der General— und Spezialprävention voraus, denn diese setzen die Schuld des Täters voraus: Es soll ja durch die Strafe auch verhindert werden, daß andere (Generalprävention) oder der Täter selbst (Spezialprävention) schuldig oder rückfällig werden. Dazu muß aber zunächst geklärt werden, was Schuld ist. Denn General— und Spezialprävention auf einen Unschuldigen anzuwenden, ist nicht nur sinnlos und in sich widersprüchlich, sondern zutiefst ungerecht. Der Sinn der Strafe besteht also vorrangig in der Wiederherstellung der Ordnung der Gerechtigkeit, die dadurch verletzt worden ist, daß sich ein Täter durch Mißbrauch seiner Freiheit ein Gut im weitesten Sinn ungerecht angeeignet hat. Dadurch verletzt der Täter meist individuelle Güter, deren Ausgleich nach den Regeln des Schadenersatzes erfolgt. Immer jedoch verletzt der Täter durch diese Handlung das Gemeinwohl, und auch diesbezüglich bedarf es eines Ausgleichs. Dieser geschieht durch die Strafe, die logisch nur im Entzug eines entsprechenden Guts, typischerweise der Freiheit (proportional zur mißbrauchten Freiheit), bestehen kann. Im Idealfall kommt dieses Gut wiederum dem Gemeinwohl zu gute, etwa durch Arbeit im Dienst der Gemeinschaft, an gemeinnützigen Projekten, durch Geldstrafen, etc. Jedenfalls bedeutet dies für den Straftäter immer den Entzug von Gütern. Gegenüber denen, die für das Gemeinwohl zuständig sind, und zwar *nur* diesen gegenüber verliert der Verbrecher das Recht auf diese zu entziehenden Güter[362].

Dies gilt *grundsätzlich* auch für das Leben. Für denjenigen freilich, der die Unsterblichkeit der Seele und damit deren Geistigkeit, sowie die Existenz Gottes leugnet, kann dieses Argument unzugänglich sein. Die irdische Existenz bildet in einer solchen Sicht die letzte und nicht die vorletzte Wirklichkeit. Allerdings sind in einem solchen philosophischen System auch freier Wille, Schuld und Strafe letztlich nicht begründbar: Strafe setzt Schuld, Schuld freien Willen voraus. Freier Wille jedoch ist eine Eigenschaft des menschlichen Geistes, Geistigkeit wiederum bedeutet die Unsterblichkeit des geistigen Elements im Men-

362 Vgl *J. Finnis*, Fundamentals of Ethics, Oxford (1983) 128 f; ebenso *L. Melina*, Corso, 184 f.

schen. Nun ist aber die irdische Existenz — wie bereits mehrfach betont — nicht letzte, sondern vorletzte Wirklichkeit. Nicht das biologische Faktum menschlichen Lebens ist Tatbestandselement des Tötungsverbots, sondern das unschuldige menschliche Leben.

4. Notwehr und Todesstrafe — Abgrenzungen, nicht Ausnahmen vom Tötungsverbot

a) *Einwände*

Daraus ergeben sich die Abgrenzungen des moralischen Objekts der Tötungshandlung "Mord". Es handelt sich dabei keineswegs um willkürliche Grenzziehungen, noch um "linguistische Euphemismen" noch um "mehr oder weniger diplomatische Sprachregelungen"[363], sondern um das Ergebnis der Reflexion über die Urteile der praktischen Vernunft. Wer die Unschuld des menschlichen Lebens nicht in die Definition miteinbezieht, der schließt damit zugleich das Beziehungselement aus, durch welches das menschliche Leben vom biologischen Faktum zum ethischen Wert wird. So werden die objektiven ethischen Unterschiede von Handlungen, deren *physische* Wirkungen gleichermaßen im Tod eines Menschen bestehen, nicht sichtbar. Übrigbleibt die Möglichkeit der "Quantifizierung" ihrer Folgen: des umfangmäßigen Abwägens an sich gleichwertiger Handlungen. Wieso, muß dann in einer solchen Sicht gefragt werden, wird im Bereich der Abtreibung nicht jene Möglichkeit des "geringeren Übels" eröffnet, die hingegen scheinbar für Notwehr, Todesstrafe und sogar für den Krieg in Anspruch genommen wird? Wäre es nicht wahrer und überzeugender, Abtreibung, Euthanasie, Todesstrafe und Krieg gleichermaßen auszuschließen[364] (bzw unter denselben Bedingungen zuzulassen)? Diese Anfrage an EV verkennt die ethische Begründung der in ihr enthaltenen Prinzipien. Notwehr und Todesstrafe sind eben *nicht* als geringeres Übel zulässig, um ein größeres zu verhindern, sondern sie bilden gar kein *ethisches* Übel (wohl aber ein physisches).

Der Einwand, daß es sich beim Adjektiv "unschuldig" um einen Trick handle, ist einer der Hauptkritikpunkte der proportionalistischen Ethik an der traditionellen Lehre in diesem Bereich und damit auch an EV. In Wirklichkeit, so das

363 So jedoch *N. Blázquez*, La pena de muerte, in: R. Lucas Lucas (Hrsg), Comentario, 403 ff, 404.

364 Vgl *G. Mattai*, Asprenas 1995, 573.

Argument[365], wird das Kriterium der Unschuld eingefügt, um eine Abwägung zum Ausdruck zu bringen: Die Tötung eines menschlichen Lebens sei nur dann Unrecht, wenn sie nicht durch ein höheres Gut des Menschen gerechtfertigt ist. Die Tradition habe etwa in Notwehrsituationen das eigene Leben als höheres Gut eingeschätzt und bei Zulässigerklärung der Todesstrafe den Schutz der Gesellschaft. *J. Fuchs* geht bei der Darstellung von EV im eben zitierten Artikel von seinen eigenen fundamentalethischen Prämissen aus (exegetische Kritik am Dekalog in seiner gegenwärtigen kirchlichen Rezeption; teleologische, proportionalistische Ethik;...): Mehr als eine Kritik bildet sein Aufsatz eine Reinterpretation, die im Gegensatz zur erkennbaren Aussagerichtung und dem Begründungszusammenhang von EV steht. So fragt *J. Fuchs*, ob man sich alle Klagen und Anklagen der Enzyklika zu eigen machen müsse, "oder fordert nicht eher die Erklärung, daß das menschliche Leben kein Absolutum, kein letzter, sondern nur ein vorletzter Wert ist, eine hermeneutische Lektüre der Aussage, daß das menschliche Leben 'unantastbar' (EV 5) und ein 'wichtigster' (EV 2) und 'unvergleichlicher' Wert sei, daß also in jedem Fall Leben schlicht gleich Leben sei und es darum keine vergleichbaren Güter im rechten Verstehen des "Du sollst nicht töten" geben könne?"[366] Was er damit meint, wird in der Folge deutlich. Es sei zwar nicht alles Töten ungerechtfertigt, wohl aber alles Morden. Der für *J. Fuchs* entscheidende Gesichtspunkt, gemäß dem das Töten zum Morden werde, besteht darin, "den wertenden Ausgleich zwischen dem Leben als fundamentalem Gut des Menschen und anderen, möglicherweise noch höheren Gütern der Menschen zu entdecken"[367]. Notwehr, "berechtigter" Krieg und Todesstrafe seien traditionelle Beispiele für eine solche Abwägung. "Weitgehend ist seit langem (auch in der Enzyklika) der Satz angenommen, daß es nie gerecht sein kann, einen 'Unschuldigen' direkt zu töten (EV 57). Aber auch in diesem Satz ist die Unantastbarkeit des Menschenlebens nur grundsätzlich und nicht absolut, sondern teleologisch begrenzt ausgesagt: Nur eine entsprechende 'Schuld' eines Übeltäters könnte sie aufheben; die Schuld müßte offensichtlich derart sein, daß sie wertend in Proportion zum Angriff auf ein Leben steht. Die Tötung eines 'Unschuldigen' aus einem anderen Grund als einer Schuld des zu Tötenden, zum Beispiel zur Rettung anderer (auch vieler) unschuldiger Menschen, pflegt heute im allgemeinen nicht als ein proportioniertes Gut im Vergleich mit dem fundamentalen Gut der Unantastbarkeit des Lebens angesehen zu werden (dies jedoch nicht undis-

---

365 Vgl *J. Finnis*, Fundamentals, 127, der dieses Argument kritisiert; *J. Fuchs*, Das "Evangelium vom Leben" und die "Kultur des Todes", Stimmen der Zeit 1995, 579 ff, 585.

366 *J. Fuchs*, Stimmen der Zeit 1995, 581.

367 *J. Fuchs*, ebda, 585.

kutiert, vermutlich wegen des weitgehend akzeptierten Beispiels einer lebensgefährdenden Schwangerschaft)"[368].

Schon die Formulierung dieses Absatzes manifestiert den immanenten Relativismus des proportionalistischen Ansatzes. Nicht weil es "heute im allgemeinen" als unverhältnismäßig "angesehen" wird, stellt die Tötung eines Unschuldigen Mord dar, sondern weil dies immer objektiv schwer unsittlich ist. Es stimmt, daß Schuld und Unschuld die Beziehung zwischen Menschen betreffen, und in diesem weiten und uneigentlichen Sinn eine "Verhältnismäßigkeit" ausdrücken, aber sie sind zunächst und vorrangig objektive Größen: Sie beziehen sich auf die Achtung der Person des anderen. Die ethisch zulässige Tötung eines Schuldigen ist *nie* ein ethisches Mittel zur Herstellung eines Zustandes, einer ausgewogenen Verteilung prä-moralischer Güter. Die Todesstrafe ist *wesentlich* kein Mittel zum Schutz der Gesellschaft vor Verbrechen, Unruhen, Unordnung; Notwehr ist *wesentlich* kein Mittel zur Erhaltung der eigenen irdischen Existenz, sondern es geht in beiden Fällen (und in allen sonst zulässigen Fällen) *wesentlich* um die Erhaltung der Ordnung der Gerechtigkeit. Sähe man von dieser Voraussetzung ab, so wäre es letztlich nicht stichhaltig abzulehnen, daß auch ein Unschuldiger geopfert wird, wenn es in einer ausweglosen Situation das allerletzte Mittel zur Rettung des Überlebens der Gesellschaft ist (zB Erhängung eines Unschuldigen zur Vermeidung eines Bürgerkriegs). Nun könnte gegen das hier vertretene Argument eingewandt werden, daß in ihm eben die Erhaltung der Ordnung der Gerechtigkeit als jenes höhere Gut aufgefaßt wird, zu dem das Einzelleben in Beziehung gesetzt wird und das es eventuell proportional überwiegt. Dem ist nicht so: Die Ordnung der Gerechtigkeit ist nämlich *kein* Gut, sondern der Maßstab des Guten. Sie ist das ethische System, die Ethik schlechthin, das moralische Gesetz. Und dieses moralische Gesetz beschreibt die objektive Hinordenbarkeit aller menschlicher Handlungen auf Gott und seinen Repräsentanten, die menschliche Person. Daraus wird auch deutlich, was mit der Aussage gemeint ist, das irdische Leben sei "vorletzte" nicht "letzte" Wirklichkeit (EV 2) oder — so *J. Fuchs* — "vorletzter" nicht "letzter" Wert. Diese Aussage — und darin scheint mir ein grundsätzliches Mißverständnis *Fuchs*' zu liegen — ist nur bezogen auf Gott und seinen Repräsentanten, die menschliche Person, als relativ zu verstehen, nicht auf "Güter des Menschen". Es geht um das "Gut der Person", das allen anderen Wirklichkeiten erst den Charakter von "Gütern für die Person" und damit ihren moralischen Wert verleiht. Die Güterabwägung ist in diesem Zusammenhang ungeeignet einen Maßstab abzugeben und daher hermeneutisch wertlos. EV argumentiert daher tatsächlich auch nicht mit Güterabwägung. Man wird *Johannes Paul II.* nicht gerecht, wenn man seine Aussagen in EV gemäß teleo-

---

368 *J. Fuchs*, ebda, 585.

logischen Schemen re— und uminterpretiert. Dies ist weder mit dieser Enzyklika selbst noch mit ihrer Grundlegung in VS vereinbar.

b) Notwehr

Die Notwehr stellt der Papst in den Kontext eines Wertwiderspruchs zwischen dem Recht, das eigene Leben zu schützen, und der Pflicht, das Leben des anderen nicht zu verletzen. Der "innere Wert des Lebens und die Verpflichtung, sich selbst nicht weniger Liebe entgegenzubringen als den anderen (begründen), *ein wirkliches Recht auf Selbstverteidigung*", das sogar eine schwerwiegende Verpflichtung für jene sein kann, denen die Verantwortung für das Gemeinwohl und das Leben anderer übertragen ist. "Es geschieht leider, daß die Notwendigkeit, den Angreifer unschädlich zu machen, mitunter seine Tötung mit sich bringt. In diesem Fall wird der tödliche Ausgang dem Angreifer zur Last gelegt, der sich ihm durch seine Tat ausgesetzt hat, auch für den Fall, daß er aus Mangel an Vernunftgebrauch moralisch nicht verantwortlich wäre"[369].

An dieser Aussage fällt zunächst auf, daß die als letzter Ausweg zugelassene Tötung auch dann für rechtmäßig erklärt wird, wenn die Person, von der der Angriff ausgeht, schuldlos, weil unzurechnungsfähig ist. Dies widerspricht dem bisher Festgehaltenen, daß nur dem Schuldigen zur Bewahrung oder Wiederherstellung der Ordnung der Gerechtigkeit das Gut des Lebens entzogen werden kann. Diese Ordnung der Gerechtigkeit kann aber *nur* durch unmoralische Akte verletzt werden, dh durch freie, bewußte und daher zurechenbare Akte, die gegen das moralische Gesetz verstoßen. Alles andere sind Naturereignisse, die die moralische Sphäre nicht berühren. Sie tangieren daher überhaupt nicht die Ordnung der Gerechtigkeit, sie gehören einer anderen Ordnung an. Ebensowenig begründen die bloße Existenz, der Zustand oder die Umstände einer Person, die einen "schlimmen" Zustand, etwa den Tod anderer Menschen, verursachen, die "Schuld" dieser Person. Diese Person bleibt unschuldig, ihre Tötung — auch zur Erreichung der besten Zwecke — ist immer schweres Unrecht. Wie ist dann die Aussage von EV 55 zu verstehen? Die Zulässigkeit sogar der Tötung im Zuge individueller Notwehr ergibt sich in diesen Fällen aus ihrem Charakter als Nebeneffekt, der *praeter intentionem* liegt[370]. Es handelt sich um einen Fall *indirekter* Tötung, wie sie im folgenden Kapitel behandelt wird. Der in Notwehr Handelnde verwirklicht das Objekt der Verteidigung des eigenen unschuldigen Lebens (und eben nicht bloß der eigenen irdischen Existenz), als deren unge-

369 Alle Zitate aus EV 55.
370 So auch KKK 2263 f.

wollter Nebeneffekt der Tod des Angreifers (im objektiven Sinn) eintritt. Daraus ergeben sich auch die objektiven Grenzen der Notwehr: Das verteidigte Leben muß wirklich schuldlos sein. Dies ist dann nicht der Fall, wenn der Verteidiger den Angriff provoziert hat, er selber zunächst der Angreifer war und sich nunmehr gegen eine rechtmäßige Verteidigungshandlung zur Wehr setzt, er sich einer rechtmäßigen Verhaftung entziehen möchte, etc. Weiters muß der Nebeneffekt wirklich ungewollt sein. Objektives Indiz hiefür sind die Geeignetheit und die Notwendigkeit der Verteidigungsmaßnahme. Notwendig ist ein Mittel, wenn es das gelindeste, noch zum Ziel führende Mittel ist. Eine Tötung kommt nur als allerletztes, unvermeidliches Mittel in Betracht. Vorher müssen sich alle anderen Versuche der Abwehr und der Unschädlichmachung des Angreifers als wirkungslos erwiesen haben. Hier kommt also eine Proportionalität zwischen der Eingriffsintensität und der Effektivität der Verteidigung zur Anwendung: je schwieriger die Verteidigung zu bewerkstelligen ist, umso intensiver kann die Abwehr sein. Daher darf der Angreifer auch nicht überfordert werden: Es ist nicht notwendig, vermutlich unwirksame Verteidigungsmaßnahmen zu setzen, durch welche Zeit verloren und unschuldiges Leben gefährdet würde. Sollte der Angegriffene in der Anspannung und Verwirrung des Augenblicks die objektiven Grenzen der Notwehr überschreiten, ist seine Verteidigungshandlung tatsächlich objektiv nicht mehr gerechtfertigt, doch wird dies in der Regel schuldlos geschehen sein.

Weiters muß hervorgehoben werden, daß immer ein *unrechtmäßiger Angriff* vorliegen muß, um von "Verteidigung" reden zu können. Notwehr stellt stets eine Reaktion auf körperliche, potentiell lebensgefährdende Gewalt auf Grund einer willentlichen Handlung des Angreifenden dar. Dies gilt auch dann, wenn diese Handlung — aus welchen Gründen immer — nicht subjektiv zurechenbar sein sollte, wie etwa bei Trunkenheit oder dementer Aggressivität. Wenn der Papst die Tötung eines Angreifers in Notwehr auch dann für zulässig erklärt, wenn "er aus Mangel an Vernunftgebrauch moralisch nicht verantwortlich wäre", so ist hier eindeutig nur die subjektive Unzurechnungsfähigkeit eines ansonsten unrechtmäßigen Angriffs gemeint, nicht jedoch etwa der Fall, daß das Leben einer Frau durch eine Schwangerschaft gefährdet wäre. Der Papst lehnt die Zulässigkeit einer Abtreibung auch in diesem Fall ausdrücklich ab[371]. Die bloße Existenz eines Embryos stellt keinen "Angriff" im Sinn einer Notwehrsituation dar.

371 Vgl EV 58 3. Absatz: "... es könnte niemals als Angreifer und schon gar nicht als ungerechter Angreifer angesehen werden!"

Johannes Paul II. schränkt die Notwehr auf die Verteidigung des eigenen *Lebens* ein. Die Verteidigung anderer Güter (Vermögen, Ehre,...) zieht er in diesem Zusammmenhang nicht in Betracht.

Auch der KKK anerkennt nur die Geltendmachung des Rechts auf das eigene Leben als rechtfertigend und führt keine anderen notwehrfähigen Rechte an[372]. Angriffe auf diese dürfen also zwar abgewehrt werden, aber ohne dabei den Täter zu töten. Hier kommt das Verhältnismäßigkeitsprinzip zur Geltung wie es die Regeln des *voluntarium indirectum* verlangen[373]: Es muß eine Proportion zwischen der guten und der schlechten Folge (der Nebenwirkung) bestehen. *Typischerweise* ist die Rettung eines anderen Rechtsgutes nicht verhältnismäßig zur Tötung eines Menschen.

Die Verteidigung des eigenen Lebens stellt ein Recht dar, auf das als Äußerung einer heroischen Liebe verzichtet werden kann. Daran wird die pastorale Grundlinie der Hinführung zum weitestgehenden Gewaltverzicht deutlich[374].

Allerdings dürfen jene Personen nicht darauf verzichten, denen die Verantwortung für das Gemeinwohl, für eine Familie und das Leben anderer übertragen ist. In diesen Fällen verwandelt sich das Recht auf Selbstverteidigung in Pflicht zur Nothilfe.

c) Tötungen im Zuge von rechtmäßigen Amtshandlungen

Ob das moralische Objekt im Fall von Tötungen im Zuge von Amtshandlungen dasselbe ist wie bei der Selbstverteidigung, kann bezweifelt werden. Freilich kann es sein, daß ein Hüter der öffentlichen Ordnung in eine für einen Dritten lebensgefährliche Situation hineingerufen wird, um verteidigend einzugreifen. Diesfalls ist das Handlungsobjekt das gleiche wie bei Notwehr: Jeweils handelt es sich um die Verteidigung unschuldigen Lebens. Oft jedoch wird das Amtshandeln in einer Verfolgungshandlung *nach* erfolgtem Angriff bestehen (zB Fahndung, Verhaftung, etc.) oder in präventiven eingreifenden Maßnahmen unabhängig vom Vorliegen eines Verbrechens (zB Hausdurchsuchung, Personenkontrolle, etc.), die möglicherweise erst die Angriffshandlung desjenigen "provozieren", in dessen Rechte eingegriffen wird. Hier kann man also nicht sagen, daß die Amtsperson im gleichen Sinn angegriffen wird, wie es bei der Selbstverteidigung der Fall ist: Ihr Vorgehen dient der Wahrung der Ordnung der Gerechtigkeit, entweder repressiv oder präventiv. Damit etwaige Tötungshandlun-

---

372 Vgl KKK 2264.

373 Vgl das nächste Kapitel.

374 Vgl EV 55; *L. Ciccone*, «Non uccidere», 61.

gen im Zuge dieser Maßnahmen objektiv gerechtfertigt, dh vom Handlungsobjekt Mord nicht erfaßt seien, müssen sie einerseits geeignet und notwendig sein, andererseits gegen eine Person gerichtet sein, weil und *insofern* sie schuldig ist. Das bedeutet: Das Amtshandeln darf nur dann die Intensität einer Tötungshandlung erreichen, wenn das (unschuldige) Leben anderer auf dem Spiel steht. Eine Verfolgungshandlung nach einem Ladendiebstahl etwa, oder vorbeugende Maßnahmen gegen Devisen— oder Steuerdelikte erreichen dieses Maß typischerweise nicht. Es handelt sich diesfalls nicht um *Schuld*, die die Aufkündigung der Grundsoziabilität des Menschen bedeutet.

d) Todesstrafe

Die eben besprochene Problematik liegt wertungsmäßig in der Nähe der Todesstrafe, deren Unzulässigkeit oder Zulässigkeit bekanntlich einen der am heftigsten umstrittenen Aspekte von EV ausmachen.

Der KKK behandelt die Todesstrafe unter der Überschrift "Notwehr". Diese systematische Einordnung ist in der deutschen (KKK) und in der authentischen lateinischen Ausgabe des Katechismus (CCE[375]) gleich. Sonst weichen jedoch beide Versionen zur Frage der Todesstrafe nicht unerheblich von einander ab. Im deutschen Text hatte es geheißen:

"Der Schutz des Gemeinwohls der Gesellschaft erfordert, daß der Angreifer außerstande gesetzt wird zu schaden. Aus diesem Grund hat die überlieferte Lehre der Kirche die Rechtmäßigkeit des Rechtes und der Pflicht der gesetzmäßigen öffentlichen Gewalt anerkannt, der Schwere des Verbrechens angemessene Strafen zu verhängen, *ohne in schwerwiegensten Fällen die Todesstrafe auszuschließen. (...)*"[376].

Nunmehr ist eine eigene Randziffer, die n 2267 CCE, der Todesstrafe gewidmet worden. Zudem wurden einige Absätze umgestellt. Der Text des CCE zur Todesstrafe lautet in deutscher Übersetzung:

"Wenn die Identität und Verantwortung des Schuldigen unzweifelhaft feststehen, schließt die traditionelle Lehre der Kirche die Todesstrafe nicht aus, wenn sie die einzige Möglichkeit darstellt, das Leben der Menschen gegen einen ungerechten Angreifer zu verteidigen.

Soweit unblutige Mittel hinreichen, um die Sicherheit der Personen zu verteidigen und zu schützen, hat sich die Autorität an diese Mittel zu halten, denn

375 CCE, Rz 2263 ff: "Defensio legitima".
376 KKK Rz 2266, Hervorhebung von mir.

sie entsprechen besser den konkreten Bedingungen des Gemeinwohls und sind der Menschenwürde angemessener.

Tatsächlich verfügt der Staat heutzutage über Möglichkeiten wirksamer Verbrechensbekämpfung, die den Verbrecher außerstande setzen zu schaden, ohne daß ihm dadurch endgültig die Möglichkeit entzogen wird erlöst zu werden. Daher sind die Fälle, in denen es unumgänglich notwendig ist, dem Schuldigen das Leben zu nehmen, 'schon sehr selten oder praktisch überhaupt nicht mehr gegeben (EV 56)'[377].

Es ist unverkennbar, daß sich die katholische Lehre zwischen dem Erscheinen des KKK und seiner textlichen Fixierung im CCE weiterentwickelt hat. Der Anlaß für diese Akzentverschiebung war EV.

Im deutschen KKK ist es mE trotz der systematischen Stellung des zitierten Absatzes (KKK Rz 2266) im Abschnitt "Notwehr" deutlich, daß den Verfassern des KKK keine typische Notwehrsituation vor Augen stand: Es ist ausdrücklich von der Strafe und ihrer Angemessenheit die Rede, wobei der zweite Absatz dieser Randziffer des KKK festhält: "Die *Strafe* soll in erster Linie die durch das Vergehen herbeigeführte Unordnung wiedergutmachen."

Auch *Johannes Paul II.* stellt in EV das Problem der Todesstrafe in die Optik der Strafjustiz, allerdings einer solchen, die der Würde des Menschen immer mehr entsprechen soll[378]. In dieser Perspektive darf die Todesstrafe nur verhängt werden, "wenn der Schutz der Gesellschaft nicht anders möglich sein sollte, (...). Solche Fälle sind jedoch heutzutage infolge der immer angepaßteren Organisation des Strafwesens schon sehr selten oder praktisch überhaupt nicht mehr gegeben".

Zu Recht ist darauf hingewiesen worden, daß EV gegenüber dem KKK eine Akzentverschiebung vornimmt, die die ethische Zulässigkeit der Todesstrafe in

---

377 Übersetzung des Verfassers. Der Originaltext von 2267 CCE lautet:
"Traditionalis doctrina Ecclesiae, supposita plena determinatione identitatis et responsabilitatis illius qui culpabilis est, recursum ad poenam mortis non excludit, si haec una sit possibilis via ad vitas humanas ab iniusto aggressore efficaciter defendendas.
Si autem intrumenta incruenta sufficiunt ad pesonarum securitatem ab aggressore defendendam atque protegendam, auctoritas his solummodo utatur instrumentis, utpote quae melius respondeant concretis boni communis condicionibus et sint dignitati personae humanae magis consentanea.
Revera nostris diebus, consequenter ad possibilitates quae Statui praesto sunt ut crimen efficaciter reprimatur, illum qui hoc commisit, innoxium efficiendo, quin illi definitive possibilitas substrahatur ut sese redimat, casus in quibus absolute necessarium sit ut reus supprimatur, «admodum raro (...) intercidunt (...), si qui omnino iam reapse accidunt»."

378 Vgl EV 56.

restriktivem Sinn klarer umreißt[379]. Während der KKK sich auf die "Angemessenheit" zwischen der Schwere des Verbrechens und der Strafe stützt, begründet *Johannes Paul II.* die etwaige Zulässigkeit der Todesstrafe mit deren absoluten Notwendigkeit zum Schutz der Gesellschaft, der sonst nicht möglich wäre. An einer im Text der Enzyklika vorangehenden Stelle bezeichnet er die Todesstrafe als ein Mittel "sozialer 'Notwehr'" und wertet die Ablehnung der selbst so verstandenen Todesstrafe in Anbetracht der heutigen Strafvollzugsmöglichkeiten als positives Zeichen[380]. Der CCE übernimmt zum Teil wörtlich die Präzisierungen, die der Papst in EV vorgezeichnet hat und geht sogar über sie hinaus. Die Todesstrafe wird zwar nicht als in sich schlechte Tat kategorisch ausgeschlossen, jedoch auf jene Fälle beschränkt, in denen sie *absolut notwendig* ist, um Menschenleben vor einem ungerechten Angreifer zu verteidigen. Diese Notwendigkeit liegt jedoch heutzutage praktisch nicht mehr vor. Während der Papst in EV als Zweck der Todesstrafe den "Schutz der Gesellschaft" anführt, der sonst nicht gewährleistet werden könnte, ist der CCE noch expliziter und restriktiver: Die Todesstrafe muß die einzige Möglichkeit darstellen, das Leben der Menschen gegen einen ungerechten Angeifer zu verteidigen. Diese Formulierung rückt die Todesstrafe deutlich in die Nähe der Notwehr. Es wird unterstrichen, daß die Todesstrafe nicht eine gewöhnliche Strafart ist, die der Staat nach Gutdünken einsetzen dürfte, sondern die Dringlichkeit und Unausweichlichkeit einer Notwehrmaßnahme aufweisen muß.

Schon aus den Formulierungen des KKK und EV ist abgeleitet worden, daß sie die Todesstrafe als eine Art Notwehr behandelten. Das gemeinsame Element sowohl der individuellen Selbstverteidigung als auch der ethisch zulässigen Todesstrafe bestünde darin, daß es unmöglich ist, sich anders zu verteidigen. Dabei müsse man die individualethische Ebene unterscheiden von jener der politischen Ethik, die das *bonum commune* zum Gegenstand hat. Todesstrafe sei nur als kollektive Notwehr, nicht aber als Strafe ieS zu rechtfertigen. In einer solchen Sicht ist konsequenterweise auch das Element der Unschuld in der Definition des Tötungsverbots überflüssig und es wird umformuliert: "Du sollst nie menschliches Leben töten, aber Du darfst die notwendigen Mittel einsetzen, um Dich selbst oder die Dir Anvertrauten zu verteidigen, selbst wenn Du vorhersiehst, daß diese den Tod des Angreifers verursachen werden"[381].

ME entspricht diese Formulierung letztlich weder der Position des Lehramts im KKK, in EV und — wenn auch weniger deutlich — im CCE noch ist sie aus

379 Vgl *J. Laffitte*, «Evangelium vitae». Aspects théologiques et doctrinaux, NRT 1995, 821 ff, 834.

380 Vgl EV 27.

381 Vgl *M. Hendrickx*, Le Magistère et la peine de mort. Réflexions sur le catéchisme et «Evangelium vitae», NRT 1996, 3 ff, 11.

folgenden Gründen rational haltbar. Erstens, ist die Unschuld des menschlichen Lebens ein unverzichtbares Tatbestandselement, weil in ihm das objektive Element der Unrechtmäßigkeit eines Angriffs bzw die Rechtmäßigkeit der Verteidigung zum Ausdruck kommt. Kann es auch vorkommen, daß unter Umständen eine Angriffshandlung nicht zurechenbar ist, so betrifft dies immer nur die subjektive Schuldebene, während die objektiv unrechtmäßige Angriffshandlung stets vorliegen muß. Erst recht und umso mehr bedarf es bei der Todesstrafe des objektiven Elements der Schuld bzw Unschuld: Da ihr moralisches Objekt — wie gleich gezeigt werden wird — nicht in der *Verteidigung* angegriffenen unschuldigen Lebens besteht, sondern in der Wiederherstellung der verletzten Ordnung der Gerechtigkeit, verlangt sie Schuld sowohl im objektiven (Verletzung der Gerechtigkeit) als auch im subjektiven Sinn (Zurechenbarkeit). Selbst bloß vorübergehende Unzurechnungsfähigkeit bei Begehung der Tat schließt die Verhängung der Todesstrafe aus, weil die Ordnung der Gerechtigkeit nur durch sündhafte Handlungen verletzt werden kann. Dies erfordert jedoch freien Willen und volles Bewußtsein.

Zweitens, kann die Verhängung der Todesstrafe nicht als kollektive Notwehr im eigentlichen Sinn verstanden werden, obwohl es eine völlig zutreffende Einsicht ist, daß wir zwischen der individualethischen und der sozialethischen Ebene zu unterscheiden haben. Nun sind aber verschiedene kollektive Gefährdungen denkbar. Einerseits jene Gefährdungen, die sich aus einem gegenwärtigen oder unmittelbar bevorstehenden Angriff auf das Kollektiv ergeben, etwa aus der Drohung eines Terroristen, eine Stadt zu vernichten oder eines Amokläufers, der um sich schießt. In diesen Situationen liegt klarerweise eine Angriffshandlung vor, auf die mit "kollektiver Notwehr" reagiert werden kann und muß. Andererseits jene Situationen, in denen die Angriffshandlung bereits erfolgt ist, etwa wenn der Terrorist die Stadt vernichtet und der Amokläufer seine Munition verschossen hat und sich nunmehr der Justiz stellt. In dieser Situation liegt eindeutig *keine* Angriffshandlung mehr vor: Der Verbrecher befindet sich in Verwahrung und es wird seine Verantwortung justizförmig eingefordert[382]. Das ist die Optik der *Strafjustiz*, in die der KKK und EV die Todesstrafe unzweideutigerweise stellen. Auch der CCE behandelt — trotz seiner Formulierung — die Todesstrafe nicht als Fall reiner Notwehr, sondern teilt die Optik der vorangehenden Dokumente. Einerseits behält der CCE die Bezeichnung "Strafe" bei und verweist auf die traditionelle Lehre der Kirche, andererseits wird die Todesstrafe im Anschluß an eine Randziffer behandelt, die die Strafe und deren Zwecke beschreibt. Als

382 Vgl *N. Blázquez*, La pena de muerte, in: R. Lucas Lucas (Hrsg), Comentario, 403 ff; *F. Gómez*, Una vez más la pena de muerte en el banquillo, Studium 1995, 11 ff, die beide hervorheben, daß im Fall der Todesstrafe ieS keine Notwehrsituation vorliegt.

deren erster wird die Wiederherstellung der durch die Schuld verletzten Ordnung der Gerechtigkeit aufgezählt. Nur in dieser Perspektive kann die Todesstrafe überhaupt problematisch erscheinen. Daß kollektive Selbstverteidigung zulässig sei, ist ohnehin außer Streit gestellt. Die Frage, die der KKK, EV und der CCE zu beantworten hatten, lautete also nicht: Ist eine Tötung zur Verteidigung des Kollektivs gegen einen Angreifer erlaubt?, sondern: Ist eine Tötung *nach* erfolgter Tat zur Herstellung der Ordnung der Gerechtigkeit erlaubt?

Bevor die Rekonstruktion der Antwort versucht wird, müssen zwei mögliche Ebenen einer Antwort unterschieden werden[383]. Dies ist von großer Bedeutung. Zunächst ist auf der prinzipiellen oder kategorischen Ebene zu klären, ob die Todesstrafe grundsätzlich zulässig ist. Das heißt, es ist festzustellen, ob auch die Todesstrafe Mord darstellt und damit in sich schlecht, immer und überall verboten ist. Diesfalls braucht nicht weitergefragt zu werden. Sollte hingegen die Todesstrafe als grundsätzlich zulässig erkannt werden, muß noch auf einer zweiten Ebene, der pragmatischen, untersucht werden, ob die Todesstrafe nicht doch aus anderen Gründen unzulässig und abzulehnen ist. Es ist wichtig, diese zwei Ebenen zu unterscheiden, denn oft wird für eine prinzipielle Unzulässigkeit mit Gründen argumentiert, die nur eine pragmatische Unzulässigkeit zu stützen vermögen[384].

L. Ciccone[385] und *N. Blázquez*[386] vertreten die Auffassung, daß die Todesstrafe als solche moralisch unzulässig sei und daß der Staat prinzipiell und ausnahmslos kein Recht besitze, die Todesstrafe als Strafe zu verhängen. Die Argumente, auf die sie sich stützen, sind: Es liegt keine Notwehrsituation vor, das Lebensrecht gilt absolut, die Gottebenbildlichkeit des Menschen geht selbst im ärgsten Verbrecher nicht verloren, nur Gott ist der Herr des Lebens, die Todesstrafe entspreche nicht dem Evangelium, die Zuschreibung eines staatlichen Rechts auf Todesstrafe entspricht einer absolutistischen Konzeption des Staates.

Die Argumente treffen zum Großteil zu. Trotzdem reichen sie mE aus folgenden Gründen nicht aus, um *prinzipiell* eine intrinsische Bosheit der Todesstrafe zu begründen. Das zu behaupten, würde bedeuten, daß die Todesstrafe immer und überall, in allen Kulturen, zu allen Zeiten, in allen geographischen

383 Vgl *L. Ciccone*, «Non uccidere», 84 f.

384 Vgl zB *F. Gómez*, Studium 1995, 13, der damit argumentiert, daß der Staat zwar die Bürger schützen muß, er aber über genügend Machtmittel verfüge, um dies wirksam auch ohne die Todesstrafe zu tun. Dieses Argument trägt keine prinzipielle Unzulässigkeit, denn die Frage bleibt offen, was der Staat tun darf, wenn er in einer konkreten Situation eben nicht über genügend Machtmittel verfügt.

385 Vgl *L. Ciccone*, ebda, 88 ff.

386 Vgl *N. Blázquez*, La pena, in: R. Lucas Lucas (Hrsg), Comentario, 403 ff; *ders*, Studium 1995, 179 ff, besonders 203 ff.

Regionen, unter allen Umständen ein sittliches Übel darstellt. Diese Annahme scheint mir mit der Grunderkenntnis unvereinbar zu sein, daß nicht das Leben insofern biologische Existenz, einen absoluten ethischen Wert ausmacht, sondern das "unschuldige" Leben in seiner relationalen Dimension. Wer bewußt und freiwillig, durch schwerstwiegende Verbrechen das Leben anderer verletzt hat, und sich damit selbst außerhalb der Ordnung der Gerechtigkeit gestellt hat, kann nicht mehr *qua Prinzip* das *Recht* auf die Erhaltung und die Unterstützung durch die Solidargemeinschaft geltend machen. Und jedes Weiterlebenlassen bedeutet, diese Solidarität zu gewähren, denn das Leben ist immer relational. Damit ist gesagt worden, daß der Verbrecher nicht mehr das *Recht* auf diese Unterstützung hat und ihm damit auch das Gut der irdischen Existenz entzogen werden kann[387], nicht jedoch, daß sie ihm entzogen werden müßte[388]. Es ist Zeichen der Großzügigkeit, der Menschlichkeit und des christlichen Geistes einer Gesellschaft, dem Verbrecher weiterhin — unverdienterweise — die Erhaltung und die Unterstützung durch die Solidargemeinschaft anzubieten. Diese Haltung entspricht sicherlich dem Programm der Bergpredigt und einer christlichen Weltsicht, die selbst im ärgsten Verbrecher noch Gottes Ebenbild zu erblicken und die gerechte Strafe getrost Gott zu überlassen vermag, doch hebt die Bergpredigt die prinzipielle Ordnung der Gerechtigkeit nicht auf: Sie überbietet sie in der Liebe, aber die Funktionen und Eigengesetzlichkeit des Staates bleiben grundsätzlich unangetastet. Die Gebote des Neuen Testaments sind nicht unmittelbar staatliche Rechtsnormen. Die Unschuld im dargestellten Sinn ist eine Voraussetzung jedes gerechten Zusammenlebens und damit ein Strukturprinzip der staatlichen Rechtsordnung. Wer daher die Todesstrafe *prinzipiell*, als *intrinsece malum* ausschließt, der kann auch prinzipiell das Lebensrecht nicht begründen.

Auch das katholische Lehramt schließt die Zulässigkeit der Todesstrafe nicht auf der prinzipiellen Ebene aus. Zumindest dies ist unbestreitbar, auch ohne hier in eine detaillierte Analyse der historischen Entwicklung der katholischen Lehre zu diesem Thema einzutreten[389].

Allerdings ist damit nicht entschieden, ob die Todesstrafe einfachhin zulässig ist. Es bleibt noch die pragmatische Ebene zu erörtern, denn — wie gesagt — es

---

387 Vgl *Pius XII.*, Ansprache an die Teilnehmer des Ersten Internationalen Kongresses für Histopathologie des Nervensystems, 13. September 1952, AAS 1952, 779 ff, 787: "Même quand il s'agit de l'exécution d'un condamné à mort, l'Etat ne dispose pas du droit de l'individu à la vie. Il est réservé alors au pouvoir public de priver le condamné du *bien* de la vie, en expiation de sa faute, après que, par son crime, il s'est déjà dépossédé de son *droit* à la vie."

388 Vgl *J. Finnis*, Fundamentals, 130.

389 Vgl hiefür *L. Ciccone*, «Non uccidere», 78 ff; *M. Di Ianni*, La pena di morte, Euntes docete 1995, 207 ff.

bleibt immer eine Frage der Gemeinschaft, wie sie auf Unschuld reagiert. Und hier kommen nun alle vorhin angeführten, sowie andere pragmatische (zB die Möglichkeit eines Justizirrtums) Argumente zur Geltung: Die Todesstrafe würdigt nicht ausreichend die Gottebenbildlichkeit des Menschen, sie entspricht nicht evangelischer Großzügigkeit und der sich zum Guten hin überbietenden Liebe. Mit Worten des Papstes: Die Strafjustiz soll der Würde des Menschen und somit Gottes Plan bezüglich des Menschen und der Gesellschaft immer mehr entsprechen[390]. Die angemessene und notwendige Sühne muß nicht im Tod bestehen, es gibt kein Verbrechen, das den Tod "verlangt", so daß es der fortschreitenden Vermenschlichung der Gesellschaft widerspricht, die Todesstrafe außer in jenen "schwerwiegensten Fällen" zu verhängen, in denen der Schutz der Gesellschaft nicht anders möglich ist. Diese Fälle sind jedoch "schon sehr selten oder praktisch überhaupt nicht mehr gegeben"[391]. An diesem Zitat kommt mE deutlich zum Ausdruck, daß *Johannes Paul II.* die Todesstrafe nicht auf der prinzipiellen Ebene ausschließt, denn dann hätte er gemäß seiner eigenen Lehre vom *intrinsece malum* keinerlei Ausnahmen zulassen dürfen. Wohl aber schließt der Papst die Todesstrafe auf der pragmatischen Ebene aus. Im Ergebnis bedeutet dies, daß gemäß EV zumindest im modernen Staat niemand hingerichtet werden darf. In den gegenwärtigen Umständen stellen die Verhängung oder Androhung der Todesstrafe eine Sünde und eine unmenschliche Grausamkeit dar, die der Entwicklung des Menschenrechtsbewußtseins in der Gesellschaft nicht entspricht.

---

390 Vgl EV 56.

391 EV 56.

VII. Das *voluntarium indirectum* und die "indirekten Tötungshandlungen"

1. Die Regeln über das *voluntarium indirectum* im allgemeinen

Notwehr und Todesstrafe gehören nicht zum moralischen Objekt Mord. Ebensowenig all jene Handlungen, die keine *direkte* Tötung eines unschuldigen Menschen darstellen[392]. Anders als bei den eben genannten Abgrenzungen des Objekts, enthält die Enzyklika bezüglich der "indirekten" Tötung eines Menschen keine ausdrückliche Erklärung und keine eigenen Erörterungen. Der Papst nimmt die indirekte Tötung nicht explizit aus. Die Abgrenzung der indirekten Tötung ergibt sich vielmehr schlüssig aus seiner Formulierung des Mordverbots ("...bestätige (ich) ..., daß die *direkte* ... Tötung[393]) und — mit größerer Deutlichkeit — aus jener des Abtreibungsverbots, die einen erklärenden Zusatz enthält (...erkläre (ich) ..., daß die *direkte, das heißt als Ziel oder Mittel gewollte* Abtreibung ...[394]). Ausdrücklich wird die "Direktheit" der Tötung als Element der Handlung angeführt. ME ist an Hand des Zusatzes im ethischen Prinzip betreffend die Abtreibung erkennbar, daß der Papst eher bemüht ist, Fälle einzubeziehen, als sie auszugrenzen. Er unterstreicht nämlich, daß auch dann eine *direkte* Abtreibung im moralischen Sinn vorliegt, wenn sie als Mittel angestrebt und daher — im technischen oder physikalischen Sinn — auf indirekte Weise eingesetzt wird. *Johannes Paul II.* verteidigt also den Charakter dieser Verbotsnorm als *intrinsece malum*. Jedenfalls läßt sich *e contrario* schließen, daß indirekte Tötungshandlungen nicht vom jeweiligen Prinzip erfaßt werden. In diesen Handlungen wird der Tod eines Menschen nicht intendiert. Dieser ergibt sich vielmehr als ihre nicht gewollte Konsequenz.

Trotz mancher terminologischer Schwankungen in der Lehre[395] kann nicht zweifelhaft sein, daß der Papst mit dem Erfordernis der "Direktheit" der Tötung auf die Lehre von der doppelten Wirkung einer Handlung oder dem *voluntarium*

392 Derselben Meinung *L. Melina*, Corso, 178 ff.

393 EV 57, AAS 1995, 465: "confirmamus directam ... interfectionem...".

394 EV 62, AAS 1995, 472: "declaramus abortum recta via procuratum, sive uti finem intentum seu ut instrumentum ...".

395 Vgl etwa *B. Merkelbach*, Summa Theologiae Moralis, Bd I, Brügge (1962) 11. Auflage, 67, der unter *voluntarium indirectum* die schuldhafte, rechtswidrige Unterlassung versteht. Ebenso *I. Aertnys/C. Damen*, Theologia Moralis, Rom (1956) 17. Auflage, 35.

indirectum verweist. Dies ergibt sich aus dem Zusatz beim Prinzip betreffend die Abtreibung, weil der Verweis auf den Ziel— oder Mittelcharakter ein wesentliches Element der Lehre von der Handlung mit doppeltem Effekt ist.

Die Regeln über das *voluntarium indirectum* wurden in der Kasuistik entwikkelt, um Fälle zu lösen, in denen eine an sich gute oder zumindest indifferente Handlung voraussehbarerweise auch schlechte Folgen verursacht. Damit eine solche Ursache gesetzt werden darf, sind klassischerweise vier Bedingungen erforderlich[396]: 1. Die Handlung darf nicht in sich schlecht sein; 2. die gute Folge darf keine Wirkung der schlechten sein (zB darf eine Abtreibung nicht vorgenommen werden, um den guten Ruf zu retten); 3. die Absicht (das Motiv) muß gut sein; 4. es muß eine Verhältnismäßigkeit zwischen der guten und der schlechten Folge (der Nebenwirkung) bestehen. Je schwerer die negative Folge wiegt, umso gewichtiger muß der Grund sein.

Obwohl die mit dem *voluntarium indirectum* verbundenen Fragen hauptsächlich im Zusammenhang mit der Abtreibung virulent werden, sind sie von grundlegender Bedeutung auch schon im Bereich des allgemeinen Lebensrechts, etwa wenn Großbauprojekte trotz höchster statistischer Wahrscheinlichkeit des Todes einiger Arbeiter im Zuge ihrer Errichtung ausgeführt oder Straßen trotz des nach allgemeiner Erfahrung sicheren Todes nicht weniger Verkehrsteilnehmer eröffnet werden. Deshalb wird das *voluntarium indirectum* schon an dieser Stelle und in einem eigenen Kapitel, aber unter Berücksichtigung der spezifischen Probleme der Abtreibung, behandelt.

---

396 Vgl *R. García de Haro*, La vita cristiana, 286 ff; *F. Cuervo*, Principios, 84 ff; *A. Fernández*, Teología Moral I, Moral Fundamental, Burgos (1992) 477; *J.—M. Aubert*, Compendio della Morale Cattolica, Mailand (1989), 80; *A. Günthör*, Chiamata e risposta, Bd I, Rom (1982) 531; *B. Merkelbach*, Summa, 166; *D. M. Prümmer*, Manuale Theologiae Moralis I, Barcelona/Freiburg/Rom (1961) 15. Auflage, Rz 57; *J. Mausbach/G. Ermecke*, Katholische Moraltheologie I, Münster (1959) 9. Auflage, 258; *M. Zalba*, Theologiae Moralis Compendium, Madrid (1958) 150; *H. Noldin*, Summa Theologiae Moralis, Innsbruck (1956) 31. Auflage, 84; *T. Iorio*, Theologia Moralis I, Neapel (1953) 4. Auflage, 28; *L. Fanfani*, Manuale theoricopracticum Theologiae Moralis I, Pars Fundamentalis, Rom (1959) 146; mit eigener Formulierung: *A. Vermeersch*, Theologiae Moralis Principia — Responsa — Consilia, Bd I, Theologia Fundamentalis, Brügge (1922) 118.

a) Das voluntarium indirectum nach P. Knauer

Vor allem seit dem bekannten Aufsatz von *P. Knauer*[397] ist dieses Prinzip vom doppelten Effekt einerseits einer tiefgehenden Kritik seiner bis dahin üblichen Verwendung unterzogen worden, andererseits hat es Hand in Hand damit eine Aufwertung erfahren, die es geradezu zum Grundprinzip der Moral gemacht hat. Beides beruht auf einem Mißverständnis seiner Aufgabe und Tragweite. Die Regeln vom *voluntarium indirectum* in ihrer heutigen schulmäßigen Rezeption sind in der post-tridentischen Moraltheologie formuliert worden, die bekanntlich tendenziell eine Ethik der Regeln statt der Tugenden war, und daher einen Hang zum Legalismus aufwies. *P. Knauer* bleibt dieser Tradition verpflichtet, was die Begriffe, Kategorien, Perspektiven, Rahmenbedingungen und das Beispielmaterial betrifft, nimmt aber zugleich eine tiefgreifende Veränderung vor, die wirklich einen Paradigmenwechsel bedeutet. *P. Knauer* kritisiert das physikalische Verständnis, das seines Erachtens bis dahin die Anwendung des Prinzips der Handlung vom doppelten Effekt beherrscht habe. Obwohl mE die Verallgemeinerung nicht zutrifft, daß alle Moralisten bis dahin ein physizistisches Verständnis des moralischen Objekts und damit auch des *voluntarium indirectum* hatten[398], ist ihm im Anliegen, die physikalische von der moralischen Ebene zu unterscheiden, Recht zu geben. Allerdings bleibt *P. Knauer* nicht bei dieser Kritik stehen: Er schlägt nicht weniger als eine Neubegründung der gesamten Moral auf der Grundlage der vierten Bedingung des Prinzips vor: des "entsprechenden Grundes". Seiner Meinung nach seien alle moraltheologischen Argumentationsfiguren (das *voluntarium indirectum*, die Mitwirkung an fremden Sünden, die "Ausnahmen" wie Notwehr und Todesstrafe, die in sich schlechte Handlung, etc.) in Wirklichkeit Ergebnis einer impliziten, vorweggenommenen Abwägung zwischen der Handlung als Mittel und dem verfolgten Ziel als Wert. Wo diese Proportion aufs Ganze und auf Dauer gesehen positiv ausfällt, liege ein entsprechender Grund und damit eine gute Handlung vor[399]. Es sei demnach durchaus möglich, etwas (physisch) Schlechtes zu wollen, solange es einen "entsprechend

397 Das rechtverstandene Prinzip von der Doppelwirkung als Grundnorm jeder Gewissensentscheidung, Theologie und Glaube 1967, 107 ff. Für eine Darstellung und Kritik dieses Aufsatzes vgl *S. Pinckaers*, Ce qu'on ne peut jamais faire, Fribourg (1986) 72 ff und passim; *E. Molina*, La moral entre la convicción y la utilidad, Pamplona (1996) 99 ff.

398 Eine Durchsicht der Manuale ergibt, daß einige Autoren tatsächlich ein solches physizistisches Verständnis aufweisen, vgl etwa *I. Aertnys/C. Damen*, Theologia, 64. Der Großteil tut dies jedoch erkennbar nicht, vgl etwa den ausdrücklichen Hinweis bei *D. M. Prümmer*, Manuale I, Rz 57.

399 Vgl *P. Knauer*, Theologie und Glaube 1967, 122 f.

guten" Grund gäbe, der das Böse aufwiegt. In diesem Fall sei das Übel nur "indirekt", das Gute hingegen "direkt" gewollt[400]. Konsequenterweise — und dies ist ein wesentlicher Punkt seiner Theorie — wird in einem Zug damit auch das Handlungsobjekt einer radikalen Reinterpretation unterzogen: "Ein Übel ohne "entsprechenden Grund" zu verursachen oder zuzulassen, ist Sünde. Das Übel bleibt dann der Absicht des Handelnden nicht mehr "akzidentell", sondern wird mitkonstitutiv für den moralischen Inhalt ("finis operis" oder "obiectum internum") der Handlung. Ist ein "entsprechender Grund" dagegen vorhanden, dann wird die Zulassung oder Verursachung des Übels "indirekt" und wird deshalb von der Absicht nicht mehr umfaßt. Der "entsprechende Grund" erfüllt dann selbst das gesamte Feld des "direkt" Gewollten und bestimmt für sich allein den ganzen moralischen Inhalt der Handlung. Wenn der "Grund" einer Handlung ein "entsprechender" ist, dann macht er allein deren "finis operis" aus, so daß die Handlung von daher moralisch gut ist."[401] Der "entsprechende Grund" macht also für *P. Knauer* und überhaupt für den Proportionalismus das Handlungsobjekt aus. Die Proportionalität wird zum "Prinzip, das das Kriterium für *jedes* moralische Urteil abgibt"[402]. Es wird zur Quelle des moralischen Gesetzes, zur universellen Kategorie der Moral, zum allgemeinen Prinzip der Erkenntnis des moralisch Guten[403]. Es ist klar, daß es für die traditionelle Lehre vom *intrinsece malum* und folglich auch für die erste Bedingung des *voluntarium indirectum* in einer solchen Sicht keinen Platz geben kann und gibt[404].

b) Die Regeln über das <u>voluntarium indirectum</u> dienen der Analyse der Handlung und kreisen um deren moralisches Objekt

*P. Knauer*s Ausführungen enthalten viele zutreffende und scharfsinnige Einsichten, doch sind sie mit unrichtigen Aussagen derart vermengt, daß sie eine grundsätzlich falsche Ausrichtung des gesamten Systems ergeben. *P. Knauer* rebelliert gegen Ausgangspunkte und Schlußfolgerungen der damaligen Schulmo-

---

400 Vgl *P. Knauer*, Theologie und Glaube 1967, 112: "Wir meinen, daß eine vorausgesehene üble Wirkung überhaupt nur dann nicht "direkt" beabsichtigt ist, wenn man zu ihrer Zulassung oder Verursachung einen "entsprechenden Grund" hat.", 116: "Die Zulassung oder Verursachung eines physischen Übels ist also "indirekt" oder "direkt", je nachdem, ob dafür ein "entsprechender Grund" vorhanden ist oder nicht."

401 *P. Knauer*, Theologie und Glaube 1967, 116.

402 *P. Knauer*, Theologie und Glaube 1967, 109.

403 Vgl *S. Pinckaers*, Ce qu'on, 75 f; *E. Molina*, La moral, 104.

404 Vgl *P. Knauer*, Theologie und Glaube 1967, 122.

ral, scheitert aber an deren eigenen Voraussetzungen. Anstatt sich in den Sinn der einzelnen Argumentationsfiguren hineinzudenken, den sie vor der jeweiligen manualistischen Ausformung hatten, und so die Kontinuität der katholischen Lehrtradition zu wahren, kritisiert er zusammen mit der zu einem konkreten historischen Zeitpunkt üblichen und durchaus fragwürdigen Auslegung eines Prinzips zugleich das gesamte Moralsystem und bricht mit der Tradition.

Sicherlich hatte die post-tridentinische Moraltheologie für das Subjektive und das personale Verständnis der Ethik als Bestimmung über das eigene Selbst zu wenig Raum gelassen. Allerdings gehen *P. Knauer* und mit ihm die proportionalistischen und konsequentialistischen Gefolgschaften zu weit. Ihrer Position zufolge geht es der Ethik nicht mehr um das Verhältnis der Handlung zu ihrem Objekt, das ihm die moralische Qualität in sich verleiht. Nunmehr ist es die Zielsetzung des Subjekts, die das Objekt mittels des "entsprechenden Grundes" konstruiert.

Zwei grundlegende Irrtümer scheinen mir darin enthalten zu sein. Der erste besteht in der Auffassung, man könne ein physisches Übel wollen, ohne daß es zum moralischen Übel werde, solange ein entsprechender Grund vorliege. Dies ist unrichtig: Sobald etwas gewollt wird, befindet sich diese Wahl bereits auf der moralischen Ebene. Sie ist eine moralische Frage noch bevor überhaupt ein "entsprechender Grund" in Erwägung gezogen wird. Jede Wahl ist sittlich gut oder schlecht sobald und solange sie frei ist. Es ist nicht erst der "entsprechende Grund", der den Wechsel von physischem zu moralischem Übel auslöst.

Der erste Irrtum ist Folge eines ihm vorausliegenden, nämlich, daß sich die objektive Struktur des Willens vom Motiv her ergäbe: Der "entsprechende Grund" sei das direkt Gewollte und damit der "finis operis", dh das Handlungsobjekt. Das Objekt ergäbe sich grundlegend aus dem Wert, den die handelnde Person verfolgt. Damit ist — auch gemäß dem Proportionalismus — *kein* reiner Subjektivismus gemeint, denn die Werte sind vorgegeben. Proportionalismus heißt *nicht* Relativität der Werte oder Beliebigkeit ihrer Wahl. Es wird auf die objektive Verhältnismäßigkeit zwischen der Handlung als Mittel und dem mit ihr angestrebten Ziel abgestellt. Trotzdem liegt darin ein Irrtum. Das Problem besteht in der Gleichordnung der Handlungen als Mittel: Handlungen haben dieser Sicht gemäß Mittelcharakter. Die Handlung allein sei noch nicht *in esse moris*: die moralische Dimension ergäbe sich aus der Beziehung zum verfolgten Wert.

Dadurch werden aber verschiedene Dinge vermengt, die für jeden (modernen) Juristen, besonders den Strafrechtler, leicht durch die Begriffe Sachverhalt, Tatbestand, Vorsatz und Motiv auseinander zu halten sind. Bereits Handlungen als solche haben moralische Bedeutung. Wie schon im Kapitel über das moralische Objekt ausgeführt, lautet die Frage: "*Welche Handlung* wähle ich?", "*Was* will ich tun?", "Worauf richtet sich mein Vorsatz — sei es als Mittel oder als Zweck?". Danach ist zu fragen, ob diese Handlung als solche und in sich, also unabhängig von den Motiven des Handelnden, auf Gott und seinen Repräsentanten, die menschliche Person, hingeordnet werden kann.

Die Regeln über das *voluntarium indirectum* dienen nun *nicht* zur Definition oder zur Erkenntnis des moralischen Gesetzes als solchen. Dieses ist ein Urteil der praktischen Vernunft, mit dem wir erkennen können, welche Handlungen auf Gott und die menschliche Person hinordenbar sind und welche nicht. Die Regeln über das *voluntarium indirectum* dienen der Analyse der Bedeutung einer konkreten komplexen Handlung, die eine oder mehrere negative Folgen aufweist. Sie dienen der Erkenntnis der intentionalen Struktur einer Handlung, dh der Unterscheidung zwischen Folgen, die für die objektive Bedeutung einer Handlung konstitutiv und solchen, die es nicht sind. Es soll also unterschieden werden zwischen der Handlung, die als Mittel oder Ziel gewählt wird, und der Nebenwirkung, die nicht gewollt, sondern toleriert wird. "Indirekte Folgen" sind auch nach meinem Verständnis gar keine Folgen im moralischen Sinn, sondern bloß Konsequenzen im physischen Sinn (Ereignisse nicht Handlungen), "direkte Folgen" hingegen sind moralisch konstitutive Handlungselemente. Allerdings ergibt sich diese Unterscheidung nicht durch die Ausrichtung des Willens auf einen entsprechenden Grund, sondern durch die objektive Struktur der Handlung wie sie durch den Vorsatz gebildet wird.

Dies ist mE der ursprüngliche Sinn und die Aufgabe der Regeln über das *voluntarium indirectum*, wie sie auch aus den Manualen und jenem Text des hl. Thomas von Aquin hervorgehen, der als Ursprung dieses Prinzips angeführt wird. Zur Begründung der Erlaubtheit auch gewaltsamer Notwehr führt Thomas von Aquin aus:

"Respondeo dicendum quod nihil prohibet unius actus esse duos effectus, quorum alter solum sit in intentione, alius vero sit praeter intentionem. Morales autem actus recipiunt speciem secundum id quod intenditur, non autem ab eo quod est praeter intentionem, cum sit per accidens, ut ex supradictis patet. Ex actu igitur alicuius seipsum defendentis duplex effectus sequi potest: unus quidem conservatio propriae vitae; alius autem occisio invadentis. Actus igitur huiusmodi ex hoc quod intenditur conservatio propriae vitae, non habet rationem illiciti: cum hoc sit cuilibet naturale quod se conservet in esse quantum potest. Potest tamen aliquis actus ex bona intentione proveniens illicitus reddi si non sit proportionatus fini. Et ideo si aliquis ad defendendum propriam vitam utatur maiori violentia quam oporteat, erit illicitum. Si vero moderate violentiam repellat, erit licita defensio:.... Sed quia occidere hominem non licet nisi publica auctoritate propter bonum commune, ut ex supradictis patet, illicitum est quod homo intendat occidere hominem ut seipsum defendat, ..."[405]. Thomas von Aquin verwendet diese Überlegungen nicht zur Bestimmung des Inhalts des moralischen Gesetzes, sondern zur Analyse der intentionalen Struktur der Handlung, besser gesagt: Seine Ausführungen *sind* eine solche Analyse. Er unterscheidet in einer Handlung das, was gewollt wird, von dem, was dem Willen äußerlich bleibt. Ebenso jene Handlungen, die den Tod als Mittel intendieren, von jenen, durch die der Tod *praeter intentionem* eintritt[406].

Auch die Manuale erörtern das Prinzip vom doppelten Effekt immer im Abschnitt über die menschliche Handlung bzw über die Verantwortung für die Folgen einer Handlung, mithin über die Zurechenbarkeit zu einem Individuum als ihrem Urheber, was notwendigerweise immer mittels des Willenselements erfolgt[407].

Daher auch die Bedeutung der ersten ("die Handlung darf nicht in sich schlecht sein") und der zweiten ("die gute Folge darf keine Wirkung der schlechten sein") Voraussetzung des *voluntarium indirectum*, die zueinander gehören und einander bedingen. Zum Verständnis sei hervorgehoben, daß die vier "Regeln" nicht im Sinn einer Aufzählung juristischer Erfordernisse aufzufassen sind, die alternativ von einander auftreten können. Sie sind Aspekte einer einzigen Wirklichkeit, die zwar verschiedene Ansichten hat, von denen aber keine ohne die andere denkbar ist. Diese Wirklichkeit ist der lebendige Erkenntnis— und Willensakt in einer bestimmten komplexen Situation.

Von den angeführten Kriterien stößt zunächst das erste auf Unverständnis ("die Handlung darf nicht in sich schlecht sein"): Ist es nicht gerade das, was bewiesen werden muß? Wird hier nicht das zu Beweisende als Ausgangspunkt zugrundelegt[408]? Dem ist nicht so, denn was durch das erste Element einerseits zum Ausdruck gebracht werden soll, ist der spezifische Anwendungsbereich dieser Regeln, die nicht verallgemeinert werden dürfen: Es geht um Handlungen *mit Folgen*. Von diesen sind einige bloß physischer (weil nicht gewollt), andere moralischer Art (weil gewollt). Die Folgen auf moralischer Ebene sollen von jenen

---

405 S. Th. II-II, q 64 a 7 c.

406 "Intentio" darf hier keinesfalls mit Absicht, also Motiv, "finis operantis", etc. übersetzt werden. Dies stünde nicht im Einklang mit der Lehre des hl. Thomas über die Spezifizierung moralischer Handlungen, die sich nicht aus der Absicht herleitet (*morales autem actus recipiunt speciem secundum id quod intenditur* ...). Es dennoch so zu übersetzen, wie es zB *P. Knauer*, Theologie und Glauben 1967, 109, tut, ist ein Anachronismus: Der Text wird nicht gemäß der ursprünglichen Wortbedeutung gelesen, sondern er wird gemäß modernem Wortinhalt reinterpretiert.

407 Vgl etwa *J. Mausbach/G. Ermecke*, Moraltheologie I, Inhaltsverzeichnis, XXIV; *M. Zalba*, Compendium, 150 ff; *H. Noldin*, Summa, 83 ff; *A. Vermeersch*, Theologiae, 115 ff.

408 Dies ist auch der Einwand *P. Knauer*s, Theologie und Glaube 1967, 122.

auf bloß physischer Ebene unterschieden werden. Bedeutet jedoch die Handlung schon auf den ersten Blick, sozusagen in einer allerersten Grobprüfung, die Verletzung eines kategorischen Verbots, ohne daß irgendwelche nennenswerten Folgen ins Spiel gebracht werden, so scheidet von vornherein die Möglichkeit des *voluntarium indirectum* wegen mangelnden Anwendungsbereichs aus[409]. Es geht um Analyse der Handlung in Bezug auf ihre Folgen.

Andererseits hat die erste Voraussetzung eine Bedeutung, die nur im Zusammenhang mit der zweiten erhellt: Es soll festgestellt werden, worauf sich nun wirklich der Vorsatz richtet. Traditionell wird die zweite Bedingung in verschiedener Weise formuliert: "Die gute Folge muß wenigstens gleich unmittelbar aus der Ursache hervorgehen wie die schlechte Folge"[410], "non mediante malo"[411], "si effectus bonus non sequitur per effectum malum, sed aut aeque immediate aut saltem effectus malus per effectum bonum"[412], "effectus immediatus bonus"[413], gute Wirkung *per se*, schlechte Wirkung *per accidens*[414], etc. Worauf es ankommt ist nicht die physikalische Abfolge der Ereignisse, also nicht das physische Faktum, daß die schlechte Wirkung zeitlich vorher, nachher oder gleichzeitig eintritt, noch das empirische Datum allein, welches physikalisches Kausalitätsverhältnis zwischen guter und schlechter Folge vorliegt. Worauf es ankommt, ist die Struktur des Vorsatzes. Entscheidend ist, worauf sich der Wille richtet. Dies lassen auch die Manuale verstehen, obwohl man sie gewiß mißverstehen kann, wenn man von vornherein falsche Schemen zugrunde legt[415]. Der Wille darf sich nie auf etwas moralisch Schlechtes richten, weder als Mittel noch als Zweck. Die Handlung, auf die sich der Wille richtet, bildet das moralische Objekt, das gut oder schlecht ist je nach seiner Hinordenbarkeit auf Gott, die

409 Zu weit scheint mir daher diesbezüglich *L. Ciccone*, «Non uccidere», Mailand (1984) 55 FN 4, zu gehen, der die erste Bedingung "*actus non intrinsece malus*" als "evidentermaßen überflüssig" ablehnt. Er verkennt mE die spezifische Funktion dieser Regeln als Handlungsanalyse, nicht als Erkenntnisquelle des moralischen Gesetzes.

410 *J. Mausbach/G. Ermecke*, Moraltheologie I, 258; vgl auch *M. Zalba*, Compendium, 151.

411 *B. Merkelbach*, Summa, 166; vgl *T. Iorio*, Theologia, 28.

412 *H. Noldin*, Summa, 83.

413 *D. M. Prümmer*, Manuale, Rz 57 f.

414 Vgl *D. M. Prümmer*, ebda, Rz 58.

415 Vgl *A. Vermeersch*, Theologiae, 118: "*Immediate* dicitur non ex intervallo temporis sed ex modo quo producitur, qui non est trans vel per effectum malum."; *L. Fanfani*, Manuale, 147: "si namque effectus malus praecedit (...) iam rationem causae obtinet, ..."; *H. Noldin*: "Secus malus effectus intenderetur tamquam medium ad effectum bonum."; *M. Zalba*, Compendium, 150: "secus enim malus, licet non propter se, tamen in se intenderetur cum peccato, tanquam medium inhonestum finis honesti."

gemäß der praktischen Vernunft erkannt wird. Die zweite Bedingung, daß die gute Wirkung keine Folge der schlechten sein darf, bringt dies zum Ausdruck: Die "schlechte Wirkung" darf nicht das moralische Objekt der Handlung bilden[416]. Dies ergibt sich schon aus der Struktur der Handlung selbst. Denn, wenn die gute Wirkung eine Folge der schlechten wäre, dann wäre der Wille notwendigerweise und direkt auf die schlechte Folge ausgerichtet, wenn auch nur als Mittel, um die gute Wirkung zu erzielen[417]. Bloß tolerierte Nebenwirkungen sind von den *Mitteln* zu unterscheiden, die man wählt, um ein Ziel zu erreichen. Mittel im ethischen Sinn sind vom Vorsatz erfaßt, daher stellt ihre Wahl eine Verfügung über das eigene Ich dar. Wir sind moralisch für jene Handlung verantwortlich, die wir wählen, auch wenn wir manche Handlungsweisen nur anderer Ziele wegen erwählen, die wir "eigentlich" wollen[418]. Mittel haben daher moralische Bedeutung. Tolerierte Nebenwirkungen sind dagegen nicht vom Vorsatz erfaßt, gehören nicht zur intentionalen Struktur der Handlung, befinden sich nicht im Freiwilligkeitsbereich der Tat und sind daher keine moralisch sündhaften Folgen[419]. Sie sind demnach auch nicht für das Handlungsobjekt konstitutiv.

2. Indirekte Handlungen in Bezug auf Leben und Tod

Der Haupteinwand, der gegen das *voluntarium indirectum* erhoben wird, versucht diese Unterscheidung radikal aufzuheben: Der indirekte Wille im traditionellen Verständnis sei gar nicht indirekt. Der ungewollte Nebeneffekt im traditionellen Verständnis sei in Wirklichkeit immer ein als Nebeneffekt getarntes Mittel und daher gewollt. Folgen, die mit Naturnotwendigkeit eintreten und deshalb vorauszusehen seien, müßten immer als *Mittel gewollt* werden, da sie eben eine unvermeidliche *conditio sine qua non* des Eintritts der guten Folge darstellten. So gäbe es etwa keinen Unterschied zwischen der Tötung eines Fötus im Mutterleib als Folge des Ablassens des Fruchtwassers und der Exstirpation eines krebsbefallenen Uterus, in dem sich ein Embryo bereits eingenistet hat. In beiden Fällen sei der Tod des Fötus *direkt* verursacht.

Auf physizistischer Ebene trifft diese Gleichsetzung zu: In beiden Fällen werden bestimmte Handlungen als physische Ursachen gesetzt, daher als Mittel.

---

416 Vgl *R. García de Haro*, La vita, 290, der jedoch — wenn ich es richtig verstehe — sonst eine andere als die hier vertretene Auffassung hat. Vgl auch *D. M. Prümmer*, Manuale, Rz 58.

417 Vgl *A. Günthör*, Chiamata I, 532.

418 Vgl *G. Grisez/R. Shaw*, Fulfillment, 104.

419 Vgl *G. Grisez*, The Way of the Lord Jesus, vol 1, Christian Moral Principles, Chicago (1983) 240; etwas zögernd *A. Fernández*, Teologia I, 481, 485.

Dies gilt aber nicht ohne weiteres auf moralischer Ebene, denn in der Moral — es sei nochmals betont — kommt es auf die intentionale Struktur der Handlung an: Es kann direkt verursachte, vorhergesehene, notwendig eintretende Folgen geben, die dennoch *nicht* zum Objekt der betreffenden Handlung gehören, denn hiebei geht es nicht einfach um das, was auf der Ebene des *genus naturae* geschieht, sondern um das, was man aufgrund rational durchformter Intentionalität *will*. Diese Erkenntnis erlangt man schon *vor* der Feststellung, ob ein entsprechender Grund vorhanden ist. Beim Objekt geht es um die Frage: "*Was* will ich — als Mittel oder Ziel — tun?" im Gegensatz zur Frage "*Warum* will ich es tun?" beim Motiv. "Im ersten Fall ist das Abfließenlassen des Fruchtwassers überhaupt nicht um seiner selbst Gegenstand einer Wahl; es ist einzig und allein ein Mittel, um den Tod des Fötus zu bewirken ("indirektes" Handeln im technischen Sinne). Wollte man diesen nicht, so bestünde hier ja gar kein Anlaß, das Fruchtwasser abfließen zu lassen. Die Handlung "Abfließenlassen des Fruchtwassers" erhält hier ihre intentionelle Sinnhaftigkeit gerade *durch* und *nur* durch die Folge "Tod des Fötus". Es ist dies also eine Handlung, die auf der Ebene des Beispiels "ein Haus anzünden, um den Bewohner verbrennen zu lassen" liegt. Im zweiten Fall jedoch ist die Uterusextirpation intentional betrachtet keinesfalls ein Mittel, um den Fötus zu töten; die Exstirpation ist vielmehr das Mittel, um die Mutter vom Krebs zu befreien; die intentionale Sinnhaftigkeit des gewollten Tuns konstituiert sich hier also — im Gegensatz zum ersten Fall — durch die Handlung "Exstirpation des lebensgefährdenden Organs" selbst, und nicht aufgrund der dadurch eintretenden Folge des Todes der Leibesfrucht. Hier ist der Abort also nicht das Ziel der Handlung"[420].

In all diesen Fällen muß zwischen dem Mittel im moralischen Sinn und einer *conditio sine qua non* der Handlung unterschieden werden. Jedes notwendige Mittel ist zwar *conditio sine qua non*, aber nicht jede *conditio sine qua non* ist ein Mittel, denn sonst wäre zB auch der Lohn des Polizisten "schmutziges Geld": Die begangenen Verbrechen sind ja *conditio sine qua non* der Anstellung des Polizisten. Worauf es ankommt ist, daß eine bestimmte *conditio sine qua non* innerhalb der intentionalen Struktur der Handlung den Charakter eines Mittels besitzt[421]. Das Abstellen auf die intentionale Struktur der Handlung ist nicht subjektivistisch, es handelt sich nicht um Wortspiele oder Haarspalterei. Willensintentionen sind nicht beliebig "lenkbar": Gewisse Dinge tut man nicht, ohne sie auch zu wollen. Was man unmittelbar tut, das *will* man auch tun. Den wahren

---

420 *M. Rhonheimer*, Natur, 355 f. So bereits das Argument von *A. Vermeersch* und *B. Merkelbach* in der Kontroverse mit *P. Gemelli* über die indirekte Abtreibung. Für eine Darstellung dieses Lehrstreits vgl *J. Connery*, Abortion, 295 ff, besonders 298. Vgl auch inhaltlich gleich mit anderem Beispiel *A. Günthör*, Chiamata I, 532 f.

421 Vgl *M. Rhonheimer*, ebda, 356.

Willen einer Person kann man nicht immer von außen feststellen, oft aber schon, etwa mit Hilfe der Frage: "Hätte die Person auch gehandelt, wenn diese oder jene Folge ausfallen würde?". Dies verlangt Ehrlichkeit mit sich selber. Im Fall der angeführten Beispiele direkter und indirekter Abtreibung läßt sich dieser Unterschied deutlich erkennen. Würde der krebsbefallene Uterus auch dann operativ entfernt werden, wäre die Frau nicht schwanger? Die Antwort lautet: Selbstverständlich, gerade dann umso eher. Bei einer Abtreibung aus medizinischer, sozialer, eugenischer etc. Indikation hingegen, würde der operative Eingriff logischerweise unterbleiben, wäre die Frau nicht schwanger, denn das Ziel der Handlung ist kein anderes als eben die Beseitigung der Schwangerschaft.

Die Analyse der Handlung von ihrer intentionalen Struktur her, kann auch zum Ergebnis führen, daß Handlungen, die äußerlich von den Regeln des *voluntarium indirectum* gerechtfertigt zu sein scheinen, nichtsdestoweniger sündhaft sind. Wenn sich etwa im Beispiel vom krebsbefallenen Uterus, der Vorsatz der Beteiligten auf die Tötung des Embryos richtet und die krankheitsbedingte Operation nur als Vorwand benützt wird, so besteht das Objekt der Handlung in der Abtreibung, nicht der Operation. Die Regeln über das *voluntarium indirectum* sind keine "Rechtfertigungstaktik" und dürfen nicht zu einer falschen Ruhe oder zu einer legalistischen Auffassung des sittlichen Lebens veranlassen. Sie sind Antworten auf sehr konkrete Alltagsprobleme, müssen aber in das gesamte Leben eingebaut sein: Jeder Mensch und besonders der Christ ist verpflichtet, mit allen Kräften das ihm mögliche Gute zu tun. Fehlt diese Bemühung im allgemeinen, so ist dies ein Indiz dafür, daß auch im konkreten Fall ein mangelhafter Wille vorliegt[422].

Auch das Erfordernis des "entsprechenden Grundes" ist mE vom Handlungsobjekt her zu verstehen. Die "causa proportionata" hat Begrenzungsfunktion: Sie stellt ein objektives Element der intentionalen Struktur dar. Wer in unverhältnismäßiger Weise handelt, der gibt zu erkennen, daß er in Wirklichkeit etwas anderes tun *will* als die gerechtfertigte Handlung. Wer etwa die Grenzen zulässiger Notwehr überschreitet, der übt eben keine Notwehr mehr aus, sondern setzt eine andere, nicht gerechtfertigte Handlung. Er toleriert nicht mehr nur unvermeidbare Nebenfolgen, sondern *will* dann eine Handlung, die nicht mehr auf Gott hinzuordnen ist[423]. Der Maßstab der Proportionalität, demzufolge erkannt werden kann, ob ein Grund "entspricht", ergibt sich aus dem Verhältnis zwischen dem Eingriff in Rechtspositionen anderer oder der Erzeugung physischen Übels einerseits und der objektiven Bedeutung, die die Handlung haben soll, al-

---

422 Vgl *F. Cuervo*, Principios, 143 f; *M. Rhonheimer*, Natur, 356 ff.

423 Freilich wird diese in vielen Fällen, obwohl nicht gerechtfertigt, doch durch irrtümliche Notwehrüberschreitung entschuldigt sein.

so ihrem Objekt, andererseits[424]. Man kann dies in einer Formel zusammenfassen: Der Nebeneffekt muß unvermeidlich und der gelindeste bei noch zum Ziel führender Handlung sein. Ist es das bewußt und freiwillig nicht, so bildet er einen Teil des Objekts, weil selbst vom Vorsatz erfaßt. Der "entsprechende Grund" macht also nicht — wie *P. Knauer* meint — das gesamte Feld des moralischen Objekts aus, sondern bildet dessen Begrenzung. Als solche ist er freilich vom Vorsatz mitumfaßt.

Die Regeln des *voluntarium indirectum* kreisen also um das moralische Objekt der betreffenden Handlung mit doppeltem Effekt. Dieses darf nicht in sich schlecht sein, oder mit anderen Worten: Die schlechte "Folge" darf nicht direkt — als Zweck oder Mittel — gewollt werden. Jene Fälle hingegen, die vom Lehramt als "indirekt" bezeichnet werden, gehören nicht zum Objekt der Handlung[425]. Sie sind "etwas anderes". *A. Rodríguez Luño* argumentiert daher mE zu Recht gegen den Ausdruck "indirekte Abtreibung". Diese Bezeichnung, genauso wie "indirekte Euthanasie", "indirekter Mord", etc, sollte man vermeiden, weil sie mißverständlich ist. Eine "indirekte Abtreibung" ist eben *keine* Abtreibung, sondern etwas anderes. Man bezeichnet ja auch nicht den ehelichen Akt als "zulässige Unzucht"[426]. Jedenfalls gehören die Handlungen, die (moralisch) indirekt den Tod eines Menschen verursachen nicht zum moralischen Objekt "Tötung eines unschuldigen Menschen", weil diese Folge *praeter intentionem* der Handlungen liegt. Bedeutet jedoch eine Handlung die Tötung eines Menschen, dh ist sie freiwillig und direkt, so stellt sie *immer* ein schweres sittliches Übel dar. Es liegt ein *intrinsece malum* vor, das absolut, ohne Ausnahme, eine Verletzung der Person darstellt und daher kategorisch verboten ist.

---

424 Das meint Thomas von Aquin mE, wenn er vom "actus ... proportionatus fini" (S. Th., II-II, q 64 a7 c) spricht.

425 Anderer Auffassung scheint *J.—M. Aubert*, Compendio, 80, zu sein, der das *voluntarium indirectum* als Entschuldigungsgrund für eine an sich unmoralische Handlung versteht. Aus den angeführten Gründen erscheint mir diese Position nicht haltbar zu sein.

426 Vgl *A. Rodríguez Luño*, La valoración teológico-moral del aborto, in: R. Lucas Lucas, Evangelium vitae, 419 ff, 423; *ders*, "Veritatis Splendor" un anno dopo. Appunti per un bilancio (II), AcPhil 1996, 47 ff, 73.

VIII. Abtreibung

1. Der Begriff "Abtreibung" gemäß EV

Auch der Inhalt des besonders feierlich formulierten Prinzips[427] betreffend die Abtreibung als in sich schweres Unrecht kann nicht überraschen[428]. Eine Abtreibung ist immer schweres sittliches Unrecht, *weil* sie die "vorsätzliche Tötung eines unschuldigen Menschen"[429] ist. Mehreres muß hervorgehoben werden. Einerseits wird Abtreibung — über das gewöhnliche Verständnis von Schwangerschaftsabbruch hinausgehend — ausdrücklich als "beabsichtigte und direkte Tötung eines menschlichen Geschöpfes in dem zwischen Empfängnis und Geburt liegenden Anfangsstadium seiner Existenz" definiert, "wie auch immer sie vorgenommen werden mag"[430]. Damit werden alle Formen der Tötung embryonalen Lebens erfaßt, auch des präimplantiven oder extra-uterinen Embryos. Einnistungsverhindernde Präparate werden ausdrücklich als Abtreibung bezeichnet[431]. Auf tödliche Embryonenversuche, auf die Verwendung von Föten als "Organlieferanten" und auf andere tödliche Eingriffe wird die sittliche Bewertung der Abtreibung ausdrücklich angewandt, ohne daß sie terminologisch mit der Abtreibung gleichgesetzt würden[432]. Allen diesen Praktiken kommt die glei-

---

427 Übersichtshalber sei der in EV 62 enthaltene Text hier nochmals abgedruckt: "Mit der Autorität, die Christus Petrus und seinen Nachfolgern übertragen hat, erkläre ich deshalb in Gemeinschaft mit den Bischöfen — die mehrfach die Abtreibung verurteilt und, obwohl sie in der Welt versteut sind, bei der eingangs erwähnten Konsultation dieser Lehre einhellig zugestimmt haben — daß die *direkte, das heißt als Ziel oder Mittel gewollte Abtreibung immer ein schweres sittliches Vergehen darstellt, nämlich die vorsätzliche Tötung eines unschuldigen Menschen.*

428 Schon für die Zeit vor EV vertritt etwa *L. Ciccone* zu Recht, daß die Lehre von der moralischen Unzulässigkeit der Abtreibung zum unfehlbaren Lehrgut der Kirche gehöre, vgl *ders*, «Non uccidere», 169 f.

429 EV 62.

430 EV 58. AAS 1995, 467: "...: abortus procuratus *quacumque peragitur via, deliberata est ac directa hominis occisio primordiali eius vitae tempore quod inter conceptionem decurrit et parturitionem.*"

431 Vgl EV 13: "... die ebenso leicht wie Verhütungsmittel verbreitet werden und in Wirklichkeit als Abtreibungsmittel im allerersten Entwicklungsstadium des neuen menschlichen Lebens wirken."

432 Vgl EV 63. Vgl hiezu auch *A. Rodríguez Luño*, La valoración teológico-moral del aborto, in: R. Lucas Lucas (Hrsg), Comentario interdisciplinar a la «Evangelium

che — oder noch größere — sittliche Verwerflichkeit zu wie der Tötung des bereits entwickelten Embryos nach Einnistung in der Gebärmutter.

Andererseits unterscheidet *Johannes Paul II.* das moralische Objekt der Abtreibung ausdrücklich von jenem der Empfängnisverhütung: Beide sind ihrer Art nach verschiedene Übel[433].

2. Exkurs: Abtreibung im kirchlichen Strafrecht

Von diesen moraltheologischen Wertungen sind die kirchenrechtlichen Regelungen zu unterscheiden. Abtreibung im moraltheologischen Sinn ist nicht ohne weiteres Abtreibung im kanonischen Sinn. Die neuen ausdrücklichen Klarstellungen in EV machen daher einige Überlegungen zu den einschlägigen kirchlichen Strafbestimmungen erforderlich.

Bekanntlich zieht sich gemäß c. 1398 CIC die Tatstrafe der Exkommunikation zu, wer eine Abtreibung vornimmt. Die Strafe tritt automatisch mit erfolgter Ausführung der Tat ein. Die kirchlichen Strafen haben einen medizinalen Zweck: Sie sollen den Sünder dazu bewegen, sich der besonderen Schwere seines Vergehens bewußt zu werden[434]. Klarerweise sind daher auch nur die allerwenigsten Sünden mit einer strafrechtlichen Sanktion belegt, und ist auch im jeweiligen Delikt die Sünde als solche im moraltheologischen Sinn von dem stark eingeschränkten, gesetzlich definierten Tatbestand zu unterscheiden. Sünde und Delikt sind nicht deckungsgleich. Ein Delikt liegt etwa nur dann vor, wenn ein Gesetz durch eine äußere Tat verletzt wird, der Täter älter als 16 Jahre ist und mit Vorsatz oder grober Fahrlässigkeit gehandelt hat[435]. Eine Sünde hingegen ist nicht an diese Voraussetzungen geknüpft. Grundlegend für das Vorliegen eines Delikts ist die Erfüllung seines Tatbestands, der im Fall von c 1398 CIC mit der erfolgten Ausführung einer Abtreibung knapp umschrieben wird. Was Abtreibung ist, wird im Gesetzbuch nicht definiert. Die Lehre zur inhaltsgleichen Vorläuferstrafbestimmung[436] im CIC 1917 legte Abtreibung als Ausstoßung des le-

---

vitae», Madrid (1996) 419 ff, 420 f; *J. Yanguas*, Experimentación con embriones humanos, in: Persona, Verità e Morale, 109 ff; *Chr. Bockamp*, Transplantation von Embryonalgewebe: eine moraltheologische Untersuchung, Frankfurt/M. (1991).

433 Vgl EV 13. Diese Unterscheidung nimmt der Papst allerdings in einem Abschnitt vor, in dem er den engen Zusammenhang beklagt, der mentalitätsmäßig zwischen der Praxis der Empfängnisverhütung und jener der Abtreibung besteht.

434 Vgl auch EV 62, wo ausdrücklich auf die kanonischen Strafsanktionen verwiesen wird.

435 Vgl für diese und andere Voraussetzungen cc 1321 ff CIC.

436 C 2350 Abs 1 CIC 1917.

benden, aber nicht lebensfähigen Fötus aus, wodurch dessen Tod verursacht wird[437]. Diese Auslegung schränkte die Anwendung der Strafbestimmung erheblich ein und ließ all jene Abtreibungsarten ungestraft, bei denen der Fötus im Mutterleib getötet wurde, dh die große Mehrzahl aller Abtreibungen. Deshalb wurde diese Auslegung bereits während der Geltung des alten Codex kritisiert. Auch nach Inkrafttreten des CIC 1983 blieben die Zweifel bestehen: Vertritt der derzeit geltende Codex die frühere Rechtslage und die damit verbundene Auslegungstradition, wie es c 6 § 2 CIC nahezulegen scheint, oder aber reagiert er auf die faktisch drohenden Gefährdungen des ungeborenen Lebens? Der Klarheit halber sei wiederholt, daß sich diese Zweifel oder unterschiedlichen Auslegungen nie auf die Frage bezogen, ob die verschiedenen Tötungsarten eine schwerstwiegende *Sünde* darstellten — das stand immer außer Streit —, sondern lediglich auf den Tatbestand des *Delikts*. Um die Rechtslage zu klären, stellte der Päpstliche Rat für die authentische Interpretation der Gesetzestexte im Jahr 1988 fest, daß c 1398 CIC all jene Handlungen umfaßt, die in der direkten Tötung des Fötus bestehen, gleich in welcher Phase seiner Entwicklung er sich befindet und unabhängig von der Art und Weise der Tötung[438]. Einer authentischen Interpretation kommt im kanonischen Recht gemäß c 16 § 2 CIC die gleiche Rechtskraft zu wie einem Gesetz, und sie kann dessen Geltungsbereich auch erweitern. Dieses Rechtsinstitut unterscheidet sich deshalb wesentlich von den gleichnamigen Erscheinungen im zivilen Bereich.

Das technisch Mögliche hat jedoch auch nach 1988 das rechtlich Erfaßte hinter sich gelassen. Das Problem hat sich drastisch verschärft: Stellt die Verwendung einnistungshemmender Präparate eine "Abtreibung" im Sinn von c 1398 CIC dar? Oder die direkte Tötung von Embryonen im Reagenzglas? Oder die "Beseitigung" tausender sogenannter "überzähliger" tiefgefrorener Embryonen? Oder die Verwendung von Embryonen für "verbrauchende Experimente"? Kein Zweifel besteht — nunmehr auch im Licht von EV — daran, daß es sich dabei um schwerst unsittliche Praktiken handelt. Mehr noch: Da sie außerhalb einer Konfliktlage oder einer Notsituation durchgeführt werden, wie es üblicherweise bei einer Abtreibung der Fall ist, bringen sie ein gesteigertes Maß an

437 Vgl *J. Sanchis*, L'aborto procurato: Aspetti canonistici, Ius Ecclesiae 1989, 663 ff, 665; *F. Pérez-Madrid*, Kommentar zu c 1398 CIC, in: Instituto Martín de Azpilcueta (Hrsg), Comentario Exegético de Derecho Canónico, IV/1, Pamplona (1996) 589 ff, 590 ff; *R. Morrissey*, The Canonical Effects of Abortion in the 1983 Code of Canon Law, kirchenrechtliche Dissertation, Rom (1995) 8 ff.

438 AAS 80 (1988) 1818: "D. Utrum abortus, de quo in can. 1398, intellegatur tantum de eiectione fetus immaturi, an etiam de eiusdem fetus occisione quocumque modo et quocumque tempore a momento conceptionis procuretur. R. Negative ad primam partem: affirmative ad secundam."

Geringschätzung der konkret betroffenen menschlichen Embryonen zum Ausdruck und daher auch eine größere Sündhaftigkeit. Dies vermag jedoch nichts daran zu ändern, daß die juristische Auslegung an ihr eigene Kriterien gebunden ist: an den objektiven Wortsinn in seinem Kontext und Zusammenhang, an Parallelstellen, an den erkennbaren Zweck des Gesetzes und die Umstände seiner Erlassung sowie an den feststellbaren Willen des historischen Gesetzgebers[439]. Strafbestimmungen sind darüberhinaus gemäß c 18 CIC restriktiv auszulegen. Diesen Regeln folgend läßt sich nachstehende Analyse anstellen. C 1398 spricht wie gesagt nur von "abortus" und gibt für eine Wortinterpretation nicht viel her. Die authentische Interpretation von 1988 hingegen, legt ihrem Wortlaut nach einen weiteren Anwendungsbereich nahe. Sie stellt auf die Tötung des Fötus ab, unabhängig vom Zeitpunkt und von der Art und Weise ihrer Durchführung. Diese Auslegungsvariante würde auch die erwähnten neuen Gefährdungen einschließen und diejenigen, die sie ausführen, mit der Tatstrafe der Exkommunikation belegen. Doch ist zu bedenken, daß die authentische Interpretation in einem Kontext steht und im Licht der geführten Diskussionen und der Lehrentwicklung zu lesen ist. Sie hat Antwortcharakter, muß daher im Zusammenhang mit der ursprünglichen Fragestellung verstanden werden. Nun läßt sich aber kaum vermuten, daß sich der kirchliche Gesetzgeber im Jahr 1983 der damals noch gar nicht bestehenden Gefährdungen bewußt gewesen sei bzw sie regeln wollte. Die Reformkommission für den Kodex verweist auf die einschlägige katholische Lehre zur Abtreibung[440]. Diese jedoch begriff die Abtreibung nicht ohne jeglichen Zusammenhang mit einer Schwangerschaft. Auch *Donum Vitae* und EV verurteilen zwar die tödlichen Manipulationen von Embryonen außerhalb des Mutterleibs mit derselben Eindeutigkeit und Schärfe, mit der sie die Abtreibung verurteilen, doch unterscheiden sie — wie eingangs gezeigt — terminologisch zwischen diesen Sachverhalten. Es fallen daher mE die Tötungsarten, die nicht in einem Abbruch der Schwangerschaft bestehen, nicht unter den objektiven Tatbestand des c 1398 CIC, obwohl sie schwerstes Unrecht sind.

Als problematisch können in diesem Zusammenhang jedoch die einnistungshemmenden Präparate erscheinen, die der Papst ausdrücklich als "Abtreibungsmittel im allerersten Entwicklungsstadium" des Menschen bezeichnet. Für das Vorliegen des Delikts der Abtreibung ist gemäß c 1398 CIC auch der Eintritt des Erfolgs erforderlich, der Versuch genügt nicht. Damit die Tatstrafe im hier besprochenen Tatbestand eintritt, muß der Eintritt der Folge und die Kausalität der Handlung sicher feststehen. Dies ist jedoch bei der "Pille am Tag danach" oder bei Verwendung von IUP nicht mit Sicherheit der Fall. Es steht nämlich nicht

439 Vgl c 17 CIC.
440 Vgl *J. Sanchis*, Ius Ecclesiae 1989, 666; *F. Pérez-Madrid*, Kommentar, 591.

mit Sicherheit fest, daß es überhaupt zu einer Befruchtung gekommen ist[441]. Daher tritt die Exkommunikation nicht ein. Anders steht es bei der Anwendung chemischer Abtreibungsmitteln nach Einnistung (zB RU 486): In diesem Fall liegt mit Gewißheit eine Abtreibung im Sinn des c 1398 CIC vor[442].

3. Ist der Embryo eine Person?

a) Die Lehre in EV

Der springende Punkt des behandelten Prinzips scheint mir in der Begründung zu bestehen, die in EV für die schwere Unsittlichkeit der Abtreibung geltend gemacht wird: Eine Abtreibung ist die Tötung eines *Menschen*. Wie bereits gesagt, basiert die Verwerfung der Abtreibung auf dem Mordverbot: *Weil* Mord Unrecht ist, stellt auch die Abtreibung Unrecht dar. Abtreibung ist ein Sonderfall von Mord. In beiden Verbrechen wird ein unschuldiger Mensch getötet, und *weil* in beiden Fällen ein unschuldiger, bei der Abtreibung ein "absolut unschuldiger"[443] Mensch getötet wird —, sind beide immer schweres sittliches Unrecht. Der Gleichstellung auf der Ebene der Wertung entspricht daher auch die Gleichstellung auf der Ebene der Tatsachen. Der springende Punkt besteht also mE darin, daß EV den Embryo ab dem Moment der Empfängnis als menschliche Person betrachtet[444].

Die Frage lautet nun: Tut EV dies explizit oder nur implizit, dh als stillschweigend angenommene Wertungsgrundlage? Jedenfalls *stellt* sich der Papst ausdrücklich dem Einwand, daß die Frucht der Empfängnis, wenigstens bis zu einer bestimmten Anzahl von Tagen, noch nicht als persönliches Leben angesehen werden könne[445]. Er antwortet auf diesen Einwand mit Zitaten aus früheren lehramtlichen Dokumenten. "Auch wenn das Vorhandensein einer Geistseele von keiner experimentellen Beobachtung ausgemacht werden kann, liefern die Schlußfolgerungen der Wissenschaft über den menschlichen Embryo 'einen wertvollen Hinweis, um das Vorhandensein einer Person von diesem ersten Er-

441 Daß moraltheologisch eine solche Sicherheit nicht erforderlich ist, braucht nicht extra erwähnt zu werden. Für das Vorliegen einer schweren Sünde genügt es, sich bewußt der Gefahr der Tötung eines Embryos ausgesetzt zu haben.

442 Vgl *J. Sanchis*, Ius Ecclesiae 1989, 671 f.

443 EV 58.

444 Für eine übersichtliche Darstellung der verschiedenen Positionen, die zu dieser Frage vertreten werden, vgl *L. Palazzani*, Il concetto di persona tra bioetica e diritto, Turin (1996).

445 Vgl EV 60.

scheinen eines menschlichen Lebens an rational zu erkennen: Sollte ein menschliches Individuum etwa nicht eine menschliche Person sein?'"[446] Die vorsichtige Formulierung kommt daher, daß sich die Kirche nicht auf eine wissenschaftliche oder philosophische Lehrmeinung, Terminologie oder Formulierungstradition einläßt und festlegt. Es genüge schon — im Sinn des ethischen Tutiorismus — die "bloße Wahrscheinlichkeit, eine menschliche Person vor sich zu haben", um das strikteste Verbot der Tötung eines Embryos zu rechtfertigen. "Eben deshalb hat die Kirche jenseits der wissenschaftlichen Auseinandersetzungen und selbst der philosophischen Aussagen, auf die sich das Lehramt nicht ausdrücklich eingelassen hat, stets gelehrt und lehrt noch immer, daß der Frucht der menschlichen Zeugung vom ersten Augenblick ihrer Existenz an *jene unbedingte Achtung zu gewährleisten ist*, die dem Menschen in seiner leiblichen und geistigen Ganzheit und Einheit moralisch geschuldet wird: 'Ein menschliches Geschöpf ist von seiner Empfängnis an *als Person zu achten und zu behandeln*, und deshalb sind ihm von jenem Augenblick an die Rechte einer Person zuzuerkennen, als deren erstes das unverletzliche Recht auf Leben angesehen wird, dessen sich jedwedes unschuldige menschliche Geschöpf erfreut'"[447].

Die Lehre der Kirche, die in EV mit den eben zitierten Worten ausdrücklich wiederholt und bekräftigt wird, besagt die Personalität des Embryos *im Rechtssinn*. Er ist *als* Person zu achten. Es wird jedoch nicht mit der gleichen Deutlichkeit gesagt, daß er eine Person *ist*. Ausdrücklich wird demnach die — wie man sie nennen könnte — "deontologische Personalität" des Embryos (sein legaler und moralischer Status) gelehrt, die ontologische hingegen nicht ausdrücklich.

In der Folge soll untersucht werden, ob diese Unterscheidung rational aufrechterhalten werden kann, oder ob die Personalität des Menschen im Rechtssinn notwendigerweise auch jene im ontologischen Sinn erfordert, und umgekehrt. Weiters muß damit im Zusammenhang untersucht werden, worin das Personsein besteht. Diese Fragen sind die zentralen Fragen schlechthin, wenn es um die Behandlung des Embryos in der modernen Biomedizin geht. Aber nicht nur des Embryos: Letztlich dreht sich die Auseinandersetzung um die Begründung des Lebensrechts als solchem.

---

446 EV 60. Das interne Zitat entstammt *Glaubenskongregation*, Instruktion über die Achtung vor dem beginnenden menschlichen Leben und der Würde der Fortpflanzung *Donum Vitae* (22. 2. 1987) I, n 1.

447 EV ebda. Ebenso das interne Zitat. Hervorhebungen von mir.

b) Gegenpositionen

aa) Norbert Hoerster (Interessenethik)

Dies wird besonders an der im deutschsprachigen Raum[448] vor allem von *N. Hoerster* vertretenen Position[449] deutlich. *N. Hoerster* kritisiert zunächst das in der BRD geltende Abtreibungsstrafrecht aus dem Blickwinkel derjenigen, die den Embryo als Menschen bezeichnen. Mit einwandfreier Logik weist er nach, daß die gegenwärtige Indikationen— und Fristenregelungen mit einem eigenständigen Lebensrecht des Fötus absolut unvereinbar und nichts als "faule und rational unhaltbare Kompromisse" sind[450]. Ebenso sei unter der Voraussetzung eines Lebensrechts aller menschlichen Individuen ein nach Entwicklungsgrad abgestufter Lebensschutz "reine Willkür"[451].

Diese Konsequenzen würden jedoch nur von einer Minderheit, und zwar einer religiös motivierten Minderheit gezogen. Die Mehrheit in unseren säkularen Staaten sei nicht der Auffassung, daß der Embryo ein Lebensrecht hätte. Die Sozialmoral und die Rechtsordnung hätten sich dieser Mehrheitsmeinung anzupassen, auch deshalb, weil die Rechtsordnung sonst wirkungslos wäre[452]. *N. Hoerster* erblickt in der Forderung eines Lebensrechts für jedes menschliche Individuum ein *religiöses* Postulat. Nur die religiöse Sichtweise könne eine solche Forderung nachvollziehbar machen[453]. Diese beruhe auf außerrationalen Glaubensannahmen, wie die Existenz Gottes, die Erschaffung der Welt durch Gott, die Sonderstellung der menschlichen Spezies nach dem Willen Gottes etc, lauter weltanschaulich-religiöse Glaubensinhalte, die auf rationalem Wege intersubjektiv nicht vermittelbar wären. Die Evolution spreche gegen eine Sonderstellung des Menschen. Für eine unsterbliche, von physischem Verfall unabhängige psychische Substanz gäbe es keinerlei stichhaltige, rationale Gründe. Die Argumente für ein juridisches Abtreibungsverbot seien daher christliche Lehre in verkleideter Form. Dies gelte insbesondere vom Begriff der "Menschenwürde", der eine juristische "Verkleidung" des allein christlichen Konzepts der "Gottebenbildlichkeit" des Menschen sei[454].

---

448 Für den angelsächsischen Raum vgl vor allem *P. Singer*, Practical Ethics, Cambridge (1979) sowie *M. Tooley*, Abortion and Infanticide, Oxford (1983).
449 Vor allem *N. Hoerster*, Abtreibung im säkularen Staat, Frankfurt/Main (1991).
450 Vgl *N. Hoerster*, ebda, 23 — 55, 162.
451 Vgl *N. Hoerster*, ebda, 49.
452 Vgl *N. Hoerster*, ebda, 54 f.
453 Vgl *N. Hoerster*, ebda, 114 ff.
454 Vgl *N. Hoerster*, ebda, 121 ff.

Der einzige weltanschauungsfreie Grund für die Einräumung eines Lebensrechts bestehe — so *N. Hoerster* — in der "Personalität" des betreffenden Wesens. Dem Begriff "Person" legt *N. Hoerster* jedoch einen neuen Inhalt bei. Eigentlich ist der Personbegriff für ihn entbehrlich: Er hat eine terminologische, technische Abkürzungsfunktion, die auf einer im Anschluß an *P. Singer* getroffenen Unterscheidung beruht: jener zwischen "menschlichem Individuum" und "Mensch". Ein "menschliches Individuum" sei ein Einzelwesen der Spezies Homo Sapiens. Die Bedeutung der Tatsache, "menschliches Individuum" zu sein, erschöpfe sich im biologischen Merkmal der Zugehörigkeit zu einer biologischen Spezies[455]. Auf Grund dieses bloßen Faktums biologischer Art sei es nicht möglich, ein Lebensrecht zu begründen, vor allem keinen Vorzug des Individuums der Spezies Homo Sapiens gegenüber einem Individuum einer tierischen Spezies. Einen solchen Vorzug trotzdem "auf Grund des biologischen Faktums" zu postulieren, sei "Speziesismus". "Mensch" hingegen sei ein deskriptiv-normativer Begriff und bezeichne ein menschliches Individuum, dem die Rechte eines Menschen zustünden. Anknüpfungspunkt für ein Lebensrecht seien ausschließlich die für die menschliche Spezies typischen Interessen, vor allem das "Überlebensinteresse". Dies falle mit "Personalität" zusammen. Um "Interessen" zu besitzen, bedürfe es zunächst eines "Ich-Bewußtseins", dh des Bewußtseins der eigenen Identität im Zeitablauf. Weiters gründen "Interessen" auf "Wünschen": "Um ein Interesse an x haben zu können, muß jemand vielmehr — sofern sein Interesse an x nicht unmittelbar auf einen Wunsch nach x zurückgeht — einen Wunsch haben, für dessen Verwirklichung x eine notwendige und geeignete Bedingung ist"[456]. Gemäß diesem Konzept hätten nicht nur Ungeborene kein Lebensrecht, sondern auch Neugeborene. Es gäbe daher bei beiden Menschengruppen kein strafrechtlich zu schützendes Recht. Trotzdem tritt *N. Hoerster* nicht für die Straffreistellung der Tötung von Neugeborenen ein. Abtreibung hingegen müßte bis zur Geburt völlig straffrei sein. Dieser Unterschied ergibt sich aus einer Distinktion: *N. Hoerster* unterscheidet zwischen "Idealnormen" (prinzipielle ethische Regeln) und "Praxisnormen", die der Wirksamkeit der Idealnorm in der Gesellschaft dienen, sie konkretisieren. Als Praxisnorm zum Schutz der "Personen" vor Tötung, sei ein Tötungsverbot ab Geburt angebracht[457]. Möglicherweise müßten noch weitere Praxisnormen hinzukommen, "die das Leben gewisser Tiere schützen, die Personalität besitzen"[458].

---

455 Vgl *N. Hoerster*, ebda, 58 f.
456 *N. Hoerster*, ebda, 72.
457 Vgl *N. Hoerster*, ebda, 128 ff.
458 *N. Hoerster*, ebda, 132 FN 75.

bb) Ronald Dworkin

Eine weitere, mit *N. Hoersters* Meinung verwandte, aber deutlich differenziertere Gegenposition zur katholischen Lehre vertritt *R. Dworkin*[459]. Für ihn ist die Frage, ob der Embryo eine Person sei, zu zweideutig, um für die Abtreibungsdebatte nützlich zu sein. Obwohl sie im Mittelpunkt der öffentlichen Diskussion stehe, sei sie auch gar nicht entscheidend. Denn selbst die Abtreibungsgegner stützten ihre Ablehnung der Abtreibung mehrheitlich gar nicht auf die Überzeugung, daß der Embryo ein individuelles personales Recht auf Leben habe, sondern auf die "Heiligkeit" seines Lebens. Sie meinten, der Embryo sei ein wachsendes menschliches Wesen, dessen Leben man nicht beenden dürfe. Diese gelte gerade auch für das katholische Lehramt. Bis ins 19. Jahrhundert sei die Argumentation der katholischen Kirche gegen die Abtreibung von der Frage unabhängig gewesen, ob der Embryo eine Person sei oder nicht. Mehr noch: Es habe eine starke theologische und philosophische Strömung gegen diese Annahme gegeben. Erst das jüngere Lehramt sei zum Argument übergegangen, daß der Embryo gegen Abtreibung zu schützen sei, *weil* er eine menschliche Person sei. Dies stünde jedoch nicht im Einklang mit der katholischen Tradition, sei auch nicht thomistisch. Den Grund für diese Lehränderung ortet *R. Dworkin* in einem politischen Vorteil: Man könne so auf nicht-religiöse, damit inter-subjektive und für den säkularen Staat verbindliche Art und Weise argumentieren.

Die Frage der Heiligkeit des Lebens hingegen, auch des Lebens des Embryos, sei unabhängig davon, ob der Embryo Person sei oder nicht, bzw ob er Interessen habe oder nicht. In der Äußerung von Interessen nämlich erblickt *R. Dworkin* — wie *P. Singer* und *N. Hoerster* — die Essenz menschlicher Personalität. Da seiner Meinung nach ein Embryo keine Interessen habe, lehnt *R. Dworkin* konsequenterweise auch das Personsein des Embryos ab. "Heiligkeit" jedoch hänge nicht vom Personsein, sondern von ganz anderen Faktoren ab.

Etwas sei heilig oder unverletzlich, wenn seine vorsätzliche Zerstörung es entehre[460]. Heilig werde etwas — Sachen oder Personen— entweder durch gesellschaftliche Konvention *(associational)*, wie etwa eine Staatsflagge, oder durch seine Entstehung (*genetic*), dh wenn dieses "heilige etwas" Prozesse menschlicher oder natürlicher Kreativität verkörpert, die wir für wichtig und bewundernswert halten. Heiliges besitze *intrinsic value*. Als Beispiele für *intrinsic values* führt *R. Dworkin* Kunstwerke an (Ergebnisse *menschlicher* kreativer

459 *R. Dworkin*, Life's Dominion. An Argument about Abortion, Euthanasia, and Individual Freedom, New York (1993).

460 Vgl *R. Dworkin*, ebda, 74.

Prozesse) und die Speziesvielfalt (Ergebnisse *natürlicher* kreativer Prozesse), etwa das Überleben und Gedeihen der menschlichen Spezies.

Diese Wertungsprämissen wendet *R. Dworkin* auch auf das *individuelle* menschliche Leben an[461]. Die Heiligkeit des individuellen menschlichen Lebens fällt bei *R. Dworkin* nicht in eins mit dem Respekt vor dem Mensch*sein* des Menschen, sondern mit dem Respekt vor der Bedeutung der natürlichen kreativen Prozesse (*natural investment*) und jener, die auf freies menschliches Entscheiden und Wirken zurückgehen (*artificial, human investment*). Im Fall des individuellen menschlichen Lebens sind letztere die Investitionen der Eltern und der Person in sich selbst. Heiligkeit individuellen menschlichen Lebens bestehe also in der Achtung vor der Kombination natürlicher und menschlicher Investitionen in dieses Wesen. Laut *R. Dworkin* liege eine Verletzung der Heiligkeit des Lebens dann vor, wenn die Investitionen frustriert würden. Darüber seien sich alle dem Grunde nach einig, wenn auch möglicherweise unbewußt. Der Streit gehe darum, welcher der Investitionen der Vorrang einzuräumen wäre. Zwei Extrempositionen drängten sich auf: Einerseits jene, die in den Investitionen der Natur bzw der Schöpfung den höchsten Wert erblickt (absolute Abtreibungsgegner), andererseits jene, die den höchsten Wert den menschlichen Investitionen beimißt (absolute Abtreibungsbefürworter). Die meisten Menschen lägen mit ihrer Meinung irgendwo dazwischen. Abtreibungsgegner und —befürworter befänden sich nicht deshalb in Konfrontation, weil eine Seite einen Wert vollständig verwörfe, den die jeweils andere Seite für entscheidend hielte, sondern weil beide Parteien verschiedene — zum Teil dramatisch verschiedene — Auffassungen von der *relativen* Bedeutung von Werten hätten, die für beide grundlegend und primär wären[462].

Die Beantwortung dieses Wertevorrangs sei aber eine *wesentlich* religiöse Frage, und zwar sowohl bei Menschen, die sich als religiös deklarieren als auch bei solchen, die sich Atheisten nennen. Unter "Religion" bzw "religiöser Frage" versteht *R. Dworkin* eine "Sinngebungsstrategie" für menschliches Leben[463]. Die Frage nach dem *intrinsic value*, dh der Heiligkeit des Lebens und nach der Lösung der Wertekollision, könne nur von einem religiösen Gesichtspunkt aus geklärt werden, der unser Leben mit einem letzten Ziel verknüpft, was immer es sein mag. Abtreibungsgegner seien aus "religiösen" Gründen gegen Abtreibung, Abtreibungsbefürworter aus "religiösen" Gründen dafür, weil beide mit ihrer im

461 Vgl *R. Dworkin*, ebda, 81 ff.
462 Vgl *R. Dworkin*, ebda, 94.
463 Vgl *R. Dworkin*, ebda, 155.

Ergebnis jeweils konträren Antwort auf die Frage nach dem "Sinn des Lebens" antworteten[464].

In dieser seiner Analyse erblickt *R. Dworkin* eine Chance auf sozialen Frieden, der das Hauptanliegen seines Buches ist. Seine Auffassung, daß die gesellschaftliche Zerrissenheit in der Abtreibungsfrage auf unterschiedliche *religiöse* Überzeugungen zurückzuführen sei, könnte die entzweiten Lager einander näherbringen. Denn, so *R. Dworkin*, seit den Religionskriegen des 17. Jahrhunderts hätten wir uns an die Idee gewöhnt, daß ein friedliches staatliches Gemeinwesen trotz tiefgehender religiöser Meinungsverschiedenheiten möglich sei. Mehr noch: Es könnte sogar das Bewußtsein erwachen, daß die gemeinsame grundsätzliche Überzeugung von der Heiligkeit des Lebens ein kostbares einheitsstiftendes Ideal sei, das uns von Jahrzehnten des Hasses befreien könnte[465].

Allerdings bedeutet *R. Dworkin*s Position nicht bloß die Straffreistellung der Abtreibung: Er vertritt ein *Recht* auf Abtreibung[466], das vom Recht auf Religionsfreiheit begründet werde. Eine Abtreibung vorzunehmen oder nicht, sei eine "religiöse Entscheidung", und zwar die "persönlichste, religiöseste Gewissensentscheidung, die viele Menschen je in ihrem Leben treffen"[467]. Der Staat dürfe die Abtreibung zwar regulieren, aber kein *undue obstacle* für die Abtreibung aufstellen. Dies bedeutet für *R. Dworkin*, daß kein Staat etwas vorschreiben dürfe, was eine Frau hindern könnte abzutreiben, wenn sie es sich reiflich überlegt hat.

c) *Entkräftung der Gegenpositionen*

aa) *N. Hoerster (Interessenethik)*

Sozialmoral und Rechtsordnung haben sich — entgegen *N. Hoerster*s Auffassung — *nicht* ohne weiteres und in allem der Mehrheitsmeinung anzupassen. Richtschnur kann und muß immer die praktische Wahrheit über den Menschen sein. Die Meinung einzelner sowie auch die der Mehrheit kann diesbezüglich irrig sein. Diese Tatsache verleiht überhaupt erst der Rechtsordnung und auch der Moralphilosophie ihre Daseinsberechtigung: Nur *weil* es Irrtum, Verwirrung, praktische Übertretung, etc. bezüglich des Guten gibt, bedarf es der Rechtsordnung und der Anleitung zum guten Handeln. Sonst könnte man mit einem

---

464 Vgl *R. Dworkin*, ebda, 156 f.
465 Vgl *R. Dworkin*, ebda, 101.
466 Vgl zB *R. Dworkin*, ebda, 157.
467 Vgl *R. Dworkin*, ebda, 172.

rechtsfreien Sozialgebilde das Auslangen finden — ein utopisches und immer verhängnisvolles Unterfangen. Die sozialethische Befassung mit der Abtreibung daher von vornherein auf die Mehrheitsmeinung als Ausgangspunkt zu verweisen, kommt der Abdankung der Sozialethik und des rechtlichen Gesichtspunktes gleich.

Ursache dieser Methodenentscheidung *N. Hoerster*s ist mE seine Ablehnung der Metaphysik und damit die Ablehnung der Philosophie im Vollsinn des Wortes. Er befindet sich damit im *mainstream* des zeitgenössischen Wissenschaftsverständnisses und der vorherrschenden Moralphilosophie. Meist geschieht dies im Namen der Aufklärung, mit dem für eine wahrhaft aufklärerische Haltung absurden Ergebnis, daß die Aufklärung "dogmatisiert" wird[468]: Das Anti-Metaphysik-Argument ist dafür ein Beispiel. Es genügt der Hinweis darauf, daß ein Argument "metaphysisch" sei, um es so zu diskreditieren, daß man sich gar nicht mehr der weiteren Mühe unterzieht, Gegenargumente zu suchen. Im Namen der Aufklärung wird anti-aufklärerisch vorgegangen. Dieser Haltung begegnet man auf Schritt und Tritt sowohl bei *N. Hoerster* als auch bei *R. Dworkin* sowie bei vielen anderen zeitgenössischen Rechtsphilosophen. *N. Hoerster* operiert ständig mit metaphysischen Begriffen, legt jedoch ihre philosophischen Voraussetzungen nicht offen bzw verzerrt und manipuliert ihren Inhalt. Dies ist bei Begriffen wie Person, Personalität, potentielle Personalität, biologisches Merkmal, Individuum etc besonders deutlich, wie gleich eingehender gezeigt werden soll. Diese sind alle philosophische Begriffe, deren Inhalt und Tragweite nicht nach Belieben, sondern nach dem Maßstab der Wirklichkeit, und nicht mit einer naturwissenschaftlichen, sondern mit einer philosophischen Methode ermittelt werden müssen.

Metaphysik als "religiöse Überzeugung" und darauf gestützte praktische Schlußfolgerungen als "Verkleidung" jüdisch-christlicher Auffassungen abzutun, ist nur auf Grund einer vorangehenden unrichtigen, weil reduktionistischen Methodenwahl zu erklären. Auch historisch vermag das Argument nicht zu überzeugen, ist doch die Metaphysik mit Sokrates, Platon und Aristoteles im heidnischen Milieu entstanden[469].

Wie *N. Hoerster* selber feststellt, besteht die entscheidende Frage darin, ob jedes Individuum der Spezies Homo Sapiens, und damit auch jeder Embryo, eine Person ist. *N. Hoerster* verneint diese Frage mit philosophisch untauglichen Argumenten. Einem Individuum der Spezies Homo Sapiens, *nur weil es biologisch*

---

468 Vgl auch den Erfahrungsbericht über internationale Verhandlungen bei *R. Minnerath*, La vie en droit international: Le débat juridique et son avenir, Revue d'éthique et de théologie moral 1996, 171 ff, 184.

469 An Hand des Begriffs der Menschenwürde verdeutlicht dies etwa *M. Rhonheimer*, Absolute Herrschaft der Geborenen?, Wien (1995) 49 ff.

der Spezies Homo Sapiens angehört, ein Lebensrecht einzuräumen, sei — so *N. Hoerster* — Speziesismus. Anknüpfungspunkt für ein Lebensrecht seien des Menschen Interessen. Diese Aussagen enthalten Richtiges und Unrichtiges. Unrichtig ist zunächst die der geschilderten Position zugrundeliegende Überzeugung, daß Personalität eine zum biologischen Menschsein hinzukommende "Eigenschaft" sei[470]. Weder Person zu sein noch Mensch zu sein ist eine Eigenschaft, sondern beide Ausdrücke bezeichnen jenen *Träger* von Eigenschaften und Interessen, der diesen vorausliegt. So könnte man etwa, wie *N. Hoerster* es tut, den Kern des Personseins im Ich-Bewußtsein erblicken, aber dieses Ich-Bewußtsein ist Eigenschaft eines "Ich", das es schon vor dem Bewußtwerden gibt, sonst könnte das Bewußtsein seiner selbst nie in Erscheinung treten. Ich-Bewußtsein wird reflexiv erfaßt, und zwar als etwas von mir Verschiedenes, dessen ich in und anläßlich meiner bewußten Handlungen gewahr werde. Der Rückschluß erfolgt von den Handlungen auf das Sein, und zwar auf das speziestypische Sein. Erst in der Aktualisierung meines potentiellen Seins wird mir mein Sein bewußt, das dennoch *vor* der Aktualisierung existiert und gerade in seiner Spezifizität Voraussetzung der Aktualisierung ist. Das Menschsein geht der Freiheit voraus; das freie Handeln findet immer seinen Träger, "sich selbst" vor, *in* dem es existiert. Ebenso geht der Freiheit die "Gemeinsamkeit" voraus, das Eingebundensein in einen konkreten Sozialverband: Freiheit äußert sich immer in einer Gemeinschaft, immer in einer vorgefundenen, bereits bestehenden Bezüglichkeit. Ganz spontan und unmittelbar unterscheiden wir zwischen den Interessen, Eigenschaften, Merkmalen etc, die eine Person *hat* und der Person selbst, dem Träger all dieser Lebensäußerungen, der da *ist*, auch wenn er gerade nicht aktuell handelt, ja selbst wenn er noch nicht alle Handlungs*fähigkeiten* besitzt[471]. Es gehört "eine beinahe gewaltsame Veränderung unserer normalen Aufmerksamkeitsleistung dazu, nicht unmittelbar die Person, sondern nur ein Ensemble von Eigenschaften zu sehen (...)"[472].

Das Individuum der Spezies Homo Sapiens ist Mensch und damit Person. Wer das als "Speziesismus" ablehnt, gerät in einen Biologismus, in eine "postrassistische Position", von der aus Rassismus, Sexismus, etc gar nicht kritisierbar sind[473]. Diese Haltungen lehnen wir ja deshalb ab, weil wir der Meinung sind,

---

470 Vgl *G. Pöltner*, Achtung der Würde und Schutz von Interessen, in: J. Bonelli (Hrsg), Der Mensch als Mitte und Maßstab der Medizin, Wien/New York (1992) 3 ff, 13.

471 Vgl *A. Sarmiento*, El respeto a la dignidad personal de la vida humana, exigencia ética fundamental, Scripta Theologica 1996, 759 ff, 767 ff.

472 *B. Wald*, Über den Mißbrauch des Personbegriffs zur Rechtfertigung von Abtreibung und Euthanasie, Zeitschrift für medizinische Ethik 1996, 79 ff, 86.

473 Vgl *M. Rhonheimer*, Herrschaft, 57.

"daß *innerhalb* der Spezies 'Mensch' Unterschiede bezüglich Rasse oder Geschlecht hinsichtlich der fundamentalen Rechte *als Mensch* eben irrelevant und diskriminierend sind"[474]. Angehörige anderer *menschlicher* Rassen sind eben "Menschen wie wir alle". Das bedeutet, daß die Ablehnung von Rassismus, Sexismus, etc. den Speziesismus voraussetzt. "Ohne die Anerkennung der Zugehörigkeit zur menschlichen Spezies als 'overriding fact' ist nämlich gar nicht begründbar, weshalb denn eigentlich — eben innerhalb der Spezies — biologische Unterschiede wie Rasse und Geschlecht unerheblich sind. Wer selbst die Auszeichnung der menschlichen Spezies als illegitimen Biologismus abtun will, der sägt am Ast, auf dem er sitzt"[475].

Wie *M. Rhonheimer* betont[476], verwechselt *N. Hoerster* zwei unterschiedliche Fragen: 1. *Wer* ist ein Mensch? und 2. *Was* ist ein Mensch? Die erste Frage etabliert ein Abgrenzungs— und Identifizierungskriterium: Die biologische Zugehörigkeit zur Spezies Homo Sapiens erfüllt diese Funktion und nicht mehr. Die zweite Frage hingegen verlangt eine inhaltliche Bestimmung. Es muß geklärt werden, was denn überhaupt ein Mensch ist, ob der Spezies Homo Sapiens Vorrang gegenüber anderen Spezies zukommt und worin dieser besteht. Es ist klar, daß das *bloße* Faktum der Zugehörigkeit zu einer biologischen Spezies nicht mehr aussagen kann als wiederum rein Biologisch-Zoologisches: Die bloße Tatsache, daß irgendwelche Individuen irgendeiner biologischen Spezies angehören, sagt noch nichts über das Wesen dieser Spezies aus. Es darf daher das Abgrenzungskriterium nicht mit einem inhaltlichen Kriterium verwechselt und als solches ausgegeben werden. *N. Hoerster* hat also völlig recht, wenn er behauptet, daß das bloße Faktum der Zugehörigkeit zur biologischen Spezies Homo Sapiens kein Lebensrecht eines Individuums dieser Spezies begründen kann. Das Menschsein, und zwar bereits jenes Menschsein, das sich ausschließlich durch das abgrenzende Identifizierungskriterium der biologischen Zugehörigkeit manifestiert, erschöpft sich *nicht* in biologischen, physischen Fakten, sondern es lassen sich jenseits der bloßen Naturwissenschaft mit philosophischer Sicht andere Elemente erkennen. Diese meine Position soll im Anschluß an die jetzt zu behandelnden Einwände noch zur Darstellung gelangen. Es soll hier lediglich deutlich gemacht werden, daß es bei der hoersterschen und singerschen Position im Grunde um eine Methoden*vor*entscheidung, ein Vorurteil handelt: Es wird vorausgesetzt, daß das Mensch*sein* des Menschen nicht ausreicht, um ihn als ethische Person mit Rechten und Pflichten anzuerkennen. Es wird vorausgesetzt,

474 *Ders.*, ebda, 16.

475 *Ders.*, ebda, 16 f.

476 Vgl *ders.*, ebda, 20 f; ebenso *R. Spaemann*, Personen — Versuch über den Unterschied zwischen "etwas" und "jemand", Stuttgart (1996) 19.

daß die Tatsache, ein individuelles menschliches Wesen zu sein, moralisch irrelevant ist. Moralisch entscheidend seien bloß gewisse Eigenschaften, die auf ungeklärte, jedenfalls nicht der Spezies als solcher notwendigerweise zukommende Weise, einzelnen dieser Individuen anhaften, dann aber auch wieder verloren gehen können. Wie *G. Pöltner* es treffend formuliert hat: Der Mensch wird als Wirklichkeitsklötzchen, als Stück Faktizität aufgefaßt, dem Eigenschaften "angeklebt" sind[477]. Mit dieser Konzeption kann die Einheit des selbständigen menschlichen Wesens nicht erklärt werden: Der Mensch wird zu einer nachträglichen "Zusammensetzung", ohne daß gesagt werden könnte, wer diese Zusammensetzung vornimmt. Ebenso ungeklärt bleibt, *welche* Interessen und *warum* gerade diese das Menschsein im rechtlichen Sinn begründen. Ist es nicht vielmehr so, daß Eigenschaften und damit auch Interessen deshalb menschlich sind, weil sie ein Mensch hat, also weil sie in einem Träger Mensch inhärieren? *Menschliche* Eigenschaften sind Folgen des Mensch*seins*, Menschsein hingegen ist keine Eigenschaft, sondern ontologische Grundlage, Bestimmungsgrund aller Eigenschaften. Dies hat unmittelbare Folgen auf ethischer Ebene. Um es mit *G. Pöltner* zu sagen: "Wenn demnach Eigenschaften moralisch relevant sind, dann nicht deshalb, weil sie der 'Sitz von Werten' sind, sondern weil sich in ihnen ein Wesen von moralisch relevantem Selbständigsein manifestiert: Die moralische Relevanz des Menschseins begründet die moralische Relevanz menschlicher Eigenschaften" und "Interessen sind nicht schon deshalb moralisch relevant, weil sie Interessen sind!"[478]

Wer sich hingegen nur auf Eigenschaften stützt und den Träger auf Grund dieser Eigenschaften für rechtsfähig oder —unfähig erklärt, kann der Willkür nicht entgehen. Gerade gegen vermeintliche Willkür richtet sich ja der Speziesismus-Vorwurf, aber die Interessenethik entkommt ihr nicht: Sie läuft vielmehr erst der eigentlichen Willkür in die Arme. Denn jetzt legt eine nach verfügbaren Kriterien zusammengesetzte Klasse — die Klasse der Interesse— oder der Selbstbewußtseinsbesitzer — fest, wessen Dasein zu achten ist und wessen nicht. Somit werden aber Klassen wertunterschiedlicher menschlicher Wesen etabliert[479].

Auch zur Grundlegung der Rechtsordnung reichen Interessen nicht aus. Sicherlich möchte *N. Hoerster* nicht die gesamte Rechtsordnung auf Interessen aufbauen; er sucht lediglich einen — seiner Meinung nach — rationalen Ansatzpunkt für das *Lebens*recht im säkularen Staat. Aber dafür reicht ein (Überle-

---

477 Vgl *G. Pöltner*, Achtung, 17.
478 Beide Zitate *G. Pöltner*, ebda, 18.
479 Vgl *G. Pöltner*, ebda, 16.

bens—)Interesse nicht. Hat nicht auch der unrechtmäßige Angreifer ein solches *Interesse*, verliert aber dennoch sein Lebens*recht*?

Rechte müssen gerade auch Interessens*konflikte* lösen. Wenn es keine den Interessen zugrundeliegende Wahrheit gibt, wenn also die Rechte oder auch nur das Lebensrecht unmittelbar am Interesse anknüpft, dann kann ein Interessenskonflikt gar nicht gelöst werden, weil es keinen ihm vorgelagerten Wertemaßstab gibt, der eine Reihung und den Vorrang einzelner Interessen bestimmt. Genaugenommen kann es nicht einmal einen echten Konflikt von Interessen, dh einen Konflikt zwischen zwei Geltung beanspruchenden *Inhalten* geben, sondern nur einen Konflikt zwischen den interessierten Menschen, von denen sich der stärkere durchsetzen wird. Vom Blickwinkel einer bloßen Interessenethik her kann kein Einwand dagegen erhoben werden, daß sich der stärkere durchsetzt, denn eine inhaltliche Wertung der Interessen würde ja auf einen außerhalb der Interessen liegenden Maßstab verweisen, der dann erst den Interessen Wert beimißt. Es wäre also dann der Maßstab wertbegründend und nicht mehr unmittelbar das Interesse.

Entscheidend ist nicht, *daß* Interessen oder Wünsche vorliegen, sodern *wer* diese Interessen hat und *welche* es sind. Entscheidend ist — wie noch zu zeigen sein wird —, daß eine menschliche Person vorliegt, die ihren eigenen und fremden Interessen *vorausliegt*.

bb) R. Dworkin

*R. Dworkin*s Argumentation[480] besticht mit ihrer Einfühlsamkeit gegenüber moderner Empfindsamkeit: legislative Zurückhaltung in Bekenntnisfragen, liberales Demokratieverständnis, etc. Dadurch besitzt sie eine beachtliche Suggestivkraft. Doch stützt sich seine gesamte Abhandlung auf eine *petitio principii*, die alles andere konditioniert. Gemeint ist die als Ausgangspunkt gewählte Ausklammerung und Belangloserklärung der Frage, ob ein Embryo eine Person sei, die *R. Dworkin* im übrigen explizit verneint. Ein Embryo sei keine Person, weil er keine Interessen habe, aber dies sei kein Grund, ihm keine Rechte zuzubilligen, denn dafür komme es auf die "Heiligkeit" seines Lebens an. Von dieser Prämisse ausgehend, ergibt sich alles andere als Folge, und nur vor diesem Hintergrund, nur wenn ein Embryo, zumindest für praktische Belange, keine Person ist, erhalten die von *R. Dworkin* vorgetragenen Argumente überhaupt erst den *An-*

480 Für eine Kritik dieser Argumentation vgl auch *H. Corral Talciani*, Sobre la fundamentación de la protección jurídica de la vida humana. El «valor sagrado» de la vida en Dworkin y la encíclica *Evangelium Vitae*, in: Pontificium Consilium de legum textibus interpretandis et al. (Hrsg), "Evangelium vitae" e diritto, 541 ff.

schein innerer Stimmigkeit. Inhaltlich bleiben sie, was sie sind: akademisch verbrämter Egoismus. Im Klartext bedeuten seine Ausführungen zur "Frustrierung" von "Investitionen" im Rahmen "humaner kreativer Prozesse": Das Leben des Embryos steht meiner Investition in mich selbst, meinen Plänen, im Weg und daher erkläre ich mich selbst für berechtigt, seine hinderliche Existenz zu beseitigen.

Die Position *R. Dworkin*s kommt nicht aus dem kulturellen Nichts: Sie ist Frucht einer mehr oder weniger unbewußten Rechtfertigungsideologie praktischen Handelns. Dahinter stehen Grundwerte und —auffassungen über Grundfragen des Menschen, über das Wesen der Moralität, über das Gutsein der Gutheit, über den Sinn und Zweck von Bewußtsein und Selbstgestaltung des Menschen: In was soll sich der Mensch selbst gestalten? Worin soll er seine humanen kreativen Prozesse investieren? Gibt es ein Modell? Lautet die Antwort "nein!" oder "In nichts", weil es angeblich kein Modell, sondern nur Autonomie gebe, dann wird der *Prozeß* der Selbstgestaltung wichtiger als sein Ergebnis, was kontraevident ist, weil jeder Prozeß überhaupt erst um des Ergebnisses willen initiiert wird. Dieses Prinzip der Prozessualisierung kann man in vielen Bereichen menschlichen Zusammenlebens entdecken, gerade auch dort, wo es um das Leben selbst geht. Die bloße "Wirksamkeit" oder Betriebsamkeit erhebt sich gemäß der gelebten Ideologie des praktischen Materialismus über das Produkt, ohne daß eine ernsthafte Reflexion über die Sinnhaftigkeit und die humane Dimension der Betätigung stattfände. Alles, was im Produktionsprozeß, im Getriebe und Betrieb nicht mitkommt, weil es schwaches, "unproduktives" Leben sei, wird verachtet und beiseitegeschoben. Damit wird jedoch auch das Leben als solches nicht geachtet, weil sein Wert vorrangig heteronom von außen berurteilt wird: Es hat keinen inneren Wert, kann gar keinen inneren Wert haben, sondern hat Wert nur im Hinblick auf etwas anderes[481].

Genau das ist die Position *R. Dworkin*s: Nicht die unveräußerliche Würde der individuellen Person in ihrer Einmaligkeit und Einzigartigkeit, nicht die Achtung des Menschseins des Menschen als Person macht für *R.Dworkin* die "Heiligkeit" des Lebens aus, sondern erst der Bezug zu außerhalb des Individuums selbst liegenden Werten (vgl die "Frustrierung von Investitionen"). Die Person wird zum Relativbegriff[482], hat nicht mehr Würde, sondern Wert, der sich in anderen Einheiten ausdrücken läßt: Der personale Mensch ist kommensurabel geworden, sein Leben verfügbar.

---

481 Vgl *J. L. Illanes*, Scripta Theologica 1996, 742 f.

482 Vgl auch *G. Miranda*, «Cultura de la muerte»: Análisis de un concepto y de un drama, in: R. Lucas Lucas (Hrsg), Comentario interdisciplinar a la "Evangelium vitae", Madrid (1996) 225 ff, 241.

In einer Sicht der Wirklichkeit, die das Personsein des Embryos ausschließt, kann eine Position, die ihn dennoch achtet, konsequenterweise nur Bekenntnischarakter tragen: Wenn ein Embryo kein selbstberechtigtes menschliches Wesen ist, dann besteht kein zwingender Grund, ihn nicht zu töten, dann korrespondieren persönliche Verzichtleistungen zu seinen Gunsten nicht mit Rechten auf Seiten des Embryos. Seine Erhaltung am Leben, die Entscheidung nicht abzutreiben, sind ungeschuldete Handlungen, Zeichen einer wie immer motivierten Großzügigkeit, die über die Pflichten der Gerechtigkeit hinausgehen. Nur bei einer solchen Einstellung gegenüber dem Embryo kann Abtreibung als religiöse Angelegenheit erscheinen. Es ist *R. Dworkin* rechtzugeben, wenn er behauptet, daß die Abtreibung Fragen über das letzte Ziel des Lebens impliziert. Dies ist jedoch für eine jede menschliche Handlung wahr, denn bei jeder menschlichen Einzelhandlung wird — mittelbar oder unmittelbar — ein Ziel als der letzte und sinnstiftende Zweck angestrebt. Es ist weiters richtig, daß die Selbstbestimmung des letzten Zieles ein individuelles Grundrecht ist, das einem jedem Menschen auch durch die Religionsfreiheit garantiert ist. Allerdings besteht diese Freiheit nur, wenn nicht andere Personen durch diese Entscheidungen getötet oder sonst in ihren Rechten verletzt werden: Dies ist der springende Punkt, den *R. Dworkin* durch Ausklammerung vorwegnehmend zu seinen Gunsten postuliert — ein Embryo sei keine Person, jedenfalls sei diese Frage seines Erachtens unerheblich. Sie ist es keineswegs, und dies ist auch der Grund, warum das jüngere katholische Lehramt zunehmend darauf abstellt[483]. Zu sagen, die katholische Kirche hätte dies aus "politischem" Vorteil getan, ist geradezu absurd! Wäre es politisch nicht viel vorteilhafter, dem Zeitgeist Zugeständnisse zu machen und Kompromisse einzugehen? Die Kirche kann jedoch nicht nachgeben, eben *weil* eine Abtreibung die Tötung eines unschuldigen Menschen ist. Dies ist der *Grund* ihrer Hartnäckigkeit, nicht ein politisches Manöver. Daß sich die Argumente im Laufe der Jahrhunderte verändern, ist ein ganz allgemeines Phänomen: unter der Leitung des Heiligen Geistes dringt die Kirche durch Reflexion ihres Glaubens immer tiefer in diesen ein, entdeckt neue Aspekte, trifft feinere Unterscheidun-

---

483 Wie *J. Connery*, Abortion: The Development of the Roman Catholic Perspective, Chicago (1977), 310, zu Recht feststellt, ist es historisch klar, daß die Verurteilung der Abtreibung immer schon wegen des Lebensrechts des Embryos erfolgte. Selbstverständlich waren auch andere Fragen damit verbunden, etwa die Unmöglichkeit, abgetriebenen Kindern die Taufe zu spenden, aber: "It was because abortion constituted the taking of fetal life that it was condemned." Vgl auch die Argumentation im gemeinsamen Hirtenwort der deutschen Bischöfe "Menschenwürde und Menschenrechte von allem Anfang an" vom 26. September 1996, erschienen als n 57 in der vom Sekretariat der deutschen Bischofskonferenz herausgegebenen Reihe "Die deutschen Bischöfe".

gen, entfaltet ihn begrifflich und begründet ihn besser. Es gibt echten Fortschritt im Glauben, und dies gilt auch für die Frage, ob der Embryo eine Person sei.

Es sei gleich hinzugefügt und wiederholt, daß diese Frage, auch was den Embryo in den ersten 14 Tagen seiner Entwicklung anlangt, grundsätzlich keine Glaubensangelegenheit ist, sondern ein rationales und daher argumentierbares Problem. Es ist unrichtig, diese Frage als unlösbar zu bezeichnen und sie ins Reich der Ideologie zu verweisen, in dem nur innerhalb des jeweiligen Systems argumentiert werden könne, ohne Außenstehende zu überzeugen. Es ist überdies unredlich, diese Frage als unlösbar zu bezeichnen: Wer so argumentiert, macht Ausflüchte, streut dem Dialogpartner Sand in die Augen und erreicht dabei *sein* Ziel, nämlich den Relativismus, die Schutzlosigkeit des Embryos[484]. Dieses Ergebnis kommt gewiß den Zeitströmungen in den gegenwärtigen westlichen Gesellschaften entgegen, deren demokratische Systeme auf einem stillschweigend akzeptierten Tabu zu beruhen scheinen: Der Ausklammerung des Konflikts um die letzten Werte, bezüglich derer der Konsens verloren gegangen ist. Stattdessen wird der Konflikt um die vorletzten Werte, um die Spielregeln geführt. Die grundlegenden Fragen werden "übertüncht", "vorläufig ausgeklammert", um einen oft nur scheinbaren Konsens erzielen zu können. Dies ist ein Phänomen, das man insbesondere bei internationalen Verhandlungen im Bereich der Bioethik beobachten kann[485]. Gerade dieses Beispiel verweist auf das Dilemma, in dem jeder steht, der sich auf die vorletzten Werte, auf den Konflikt um die Spielregeln, beschränken möchte: Er muß unbedingt eine Vorfrage klären: Wer ist zu diesem Spiel zugelassen? Wer darf am Konflikt teilnehmen[486]? Die letzten Fragen und Werte sind unausweichlich.

d) Kann man Rechtspersönlichkeit fingieren?

Die in EV zum Personsein des Embryos vertretene Lehre wurde bereits dargestellt. Sie bildet zumindest chronologisch die Synthese einer Entwicklung, deren genauen Verlauf nachzuzeichnen hier nicht erforderlich ist[487]. Es geht ja in den

484 Die eben kritisierte Haltung findet sich etwa bei *M. Mori*, L'insolubile questione dell'identità dell'embrione, Rivista di Teologia Morale 1996, 493 ff, der ebda, 497, die Frage, ob der Embryo eine Person sei, als neuen "Fall Galilei" bezeichnet.

485 Vgl *R. Minnerath*, Revue d'éthique et de théologie morale 1996, 180.

486 Vgl *F. D'Agostino*, La vita e il diritto: L'*Evangelium vitae* letta da un giurista, Anthropotes 1995, 129 ff, 133.

487 Vgl hiezu etwa *I. Carrasco de Paula*, Personalità dell'embrione e aborto, in: Persona, Verità e Morale, 227 ff; *M. Di Pietro*, La lettera enciclica «Evangelium Vitae» e l'aborto procurato, Vita e Pensiero 1995, 653 ff.

vorliegenden Erörterungen um eine andere Frage: EV lehrt explizit das Personsein des Embryos im deontologischen Sinn, aber tut sie es auch im ontologischen? In anderen Worten: Behauptet EV auch, daß der Embryo eine Person ist oder nur, daß man ihn so *behandeln* muß *wie* eine Person? Um diese Frage zu beantworten, muß man sich zunächst bewußt machen, daß die Fragestellung bereits etwas impliziert, nämlich, daß eine Trennung von deontologischer und ontologischer Sphäre überhaupt möglich ist. Das heißt, es wird vorausgesetzt, daß es "Dinge" gibt, die nicht Personen sind, aber als Personen zu behandeln wären. Nur unter dieser Bedingung macht die Ausgangsfrage einen Sinn. Tatsächlich trifft dies für juristische Personen zu, also Vermögensmassen, Personenverbindungen, Körperschaften, etc. In all diesen Fällen wird Personalität fingiert, um Wirklichkeiten, die einen über die Einzelperson hinausreichenden Wirkungskreis besitzen, die Teilnahme am Rechtsverkehr zu ermöglichen, obwohl sie keine Menschen, keine physischen Personen, sind. Keine Fiktion gibt es jedoch, wo es sich von vornherein um einen Menschen handelt. In diesem Fall ist eine Fiktion der Rechtspersönlichkeit sogar ausdrücklich auszuschließen. Der Mensch ist die Rechtsperson schlechthin, im ursprünglichen und unabgeleiteten Sinn[488].

Die Rechtsordnung findet die menschliche Person vor, sie schafft den Menschen nicht. Es ist die Person und ihre Würde, die allem anderen Verbindlichkeit verleiht: Nicht die Rechtsordnung bringt die Person hervor, sondern umgekehrt, die menschliche Person ist der Geltungsgrund der Rechtsordnung. Alle unsere Rechtsbegriffe, das Rechtssystem schlechthin wurden geschaffen, um das Menschenwesen zu schützen. Alles ist bedingt und gestaltet von der grundlegenden Unterscheidung von Personen und Sachen: Personen *haben* Rechte, und man kann Rechte *gegen* Personen haben, aber nie Rechte *auf* Personen. Wohl aber gibt es Rechte auf Sachen. Der Begriff der Menschenwürde beinhaltet im Wesentlichen genau das: Der Mensch darf nie als bloßes Mittel, als Sache benützt werden. Jede Verdinglichung des Menschen stellt eine Verletzung seiner Würde dar. Wenn von den Rechten von Tieren, Pflanzen und sogar der unbelebten Natur die Rede ist, so handelt es sich um eine Fiktion. Gleiches gilt für die Aufgabe der klassischen Dichotomie von Personen und Sachen zu Gunsten einer Dreiteilung in Menschen — Tiere — Sachen, die zB von der österreichischen Zivilgesetzgebung vollzogen wurde. Tiere sind gewiß keine Sachen, sondern Tiere, aber vor allem sind sie keine Personen, keine Menschen und keine unabgeleiteten Träger von Menschenrechten. Dies ist einzig der Mensch.

Der Gleichheitssatz verbietet, Ungleiches gleich und Gleiches ungleich zu behandeln. In Kombination mit der Würde des Menschen ergibt dies ein Fik-

488 Vgl *A. Ollero*, Todos tienen derecho a la vida. ¿Hacia un concepto constitucional de persona? Iustitia H 2/1994, 121 ff.

tionsverbot in Bezug auf die menschliche Person. Eine Frau kann durch Fiktion nicht zum Mann, ein Mann durch Fiktion nicht zur Frau werden. Ein Mensch kann durch Fiktion nicht zum Nichtmenschen werden, und ein Nichtmensch nicht zum Menschen. In Bezug auf die physische Person, dh auf den Menschen, gibt es hinsichtlich ihres Personseins anders als bei der juridischen Person *keine* Fiktionen: Entweder jemand ist Mensch, dann auch Person, ist Person, dann auch Mensch, oder er ist weder das eine noch das andere. So wäre es etwa unzulässig, den Leichnam oder abgetrennte Körperteile durch eine Fiktion zur *physischen* Person zu erklären. Wohl handelt es sich um besonders schützenswerte Rechtsgüter und wäre es auch theoretisch denkbar, daraus durch Fiktion eine *juridische* Person zu schaffen, nicht aber *als* Mensch, als menschliche Person. Der Mensch ist automatisch, kraft eigenen Rechts, Person, Träger von Würde und Rechten, die auf der Erkenntnis des einmaligen Platzes des Menschen in der Natur beruhen: Die Rechtsordnung findet den Menschen vor, schafft ihn nicht.

Wenn also im Bereich des Menschen davon die Rede ist, daß der Embryo *als* Person zu behandeln ist, so kann damit nie eine Fiktion gemeint sein. Beim Menschen ist die Trennung von Menschsein und Personsein unzulässig: Es gibt kein "als ob", sondern nur ein "entweder oder". Schon allein die Fragestellung, ob der Embryo "nur" *als* Person zu behandeln oder eine Person ist, führt irre. Die Frage ist ausschließlich diese: Liegt ein Mensch vor oder nicht?

e) Der Embryo ist eine Person.

aa) Was es bedeutet eine Person zu sein

Worin besteht denn nun überhaupt das Personsein des Menschen? Fügt das "Personsein" dem "Menschsein" etwas hinzu? Ist es qualitativ etwas anderes? Diese Fragen sind zu verneinen. Das "Personsein" ist nicht mehr als das "Menschsein", es ist nicht etwas, was dem Menschsein "aufgesetzt" oder von außen von irgendjemandem zu irgendeinem Zeitpunkt dem Menschsein hinzugefügt würde. Personsein besteht in der sozialen Bedeutsamkeit des Menschen für andere. Personsein ist die soziale Dimension des Menschseins. Es fügt dem Menschsein als solches nichts hinzu, sondern ist der Ausdruck der Relationalität des Menschen, die Widerspiegelung der Tatsache, daß der Mensch ein ursprüngliches Heimatrecht in der Gemeinschaft hat. Sobald ein Mensch entsteht, steht er in Beziehung, erfordert seine bloße Existenz Stellung— und Bezugnahme der ihn umgebenden Menschen: Diese soziale Dimension äußert sich in den Rechten dieses Menschen, zu vorderst in seinem Recht auf Existenz, auf Leben und Entfaltung. Diesem Recht korrespondiert die Pflicht, sein zu lassen und zur Entfaltung beizutragen. Dieses Bündel an Rechten und Pflichten, kurz die Summe der so beschriebenen sozialen Bedeutsamkeit nennen wir "Person" oder Rechtssubjekt. *R. Spaemann* formuliert es so: "Personsein ist das Einnehmen eines Platzes, den es gar nicht gibt ohne einen Raum, in dem andere Personen ihre Plätze haben. Das Einnehmen dieses Platzes beruht nicht auf einer Zuweisung durch andere, die bereits vor uns da waren. Jeder Mensch nimmt diesen Platz als geborenes Mitglied kraft eigenen Rechtes ein. Aber er wird nicht empirisch an diesem Platz vorgefunden, sondern dieser Raum wird überhaupt nur wahrgenommen in der Weise der Anerkennung."[489] Sowohl § 16 ABGB als auch EV bringen eben dieses zum Ausdruck: Der Mensch "hat angeborne, schon durch die Vernunft einleuchtende Rechte und *ist deshalb als Person zu begreifen.*"[490] und im bereits zitierten Text von EV 60 heißt es: "Ein menschliches Geschöpf ist von seiner Empfängnis an als Person zu achten und zu behandeln, und *deshalb sind ihm von jenem Augenblick an die Rechte einer Person zuzuerkennen,...*"[491]. Auffällig ist die Formulierung in § 16 ABGB: Der Mensch hat Rechte und ist *deshalb* als Person zu betrachten. Das scheint fast rechtspositivistisch zu sein: Im Text steht nicht zuerst das Prinzip der Personalität, aus der Rechte erfließen, sondern die Rechte werden gebündelt im Sinn der "Statuslehre" verliehen, die dann die rechtliche Position begründen. Aus dem Kommentar sowie den sonstigen Schriften *Zeillers*[492], des Hauptredaktors des ABGB, wissen wir, daß die Gesetzesgenese umgekehrt verlief, so wie im Text von EV: Zuerst die Einsicht in die Würde der Person, hernach die Zuerkennung von Rechten an jedes menschliche Wesen als Person. Tatsächlich kann die Einsicht jedoch auch in der umgekehrten Richtung erfolgen: Einsicht in die Rechte des Menschen, als bestehendes und in seiner Existenz anzunehmendes Individuum, wofür als zusammenfassender Begriff "Person" verwendet wird.

Möglicherweise enstammt der Vorschlag, den Begriff "Person" für die Analyse der Würde des Menschen von seinem Anfang bis zu seinem Ende *nicht* zu verwenden, dieser Erkenntnis, nämlich, daß sich Mensch— und Personsein zu einander wie zwei zeitgleiche, in einander fallende und sich gegenseitig durchdringende Dimensionen desselben Phänomens verhalten: des einen Menschen, des einen und desselben Individuums, das zugleich "Ich" und "Wir" ist, Selbstand und Sozialverwiesenheit. Zu Gunsten dieses Vorschlags führt etwa

489 *R. Spaemann*, Personen, 193.
490 § 16 ABGB.
491 Hervorhebungen in beiden Zitaten von mir.
492 Vgl *F. v. Zeiller*, Commentar über das ABGB, Wien (1802) zu § 22 ABGB; *ders*, Das natürliche Privatrecht, Wien (1811) § 41.

A. Serra[493] an, daß der Begriff "Person" durch seine terminologische Verwendung, durch seine emotionale Aufladung, durch die figürliche Vorstellungsweise, die mit "Person" einhergehe, unklar geworden sei. Viel deutlicher und allgemein einleuchtend sei es, vom "menschlichen Individuum" oder vom "menschlichen Subjekt" zu sprechen[494].

Diese Gründe sind durchaus zutreffend und stimmen ja auch mit dem bisher Gesagten überein, trotzdem ist mE der Begriff "(Rechts)—Person" notwendig und unaufgebbar. In ihm kommt nämlich die soziale oder rechtliche Dimension des Menschen zum Ausdruck, seine Verwobenheit in eine konkrete Gesellschaft, die ihn anzunehmen und zu respektieren hat. Es kommt der soziale Aspekt zur Geltung, der eine vom menschlichen Individuum nicht zu trennende Realität, aber doch ein unterscheidbarer Gesichtspunkt ist: Die (Rechts—)Person ist der Mensch insofern er ein soziales Wesen ist.

Daß aber jedes menschliche Individuum, dh jedes Individuum der Spezies Homo Sapiens, zu achten und zu respektieren, und daher Person, ist, möchte ich in zwei Schritten darlegen, die mit einander verbunden und auf einander verwiesen sind.

bb) Personsein ist ein Prinzip

Zunächst handelt es sich bei der sozialen Bedeutsamkeit des Menschen im dargelegten Sinn seiner Würde als Person um einen kategorischen Imperativ, um ein Rechts*prinzip*. Wie der Name Prinzip, *principium*, besagt, stellt es einen Ausgangspunkt dar, in den man zwar Einsicht haben, den man aber als erste Prämisse nicht beweisen kann. Als Prinzip ist der Grundsatz der Achtung des Personseins nicht hinterschreitbar. Wohl kann jedoch aufgewiesen werden, daß seine Nichtbeachtung mit jeglicher sozialethischer oder rechtlicher Verfassung einer Gesellschaft absolut unvereinbar ist. Es gibt keinen *Be*weis des Prinzips, wohl aber Einsicht in es und *Auf*weis der Folgen seiner Verneinung. All dies ist ja bereits ausführlich zur Darstellung gekommen und braucht hier nicht nochmals wiederholt zu werden[495]. Es sei hier lediglich nochmals auf die enge Verbundenheit des Begriffs des Personseins oder der Menschenwürde mit jenem anderen juridischen Schlüsselbegriff der Unschuld hingewiesen. Dieser ist in einem vorhergehenden Kapitel als "Grundsoziabilität" des Menschen bezeichnet worden, als die grundsätzliche Bereitschaft, sich in ein gemeinschaftliches Leben

493 Vgl *A. Serra*, Pari dignità all'embrione umano nell'Enciclica *Evangelium Vitae*, Medicina e Morale 1995, 793 ff, 814.

494 Vgl *A. Serra*, ebda, 814.

495 Vgl Kapitel I.2.d)aa).

einzulassen, oder besser gesagt: als die Bereitschaft, die Tatsache anzuerkennen, daß man in eine bereits bestehende Gemeinschaft hineingeboren und von ihr getragen wird und sie als Bezugsfeld der eigenen freien Handlungen vorfindet. Jeden anderen unschuldigen Menschen muß man als Person, als Rechtsträger, annehmen, sonst verliert man selbst die Unschuld und stellt sich außerhalb des Humanums.

cc) Der Unterschied zwischen Mensch und Tier

Warum aber, und dies ist der zweite Schritt, treffen diese Überlegungen nur auf das Individuum der Spezies Homo Sapiens zu und nicht auch auf die Individuen anderer biologischer Spezies? Warum ist jedes Individuum der menschlichen Spezies Person und warum sind es nicht bloß jene Individuen, die bestimmte Eigenschaften aufweisen? Die Antwort beruht auf der Erkenntnis des einmaligen Platzes des Menschen in der Natur. *G. Pöltner* drückt dies folgendermaßen aus: "Menschen sind imstande, die Relationen und Bedingungen, in und unter denen sie stehen, ihrerseits noch zu relativieren, und nicht nur die eigenen Interessen zu verfolgen, sondern diejenigen anderer als solche anzuerkennen und zu den eigenen zu machen. Deshalb ist der Mensch ein sittliches Wesen. Indem Bedingtheiten als solche zum Vorschein kommen, vergegenwärtigt sich darin das Unbedingte." Eine Bedingtheit kann als solche nur von einem Gesichtspunkt aus erkannt werden, dem selber der Formalaspekt der Unbedingtheit zukommt. "Deshalb heißt ein Mensch zu sein, Repräsentant des Unbedingten zu sein. Mit jedem Menschen ist etwas erfahrbar Unbedingtes in die Welt gekommen — in allen Bedingtheiten. Diese Erfahrung zeigt, daß es eine Bedeutsamkeit gibt, die mit dem vorgegebenen Sein des entsprechenden Seienden identisch ist — und nicht einer menschlichen Wertschätzung oder Interessenabwägung entstammt. Weil diese Bedeutsamkeit ein Unbedingtheitsmoment aufweist, spricht man von Würde, die anerkannt und geachtet sein will. Die Würde des Menschen liegt in der Repräsentation des Unbedingten."[496]

Nun ließe sich einwenden, daß das Unbedingte sich in den Eigenschaften manifestiert. Und tatsächlich ist der Erkenntnisweg dieser: Nur von der äußerlich wahrnehmbaren Tätigkeit kann auf die aktuell vorhandene Fähigkeit geschlossen werden, aber diese Fähigkeit muß auf der Seinsebene schon vorhanden sein, bevor sie ausgeübt wird. Erkenntnisordnung und Seinsordnung sind — in dieser Frage — gegenläufig: In der Erkenntnis kommt die konkrete Tätigkeit zuerst, im Sein ist sie das letzte Glied einer Kette. Nicht die Tätigkeit konstituiert den Wert, sondern sie entfaltet etwas, was — "zusammengefaltet" — bereits vorhanden

496 *G. Pöltner*, Achtung, 31.

war. Die aktuelle Tätigkeit manifestiert eine Fähigkeit, die — als Fähigkeit — ebenfalls seinswirklich besteht. Daher erlaubt die Art der Tätigkeit Rückschlüsse auf die Fähigkeit: Tätigkeiten, die sich vollständig in der sinnlichen Wahrnehmung erschöpfen, dh im jeweils unmittelbaren, sinnlichen Datum, haben ebensolche Fähigkeiten als Grundlage. Lassen sich hingegen nicht-materielle Tätigkeiten feststellen, dann muß auch das Prinzip, aus dem sie hervorgehen, nicht-materiell sein. Ausgangspunkt der Unterscheidung von Materiellem und Nicht-Materiellem ist die empirische Beobachtung, daß es nur im Menschen eine Erkenntnisform gibt, die von der unmittelbar umgebenden, sinnlich wahrnehmbaren, einzelgegenständlichen Wirklichkeit unabhängig ist. Obwohl Tiere über sinnliche Kommunikationssysteme ("Sprache"), Wahrnehmung, Erinnerung, Phantasie, numerische Abstraktion und Schätzungsvermögen verfügen, sind diese Fähigkeiten immer an das unmittelbar sinnlich wahrnehmbar Gegebene gebunden. Im Menschen hingegen ist das nicht so. Unser Verstand erkennt im jeweiligen Sinnesreiz seinen intellegiblen Gehalt. Wir abstrahieren das sinnenhaft Konkrete und machen das nicht-materiell Abstrakte aus. Der Mensch erkennt das *Wesen* der Dinge. Er beschränkt sich nicht darauf, sinnlich feststellbare Gegenstände zu registrieren, sondern erkennt, daß dieses Objekt, dieser den Sinnen entgegen-geworfene Gegen-stand (Ob-jekt in wörtlicher Übersetzung), *etwas* ist. Die menschliche Erkenntnisform nimmt immer — spontan und unmittelbar — wahr, daß der jeweilige Einzelgegenstand die individuelle Realisierung eines Wesens ist. Auf der logischen Ebene kommt das im Begriff zum Ausdruck, der von vielen partikulären Wirklichkeiten ausgesagt werden kann.

Der Mensch kann weiters Dinge denken, die er sich nicht vorstellen kann, weil es kein entsprechendes sinnliches Vorstellungsbild dafür gibt. Die Vorstellung beinhaltet immer konkrete Einzeldinge, deren Widerspiegelung sie ist. Trotzdem stellen wir fest, daß wir Aussagen *verstehen* können, denen keinerlei bildliche Repräsentation entspricht. Die menschliche Erkenntnis transzendiert also auch insofern und über das oben Gesagte hinausgehend die bloß sinnliche Wahrnehmung.

Das menschliche Kommunikationssystem entspricht unserer Erkenntnisweise. Menschen und Tiere unterliegen beide der gleichen Notwendigkeit, sich mit sinnlich wahrnehmbaren Zeichen mitzuteilen. Es ist nicht so, daß Tiere Dinge "denken", die sie nicht ausdrücken können, sondern ihr äußeres Verhalten und ihre Kommunikation gibt adäquat und erschöpfend ihr Sein wieder. Könnten Tiere wie Menschen denken, dann wären sie Menschen, dann würden sie sich wie Menschen verhalten und würden sie auch begrifflich sprechen — dies ist aber evidentermaßen nicht der Fall.

Auf Grund der vergleichenden Beobachtung tierischen und menschlichen Verhaltens erkennen wir weiters, daß es nur im Menschen Selbstbestimmung des eigenen Verhältnisses zur Welt und zu sich selbst gibt. Nur der Mensch bestimmt selbst — innerhalb der Grenzen seiner Leiblichkeit — die eigene Relation zu sich selbst, zu den anderen Menschen und zur Umwelt. Tiere besitzen Strebevermögen, Energie, Kraft und Gefühle, aber sie beziehen in ihren Handlungen nicht selbst nochmals Stellung zu ihren Handlungen. Sie sind nicht reflexiv, sondern impulsiv. Ihre Tätigkeiten erschöpfen sich in sich selbst. Sie verweisen nicht auf einen jenseits des zu befriedigenden sinnlichen Bedürfnisses liegenden Zweck. Deswegen haben ihre Handlungen keine *Bedeutung* und sind daher auch keine *ethisch* relevanten Handlungen. Tiere können durch ihre Tätigkeit ihre eigene Stellung im Kosmos nicht bestimmen. Das vermag nur der Mensch durch seine Freiheit.

Dieser real feststellbare Unterschied zwischen Mensch und Tier ist nicht bloß quantitativer Art. Die im Menschen beobachtbaren Tätigkeiten und Eigenschaften sind nicht Verlängerungen oder Verbesserungen von tierischen Eigenschaften, sondern sie sind anderer Art. Der Unterschied zwischen materiellen und nicht-materiellen Tätigkeiten und Fähigkeiten ist qualitativer Art: Mensch und Tier sind etwas *ganz* Verschiedenes, und zwar im radikalen Sinn des Wortes. Beide können nicht in einander übergeführt werden. Der Unterschied ist unüberbrückbar und in diesem Sinn unendlich. Obwohl viele Parallelen im Körperlichen bestehen, ist das, was das Wesen des Menschen ausmacht, dh die spezifische Differenz zwischen Mensch und Tier, die Nicht-Materialität oder — mit anderen Worten — die Geistigkeit des Menschen, die in seinen nicht-materiellen Handlungen zum Vorschein kommt.

Die Tendenz zur sentimentalistischen "Hominisierung" des Tieres, dh zur Gleichstellung von Mensch und Tier, meist durch Projektion typisch menschlicher Eigenschaften auf das Tier, ist gefährlich. Sie hat die Bestialisierung des Menschen zur Kehrseite. Zur Vermeidung von Mißverständnissen: Damit ist nicht gesagt, daß jeder "Tierliebhaber" ein "Menschenhasser" wäre. Eine richtig verstandene Liebe zum Tier ist vielmehr ein wichtiger Bestandteil einer humanen Lebenshaltung, wie der KKK dies zum Ausdruck bringt[497]. Gemeint ist die Gleichsetzung von Mensch und Tier auf ethischer Ebene und die Nivellierung der Unterschiede.

Ein geistiges Prinzip, Ursprung nicht-materieller Handlungen, findet sich *nur* im Menschen, und konstituiert nur den Menschen als ethisches Subjekt. Wie gesagt, nur freie und bewußte Handlungen, zu denen der Träger wiederum selbst Stellung beziehen kann und muß, und mit denen er immer auch — und zwar selbst dann, wenn er dies bewußt auszuschließen meint — einen jenseits des

497 Vgl KKK Rz 2416 — 2418.

unmittelbar sinnlich gegebenen Gegenstands liegenden Zweck anstrebt, haben *Bedeutung* im ethischen Sinn.

Wie doch deutlich geworden sein sollte, wird also die ethische Bedeutsamkeit des Menschen, sein Charakter als Person und Rechtssubjekt nicht deduktiv von der metaphysischen Annahme der Existenz der geistigen Seele abgeleitet, sondern es verhält sich umgekehrt: Die beobachtbare Existenz tyisch nichtmaterieller Handlungen verlangt ein entsprechendes Handlungsprinzip, in aristotelischer Tradition auch Seele genannt. Der Begriff Geistseele oder geistige Seele des Menschen ist erforderlich, um die typischen Lebenserscheinungen des Menschen rational begreifbar zu machen, nicht aber, um aus ihm — a priori — das Vorliegen menschlichen Lebens abzuleiten oder dessen Existenz deduktiv zu verneinen. Das Leben und seine vitalen Äußerungen im konkreten Subjekt sind die Seinstatsachen, die von der Vernunft erfaßt werden müssen, nicht Folgerungen, die aus philosophischen Prämissen abgeleitet werden. Ein Vergleich: Es wäre etwa absurd, die Theorie von Akt und Potenz heranziehen zu wollen, um die Geschwindigkeit eines vorbeifahrenden Zuges zu messen. Für die philosophische Analyse von Bewegung hingegen, ist diese Theorie unerläßlich. Ähnlich verhält es sich mit dem Begriff der Geistseele. Es wäre sinnlos, ihn zu verwenden, um zu wissen, ob jemand Mensch ist oder nicht. Das Argument verläuft nicht vom geistigen Prinzip zum Sein: "Es hat Seele, deshalb ist es ein lebendiges Individuum der menschlichen Spezies", sondern umgekehrt: "Es ist ein lebendiges Individuum der menschlichen Spezies, daher hat es Seele"[498].

dd) Jedes Individuum der menschlichen Spezies ist Person

Mit dieser letzten Aussage ist ein Schritt über das hinausgetan worden, was bisher argumentativ dargelegt wurde. Bisher ist gesagt worden, daß der jeweilige Mensch selbst, und nicht die geistige Eigenschaft, Sitz der Werte ist. Die Eigenschaft bringt die Geistigkeit des Menschen zum Vorschein. Die Geistigkeit wiederum konstituiert einzig den Menschen als ethisches Subjekt. Jetzt wird hinzugefügt, daß es genügt, Individuum der menschlichen Spezies zu sein — unabhängig von den jeweiligen individuellen persönlichen Eigenschaften —, um auch Rechtssubjekt, Person, zu sein. Dies aus folgenden Gründen: Die beobachteten nicht-materiellen Handlungsweisen, Eigenschaften und Fähigkeiten des Menschen sind *nicht* individuelle Eigenschaften, wie etwa Haar— oder Augenfarbe, Körpergröße und —gewicht, sondern sie sind speziestypisch. Sie bilden gerade die spezifische Differenz zwischen Mensch und Tier und kommen daher der Spezies als solcher zu. Bei der unvoreingenommenen und objektiven Beob-

498 Vgl *A. Rodríguez-Luño*, Valoración, 431 f.

achtung menschlichen und tierischen Verhaltens sind sie die auffälligen Elemente, die nicht die Individuen, sondern die Spezies Homo Sapiens als solche konstituiert und abhebt. Sobald jemand der menschlichen Spezies angehört, hat er Teil an denselben Anlagen und Fähigkeiten, auch wenn er sie nicht ausübt oder sogar nie ausüben wird, ja sogar wenn ihm gewisse Fähigkeiten fehlen. In diesen Fällen erkennen wir das Nichtvorhandensein gewisser Eigenschaften als *Mangel* im jeweiligen Subjekt. Ein Blinder oder ein Stummer etwa sind Menschen, denen wichtige menschliche Fähigkeiten fehlen. Ebenso ein geistig Behinderter, der keine immateriellen Erkenntnis— oder Willensakte zu erkennen gibt: Er ist nicht deshalb ein Tier, sondern ein Mensch, dem etwas fehlt. Ein Tier, das — phänomenologisch — ebensowenig wie der geistig behinderte Mensch geistige Akte setzt, verwirklicht die Fülle seiner speziestypischen Anlagen. Ein Behinderter nicht: Er ist ein Mensch, der seine speziestypischen Anlagen nicht voll entfalten kann. Auf Grund dieses Mangels erkennen wir ihn ja überhaupt erst als Behinderten, eben als behinderten Menschen. Da er Mensch ist, hat er auch Teil am Personsein, an der Rechtssubjektivität[499]. Auch er ist Repräsentant des Unbedingten, weil er an einer Spezies teilhat, deren Konstitutivum darin besteht, dies zu sein: Geistigkeit ist eine speziestypische, keine individuelle Eigenschaft. Der Mangel hingegen ist individuell, kommt nur diesem Individuum zu und charakterisiert es in seiner Individualität.

Gleiches gilt für den Menschen in seiner embryonalen Entwicklungsphase mit dem Unterschied, daß dem Embryo nur im *un*eigentlichen Sinn etwas ermangelt. Er befindet sich vielmehr in Entwicklung. Dieser Vorgang ist wohl das unverwechselbarst und ursprünglichst menschliche Ereignis, das es gibt. Ausschließlich der menschliche Embryo kann menschliche Eigenschaften entfalten, nur er besitzt die Fähigkeit zur Entwicklung spezifisch menschlichen Seins. Der Embryo entwickelt sich *als* Mensch, nicht *zum* Menschen. Freilich kommen diese spezifisch menschlichen Eigenschaften in ihrer jeweils individuellen, persönlichen Ausprägung erst später zum Vorschein, aber sie sind *in* einer schon vorhandenen Person entstanden. Nur ein Mensch kann frei sein, aber auch nur in einem Menschen kann Freiheit entstehen[500].

499 Vgl *A. Moraczewski*, The Human Embryo and Fetus. Ontological, Ethical and Legal Aspects, in: Pontificio Istituto Giovanni Paolo II per studi su matrimonio e famiglia, Università Lateranense/Centro Accademico Romano della Santa Croce, Università di Navarra (Hrsg), «Humanae Vitae»: 20 anni dopo, Mailand (1989), 339 ff, 353; *J. Finnis*, A philosophical case against euthanasia, in: J. Keown (Hrsg), Euthanasia examined, Cambridge (1995) 23 ff, 31 f.

500 Vgl hiezu angesichts der ausufernden Literatur lediglich *A. Moraczewski*, The Human Embryo, 339 ff.

Bei der Frage nach dem Menschsein des Embryos und damit seines Personseins tritt ein weiteres Element besonders in den Vordergrund: die Leiblichkeit des Menschen oder besser gesagt seine leib-seelische Einheit. Es dürfte außer Streit stehen, daß der menschliche Embryo menschliches Leben bzw lebendige menschliche Leiblichkeit darstellt. Wo aber lebende menschliche Leiblichkeit (nicht die bloße Körperlichkeit des Kadavers) vorliegt, dort haben wir es bereits mit einem Menschen und daher auch mit einer Person zu tun[501]. Denn der Mensch "hat" nicht nur einen Leib, er "ist" sein Leib. Die menschliche Person ist "leiblich", und jeder Eingriff in den menschlichen Leib berührt nicht nur Zellen, Organe und deren Funktionen, sondern auch die Person selbst[502]. Selbstverständlich trifft dies nur auf den lebendigen, dh sich von innen selbstverändernden, beseelten Leib zu. Weiter oben wurde die Seele als Handlungsprinzip bezeichnet, aber sie ist in allgemeiner und vorausliegender Weise Prinzip der Veränderung oder der Entwicklung, das jedes Lebewesen (auch Pflanze und Tier) in sich trägt. Dieses Entwicklungsprinzip ist im Menschen vom Augenblick der Empfängnis an im Laufe des ganzen Lebens wirksam. Am offensichtlichsten ist dies gerade am Beginn der Entwicklung im Embryonal— und Fötalstadium der Fall, doch die Dynamik der Veränderung bleibt nie stehen. Worauf es hier ankommt, ist die Bezogenheit der Seele auf den Leib. Als Entwicklungsprinzip macht die Seele ohne etwas, das es zu entwickeln gilt, gar keinen Sinn. Die menschliche Seele erfordert daher ein materielles Substrat, den Leib. Allerdings erfordert sie nicht den Leib in seiner Vollform, die es ja eigentlich gar nicht gibt, sondern in *entsprechender* Form. Die menschliche Zygote etwa ist ein ausgezeichnetes materielles Substrat für die menschliche und damit auch geistige Seele, denn sie ist Träger und Empfänger einer univoken Entwicklung und eines ebenso univoken Entwicklungsprinzips[503].

Wie leicht zu erkennen, ist das Argument der menschlichen Leiblichkeit des Embryos nur eine Abart der vorangehenden Gedanken zur Spezieszugehörigkeit. Im Fall des Behinderten ging es darum zu zeigen, daß der Mangel einer Eigenschaft die Zugehörigkeit zum Menschsein nicht aufhebt. Dem Menschsein als solchem kommt wiederum die Repräsentanz des Unbedingten zu. Im Fall des Embryos unterstreichen sein Entwicklungspotential und die Bedeutung seiner Leiblichkeit dieselbe Aussage.

---

501 Vgl *H. Thomas*, Ehrfurcht vor dem Leib oder Furcht vor der Medizin, Medizinische Klinik 1993, 39 ff.

502 Vgl *A. Sarmiento*, El respeto a la dignidad personal de la vida humana, exigencia ética fundamental, Scripta Theologica 1996, 759 ff, 771 f; *I. Carrasco de Paula*, Persona, Verità e Morale, 288 ff.

503 Vgl auch *L. Melina*, Corso, 121 ff.

Bei beiden Menschengruppen (Behinderten und Embryos) tritt der Charakter des Lebensrechts als Prinzip der Rechtsordnung besonders deutlich in Erscheinung. Die menschliche Person ist nicht nur Selbstbesitz, Selbstand, Individualität und Ichhaftigkeit, sondern sie ist auch Selbstmitteilung, Gemeinschaft und Wirhaftigkeit. Nur in der aufrichtigen Hingabe seiner selbst, ist der Mensch im Vollsinn Person[504]. In je mehr Beziehungen der Hingabe Menschen stehen, umso mehr verwirklichen sie sich selbst und sind sie als Folge davon auch glücklich. Diese Beziehung der Hingabe äußert sich nicht nur in angenehmen Freundschaften, sondern vielmehr auch in Relationen der Abhängigkeit, in den Belastungen, die die Fürsorge für Kranke, Alte, Behinderte, Kinder und Ungeborene mit sich bringen. Die Entfaltung der relationalen Dimension der menschlichen Person geschieht in der Abhängigkeit von anderen, weil diese wiederum von uns abhängen. Gegenseitige Angewiesenheit also: der einen für ein menschenwürdiges Leben, der anderen für ein Leben, das des Namen Mensch würdig ist. Ohne die Schwierigkeiten zu bagatellisieren und ohne Schönfärberei, sind die Kranken, Alten, Behinderten, die Kinder und die Ungeborenen der Schatz und der Reichtum der Gesellschaft. Die tätige Liebe zu ihnen ist die *causa formalis* der Menschlichkeit der Gesellschaft. Ohne die Herausforderung und den ständigen Stimulus zur Selbstüberschreitung, der von ihnen ausgeht, würden die Gesunden und Starken als Menschen verarmen. Sie würden leicht auf die ichhafte Seite ihres Menschseins zurückfallen und dadurch in ihrem Personsein verflachen[505]. Die "Zivilisation der Liebe", von der *Johannes Paul II.* wie von einem Leitmotiv seiner Gesellschaftslehre spricht, ist tatsächlich eine Forderung des Personseins des Menschen.

Was also im allgemeinen vom Lebensrecht des Menschen gesagt wurde, gilt in besonderer Weise von behinderten und ungeborenen Menschen: Je schwächer und schutzloser ein Mensch ist, umso stärker ist sein Anspruch auf gesellschaftliche Garantie seines Lebens und seiner Entfaltung.

Als Ergebnis der bisherigen Überlegungen zu den Aussagen der Enzyklika über die Unsittlichkeit der Abtreibung läßt sich folgendes festhalten.

Ausdrücklich verkündet EV nur die "deontologische" Persönlichkeit des Embryos, nämlich, daß ein Embryo wie eine Person zu behandeln ist.

Dies ist jedoch gleichbedeutend mit der Aussage, daß der Embryo eine menschliche Person ist, denn Rechtspersönlichkeit besteht in der sozialen Bedeutsamkeit des Menschen.

504 Vgl GS 24; für eine dichte Zusammenfassung der Anthropologie *Johannes Paul II.* vgl seine Enzyklika *Dominum et Vivificantem* vom 18. Mai 1986, n 59.

505 *R. Spaemann*, Personen, 260, nennt die Art und Weise des Umgangs mit Kranken den "Härtetest der Humanität".

Sobald jemand der Spezies Homo Sapiens angehört, tritt mit ihm etwas Unbedingtes in die menschliche Gesellschaft ein, das von den anderen Menschen unbedingt geachtet und respektiert werden muß.

Daß jede Abtreibung, unabhängig von den Motiven und den Umständen, die sie veranlaßt haben, schweres sittliches Unrecht darstellt, heißt nicht, daß es im Lehramt diesbezüglich keine Differenzierungen und Unterscheidungen gäbe. Diesen soll im folgenden Kapitel nachgegangen werden.

4. Abtreibung und Rechtsordnung

a) Differenzierter Schuldvorwurf

Eine korrekte Darstellung dieser Differenzierungen muß zunächst den Rahmen aufzeigen, innerhalb dessen sie getroffen werden. Dieser besteht in der ausnahmslosen Unsittlichkeit der direkten Abtreibung. Das moralische Gesetz kennt keine "Indikationen", bei deren Vorliegen unschuldiges menschliches Leben direkt getötet werden dürfte. In Fortsetzung lehramtlicher Äußerungen zu diesem Fragenkomplex führt EV aus: "*Niemals jedoch können* diese und ähnliche Gründe, mögen sie noch so ernst und dramatisch sein, *die vorsätzliche Vernichtung eines unschuldigen Menschen rechtfertigen.*"[506] "Kein Umstand, kein Zweck, kein Gesetz wird jemals eine Handlung für die Welt statthaft machen können, die in sich unerlaubt ist, weil sie dem Gesetz Gottes widerspricht, ..."[507]. Auch die medizinische Indikation, bei deren Vorliegen die Abtreibung als Mittel zur Rettung des Lebens der Mutter gewollt wird, wird als moralisch unzulässig abgelehnt. Dies geschieht in EV einerseits durch den Verweis auf frühere einschlägige Äußerungen des Lehramtes[508], ohne daß *Johannes Paul II.* deren Wortlaut ausdrücklich wiederholt; andererseits und vorrangig durch den Dank des Papstes an jene Mütter, die in heroischer Weise ihr Leben für ihre Kinder hingegeben

---

506 EV 58 Abs 4. *Johannes Paul II.* zählt unter anderem die Bewahrung der eigenen Gesundheit der Mutter zu diesen Gründen.

507 EV 62 Abs 4.

508 Vgl EV 62. Zwei der von EV zitierten Stellen lauten: *Pius XI.*, Enzyklika *Casti Connubii*, AAS 1930, 539 ff, 562 f.: "Quod vero attinet ad «indicationem medicam vel therapeuticam» — ut eorum verbis utamur — iam diximus, Venerabiles Fratres, quantopere Nos misereat matris, cui ex naturae officio gravia imminent sanitatis, immo ipsius vitae pericula: at quae possit umquam causa valere ad ullo modo excusandam directam innocentis necem. De hac enim hoc loco agitur." *Pius XII.*, Ansprache an den Katholischen Hebammenverband Italiens (29.10.1951), AAS 1951, 835 ff, 838: "Così, per esempio, salvare la vita della madre è un nobilissimo fine; ma l'uccisione diretta del bambino come mezzo a tal fine, non è lecita."

haben: Die "heroischen Taten" sind "die feierlichste Verherrlichung des Evangeliums vom Leben, weil sie es mit totaler Selbsthingabe verkünden."[509] Eine Veränderung des lehramtlichen Stils ist unverkennbar.

E. Schockenhoff[510] hat aus dieser Stiländerung folgendes abgeleitet: Die meisten katholischen Moraltheologen betrachteten heute die medizinisch indizierte Abtreibung im Sinn der klassischen Lehre von der Handlung mit Doppelwirkung als indirekte Tötung und sähen sie somit als ethisch vertretbaren Ausweg an. Eine solche Lösung, die auch von lehramtlichen Verlautbarungen auf ortskirchlicher Ebene wie dem deutschen Moralkatechismus "Leben aus dem Glauben" befürwortet werde, gehe "über den Wortlaut von 'Evangelium vitae' hinaus", werde aber von der Enzyklika im Gegensatz zu früheren Stellungnahmen des päpstlichen Lehramts auch nicht explizit ausgeschlossen.

Dem ist entgegenzuhalten, daß die medizinisch indizierte Abtreibung keineswegs als indirekte Tötung verstanden werden kann, wenn sie als *Mittel gewollt* und daher vom Vorsatz erfaßt wird. In diesem Fall stellt sie eine *direkte* und daher immer unzulässige Tötung dar[511]. Die diesbezügliche Lehre der Kirche hat sich nicht verändert, was der Papst ausdrücklich unterstreicht, wenn er in seiner Verurteilung der direkten Abtreibung eigens durch einen Einschub erklärt, daß sie weder als Ziel noch als Mittel gewollt werden darf. Auch die von *Johannes Paul II.* zitierten Stellen des Lehramts sind hinlänglich deutlich.

Ich kann daher die Diagnose *E. Schockenhoffs* nicht teilen, daß die von ihm referierte Position nur über den Wortlaut der Enzyklika hinausginge. Es liegt eine logische Unvereinbarkeit, ein Widerspruch, vor, der zu Gunsten der gesamtkirchlichen Communio aufzulösen ist.

Auch die eugenische Indikation wird abgelehnt. Für die Eugenikmentalität, die die selektive Abtreibung behinderter Kinder in Kauf nimmt, findet der Papst sehr deutliche Worte: "Eine solche Denkart ist niederträchtig und verwerflich, weil sie sich anmaßt, den Wert eines menschlichen Lebens einzig und allein nach Maßstäben wie »Normalität« und physisches Wohlbefinden zu beurteilen und auf diese Weise auch der Legitimation der Kindestötung und der Euthanasie den Weg bahnt."[512] Auch hier fehlen der positive Ton und der Dank nicht: "Die Kirche ist jenen Eheleuten nahe, die unter großer Angst und viel Schmerz bereit

509 EV 86.

510 *E. Schockenhoff*, Insgesamt schlüssig. Eine moralphilosophische Analyse von "Evangelium vitae", HK 1995, 541 ff, 543.

511 Vgl die im Kapitel über das *voluntarium indirectum* getroffenen Unterscheidungen zwischen direkter und indirekter Abtreibung, wie sie auch von *Pius XII.*, Ansprache vom 26. November 1951 an die Vereinigung kinderreicher Familien, AAS 1951, 855 ff, 857 — 859, ausgeführt werden. Vgl ebenso *L. Melina*, Corso, 189 ff.

512 EV 63 Abs 3.

sind, ihre von Behinderung schwer heimgesuchten Kinder anzunehmen; und sie ist all jenen Familien dankbar, die durch Adoption Kinder aufnehmen, die wegen Behinderungen oder Krankheiten von ihren Eltern im Stich gelassen worden sind."[513]

Vor diesem Hintergrund wird der *konkrete Schuldvorwurf* im Einzelfall allerdings in zweierlei Hinsicht differenziert. Einerseits kann die Schuld der Frau, die sich zu einer Abtreibung entschließt, vermindert werden: "Die Entscheidungen gegen das Leben entstehen bisweilen aus schwierigen oder geradezu dramatischen Situationen tiefen Leides, der Einsamkeit, des völligen Fehlens wirtschaftlicher Perspektiven, der Depression und Zukunftsangst. Solche Umstände können die *subjektive Verantwortlichkeit* und die daraus folgende *Schuld* derer *vermindern*, die diese in sich verbrecherischen Entscheidungen treffen."[514] Und "es fehlt nicht an Situationen von besonderer Armut, Bedrängnis oder Verbitterung, in denen der Kampf um das Überleben, der Schmerz bis an die Grenzen der Erträglichkeit, die besonders von Frauen erlittenen Gewaltakte den Entscheidungen zur Verteidigung und Förderung des Lebens bisweilen geradezu Heroismus abverlangen."[515] Andererseits dehnt *Johannes Paul II.* die Schuld auf andere Personen aus. Er überträgt ihnen sogar die sittliche Hauptverantwortung für die Abtreibung. In diesem Sinn weist der Papst auf die Verantwortung des Vaters des Kindes, des weiteren Familienverbandes und der Freunde hin, wenn sie die Frau zu diesem Schritt bewegen: "... ohne Zweifel lastet in diesem Fall die *sittliche Verantwortung* besonders auf denen, die sie direkt oder indirekt gezwungen haben, eine Abtreibung vorzunehmen."[516] In besonderer Weise gilt dies für den Mann, der eine Frau vergewaltigt hat. Eine Frau, die auf Grund einer Vergewaltigung schwanger ist und sich zu einer Abtreibung entschließt, begeht eine schwer unsittliche Tat, aber die Verantwortung hiefür ist nicht nur der Frau anzulasten: Eine Abtreibung in solchen Umständen ist ein Verbrechen, das in erster Linie der Mann zu verantworten hat[517]. Aber auch die beteiligten Ärzte und Pflegepersonen, der Gesetzgeber, dic Sozialeinrichtungen, internationale Organisationen, etc tragen ihren Schuldanteil.

In diesen Texten werden zwei Ebenen unterschieden: die objektive Unsittlichkeit und Sündhaftigkeit der Tat, die durch keinerlei Umstände, Indikationen,

513 EV 63 Abs 4.

514 EV 18 Abs 2 (Hervorhebungen von mir).

515 EV 11 Abs 2.

516 EV 59 (Hervorhebung von mir).

517 Vgl *Johannes Paul II.*, Brief an die Frauen, n 5, AAS 1995, 803 ff, 806: "In condizioni del genere, la scelta dell'aborto, che pur resta sempre un grave peccato, prima di essere una responsabilità da addossare alle donne, è un crimine da addebitare all'uomo e alla complicità dell'ambiente circostante."

Motive, etc aufgehoben werden kann, und die subjektive Zurechenbarkeit, die im Einzelfall durch die Umstände vermindert oder vermehrt wird.

Es ist mE kaum zu beweifeln, daß in den zitierten Äußerungen der Schuldvorwurf *typifiziert* vermindert wird: In bestimmten Situationen ist die Schuld der Mutter, die abtreibt, regelmäßig (typisch) oder in der Mehrzahl der Fälle vermindert. Der Papst spricht zu Gruppen von Müttern in ähnlichen Situationen: Müttern in Lebensgefahr, Frauen, die vergewaltigt worden sind, etc. In diesen Fällen ist es kaum denkbar, daß sich die betroffene Frau nicht in extremer Anspannung und in einem subjektiven Dilemma befindet. Die Entscheidung für das Leben in solchen Situationen bezeichnet EV als heroisch, fordert sie aber von den Betroffenen: Das moralische Gesetz ist ein Weg zur Heiligkeit, Heiligkeit schließt die Bereitschaft zum heroischen Opfer ein.

b) Die Bedeutung der Differenzierungen für die Rechtsordnung

aa) Der sozialethische Charakter der lehramtlichen Äußerungen im 20. Jahrhundert

Die getroffenen Unterscheidungen sind vor allem für den staatlichen Bereich von Bedeutung. In der Einleitung ist wiederholt darauf hingewiesen worden, daß EV ein Dokument der christlichen Gesellschaftslehre ist und somit sozialethischen Charakter trägt. Dies ist ein generelles Merkmal der lehramtlichen Äußerungen des 20. Jahrhunderts zur Abtreibung. Im 19. Jahrhundert bestand die gesellschaftliche Problematik und daher auch die theologische Debatte sowie die Befassung des Lehramts in individualethischen Fragestellungen. Es ging vor allem um die Zulässigkeit oder Unzulässigkeit der "medizinischen Abtreibung", um die Unterscheidung zwischen der "acceleratio partus"[518] und der "direkten" Abtreibung, um die Kraniotomie[519]. Das Lehramt hat diese Fragen bis zum Anfang des 20. Jahrhunderts mit zunehmender Deutlichkeit geklärt: Die vorzeitige und daher tödliche Einleitung der Geburt wurde als direkte Abtreibung erkannt

518 Unter "abortus" verstand man bis ins 20. Jahrhundert die künstliche Auslösung des Geburtsvorgangs trotz mangelnder Lebensfähigkeit des Fötus, also die künstliche Ausstoßung des nicht lebensfähigen Fötus durch mechanische, chemische, chirurgische, etc. Einwirkung.

519 Vgl die ausführliche Darstellung bei *J. Connery*, Abortion, 217 ff.

und die medizinische Indikation abgelehnt insofern sie eine direkte Abtreibung darstellt[520].

Obwohl auch in der ersten Hälfte des 20. Jahrhunderts und gerade im Zusammenhang mit der Enzyklika *Casti Connubii* von Pius XI[521] individualethische Debatten entstanden[522], ist unübersehbar, daß sich das Anliegen und die Stoßrichtung des Lehramts verändert haben. Es muß nunmehr auf eine sich ausdehnende kulturelle Situation und auf staatliche Gesetze reagieren, die in bestimmten Fällen (Indikationen) die Abtreibung straffrei stellen. Dies ist eine Konstante von der ersten umfangreichen päpstlichen Stellungnahme zur Abtreibung im 20. Jahrhundert (*Casti Connubii*[523]) an bis zu EV. *Pius XI.* leitet seine Ausführungen über die Abtreibung in *Casti Connubii* wie folgt ein: "Was die staatlichen Strafgesetze betrifft, welche die Tötung der gezeugten, aber noch ungeborenen Nachkommen verbieten, fordern all diese (Befürworter der Abtreibung), daß auch das Gesetz die von ihnen jeweils propagierte Indikation anerkenne und für straffrei erkläre."[524] Die Strafgesetze, die neue Rechtslage, scheinen das auslösende Element für die Befassung durch den Papst zu sein.

Ebenso schreibt *Pius XII.* in seiner Ansprache an die Hebammen einleitend, daß keinerlei Indikation einen "gültigen Rechtstitel"[525] für die direkte Tötung eines unschuldigen Menschen abgeben könne. Er hat also die juristische Dimension vor Augen.

Gleiches gilt für seine Ansprache an die Vereinigung kinderreicher Familien[526], die vor allem die medizinisch indizierte Abtreibung behandelt. *Pius XII.* bezeichnet darin die Unzulässigkeit der direkten Abtreibung ganz allgemein als Prinzip der Sozialmoral, zählt das Lebensrecht zu den Grundrechten der

520 Pönitentiarie: 2.9.1869; Hl. Offiz: 31. Mai 1884, ASS 1884, 556; 19. August 1889, ASS 1889/90, 748; 24. Juli 1895, ASS 1895/96, 383 f; 4. Mai 1898, ASS 1897/98, 703 f; 5. März 1902, ASS 1902/03, 162.

521 Enzyklika vom 31. Dezember 1930, AAS 1930, 539 ff.

522 Vgl vor allem die bereits angesprochene Diskussion zwischen *A. Vermeersch* und *P. Gemelli* über die indirekte Abtreibung, siehe *J. Connery*, Abortion, 295 ff. Diese fand ihre autoritative lehramtliche Lösung zu Gunsten von *A. Vermeersch* durch *Pius XII.*, Ansprache vom 26. November 1951 an die Vereinigung kinderreicher Familien, AAS 1951, 859.

523 Diese Enzyklika erging — wie ihr Name besagt — zu Fragen der Ehemoral. Sie behandelt aber auch die Abtreibung.

524 AAS 1930, 562. Dies ist der dritte Satz des Einleitungsabsatzes: "Hi omnes quod ad poenales reipublicae leges attinet, quibus genitae necdum natae prolis peremptio prohibetur, exigunt, ut quam singuli, alii aliam, defendunt *indicationem*, eandem etiam leges publicae agnoscant et ab omni poena liberam declarent."

525 AAS 1951, 838: "un valido titolo giuridico".

526 26. November 1951, AAS 1951, 855 ff.

menschlichen Person und stellt seine Erörterungen vor dem Hintergrund juristischer Differenzierungen und Diskussionen an[527].

Die Radiobotschaft an die Teilnehmer des 7. Internationalen Ärztekongresses[528] zum Thema "Medizin und Recht" konnte schon vom Titel des Kongresses her nur sozialethischen, von juristischen Fragestellungen bedingten Inhalt haben. In der Tat enthält die Botschaft grundlegende Aussagen zu Abtreibung und Euthanasie sowie zum Verhältnis von Recht und Moral.

Die Erklärung der Glaubenskongregation aus dem Jahr 1974 über die vorsätzliche Abtreibung[529] ist durch die gesetzliche Liberalisierungswelle veranlaßt worden und richtet sich vor allem an den Gesetzgeber[530].

Auch *Donum Vitae*, die Instruktion derselben Kongregation über die Achtung vor dem beginnenden menschlichen Leben und die Würde der Fortpflanzung[531], wendet sich in ihrem dritten Teil speziell an den Gesetzgeber, indem sie die moralischen Mindestforderungen an die staatliche Rechtsordnung aufzeigt.

Das Lehramt von *Johannes Paul II.* schon vor EV spiegelt sein sozialethisches Anliegen wider[532]. Es fehlt nicht an Stellungnahmen, die direkt die Rechtslage ansprechen. So wendet sich *Johannes Paul II.* 1980 in einer Ansprache an die Hebammen[533]. Vom Aufbau und zum Teil sogar vom Wortlaut her ähnelt sie jener von *Pius XII.*, obwohl schon Elemente von EV erkennbar sind, wie etwa die Überhöhung des Tötungsverbots im Liebesgebot. Auch hier stellt sich der Papst der juristischen Situation: "Keine menschliche Norm kann eine in sich ungerechte Handlung für rechtmäßig erklären, noch umsoweniger irgendjemanden verpflichten darin einzuwilligen. (...) Angesichts eines Gesetzes, das in direktem Widerspruch zum Wohl der Person steht, die Person vielmehr verneint,

---

527 Vgl besonders AAS 1951, 857 f.

528 *Pius XII.*, Radiobotschaft vom 11. September 1956, AAS 1956, 677 ff.

529 Vom 18.11.1974, AAS 1974, 730 ff.

530 Vgl besonders die nn 20-23, AAS 1974, 743 f.

531 Vom 22.2.1987, AAS 1988, 70 ff.

532 Der Vollständigkeit halber sei erwähnt, daß es auch Äußerungen gibt, die die individualethischen Grundsätze in Erinnerung rufen, ohne sich auf gesellschaftliche Aspekte zu beziehen, vgl etwa *Johannes Paul II.*, Ansprache an die Teilnehmer am Kongreß der italienischen Gesellschaft für Anästhesiologie, 4. Oktober 1984, in: Insegnamenti di Giovanni Paolo II, VII-2, 748 ff; *Johannes Paul II.*, Ansprache an die Teilnehmer am Kongreß des italienischen "Movimento per la Vita", 12. Oktober 1985, in: Insegnamenti di Giovanni Paolo II, VIII-2, 933 ff.

533 Vgl *Johannes Paul II.*, Ansprache an den Kongreß der "Associazione Cattolica degli Operatori Sanitari", 26. Januar 1980, in: Insegnamenti di Giovanni Paolo II, III-1, 191 ff.

indem es ihr Lebensrecht vernichtet, kann der Christ daher (...) nur seinen festen zivilen Widerstand entgegensetzen"[534].

Auch seine Ansprache an Vertreter des *Movimento italiano per la Vita*[535] wendet sich gegen die Rechtslage: "Die Vernichtung des Lebens des Nasciturus ist heute leider auf der ganzen Welt und sogar in Nationen jahrhundertealter christlicher Traditionen, wie Italien, ein weit verbreitetes Phänomen. Mit der finanziellen Unterstützung durch die öffentliche Hand, wird sie von menschlichen Gesetzen und Argumenten gefördert, deren Unhaltbarkeit und Arglist in Wahrheit leicht zu durchschauen sind. Die Abtreibung ist wirklich eine schwere Niederlage des Menschen und der zivilen Gesellschaft. Durch sie wird das Leben eines Menschenwesens Gütern geringeren Wertes geopfert. Meist werden hiefür Motive angeführt, die einem Mangel an Mut und Vertrauen entstammen und manchmal dem Wunsch nach einem falsch verstandenen Wohlstand. Und der Staat, anstatt einzuschreiten — wie es seine Aufgabe ist —, um den Unschuldigen in Gefahr zu verteidigen, seine Vernichtung zu verhindern und mit geeigneten Mitteln seine Existenz und seine Entwicklung zu sichern, erlaubt ein Todesurteil und beteiligt sich sogar an seiner Vollstreckung"[536].

Obwohl es also nicht an Stellungnahmen fehlt, die direkt die Rechtslage ansprechen, scheint der Blickwinkel des Papstes eher jener der *Kultur* zu sein. *Johannes Paul II.* begreift mE das Recht als Teil der Kultur einer Nation. Die Kultur hat Vorrang vor dem Recht, bestimmt und bedingt es und findet in ihm Ausdruck. Diese Grundeinstellung *Johannes Paul II.* kommt besonders deutlich in einer Ansprache zum Ausdruck, die auf Grund ihres programmatischen Charakters aus den anderen hervorragt. Es handelt sich um die Ansprache vom 6.

---

534 Ebda, 194: "Non v'è disposizione umana che possa legittimare un'azione intrinsecamente iniqua, né tanto meno obbligare chicchessia a consentirvi. (...) Di fronte, pertanto, ad una legge che si ponga in diretto contrasto col bene della persona, che rinneghi anzi la persona in se stessa, sopprimendone il diritto a vivere, il cristiano (...) non può che opporre il suo civile ma fermo rifiuto."

535 *Johannes Paul II.*, Ansprache vom 25. Januar 1986, in: Insegnamenti di Giovanni Paolo II, IX-1, 190 ff.

536 Ebda, 191: "L'eliminazione della vita del nascituro è oggi, purtroppo, un fenomeno assai diffuso nel mondo, perfino in nazioni di millenarie tradizioni cristiane, come l'Italia. Finanziato col contributo del denaro pubblico, è facilitato dalle leggi umane con un insieme di argomentazioni, di cui, in verità, non è difficile vagliare l'inconsistenza e la capziosità. In realtà l'aborto è una grave sconfitta dell'uomo e della società civile. Con esso si sacrifica la vita di un essere umano a beni di valore inferiore, adducendo motivi spesso ispirati da mancanza di corraggio e di fiducia nella vita e talora da desiderio di un malinteso benessere. E lo Stato, anziché intervenire — com'è sua missione — a difendere l'innocente in pericolo, prevenendone la soppressione e assicurandone, con mezzi adeguati, l'esistenza e la crescita, autorizza ed anzi concorre all'esecuzione di una sentenza di morte."

September 1984[537], die sich vorrangig mit der Euthanasie, aber in deren Zusammenhang notwendigerweise auch mit anderen Fragen des Lebensrechts befaßt. Der Papst scheint darin die juristischen Fragen geradezu in den Hintergrund zu stellen. Freilich müßten alle Menschen guten Willens jedem Versuch, die Euthanasie zu legalisieren, entschlossen entgegentreten und den Kampf gegen die Abtreibung fortsetzen, aber die hauptsächliche Herausforderung scheint eine andere zu sein: Wie es schon bei der Abtreibung der Fall gewesen sei, wird die moralische Verurteilung der Euthanasie von jenen weder gehört noch verstanden, die von einer Lebensauffassung geprägt sind, die mit der christlichen Botschaft und mit der recht verstandenen Menschenwürde unvereinbar ist. Es genügt daher nicht, die Euthanasie einfach zu verurteilen oder bloß zu versuchen, ihre gesetzliche Zulassung aufzuhalten und zu verhindern. "Das zugrundeliegende Problem besteht vor allem darin, unseren Zeitgenossen zu helfen, sich der Unmenschlichkeit gewisser Aspekte der herrschenden Kultur bewußt zu werden und die kostbarsten Werte wiederzuentdecken, die von ihr verschüttet sind. Die Tatsache, daß die Euthanasie sich nach der Abtreibung als weitere Einbruchstelle des Todes abzeichnet, muß daher als dramatischer Appell an alle Gläubigen und alle Menschen guten Willens aufgefaßt werden, sich mit Dringlichkeit zu bemühen, auf allen Ebenen und mit allen Mitteln einen wirklichen kulturellen Wandel im Voranschreiten unserer Gesellschaft herbeizuführen"[538]. Hauptakteur dieser Erneuerung ist, so der Papst, die Familie.

Diesen *kulturellen* Zugang und Blickwinkel, unter dem der Papst die Gefährdungen und Verletzungen des Lebensrechts betrachtet, kehren in weiteren Äußerungen wieder. So etwa in der Formulierung, daß die Gesellschaft die Hüterin des Lebens sein muß, dessen Herr Gott ist[539]. Ebenso in der Identifizierung von Utilitarismus, Materialismus und Säkularismus als kulturelle Wurzeln der Rechtsverletzungen: Unter den genannten ideologischen Prämissen hört der Mensch auf, ein absoluter und unverletzlicher Wert zu sein und wird, wie ein bloßes Ding, verfügbar, manipulierbar, ein Werkzeug der Produktion und des

537 *Johannes Paul II.*, An die Teilnehmer am 54. Fortbildungskurs der Katholischen Universität "Sacro Cuore", 6. September 1984 in Castel Gandolfo, in: Insegnamenti di Giovanni Paolo II, VII-2, 332 ff.

538 Ebda, 334: "Il problema di fondo è soprattutto come riuscire ad aiutare gli uomini del nostro tempo a prendere coscienza della disumanità di certi aspetti della cultura dominante, e a riscoprire i valori più preziosi da essa offuscati. Il profilarsi dell'eutanasia, come ulteriore approdo di morte dopo l'aborto, deve dunque essere colto come un *drammatico appello* a tutti i credenti ed agli uomini di buona volontà *a muoversi con urgenza per promuovere con ogni mezzo e a tutti i livelli una vera scelta culturale nel cammino della nostra società.*"

539 Vgl *Johannes Paul II.*, Ansprache an den *Movimento per la Vita*, 19. Oktober 1986, in: Insegnamenti di Giovanni Paolo II, IX-2, 1124 f, 1124.

Konsums. "Es ist evident, daß eine Kultur, die den Menschen als Herrscher über den Menschen begreift, jegliche Begründung der Menschenrechte unweigerlich brüchig und unzuverlässig werden läßt"[540]. Auch in der Ansprache zum *Angelus* am 3. Februar 1991 betrachtet der Papst die Gesetzgebung unter dem Blickwinkel eines sozialen und kulturellen Guts: "Wie kann es wahren sozialen Fortschritt geben, wenn die Angriffe auf das menschliche Leben — unverdiente Gabe der liebevollen Vorsehung Gottes — und seine Bedrohungen gerechtfertigt und legalisiert werden? Wenn das Leben nicht geachtet wird, ist der Schritt in das Reich des Todes schon getan: des Todes der Gefühle, die vom entfesselten und entfremdenden Hedonismus ausgelöscht werden; des Todes des moralischen Sinns, der vom sterilen und verheerenden Egoismus niedergedrückt wird, während das Gewissen Gefahr läuft, sich der Wahrheit zu verschließen, und nur mehr mit Mühe jenes Gut anerkennt, das allein den Menschen glücklich macht"[541].

Selbst im Brief an die Familien[542], der pastoralen Inhalts und Charakters ist, werden die Fragen des Lebensrechts unmittelbar auf die Rechtsordnung bezogen: "Kein Gesetzgeber auf Erden kann daher behaupten: du darfst töten, du hast das Recht zu töten, du sollst töten."[543] Die Tendenz zur *kulturellen* Analyse der sozialen Situation ist im päpstlichen Lehramt vor EV unverkennbar. Sie wird aber immer vor dem Hintergrund der geltenden Gesetze vollzogen, die am Anfang des Übels stehen und eine ständige Herausforderung bedeuten.

EV schließlich setzt von Anfang an einen eindeutigen Schwerpunkt: Wie noch ausführlich dargestellt werden wird, beklagt die Enzyklika die Perversion des Staates, besonders der Rechtsordnung, wenn diese das ungeborene Leben nicht schützt und besonders, wenn Verbrechen gegen das Leben, wie die Abtrei-

---

540 *Johannes Paul II.*, Ansprache an die Teilnehmer am 3. Kongreß der "Associazione Cattolica degli Operatori Sanitari", 24. Oktober 1986, in: Insegnamenti di Giovanni Paolo II, IX-2, 1170 ff, 1171: "È evidente che una cultura costruita sul sottinteso dell'uomo padrone dell'uomo non può che rendere fragile e precaria qualsiasi fondazione dei diritti umani."

541 *Johannes Paul II.*, in: Insegnamenti di Giovanni Paolo II, XIV-1, 285 f: "Como può esserci vero progresso sociale, quando si giustificano e si legalizzano gli attachi e le minacce alla vita dell'uomo, dono gratuito dell'amore provvidente di Dio? Se non c'è rispetto per la vita, si è già nel regno della morte: morte dei sentimenti spenti dall'edonismo sfrenato ed alienante; morte del senso morale, sopraffatto dall'egoismo sterile e devastante, mentre la coscienza rischia di chiudersi alla verità e stenta a riconoscere quel bene che solo rende felice l'uomo."

542 *Johannes Paul II.*, Brief an die Familien, *Gratissimam sane*, vom 22.2.1994, AAS 1994, 868 ff.

543 AAS 1994, 920: "Nullus ideo homo legum lator adfirmare valet: occidere tibi licet, ius est tibi occidendi, occidere debes."

bung, als rechtmäßige Äußerungen der individuellen Freiheit ausgelegt und anerkannt werden[544].

Die lehramtlichen Äußerungen des 20. Jahrhunderts zu Fragen der Abtreibung sind also vor allem staats— und gesellschaftsgerichtet: Sie sind von gesetzlichen Entwicklungen veranlaßt, geben Orientierungen für die Rechtsordnung und sollen zu einer sozio-kulturellen Wende veranlassen.

bb) Die moralischen Anforderungen an das Abtreibungsrecht

Was verlangt nun das katholische Lehramt von der staatlichen Rechtsordnung hinsichtlich der Abtreibung? Es überrascht nicht, daß diesbezüglich eine Entwicklung festzustellen ist. Diese ergibt sich schon aus dem verschiedenen historischen Kontext der einzelnen Dokumente.

Als *Casti Connubii* im Jahr 1930 erschien, war die grundsätzliche Strafbarkeit der Abtreibung — mit Ausnahme der medizinischen Indikation — ein festes Prinzip der Rechtsordnungen. Es hatte zwar schon vor 1930 Vorstöße gegen die Strafbarkeit der Abtreibung, sogar im Sinn der Fristenregelung, gegeben, doch waren diese großteils gescheitert. *Pius XI.* nimmt in der Enzyklika ausdrücklich auf die medizinische, die soziale und die eugenische Indikation Bezug. Die medizinische Indikation hat in den meisten Staaten um die Jahrhundertwende durch die Rechtsprechung der Gerichte Einzug in die Rechtskultur gefunden. Danach wurde sie auch in das gesatzte Recht übernommen, in Österreich etwa in den 30er Jahren. Die Eugenikwelle, die eng mit der Entwicklung und dem Erstarken der Rassenlehre verbunden war, hat zur Zeit der Verlautbarung der Enzyklika bereits in Rassengesetzen etwa in den USA und der Schweiz konkreten Ausdruck gefunden. Bald sollte in Deutschland Ärgeres folgen[545]. *Pius XI.* weist die drei von ihm behandelten Indikationen zurück und fordert den Gesetzgeber auf, das Leben Unschuldiger mit entsprechenden Gesetzen und Strafen zu schützen, und dies um so eher als diejenigen, deren Leben in Gefahr ist, sich nicht selbst verteidigen können. Dazu zählen in erster Linie die ungeborenen Kinder im Mutterschoß[546]. Der Papst verlangt also die ausnahmslose Bestrafung der Abtreibung.

---

544 Vgl EV 4, 18 ff, 68 ff.

545 Vgl *G. Hasiba*, Euthanasie im Dritten Reich, in: E. Bernat (Hrsg), Ethik und Recht an der Grenze zwischen Leben und Tod, Graz (1993) 27 ff.

546 AAS 1930, 564: "Iis denique, qui apud nationes principatum tenent feruntve leges, oblivoni dare non licet auctoritatis publicae esse, congruis legibus poenisque, innocentium vitam defendere, idque eo magis, quo minus ii, quorum vita periclitatur et impugnatur, se ipsi defendere valent, inter quos primum sane locum tenent infantes in visceribus maternis abditi."

Die *rechtliche* Situation im Jahr 1951 war nicht viel anders als zur Zeit von *Casti Connubii*. Die kommunistische Hälfte der Nachkriegswelt hatte die Abtreibung zwar weitgehend freigegeben oder war im Begriff dies zu tun. Diese Staaten waren aber nicht die Ansprechpartner des Papstes. In den freien westlichen Gesellschaften hatte sich die medizinische Indikation als Strafausschließungsgrund allgemein durchgesetzt. Wo dies inzwischen nicht auf gesetzlichem Weg geschehen war, bildete es einen Teil des Richterrechts.

Gerade hiezu nimmt *Pius XII.* in seiner Ansprache an die Vereinigung kinderreicher Familien[547] Stellung. Da es ihm vor allem um die Klärung moralischer Fragen geht, befaßt er sich nur indirekt mit der juristischen Fragestellung. Wie bereits erwähnt, geht es *Pius XII.* um den sozialethischen Grundsatz, daß die direkte Tötung jedes unschuldigen menschlichen Lebens immer unsittlich ist, und zwar auch dann, wenn diese Tötung der Rettung eines anderen Menschenlebens dient und nur deshalb gewollt wird. Dies gilt für jedes menschliche Leben ab dem ersten Augenblick seiner Existenz, weshalb eine Abtreibung auch dann unzulässig ist, wenn dadurch das Leben der Mutter gerettet werden soll. Das Lebensrecht steht dem Kind vor, während und nach der Geburt zu. Der Papst räumt ein, daß die Rechtsordnung begründete Unterscheidungen zwischen diesen verschiedenen Entwicklungsstadien des Kindes treffen kann; moralisch gesehen bedeutet jedoch die Tötung des Menschen in allen diesen Phasen einen schwer unsittlichen Angriff auf das unverletzliche Menschenrecht zum Leben. Die Lehre der Kirche zu dieser Frage stützt sich, wie *Pius XII.* ausführt, keineswegs auf die Annahme, daß das Leben des Kindes jenem der Mutter vorzuziehen wäre. Die dramatische Situation, in der das Leben der Mutter jenem des Kindes gegenübersteht, darf nicht als Alternative zwischen beiden verstanden werden: *weder* das Leben der Mutter *noch* jenes des Kindes darf direkt getötet werden. Die einzig ethisch zulässige Lösung besteht darin, das Überleben beider zu gewährleisten. Sollte das trotz allem Bemühen nicht möglich sein, bleibt nur die Annahme der göttlichen Vorsehung. Nie aber darf ein menschliches Leben direkt getötet werden, um dem Dilemma zu entgehen. Ausdrücklich lehnt *Pius XII.* die in der juristischen Diskussion verwendete Güterabwägung zwischen dem Leben der Mutter und jenem des Kindes ab. Die Unverletzlichkeit des Lebensrechts hängt nicht vom angeblich größeren oder geringeren "Wert" eines Lebens ab.

Die begründeten rechtlichen Unterscheidungen zwischen den verschiedenen Entwicklungsstadien eines Kindes, von denen der Papst spricht, beziehen sich zB auf zivilrechtliche Bestimmungen, die dem Kind erst ab der Geburt Handlungsfähigkeit oder Rechtspersönlichkeit einräumen, die bestimmte Rechte an die Erreichung eines gewissen Alters knüpfen etc.; auf strafrechtliche Differen-

547 AAS 1951, 855 ff.

zierungen wie etwa die Privilegierung der Kindstötung während der Geburt oder die Schaffung eines eigenen Straftatbestandes "Abtreibung" neben jenem gegen den Mord. Diese Straftatbestände fächern das allgemeine sittliche Unwerturteil über die Tötung menschlichen Lebens in verschiedene Tatbestände auf und differenzieren auf diese Weise zwischen den Entwicklungsphasen. Nicht jedoch darf die Aussage als Zugeständnis an eine Straffreistellung der Tötung ungeborenen Lebens verstanden werden. Dies ist auf Grund der damaligen Rechtslage und der ausdrücklichen Zurückweisung der auf Güterabwägung gestützten medizinischen Indikation völlig auszuschließen.

Pius XII. unterstreicht das in seiner Radiobotschaft vom 11. September 1956: Das die Ausübung der Medizin regelnde Recht darf niemals die direkte Tötung des Fötus gestatten (*permettre*). Das Gesetz hat keinerlei Autorität, Handlungen zu erlauben, die dem moralischen Gesetz widersprechen, und der Arzt darf solchen Gesetzen nicht nur nicht folgen: Er darf sie nicht einmal zu Kenntnis nehmen[548]. In der Ansprache an die Hebammen[549] behandelt *Pius XII.* nicht direkt Fragen der Gesetzgebung, sondern beschreibt das Apostolat von Katholiken in einer bestimmten Berufssparte (Hebammen). Er setzt darin gewissermaßen das juridische Bestehen der medizinischen Indikation voraus und ermahnt seine Zuhörerinnen, nicht zu vergessen, daß das unvergängliche Gesetz Gottes vor jedem menschlichen Gesetz und vor jedweder Indikation Geltung hat. Angesichts dieser Tatsache stellt die damals bestehende Rechtslage nicht nur keine Rechtfertigung für eine Abtreibung dar, sie begründet vielmehr die Pflicht zum Apostolat, zur aktiven Weitergabe des Respekts und der Wertschätzung fur das Leben. Der Aspekt, den der Papst im vorliegenden Zusammenhang behandelt, besteht also in der Frage, wie der einzelne Christ auf die Straffreistellung reagieren soll: ein wichtiger Gesichtspunkt, dem wir auch in EV begegnen.

Der große Bruch in der Tradition des Abtreibungsrechts ereignete sich Anfang der 70er Jahre, als auch in den westlichen Staaten, und zwar überall fast gleichzeitig, die Abtreibung freigestellt wurde[550]. In den einzelnen Ländern wurden verschiedene Modelle hiefür gewählt: Erweiterung der Indikationen, Indikationen kombiniert mit Fristen, Fristenregelungen verschiedenen Umfangs, etc. Das praktische Ergebnis bestand jedenfalls *de facto* in der Aufhebung der Strafbarkeit der Abtreibung. Die Strafdrohung wurde entweder formell gänzlich beseitigt oder so weitgehend ausgehöhlt, daß der Grundsatz lediglich als Lippenbe-

---

548 AAS 1956, 684: "En tout cela le droit médical n'a aucune autorité et le médecin n'est pas tenu de lui obéir. Il doit bien au contraire ne pas en tenir compte; ..."

549 AAS 1951, 835 ff.

550 Vgl auch *J. Herranz*, L'inalienabile diritto dell'uomo alla vita, in: K. Majdanski et al. (Hrsg), Evangelium Vitae. The Encyclical of Salvation for the Familiy and the World Today, Warschau (1997) 287 ff.

kenntnis auf dem Papier stehen blieb. In diese Situation der Beseitigung jahrhundertalter Straf— und Schutznormen hinein veröffentlicht die Glaubenskongregation ihre Erklärung über die vorsätzliche Abtreibung (*declaratio*). Die Richtung der Erklärung ist unverkennbar. In den nn 20 bis 23 wird festgestellt, daß die gesetzliche Freigabe der Abtreibung unzulässig sei. Niemand verlange vom staatlichen Gesetz, alle moralischen Übel zu bestrafen, denn oft müsse der Staat ein geringeres Übel tolerieren, um ein größeres zu vermeiden. Doch sei auf die Folgen von Gesetzesänderungen zu achten: Viele würden als Erlaubnis auffassen, was bloß als Straffreistellung gemeint sei. Im Fall der Abtreibung würde schon die Straffreistellung nahelegen, daß der Gesetzgeber die Abtreibung nicht mehr als Unrecht gegen das menschliche Leben auffaßt, da er ja zugleich Mord weiterhin schwer bestrafe. Aufgabe des Staates sei es, die Rechte eines jeden und besonders die Schwachen zu verteidigen. Das Gesetz müsse nicht alles Schlechte bestrafen, aber es dürfe dem Naturrecht nicht widersprechen. Es könne manchmal von Strafe absehen, aber niemals rechtfertigen und gutheißen, was das Naturrecht verletze. Ein solcher Widerspruch würde bewirken, daß ein Gesetz aufhöre Gesetz zu sein; es wäre in sich ungerecht (*intrinsece inhonesta*). Ein Gesetz, das die Zulässigkeit der Abtreibung festschreibe, wäre ein solches Gesetz. Kein Mensch dürfe sich daher an einer Kampagne zu Gunsten eines solchen Gesetzes beteiligen, oder für ein solches Gesetz stimmen. Ebenso dürfe niemand zur Anwendung eines solchen Gesetzes beitragen (zB Ärzte, Krankenschwestern,...). Freilich genügen Strafgesetze nicht: Die Erklärung widmet — und dies ist neu — eine ganze Nummer den erforderlichen positiven Maßnahmen (Familienbeihilfe, Unterstützung lediger Mütter,...), um die Abtreibung in ihren sozialen und familiären Ursachen zu verhindern.

Die Ausführungen der Erklärung sind in einer gewissen Hinsicht nicht restlos klar. Es wird nicht behauptet, daß der Staat die Pflicht hat, Abtreibung *als solche* immer zu bestrafen. Die Abtreibung wird nicht als *in sich* zu bestrafendes Verbrechen bezeichnet. Festgehalten wird zwar, daß der Staat die Schwachen verteidigen muß, doch werden die klaren Worte von *Casti Connubii* nicht wiederholt, daß dies mit entsprechenden Strafen zu geschehen hat. Das Argument der *declaratio* scheint vielmehr in den verhängnisvollen Wirkungen zu bestehen, die sich aus einer *Änderung* der damals geltenden Gesetze ergeben würden und — wie die Geschichte beweisen hat — ergeben haben. Mit diesem Argument wäre zB die medizinische Indikation, die ja schon seit Jahrzehnten bestehendes Recht war, nicht erfaßt. Die Erklärung betont, daß ein naturrechtswidriges Gesetz nicht befolgt werden darf und daß ein solches Gesetz das Gewissen nicht bindet, aber es fehlt die klare Aussage, daß eine naturrechtliche Pflicht des Staates besteht, Verletzungen des Lebensrechts zu bestrafen. Das Argument wird also nicht abgeschnitten, daß die gesetzliche Freigabe der Abtreibung niemanden zur Abtreibung oder zu einem sonst naturrechtswidrigen Verhalten verpflichte, es werde dadurch lediglich ein naturrechtswidriges Verhalten nicht bestraft.

Abgesehen von der Forderung flankierender Maßnahmen zur Vermeidung von Abtreibungen, enthält die *declaratio* von 1974 einen wichtigen neuen Aspekt: die moralischen Pflichten des Parlamentariers und demokratischen Politikers hinsichtlich seines öffentlichen Auftretens, vor allem seines Abstimmungsverhaltens. Auch dies ergibt sich aus dem historischen Kontext. Während sich *Casti Connubii* 1930 — in einer Zeit, die die autoritäre Regierungsform begünstigte — noch an jene wandte, "qui apud nationes principatum tenent feruntve leges", geht die *declaratio* 1974 auf die neue politische Wirklichkeit ein. Die liberale, pluralistische Demokratie ist die einzige Staatsform, die in der zivilisierten Welt existiert. In ihr ist der christliche Politiker oder die Partei mit naturrechtlichen Grundsätzen nur eine Stimme bzw ein Machtelement mehr im Zusammenspiel der Kräfte. Oft befinden sie sich in der Minderheit, auch was die Abtreibung betrifft. Um in einer solchen Situation im Gesetzgebungsverfahren eingebunden zu bleiben, bieten sich im politischen Prozeß der Kompromiß und die Absprache an. Diesbezüglich läßt es die *declaratio* an Deutlichkeit nicht missen: Niemand (nicht bloß der Katholik) darf ruhigen Gewissens für ein Gesetz stimmen, das in irgendeiner Weise die Abtreibung straffreistellt. Es besteht kein Raum für Kompromiß. Gemäß dem Wortlaut der Erklärung ist es nicht statthaft, etwa eine drohende gesetzliche Einführung der Fristenregelung durch ein Indikationenmodell zu ersetzen und für dieses zu stimmen. Das einzig moralisch zulässige Verhalten ist die Opposition, die totale Verweigerung einer jeglichen legislativen Mitarbeit, die zur Aufhebung, auch zur teilweisen Aufhebung, der die Abtreibung sanktionierenden Strafnormen führen könnte.

Die Instruktion *Donum Vitae* 1987 liefert die Klarstellung, die wir in der *declaratio* vermißt haben. Sie befaßt sich nicht unmittelbar mit der Gewissenspflicht des einzelnen Parlamentariers, sondern stellt Überlegungen zu den moralischen Mindestforderungen an das staatliche Gesetz an. "Aus der Achtung und dem Schutz, die dem Ungeborenen ab dem Augenblick der Empfängnis gebühren, folgt, daß das Gesetz entsprechende Strafen für jegliche vorsätzliche Verletzung seiner Rechte vorsehen muß. Das Gesetz darf nicht dulden — es muß dies vielmehr ausdrücklich verbieten —, daß menschliche Wesen, auch wenn sie sich im Embryonalstadium befinden, wie Sachen behandelt werden, mit denen experimentiert werden dürfte, die verstümmelt oder zertört werden, unter dem Vorwand, sie seien überzählig oder entwicklungsunfähig."[551] Es werden also

551 AAS 1988, 99: "Ex observantia atque tutela quae nascituro debentur, inde a conceptionis momento, consequitur ut lex congruas poenas praevideat contra quamlibet deliberatam violationem iurium ipsius. Lex tolerare non poterit — immo expresse

ausdrücklich Strafgesetze zum Schutz der Rechte Ungeborener gefordert. Freilich hat die Instruktion eher den extrauterinen Embryo und Embryonenexperimente vor Augen, befaßt sich also nicht direkt mit der Konfliktsituation und den dramatischen Entscheidungen, die in der Regel eine Abtreibung charakterisieren, doch ist der aufgestellte Grundsatz klar: Die vorsätzliche Verletzung des Lebensrechts eines Ungeborenen ist ein so schweres Unrecht, daß eine strafrechtliche Sanktion prinzipiell vorgesehen werden muß.

Am Ende des 20. Jahrhunderts steht EV — als Zusammenfassung der lehramtlichen Äußerungen des vergangenen Jahrhunderts und als Ausgangspunkt für künftige Orientierungen. Als erste ausschließlich dem Lebensrecht gewidmete Enzyklika hat sie eine große thematische Bandbreite. Es finden sich daher auch die drei bisher behandelen Fragen wieder:

Was fordert die Moral vom staatlichen Gesetz?

Wie hat sich der demokratische Politiker zu verhalten?

Welche moralischen Pflichten hat der Einzelne angesichts naturrechtswidriger Gesetze?

Hier interessiert uns vor allem die erste Frage und, insofern sie mit dieser zusammenhängt, auch die zweite. EV steht wie alle anderen Dokumente im historischen Kontext eines konkreten Augenblicks der Rechtsgeschichte. Im Jahr 1995 ist die Abtreibung in den meisten westlichen Demokratien schon seit ca. 20 Jahren straffrei. Die einzelnen juristischen Modelle sind verschieden, doch bewirken sie alle letztendlich dasselbe: Abtreibung als solche ist nicht mehr strafbar. Wo rechtliche Schranken aufgestellt werden, dienen sie dem Schutz der Frau vor Gesundheitsgefährdungen, die sich aus einer Abtreibung in einem fortgeschrittenen Stadium der Schwangerschaft ergeben würden, oder sie bestrafen die Person, die gegen den Willen der Schwangeren einen Eingriff an ihr vornimmt. Das ungeborene Kind jedoch hat seinen strafrechtlichen Schutz gegenüber der Mutter und gegenüber dem Druck ausübenden Umfeld verloren. Wo dieser auf dem Papier besteht, handelt es sich um totes Recht, das nicht angewandt wird: Entweder es kommt zu keiner Anzeige oder es wird von der Anklageerhebung abgesehen. Diese Rechtslage bzw die Veränderung des Rechtbewußtseins hat dazu geführt, daß Abtreibung zu einem traurigen Anti-Kulturphänomen geworden ist. Sie wird nicht mehr im geheimen verschämt durchgeführt, sondern im Scheinwerferlicht der Öffentlichkeit. Sie wird nicht mehr als Ausnahme erbeten, sondern als Regelfall, als Recht für sich und andere beansprucht. Damit geht einher, daß die öffentliche Finanzierung der Abtreibung gefordert wird. Ebenso daß in manchen

vetare debebit — creaturas humanas, licet in statu embryonis viventes, tamquam res tractari experimentis obnoxias, mutilari vel destrui, praetextu allato eas superfluas esse aut ineptas ad maturitatem rite assequendam."

Rechtsordnungen bei "nicht sachgemäßer" Ausführung der Abtreibung, dh wenn das Kind eine Abtreibung wegen technisch mangelhafter Durchführung überlebt, Schadenersatz für "wrongful birth" begehrt und gewährt wird. Die reichen Staaten, in denen die Abtreibung mit Gutheißung der Mächtigen gehandhabt wird, knüpfen ihre Finanzhilfen für ärmere Staaten an die Förderung von Abtreibungsprogrammen.

Zugleich sind auch auf legislatorischer Ebene — vorerst meist zaghafte — Ansätze einer Neubesinnung erkennbar: Embryonenschutzgesetze, flankierende Maßnahmen, Versuche, den Zugang zur Abtreibung zu erschweren.

c) *Rechtfertigung oder Strafausschließung*

aa) *Die juridische Bedeutung dieser Unterscheidung*

In der rechtswissenschaftlichen Reflexion über die bestehende Rechtslage wurde vor allem im deutschsprachigen Raum eine wichtige Unterscheidung hervorgehoben und geltendgemacht: jene zwischen Rechtfertigung und Strafausschließung. Die Tatsache, daß das Gesetz unter bestimmten Voraussetzungen eine Abtreibung nicht bestraft, bedeutet nicht automatisch, daß die Abtreibung in diesem Fall erlaubt, gutgeheißen oder gerechtfertigt werde. Die Vornahme einer Abtreibung ist vielmehr "nur" straffreigestellt; die Tat bleibt Unrecht, sie ist ein Verstoß gegen die verfassungsrechtlich vorgegebene Wertordnung[552]. Das ist nicht bloß eine akademische Unterscheidung:

Auf eine rechtswidrige Handlung kann niemand Anspruch erheben;

man darf dafür keine öffentliche, vor allem keine finanzielle Unterstützung gewähren;

die zivilrechtlichen Verträge, die im Hinblick auf diese rechtswidrige Handlung geschlossen werden, sind nichtig, sie stellen daher keinen Titel für einen Erfüllungsanspruch oder für eine Schadenersatzklage dar.

Eine rechtswidrige Abtreibung kann ein Verstoß gegen Ehepflichten sein. Dies ist für den Fall von Bedeutung, daß eine Mutter das gemeinsame Kind gegen den Willen ihres Ehemannes tötet.

Die Anstifter zu einer rechtswidrigen Handlung haben sich zu verantworten: Wäre die Tat rechtmäßig, dürften sie zu Recht auf die Frau Druck ausüben.

---

552 Vgl *M. Kriele*, Die nicht-therapeutische Abtreibung vor dem Grundgesetz, Berlin (1992) 30 ff.

Der Vater könnte so die Abtreibung verlangen, um die Alimentenzahlung zu vermeiden. Bei "ungerechtfertigter" Verweigerung der Frau, wäre er seiner Pflicht enthoben.

Eine rechtswidrige Tat kann nicht zur Rechtfertigung anderer analoger Handlungen herangezogen werden: So kann etwa aus der straflosen, aber rechtswidrigen Tötung des Embryos im Mutterleib, nicht auf die Zulässigkeit der Tötung des extrauterinen Embryos geschlossen werden.

Eine rechtswidrige Tat muß als solche von der gesamten Rechtsordnung gebrandmarkt werden; der Gesetzgeber muß — mit jeweils festzulegenden Mitteln — das Unwerturteil wirksam zum Ausdruck bringen.

Das deutsche Bundesverfassungsgericht (BVerfG)[553] und in der Folge auch der deutsche Gesetzgeber haben sich diese Unterscheidung ausdrücklich zu eigen gemacht, allerdings nicht in gänzlich befriedigender Weise. Anders als im ersten Fristenregelungserkenntnis im Jahr 1974, hat das BVerfG die Fristenregelung mit Beratungspflicht als verfassungskonform erkannt. Diese wirke jedoch nur strafausschließend, *nicht* rechtfertigend. Die Beratung muß auf die Erhaltung des Lebens des Kindes ausgerichtet sein. Hingegen seien indizierte Abtreibungen *rechtmäßig*. Als Indikationen kommen in Frage: die Lebensgefahr für die Mutter; Schwangerschaft in Folge eines Verbrechens; schwere Gesundheitsschäden des Kindes. Im "Schwangeren— und Familienhilfeänderungsgesetz" vom 21.8.1995[554] ist der Gesetzgeber diesen höchstgerichtlichen Vorgaben zum Großteil gefolgt. Darin werden unter anderem die einschlägigen Bestimmungen des StGB (§§ 218 a ff StGB) novelliert. Nach nunmehr geltendem deutschen Recht ist eine Abtreibung *straffrei*, aber rechtswidrig, wenn sie nach einer Beratung in den ersten zwölf Wochen der Schwangerschaft durchgeführt wird. Eine Abtreibung ist *nicht rechtswidrig*, wenn sie notwendig ist, um eine Gefahr für das Leben oder die körperliche oder seelische Gesundheit der Schwangeren abzuwenden. Ebenso ist sie *nicht rechtswidrig*, wenn die Schwangerschaft die Folge einer Sexualstraftat (kriminologische Indikation) ist. Das Gesetz sieht keine ausdrückliche embryopathologische (eugenische) Indikation mehr vor. Trotzdem wäre auch in diesem Fall eine Abtreibung zulässig, wenn sie erforderlich ist, um eine schwere Gefahr für die seelische Gesundheit der Mutter abzuwenden[555].

553 Erkenntnis vom 28.5.1993 (2. Fristenregelungserkenntnis).

554 dtBGBl I, 1050 ff.

555 Vgl mit weiteren Nachweisen *R. Beckmann*, Fristenregelung mit Beratungsangebot — Anspruch und Wirklichkeit der neuen Abtreibungsregelung, Zeitschrift für Lebensrecht 1995, 24 ff, 27 f.

bb) Was verbietet EV: Rechtfertigung oder Strafausschließung?

Nun kann man sicherlich nicht verlangen, daß der Papst zu diesen Fragen in EV detailliert Stellung bezieht noch überhaupt sich dieser Terminologie bedient. Allerdings sind die in EV verwendeten Formulierungen, besonders in der authentischen lateinischen Version, vor dem Hintergrund der geführten Debatte uneinheitlich und undeutlich. Dies erschwert die Auslegung, ob *Johannes Paul II.* nur die rechtfertigende Wirkung der bestehenden Abtreibungs— und Euthanasiegesetze und aller sonst das Lebensrecht nicht ausreichend schützender Rechtsnormen ablehnt oder auch die strafausschließende Wirkung[556]. Der Wortlaut der Enzyklika scheint nahezulegen, daß der Papst in EV vor allem die Rechtfertigungsthese ablehnen möchte, während es mE nicht restlos klar ist, ob er in EV ausnahmslos für alle Fälle der Abtreibung die staatliche Bestrafung verlangt.

Klar ist *jedenfalls*, daß der Papst die rechtfertigende Wirkung der Abtreibungsgesetze ausschließt, und zwar hinsichtlich *aller* Indikationen. *Johannes Paul II.* verurteilt nicht nur die Abtreibung als solche, sondern er verurteilt gerade auch die Gesetze, die sie legalisieren. Der Ausschluß der Rechtfertigung der Abtreibung ist geradezu die juristische Hauptaussage der Enzyklika: In EV 4 spricht der Papst von einer neuen kulturellen Situation, die den Verbrechen gegen das Leben einen "*bisher unbekannten und womöglich noch widerwärtigeren Aspekt* verleiht und neue ernste Sorgen auslöst: breite Schichten der öffentlichen Meinung rechtfertigen manche Verbrechen gegen das Leben im Namen der Rechte der individuellen Freiheit und beanspruchen unter diesem Vorwand nicht nur Straffreiheit für derartige Verbrechen, sondern sogar die Genehmigung des Staates, sie in absoluter Freiheit und unter kostenloser Beteiligung des staatlichen Gesundheitswesens durchzuführen." Noch deutlicher auf die Rechtfertigungsthese bezogen, weil juristisch und unter Verweis auf die Entwicklung der Menschenrechte formuliert, sind die Aussagen in EV 18 ff. Das Problem der Entscheidungen gegen das Leben stelle sich auch auf kultureller, sozialer und politischer Ebene, "wo es sein subversivstes und verwirrendstes Gesicht in der immer weiter um sich greifenden Tendenz zeigt, die erwähnten Verbrechen gegen das Leben als *legitime Äußerungen der individuellen Freiheit auszulegen, die als wahre und eigene Rechte anerkannt und geschützt werden müs-*

556 *J. Gafo*, La Bioética desde la perspectiva de la Encíclica «Evangelium Vitae», Miscelánea Comillas 1995, 323 ff, legt EV im Sinn einer radikalen Ablehnung der *Straffreistellung* jeglicher Abtreibung aus, stellt aber dann kritische Anfragen an die Enzyklika, ob nicht eine beschränkte Straffreistellung unter Umständen akzeptabel wäre. Die Frage ist, ob *J. Gafo* EV richtig auslegt.

sen."[557] Ausdrücklich verurteilt der Papst die Forderung eines vermeintlichen "Rechts" auf Abtreibung und auf andere Verletzungen des Lebensrechts: "Das Recht auf Abtreibung, Kindestötung und Euthanasie zu fordern und es gesetzlich anzuerkennen heißt der menschlichen Freiheit eine *perverse, abscheuliche Bedeutung* zuzuschreiben: nämlich die einer *absoluten Macht über die anderen und gegen die anderen.*"[558]

Ein besonderes Auslegungsproblem liefern die n 72 f der Enzyklika. In diesem Text stellt der Papst die klassische Lehre über die Abhängigkeit des staatlichen Gesetzes vom natürlichen Sittengesetz dar. Danach wendet er sie auf jene staatlichen Gesetze an, die das Lebensrecht verletzen. Wegen seiner zentralen Bedeutung, sei dieser Text trotz seiner Länge hier zitiert: "Die erste und unmittelbarste Anwendung dieser Lehre betrifft das menschliche Gesetz, welches das jedem Menschen eigene fundamentale Grundrecht auf Leben nicht anerkennt. Auf diese Weise befinden sich die Gesetze, die in Form der Abtreibung und der Euthanasie die unmittelbare Töung unschuldiger Menschen für rechtmäßig erklären (*comprobant*), in totalem und unversöhnlichem Widerspruch zu dem allen Menschen eigenen unverletzlichen Recht auf Leben und leugnen somit die Gleichheit aller vor dem Gesetz. Man könnte einwenden, daß das auf die Euthanasie dann nicht zutreffe, wenn der betreffende Mensch bei vollem Bewußtsein um sie gebeten hat. Aber ein Staat, der ein derartiges Ersuchen legitimieren (*admittat*) und seine Durchführung gestatten würde (*perfici sinat*), würde gegen die Grundprinzipien der Unverfügbarkeit des Lebens und des Schutzes jedes menschlichen Lebens einen Selbstmord— bzw. Mordfall legalisieren (*comprobet*). Auf diese Weise wird dem Nachlassen der Achtung vor dem Leben Vorschub geleistet und Haltungen der Weg geebnet, die das Vertrauen in die sozialen Beziehungen zerstören.

Die Gesetze, die Abtreibung und Euthanasie zulassen und begünstigen (*permittunt et favent*), stellen sich also nicht nur radikal gegen das Gut des einzelnen, sondern auch gegen das Gemeinwohl und sind daher ganz und gar ohne wahre[559] Rechtsgültigkeit. Tatsächlich ist es die Nicht-Anerkennung des Rechtes auf Leben, die sich, gerade weil sie zur Tötung des Menschen führt — in dessen Dienst zu stehen die Gesellschaft ja den Grund ihres Bestehens hat —, am frontalsten und irreparabel der Möglichkeit einer Verwirklichung des Gemeinwohls entgegenstellt. Daraus folgt, daß ein staatliches Gesetz, wenn es Abtreibung und

557 EV 18.
558 EV 20.
559 In der offiziellen deutschen Fassung steht "glaubwürdig". Dies stimmt aber nicht mit der lateinischen Version überein, in der es heißt: "... carent *vera* vi."

Euthanasie billigt (*comprobat*), eben darum kein wahres, sittlich verpflichtendes staatliches Gesetz mehr ist.

(n 73) Abtreibung und Euthanasie sind also Verbrechen, die kein menschliches Gesetz für rechtmäßig erklären kann (*rata facere*[560])."

Wie man an den in Klammer gesetzen Ausdrücken ersehen kann, ist die authentische lateinische Version terminologisch uneinheitlicher als die deutsche. Auch in dieser jedoch werden verschiedene Begriffe verwendet: Rechtmäßigerklärung, Legitimierung, Legalisierung, Zulassung, Begünstigung, Billigung. Die deutsche Version weist somit eher auf eine Verurteilung der Rechtfertigungsthese hin, denn außer dem Wort "Zulassung" bedeuten die anderen Ausdrücke die gesetzliche Gutheißung, die Rechtfertigung von Abtreibung, Kindestötung, Euthanasie, etc. Außerdem macht die von EV gezogene Konsequenz im Zusammenhang mit der Rechtfertigungsthese durchaus Sinn. Ein Gesetz, das Abtreibung und Euthanasie billigt (EV 72, letzter Satz, *comprobat*: an zwei vorangehenden Stellen mit "für rechtmäßig erklären" und "legalisieren" übersetzt), ist kein wahres, sittlich verpflichtendes staatliches Gesetz mehr. Handelte es sich um eine bloße Straffreistellung, wäre der Anwendungsbereich dieser Aussage sehr gering: Eine Straffreistellung verpflichtet ohnehin niemanden. Die Rechtfertigung der Abtreibung hingegen zeitigt — wie gesagt — viele Rechtsfolgen, und eben diese werden von EV ausgeschlossen: die öffentliche Finanzierung, die Gültigkeit der Verträge, "wrongful birth", der subjektive Rechtsanspruch auf Abtreibung, das Recht, die Abtreibung von der Frau bei sonstigem Verfall des Alimentenanspruchs zu verlangen, etc.

Die hier vertretene Auslegung findet eine Stütze im Brief des Papstes vom 11. Januar 1998 an die deutschen Bischöfe zur Abtreibungsgesetzgebung und Schwangerenkonfliktberatung[561]. In diesem Brief unterscheidet *Johannes Paul II.* ausdrücklich die Rechtfertigung von der bloßen Straffreistellung der Abtreibung. In n 2 des zitierten Schreibens führt er aus: "Denn obgleich das Recht auf Leben in der Verfassung Eures geschätzten Landes eine klare Anerkennung findet, hat der Gesetzgeber die Tötung ungeborener Kinder dennoch in bestimmten Fällen legalisiert, in anderen Fällen für straffrei erklärt, auch wenn dabei der Charakter der Unrechtmäßigkeit gewahrt bleibt." Der Papst lobt die Bischöfe dafür, daß sie sich weder mit diesem noch mit dem früheren Abtreibungsgesetz abgefunden, sondern unerschrocken gegen die Abtreibung Stellung genommen haben. Konkret auf die geltende Rechtslage bezogen, fährt der Papst in n 3 des

560 In der offiziellen deutschen Fassung steht: "... sind also Verbrechen, die für rechtmäßig zu erklären sich kein menschliches Gesetz *anmaßen* kann." Die lateinische Version lautet: "... crimina sunt quae nulla humana lex potest rata facere."

561 OR (ital) 28. Januar 1998, 5 f; abgedruckt auch in Imago Hominis H 1/1998, 52 ff.

Briefs fort: "Neben einigen positiven Aussagen über den Lebensschutz und über die Notwendigkeit der Beratung sieht das Gesetz vom 21. August 1995 vor, daß die Abtreibung bei Vorliegen einer sehr vage umschriebenen "medizinischen Indikation" bis zur Geburt rechtmäßig ist. Diese Bestimmung habt Ihr zu Recht heftig kritisiert. Ebenso ist die Legalisierung der Abtreibung bei Vorliegen einer "kriminologischen Indikation" für gläubige Christen und für alle Menschen mit wachem Gewissen völlig unannehmbar. Ich bitte Euch, weiterhin alle möglichen Schritte zur Änderung dieser gesetzlichen Verfügungen zu unternehmen." Wie an diesem Text deutlich zu ersehen ist, wendet sich der Papst gegen die "Legalisierung", dh gegen die Rechtmäßigerklärung der Abtreibung (und zwar auch bei medizinischer Indikation), nicht ausdrücklich auch gegen die Straffreistellung.

Allerdings kann weder daraus noch aus den zitierten Formulierungen in EV abgeleitet werden, daß der Papst sich mit der Straffreistellung der Abtreibung abfinden würde: Er wendet sich auch gegen deren Zulassung. In EV 71 Abs 3 legt *Johannes Paul II.* die christlichen Prinzipien staatlicher Toleranz dar: Die öffentliche Autorität kann und muß bisweilen auf die Unterdrückung von etwas verzichten, was im Fall eines Verbots einen schweren Schaden anrichten würde. Niemals jedoch darf die Verletzung des Lebensrechts der einen als Recht der anderen legitimert werden. Auch hier scheint der Papst zunächst nur die Rechtfertigung auszuschließen, nicht aber auch die Straffreistellung. Doch lehnt er gleich im Anschluß daran auch die "Tolerierung" von Abtreibung und Euthanasie aus: Die öffentliche Autorität darf grundsätzlich nicht auf die aktive Unterdrückung dieser Übel verzichten. Dieses Ergebnis entspricht auch der vom Papst zitierten Stelle der *Summa Theologiae*, in der Thomas von Aquin Mord, Diebstahl und andere sozialschädlichen Handlungen von der Toleranz ausnimmt: Ohne deren Verbot ist ein soziales Zusammenleben unmöglich[562].

Ebenso beklagt *Johannes Paul II.*, daß einige Staaten in Abweichung von ihren eigenen Verfassungsgrundsätzen die Abtreibung straffreigestellt haben[563]. Weiters ist die bereits dargestellte Tradition des Lehramts in Betracht zu ziehen, die eine aktive strafrechtliche Untersagung der Abtreibung fordert.

---

562 Vgl S. Th. q 96 a 2 c.

563 Vgl EV 4 Abs 2: "Der Umstand, daß die Gesetzgebung vieler Länder sogar in Abweichung von den Grundprinzipien ihrer Verfassungen zugestimmt hat, solche gegen das Leben gerichtete Praktiken nicht zu bestrafen oder ihnen gar volle Rechtmäßigkeit zuzuerkennen, ist zugleich besorgniserregendes Symptom und keineswegs nebensächliche Ursache für einen schweren moralischen Verfall:...". Vgl diesbezüglich auch *Th. Mayer-Maly*, Il diritto alla vita e la trasmissione della vita nei diversi sistemi ed esperienze giuridiche contemporanee, in: Pontificium Consilium de legum textibus interpretandis et al. (Hrsg), "Evangelium vitae" e diritto, 77 ff; *ders*, Die Enzyklika Evangelium vitae und das österreichische Rechtsleben, Imago Hominis H 2/1995, 91 ff.

Verlangt der Papst in EV die ausnahmslose Bestrafung aller Formen direkter Abtreibung auch bei medizinischer (vitaler[564]) und kriminologischer Indikation[565]? Schließt er diese Indikationen auch für den staatlichen Bereich aus?

Die ehrlichste Antwort auf diese Frage scheint mir zu sein, daß der Papst nicht dazu Stellung bezieht. Was die moralische Dimension dieses Problems betrifft, besteht natürlich kein Zweifel: Eine direkte Abtreibung ist ausnahmslos unzulässig. Ebenso lehnt der Papst die gesetzliche Rechtfertigung der direkten Abtreibung ab, und zwar auch bei medizinischer Indikation[566]. Für die Frage des Umfangs der Strafpflicht des Staates ist die Differenzierung des Schuldvorwurfs von Bedeutung. Da bekanntlich keine Strafe ohne Schuld verhängt werden darf[567], *muß* sich diese Differenzierung auch auf strafgesetzlicher Ebene widerspiegeln: geringer oder keiner Schuld entspricht geringe oder keine Strafe. Wie weiter oben dargestellt, wird die Schuld der Frau bei Lebensgefahr und Vergewaltigung typifiziert vermindert. Nachdem der Papst in EV 18 Abs 2 einige Umstände aufgezählt hat, die die "subjektive Verantwortlichkeit und die darausfol-

---

564 Schon 1975 konnte *A. Bompiani*, Indicazioni all'aborto «terapeutico»: stato attuale del problema, in: A. Fiori/E. Sgreccia (Hrsg), Aborto. Riflessioni di studiosi cattolici, Mailand (1975) 191 ff, 213 f, festhalten, daß die medizinische Indikation zur Lebensrettung der Mutter heute praktisch kaum vorliegt.

565 Daß das Lehramt die grundsätzliche Bestrafung der Abtreibung fordert und daß eine "Fristenregelung", dh die beliebige Abtreibung mit dem katholischen Lehramt unvereinbar ist, wurde bereits gesagt und braucht hier nicht nochmals wiederholt zu werden.

566 *M. Rhonheimer*, Diritti fondamentali, legge morale e difesa legale della vita nello stato costituzionale democratico. L'approcio costituzionalistico all'enciclica "Evangelium vitae", Annales Theologici 1995, 271 ff, 296, scheint im Fall einer medizinischen (vitalen) Indikation — selbstverständlich nur für den staatlichen Bereich — eine Abtreibung nicht bloß für straffrei, sondern auch für gerechtfertigt zu halten. Wenn man die Konsequenzen dieser Position zu Ende denkt, wird mE ersichtlich, daß sie unhaltbar ist: Die Frau hätte dann das einklagbare Recht (auf Grund des bestehenden Sozialversicherungsrechts) auf Abtreibung. Dem Arzt obläge die korrespondierende Pflicht hiezu. Unterläßt er sie, etwa weil er aus Gewissensgründen keine direkte Tötung vornehmen kann, wird er zum Unterlassungstäter. Die sauberste Lösung scheint mir auch hier die Strafausschließung auf Grund eines Entschuldigungsgrundes zu sein. Wie *M. Rhonheimer* bin ich allerdings der Auffassung, daß der Staat im Fall einer vitalen Indikation nicht bestrafen *darf*: Es ist nicht Aufgabe des Staates, heroische Verhaltensweisen durch Strafgesetze einzufordern. Für die rechtstechnische Umsetzung siehe gleich unten.

567 Dieser Grundsatz findet sich auch im kanonischen Recht; c 1321 § 1 CIC statuiert: "Nemo punitur, nisi externa legis vel praecepti violatio, ab eo commissa, sit graviter imputabilis ex dolo vel ex culpa." Dieser c hat eine das allgemeine Prinzip noch einschränkende Funktion: Die kirchlichen Strafen werden nur bei "schwerer Schuld" verhängt, nicht bei bloß leichter Fahrlässigkeit.

gende Schuld derer vermindern, die diese in sich verbrecherischen Entscheidungen treffen", fährt er fort: "Trotzdem geht das Problem heute weit über die, *wenn auch gebotene Anerkennung* (*agnoscendas sane*) dieser persönlichen Situation hinaus."[568] *Johannes Paul II.* fordert also die Anerkennung der schuldmindernden Umstände und er meint dies durchaus auch für den juristischen Bereich, wie aus dem Kontext ersichtlich ist. Für eine solche Anerkennung gibt es verschiedene juristische Modelle: Einerseits die Indikationenregelung. Durch diese wird unwiderleglich gesetzlich vermutet, daß eine Abtreibung in bestimmten Fällen ohne Schuld der Frau erfolgt ist. Liegen die gesetzlich definierten Umstände vor, scheidet die strafrechtliche Befassung von vornherein aus. Dieses System hat den Vorteil, daß der Frau, die ohnehin durch die dramatische Situation und den Konflikt, in dem sie sich befindet, betroffen ist, von gerichtlichen Nachforschungen verschont bleibt. Der Nachteil besteht in der generalisierenden Wirkung einer Indikation, die den Anschein einer Rechtfertigung oder Erlaubtheit erzeugt. Tatsächlich läßt sich feststellen, daß die gesetzliche Verankerung der medizinischen Indikation in den meisten Fällen die Einfallspforte einer weitergehenden Aufweichung des Schutzes gewesen ist. Es darf nicht vergessen werden, daß das Gesetz eine bedeutenden Orientierungsfunktion in der Gesellschaft ausübt. Die grundsätzliche Strafbarkeit in einer so wichtigen Frage markiert die Grenzen zulässigen Handelns, zumal die meisten Menschen die subtilen Unterscheidungen zwischen Straffreistellung und Rechtfertigung nicht wahrnehmen können. So bezog *Johannes Paul II.* etwa zur ersten deutschen Indikationenregelung Stellung: "Die gesetzliche Indikationsregelung selbst und ihre konkrete Handhabung sollten von den Verantwortlichen einmal unvoreingenommen daraufhin überprüft werden, ob sie nicht — statt Leben zu schützen — im Gegenteil viele Menschen geradezu in dem irrigen Eindruck bestärken, hier gehe es um ein fast belangloses, in sich sogar erlaubtes Tun, zumal man ja nicht einmal die finanziellen Ausgaben dafür persönlich zu tragen braucht"[569].

Andererseits können Modelle gewählt werden, durch die der Richter befugt wird, in Härtefällen von einer Bestrafung abzusehen, oder der Staatsanwalt ermächtigt, keine Anklage zu erheben. Ein Vorteil dieser Systeme besteht darin, daß die Rechtsprechungsorgane sich dem Einzelfall genau anpassen können und auch außerhalb der Indikation liegende Härtefälle abfangen können. Weiters verfügt die Frau damit über ein Argument mehr, um sich gegen das Druck ausübende Umfeld zur Wehr zu setzen: Sie kann die Strafbarkeit der Handlung geltend machen. Der Nachteil besteht darin, daß die Frau sich einem gerichtlichen Ver-

568 Hervorhebung von mir.

569 *Johannes Paul II.*, Ansprache in Münster am 1. Mai 1987, in: Insegnamenti di Giovanni Paolo II, X-2, 1499 ff, 1504.

fahren unterziehen muß. Dieses entfällt jedoch, wenn der Staatsanwalt die Befugnis besitzt, von der Einleitung eines Verfahrens abzusehen.

Je nach Rechtsordnung gibt es weitere mögliche Systeme, um die Orientierungen von EV umzusetzen.

d) Pflichten des Politikers

Von dieser sozialethischen Frage nach den moralischen Mindestforderungen an das Abtreibungsstrafrecht ist die individualethische Frage nach dem moralisch korrekten Verhalten des einzelnen Abgeordneten zu unterscheiden. Bekanntlich hat EV diesbezüglich eine Klarstellung getroffen[570]: Unter folgenden Bedingungen kann ein Abgeordneter in Alternative zu einem bereits geltenden oder zur Abstimmung gestellten ungleich freizügigeren Gesetz ein restriktiveres Gesetz begünstigen: 1. Das restriktivere Gesetz muß die negativen Folgen des die Abtreibung straffreistellenden Gesetzes objektiv einschränken; 2. die vollständige Abwendung oder Beseitigung des Abtreibungsgesetzes ist unmöglich; 3. der persönliche absolute Widerstand des Abgeordneten gegen die Abtreibung muß notorisch sein.

Die *declaratio* 1974 hatte jedwede Unterstützung für ein Abtreibungsgesetz für unsittlich erklärt. EV 73 scheint diesen Grundsatz aufzuweichen, doch stellt die Enzyklika bei genauerer Betrachtung keinen Widerspruch zur *declaratio* dar. 1974 ging es um die erstmalige Einführung von Gesetzen, die die Abtreibung weitgehend und in ungerechter Weise straffrei stellten. Die Zulassung solcher Gesetze und die Mitwirkung an ihrem Zustandekommen war *und ist* unsittlich. EV behandelt Gesetzesinitiativen, die sozusagen den umgekehrten Weg beschreiten: die schrittweise gesetzliche *Einschränkung* der Abtreibung. Bei Vorliegen der oben angeführten Bedingungen ist die Abstimmung für ein Gesetz, das die Abtreibung zwar in gewissen Fällen straffreistellt, aber das bestehende Gesetz einschränkt, vom Objekt her etwas anderes als die von der *declaratio* geziehene Handlung: Sie ist keine Mitwirkung an einem ungerechten Gesetz, sondern der legitime und gebührende Versuch, die ungerechten Aspekte zu begrenzen[571]. Dies ist wahrscheinlich auch der Grund, warum EV in n 73 Abs 3 ausdrücklich *nur* von *Abtreibungs*gesetzen spricht und das Argument nicht auf die

570 Vgl EV 73 Abs 3.

571 Vgl grundlegend zu dieser Problematik *J. Finnis*, Le leggi ingiuste in una società democratica. Considerazioni filosofiche, in: J. Joblin/R. Tremblay (Hrsg), I cattolici e la società pluralista, Bologna (1996) 99 ff, 106 ff; für andere entstehungsgeschichtlichen Hintergründe von EV 73 Abs 3 vgl *J. Rock*, *Evangelium Vitae*: Some Highlights, The Linacre Quarterly 1997 H 1, 5 ff, 12 ff.

Euthanasie ausdehnt. Für die Euthanasie wird vielmehr in EV 73 Abs 2 der Grundsatz der *declaratio* wiederholt, bzw erstmals ausdrücklich für die Euthanasie ausgesprochen: "Es ist daher niemals erlaubt, sich einem in sich ungerechten Gesetz, wie jenem, das Abtreibung und Euthanasie zuläßt, anzupassen, 'weder durch Beteiligung an einer Meinungskampagne für ein solches Gesetz noch dadurch, daß man bei der Abstimmung dafür stimmt'[572]." Die bei der Abtreibung eröffnete Möglichkeit scheint daher für die Euthanasie bewußt ausgeschlossen zu werden. ME handelt es sich hierbei jedoch nicht um eine prinzipielle, sondern um eine "taktische" Unterscheidung, die sich auch an anderen Stellen des Lehramts des Papstes wiederfindet[573]. Warum sollte nicht auch bei der Euthanasie der Fall denkbar sein, daß ein "ungleich freizügigeres Gesetz" nur durch ein restriktiveres, aber doch straffreistellendes Gesetz abgewendet werden kann? EV hat ja hinsichtlich der Abtreibung auch jene Konstellation vor Augen, bei der überhaupt erst das Zustandekommen eines Abtreibungsgesetzes verhindert werden soll ("... in Alternative zu einem bereits geltenden oder *zur Abstimmung gestellten* ungleich freizügigeren Gesetz ...", "... wenn die *Abwendung* oder vollständige Aufhebung eines Abtreibungsgesetzes nicht möglich wäre ..."). Wenn dies bei der Euthanasie *wirklich* der Fall ist und die sonstigen objektiven und subjektiven Voraussetzungen erfüllt sind, wäre mE auch bezüglich der Euthanasie ein politisches Verhalten wie bei der Einschränkung der Abtreibung grundsätzlich zulässig[574]. Nun ist aber die Euthanasie nur in den wenigsten Staaten ausdrücklich für straflos erklärt worden. Ihre offizielle Einführung wäre eine Katastrophe, ein Tiefpunkt der Rechtsentwicklung, ein weiteres Abgleiten in die Anti-Kultur des Todes. Es gilt, sie mit allen ethisch zulässigen Mitteln zu vermeiden. Die Menschen guten Willens brauchen sich nicht von vornherein mit bloßer "Schadensbegrenzung" abzufinden — im Gegenteil: Die sittliche Wahrheit erzeugt im Inneren jedes Gewissens ein Echo, das den wirksamen gesetzlichen Schutz auch im Rahmen pluralistischer Demokratien ermöglicht[575].

---

572 Das interne Zitat entstammt der *declaratio* 1974

573 Vgl etwa seine Ansprache am 6. September 1984, in der er auffordert, sich entschlossen jedem Versuch der Legalisierung der Euthanasie entgegenzustellen, sowie den Kampf gegen die Abtreibung fortzuführen. Der Papst differenziert also die jeweilige Strategie, in: Insegnamenti di Giovanni Paolo II, VII-2, 332 ff, 333: "mostrando decisione nel contrastare ogni tentativo di legalizzazione della eutanasia, come pure nel proseguire la lotta contro l'aborto."

574 In diesem Sinn auch *I. Ortega*, Eutanasia: Etica y ley frente a frente, theolog. Diss., Rom (1996) 198 ff.

575 Vgl EV 90.

IX. Euthanasie

1. Einleitung

Damit gelangen wir zum dritten ethischen Prinzip, zu jenem hinsichtlich der Euthanasie. Obwohl die lehramtliche Befassung mit Euthanasie im heutigen Begriffsverständnis erst in den späten 30er Jahren des 20. Jahrhunderts beginnt, erfließen die Erkenntnisse und Orientierungen des Lehramts nicht *ex nihilo*. Sie sind in den Traditionsstrom der Kirche zu Selbstmord und Mord eingebettet und ergeben sich aus ihm als notwendige Konsequenz.

Neu ist nicht der ethische Anspruch, sondern das Phänomen, auf das er sich bezieht. Aus der Neuheit des Phänomens ergeben sich die Schwierigkeiten seiner exakten begrifflichen und terminologischen Erfassung, die dadurch erschwert werden, daß es eine große Bandbreite von Lebenssachverhalten in diesem Bereich gibt und eine noch größere terminologische Zersplitterung. Es gibt sachliche und terminologische Differenzierungen hinsichtlich des Ziels, der Methode, der Absicht, den Motiven, der Person des potentiellen Täters, des Zustands des Patienten und der Willentlichkeit seiner Handlungen[576].

Die meisten Arbeiten über die Euthanasie — und EV stellt diesbezüglich keine Ausnahme dar — beginnen daher zu Recht mit einer Klärung der Terminologie. Diese ist von entscheidender Bedeutung: Kommunikation über diese Frage wird so überhaupt erst möglich; unredliche Begriffserweiterungen und sophistische Argumente werden entdeckt und vermieden[577]. Vor allem jedoch bedeutet die Klärung des Euthanasiebegriffs weit mehr als eine bloß terminologische *Wort*definition: Es geht um die *Begriffs*bildung und damit um die Erfassung des moralischen Objekts jener Handlung, die Euthanasie bedeutet. In Wirklichkeit ist damit der Großteil der Arbeit im Zusammenhang mit der ethischen Bewertung des Euthanasie geleistet: Es müssen Unterscheidungen, Abwägungen,

---

576 Vgl die Zusammenstellung verschiedener Varianten bei *A. Eser*, Sterbehilfe und Euthanasie in rechtlicher Sicht, in: V. Eid (Hrsg), Euthanasie oder Soll man auf Verlangen töten? Mainz (1985), 2. Auflage, 45 ff, besonders 47 ff.

577 Dies hebt hervor und belegt es mit Beispielen *P. Verspieren*, Eutanasia? Mailand (1985) 135 f; vgl auch *J. Finnis*, A philosophical case against euthanasia, in: J. Keown (Hrsg), Euthanasia examined, Cambridge (1995) 23 ff, 23; *C. Anderson*, Waiting for Hippocrates: The "Right to Die" and the U.S. Constitution, The Linacre Quarterly 1996 H 3, 60 ff.

Abgrenzungen usw vorgenommen werden, um jene Handlung herauszuschälen, die die in sich unsittliche Verletzung des Lebensrechts darstellt. Es überrascht daher nicht, daß diese Begründungs— und Bewertungsfragen viel Energie in Anspruch nehmen, und daß dort, wo sie übergangen werden, große Verwirrung herrscht.

In der Folge soll kurz — soweit es im Rahmen dieser Arbeit erforderlich ist — die Geschichte der Begriffsbildung im Laufe der lehramtlichen Befassung mit Euthanasie dargestellt werden. Danach wird versucht, das Handlungsobjekt der Euthanasie zu beschreiben, das EV zugrundeliegt. Schließlich wenden wir uns der sozialethischen Dimension und der juridischen Relevanz dieser Handlung zu.

2. Die Begriffsgeschichte der Euthanasie im päpstlichen Lehramt

a) Pius XII

Die Geschichte der lehramtlichen Befassung mit der Euthanasie und damit auch die Geschichte des Euthanasiebegriffs ist durch zwei verschiedene Entwicklungslinien gekennzeichnet. Eine ergibt sich aus den politischen und gesellschaftlichen Umständen, die andere aus einer Vertiefung und Ausweitung des Begriffsverständnisses im Inneren der Moraltheologie und der Lehrverkündigung.

Die Befassung des Lehramts mit der Euthanasie beginnt mit dem nationalsozialistischen Euthanasieprogramm. Noch vor dessen öffentlichem Bekanntwerden und vor den berühmten Predigten des Bischofs von Galen im Jahr 1941, verurteilte das Hl. Offiz die aus der Euthanasie erwachsenden Rechtsverletzungen. Das Hl. Offiz war gefragt worden, ob es auf Grund staatlichen Befehls zulässig sei, unschuldige Menschen direkt zu töten, die wegen körperlicher oder geistiger Behinderungen dem Staat nicht mehr nützen, sondern ihm nur mehr zur Last fallen könnten. Diese Meinung wurde als Verletzung des Naturrechts und des positiven göttlichen Gesetzes zurückgewiesen[578]. In den damaligen Umständen wurde die Euthanasie auf staatliches Geheiß hin durchgeführt. Es wurde ein *öffentliches Interesse* des Kollektivs beansprucht, auf Grund dessen angeblich "lebensunwertes" Leben beendet werden dürfte.

Gegen diese staatliche Verordnung der Euthanasie wendet sich *Pius XII.* in seiner Enzyklika *Mystici Corporis*[579] und auch noch in seiner Ansprache vom

578 Vgl *Hl. Offiz*, De directa insontium occisione ex mandato auctoritatis publicae peragenda, 2. Dezember 1940, AAS 1940, 553.

579 Enzyklika vom 29. Juni 1943, AAS 1943, 193 ff, 239.

29. Oktober 1951[580], doch verändert sich nach dem 2. Weltkrieg die Art und Weise der Ausführung und die Begründung der Euthanasie. Die zu dieser Zeit aufgekeimte und heute virulente Forderung nach Euthanasie ist nicht mehr mit einem Kult des Kollektivs verbunden, sondern mit einem Kult des autonomen Individuums, der im Nährboden des praktischen Materialismus gedeiht[581]: Warum sollte eine Person, die gewohnt ist, ihr Leben in allem selbst zu bestimmen, nicht auch dessen Ende festlegen, wenn ihr Leben jeglichen ihr erkennbaren Sinn verloren hat, vielmehr nur unerträgliche Schmerzen bereitet? Im Namen welchen Rechts kann der liberale Staat dem Individuum die Freiheit zum Selbstmord nehmen? Warum sollte nicht auch ein Arzt oder ein Angehöriger — aus Mitleid und Solidarität — einer solchen Person zum Tod verhelfen dürfen, wenn sie inständig darum bittet und sich nicht selber das Leben nehmen kann oder den Mut dazu nicht aufbringt? Mit diesen Fragen tritt nunmehr das *Individuum* anspruchsvoll an das Kollektiv heran. Allerdings ist wiederum der Schritt zur Umkehr des Verhältnisses nicht mehr weit entfernt: Die Tötung angeblich lebensunwerten Lebens im kollektiven Interesse ist keine Utopie. Wenn der Patient das Recht, und der Arzt die entsprechende Pflicht hat, das für sinnlos erachtete Leben auf Wunsch zu beenden, warum sollte dann der Arzt nicht auch jenen bewußtlosen Patienten töten dürfen, der seinen *vermuteten* Wunsch zu sterben nicht äußern kann? Warum sollte der Arzt nicht auch einen bewußtlosen Patienten unabhängig von dessen Wünschen aus dem Leben entlassen dürfen, wenn sein Zustand so beklagenswert ist, daß es für ihn "objektiv" besser wäre tot zu sein? Warum sollte er schließlich nicht auch jene Person töten dürfen, in deren Situation es "objektiv" angebracht wäre, sterben zu wollen, die diesen Wunsch jedoch auf Grund von Geistesverwirrung, mangelnder Einsicht in das unausweichliche Ende oder aus sonstigen dem Arzt als unzureichend erscheinenden Gründen nicht äußert? Diese Überlegungen sind keine utopischen Übertreibungen, wie die Entwicklungen in Holland zeigen[582].

Das Lehramt hat diesen gesellschaftlichen und kulturellen Wandel begleitet und begrifflich bewußt mitvollzogen, um in den jeweiligen Umständen die

---

580 AAS 1951, 835 ff, 838 f.

581 Vgl *F. D'Agostino*, Eutanasia, diritto e ideologia, Iustitia 1977, 286 ff, 295 ff; *A. Tarantino*, Eutanasia e diritto alla vita: problemi etico-sociali, in: A. Tarantino/M.L. Tarantino (Hrsg), Eutanasia e diritto alla vita, Lecce (1994) 75 ff, 82 f.

582 Vgl *W.J. Eick*, Is the Dutch euthanasia regulation compatible with *Evangelium Vitae*?, Medicina e Morale 1996, 469 ff; *J. Fleming*, Euthanasia: Human Rights and Inalienability, The Linacre Quarterly 1996 H 1, 44 ff, besonders 48 ff; *Th. Fuchs*, Euthanasie und Suizidbeihilfe. Das Beispiel der Niederlande und die Ethik des Sterbens, in: R. Spaemann/Th. Fuchs (Hrsg), Töten oder sterben lassen?, Freiburg/Basel/Wien (1997) 31 ff.

christliche Moral zu verkünden und warnend auf die Grenzen des guten Handelns hinzuweisen. Durch die faktischen Veränderungen und Entwicklungen veranlaßt, hat das päpstliche Lehramt fortschreitend die Begriffe klären und unterscheiden müssen, die im Zusammenhang mit der Euthanasie von Bedeutung sind: Schmerzlinderung, therapeutischer Übereifer, Euthanasie im eigentlichen Sinn, außerordentliche und unverhältnismäßige Maßnahmen, etc. Diese ist die zweite Entwicklungslinie, von der eingangs die Rede war: die Vertiefung und das wachsende Verständnis des eigenen Glaubens im Inneren der Kirche und in ihrer Verkündigung, das immer tiefere Eindringen in den Glauben. Diese zweite lehramtliche Entwicklungslinie zeichnet sich auch aus durch die Ausweitung auf pastorale und kulturelle Zusammenhänge[583]. Wie bereits dargelegt, beziehen sich die ersten Äußerungen *Pius XII.* auf die Vernichtung "lebensunwerten Lebens" durch den Staat, aber schon in seiner Ansprache vom 29. Oktober 1951 berücksichtigt der Papst die veränderten Umstände. Er wiederholt zwar inhaltlich die Erklärung des Hl. Offiz vom Jahr 1940, weitet ihre Anwendung jedoch gleichzeitig als allgemeines Prinzip auf jedermann aus: Niemand, *nicht einmal* der Staat, darf Personen töten, die auf Grund ihrer Behinderungen die Gesellschaft scheinbar nur belasten. "Das Leben eines unschuldigen Menschen ist unantastbar. Jede direkte Verletzung oder Bedrohung desselben ist die Übertretung eines der Grundgesetze, ohne die ein sicheres Zusammenleben der Menschen unmöglich ist"[584].

Die nachfolgenden Stellungnahmen des Papstes sind dadurch charakterisiert, daß sie sämtlich vor Ärztekongressen abgegeben wurden. Dies hat zur logischen Folge, daß sie die Aufgabe und die Pflichten des Arztes, die Grenzen der Zulässigkeit ärztlichen Handelns und damit die Frage vor Augen haben, wann ein Tun oder Unterlassen des Arztes eine *Fremdtötung* darstellt. Dem Papst wurde vor allem die Frage vorgelegt, unter welchen Umständen und in welchen Fällen eine unzulässige direkte Tötung vorliegt. Doch behandelt der Papst diese Frage nicht isoliert und einzig vom Arzt her, sondern er bettet sie in das Arzt-Patienten Verhältnis ein. Er sieht sie also im bioethischen Zusammenhang der verschiedenen betroffenen Personen und Akteure. Bezeichnenderweise ist der Ausgangspunkt und die entscheidende moralische Frage für *Pius XII.* nicht primär die isolierte und abstrakte Handlungspflicht des Arztes, sondern die *Patientenautonomie*: Von ihr leiten sich alle Eingriffsrechte und —pflichten des Arztes ab: "Zunächst

583 Vgl *E. Sgreccia*, Manuale di Bioetica I, Mailand (1994) 642 ff; *J. Ciupinski*, Il principio della Signoria di Dio sulla vita e il problema dell'eutanasia, Theologische Dissertation, Rom (1996) 108 ff.

584 AAS 1951, 839: "La vita di un innocente è intangibile, e qualunque diretto attentato o aggressione di essa è violazione di una delle leggi fondamentali, senza le quali non è possibile una sicura convivenza umana."

muß davon ausgegangen werden, daß der Arzt als Privatperson ohne die Einwilligung des Patienten keine Maßnahme ergreifen und keinen Eingriff vornehmen darf. Der Arzt hat bezüglich des Patienten nur jene Macht und jene Rechte, die dieser ihm überträgt, sei es ausdrücklich oder einschlußweise und stillschweigend. Der Patient seinerseits kann nur so viel an Rechten übertragen als er selbst besitzt. *Die entscheidende Frage in dieser Auseinandersetzung ist die moralische Zulässigkeit des Verfügungsrechts des Patienten über sich selbst.* Diese Frage bestimmt die Grenze der moralisch zulässigen Handlungen des Arztes, der mit der Einwilligung seines Patienten vorgeht"[585]. Es ist wichtig festzuhalten, daß das päpstliche Lehramt von der ersten Erklärung zur gegenwärtigen Form der Euthanasie an, diese vorrangig vom Patienten und von seiner Selbstverfügung her sieht. Deren Grenze zieht *Pius XII.* in seiner moraltheologischen Bewertung entlang der Trennungslinie zwischen direkter und indirekter Tötung. Die direkte Selbsttötung ist unzulässig und daher auch die direkte Euthanasie, denn niemand kann ein Recht übertragen, das er selbst nicht besitzt[586]. Seine diesbezügliche Lehre faßt er mit großer Präzision und Knappheit in einer Ansprache vom 24. Februar 1957 zusammen[587]. Er hatte in ihr ethische Probleme zu behandeln, die der Fortschritt der Anästhesiologie und der Schmerzlinderung aufgeworfen hatte, darunter auch die Frage nach der Zulässigkeit schmerzstillender Mittel, die als Nebenwirkung den Eintritt des Todes beschleunigen. Wegen seiner Deutlichkeit sei der Text hier wiedergegeben: "Zunächst ist jede Form direkter Euthanasie unzulässig, dh die Verabreichung schmerzstillender Mittel, um den Tod zu verursachen oder zu beschleunigen, weil damit eine direkte Verfügungsmacht über das Leben beansprucht wird. (...) Es wird immer dann der Anspruch auf ein

---

585 *Pius XII.*, Ansprache an die Teilnehmer am 1. Internationalen Kongreß für Histopathologie des Nervensystems, 13. September 1952, AAS 1952, 779 ff, 782: "D'abord il faut supposer que le médecin, comme personne privée, ne peut prendre aucune mesure, tenter aucune intervention sans le consentement du patient. Le médecin n'a sur le patient que le pouvoir et les droits que celui-ci lui donne, soit explicitement, soit implicitement et tacitement. Le patient de son côté ne peut conférer plus de droits qu'il n'en possède. Le point décisif, dans ce débat, c'est la licéité morale du droit qu'a le patient de disposer de lui-même. Ici se dresse la frontière morale de l'action du médecin, qui agit avec le consentement de son patient." (Hervorhebung in der deutschen Übersetzung von mir).

586 Vgl *Pius XII.*, Ansprache 13. September 1952, AAS 1952, 782; *ders*, Radiobotschaft an die Teilnehmer am 7. Internationalen Ärztekongreß, 11. September 1956, AAS 1956, 677 ff, 684; *ders*, Ansprache an die italienische Gesellschaft für Anästhesiologie, 24. Februar 1957, AAS 1957, 129 ff, 146; *ders*, Ansprache an die Teilnehmer am Kongreß des Instituts "Gregor Mendel", 24. November 1957, AAS 1957, 1027 ff, 1031 f.

587 *Pius XII.*, Ansprache an die italienische Gesellschaft für Anästhesiologie, 24. Februar 1957, AAS 1957, 129 ff.

direktes Verfügungsrecht erhoben, wenn sich der Vorsatz auf die Lebensbeendigung als Ziel oder Mittel richtet. (...) Wenn zwischen der Narkose und der Verkürzung des Lebens kein direkter kausaler Zusammenhang besteht, der sich aus dem Willen der Beteiligten oder aus der Natur der Sache ergeben kann (dies wäre der Fall, wenn die Vermeidung der Schmerzen nur durch die Verkürzung des Lebens erreicht werden könnte); wenn vielmehr die Verabreichung der schmerzstillenden Mittel aus sich heraus, zwei verschiedene Wirkungen zeitigt, einerseits die Schmerzlinderung, andererseits die Verkürzung des Lebens, so ist sie zulässig; allerdings muß zusätzlich darauf geachtet werden, daß zwischen diesen beiden Wirkungen eine vernünftige Proportion besteht und daß die Vorteile des einen die Nachteile des anderen aufwiegen."[588]

Wenig später ergänzt *Pius XII.* diese Lehre durch die Aussage, daß keine Pflicht besteht, das Leben durch außerordentliche Mittel zu verlängern. Der Tod, der durch die Unterlassung außerordentlicher Mittel eintritt, kann niemals als direkte Verfügung über das Leben des Patienten aufgefaßt werden. Eine direkte Verfügung wäre Euthanasie und daher ausnahmslos unzulässig. Auf Grund des Prinzips der Doppelwirkung, stellt jedoch die Unterlassung außerordentlicher Mittel eine *indirekte* Ursache des Todes dar und ist daher keine Tötungshandlung.

Hervorzuheben ist, daß *Pius XII.* direkte Euthanasie als direkte (Selbst— oder Fremd—) Tötung auffaßt. Diese liegt vor, wenn sich der Vorsatz auf eine Tötungshandlung richtet, sei diese als Ziel oder bloß als Mittel gewollt. Davon grenzt er jene Eingriffe ab, die im Sinn des *voluntarium indirectum* keine Euthanasiehandlungen darstellen: Schmerzlinderung mit Lebensverkürzung als Nebenwirkung, Unterlassung außerordentlicher Mittel.

---

588 *Pius XII.*, ebda, 146: "D'abord toute forme d'euthanasie directe, c'est-à-dire l'administration de narcotique afin de provoquer ou de hâter la mort, est illicite, parce qu'on prétend alors disposer directement de la vie. (...) On prétend à un droit de disposition directe, toutes les fois que l'on veut l'abrègement de la vie comme fin ou comme moyen. (...) Si entre la narcose et l'abrègement de la vie n'existe aucun lien causal direct, posé par la volonté des intéressés ou par la nature des choses (ce serait le cas, si la suppression de la douleur ne pouvait être obtenue que par l'abrègement de la vie), et si au contraire l'administration des narcotiques entraîne par elle-même deux effets distincts, d'une part le soulagement des douleurs, et d'autre part l'abrègement de la vie, elle est licite; encore faut-il voir s'il y a entre ces deux effets une proportion raisonnable, et si les avantages de l'un compensent les inconvénients de l'autre."

b) *Die Erklärung Iura et bona der Glaubenskongregation vom 5. Mai 1980 über die Euthanasie*

Die Erklärung *Iura et bona* der Glaubenskongregation vom 5. Mai 1980 über die Euthanasie[589] stellt eine straffe und übersichtliche Zusammenfassung der bis zum damaligen Zeitpunkt ergangenen lehramtlichen Äußerungen dar. Sie nimmt aber auch terminologische Veränderungen vor. So ist in ihr nicht mehr von "*direkter* Euthanasie" die Rede, sondern einfach von Euthanasie schlechthin. Die Formen indirekter Euthanasie (in der Sprechweise *Pius XII.*) stellen gar keine Euthanasie dar und scheiden daher von vornherein aus der Definition aus. Euthanasie wird damit als ausschließlich negatives Wort gebraucht, das für jene Handlungen reserviert wird, die als unzulässig deklariert werden: "Unter Euthanasie versteht man eine Handlung oder Unterlassung, die ihrer Natur nach oder aus bewußter Absicht den Tod herbeiführt, um auf diese Weise jeden Schmerz zu beenden. Bei Euthanasie dreht es sich also wesentlich um den Vorsatz des Willens und um die Vorgehensweisen, die angewandt werden."[590] Diese Handlung wird ausnahmslos als unsittlich erklärt, sowohl als Selbsttötung vom Patienten aus gesehen, als auch als Fremdtötung vom Arzt aus betrachtet. Niemand darf einer solchen Handlung an sich selbst oder an anderen zustimmen. Keine Autorität auf Erden, auch nicht der Staat, darf eine solche Tat anordnen oder auch nur erlauben.

Von der Euthanasie werden — wie schon im vorangehenden Lehramt — jene Handlungen abgegrenzt, die keine direkte Tötung darstellen: die Verabreichung schmerzstillender Medikamente[591] und die Unterlassung außerordentlicher — oder wie die Erklärung *Iura et bona* sie nunmehr nennt — unverhältnismäßiger Maßnahmen[592]. Die notwendige Schmerzlinderung stellt auch dann keine Euthanasie dar, wenn sie den Eintritt des Todes unweigerlich beschleunigt, denn in diesem Fall ist der Tod weder beabsichtigt noch gewollt: Vom Vorsatz ist nur die Linderung der Schmerzen erfaßt, soweit diese nach dem jeweiligen Stand der Medizin möglich ist. Gleiches gilt für die Unterlassung unverhältnismäßiger Maßnahmen zur Lebensverlängerung: Diese stellen weder Mord noch Selbstmord, sondern die schlichte Annahme der *conditio humana* dar.

589 AAS 1980, 542 ff.

590 AAS 1980, 546: "Nomine euthanasiae significatur actio vel omissio quae suapte natura vel consilio mentis mortem affert, ut hoc modo omnis dolor removeatur. Euthanasia igitur in voluntatis proposito et in procedendi rationibus, quae adhibentur, continetur."

591 Vgl Kapitel III der Erklärung, AAS 1980, 547 f.

592 Vgl Kapitel IV der Erklärung, AAS 1980, 549 ff.

c) Johannes Paul II.

Viel von dem, was *Johannes Paul II.* zur Abtreibung lehrt, bezieht er ausdrücklich auch auf die Euthanasie. Dies zeigt sich schon daran, daß er oft[593] — wie das 2. Vatikanische Konzil[594] und die Erklärung über die vorsätzliche Abtreibung[595] vor ihm — Abtreibung und Euthanasie als Wortpaar verwendet. Beide stellen Verletzungen des Lebensrechts dar und sind Phänomene desselben kulturellen Ambientes. So wie seine Aussagen über die Abtreibung, stellt der Papst auch jene über die Euthanasie in einen kulturellen Kontext. Sie stellen Elemente seiner Bemühung um die Evangelisierung der Kultur und damit um die Inkulturation oder Kulturwerdung des Glaubens dar. Der Zugang des Papstes zur Überwindung der Lebensrechtsverletzungen verläuft über den Aufruf zur kulturellen Wende, zur Bewußtmachung der Unmenschlichkeit von Abtreibung und Euthanasie. Ausdrücklich betont er, daß es nicht genügt, bloß die Legalisierung der Euthanasie zu verhindern[596]. Grundsätzlich und für einen Gesamtüberblick kann daher auf die Darstellung des Lehramts von *Johannes Paul II.* im vorangehenden Kapitel über die Abtreibung verwiesen werden.

Trotzdem gibt es, der spezifischen Problematik der Euthanasie entsprechend, lehramtliche Äußerungen des Papstes, die nur die Euthanasie betreffen. Sie zeichnen sich schon vor EV durch zwei besondere Merkmale aus. Das erste bezieht sich auf die "Theologie des Sterbens und des Todes", die — der theologischen Methodenentscheidung *Johannes Paul II.* gemäß — Jesus Christus als hermeneutisches Prinzip zu Grunde legt. Dem Menschen offenbart erst der menschgewordene Gott Jesus Christus im Vollsinn den Menschen: Den Sinn seines Daseins, die Würde seines Lebens sowie seines Todes. Im Erlösungstod Christi besitzt der Mensch den Schlüssel, um das Geheimnis des eigenen Todes zu deuten und seinen Sinn zu begreifen. Der Tod Christi hat dem Tod eines jeden Menschen eine neue Heiligkeit verliehen und liefert einen Grund mehr, um die Euthanasie zu verbieten[597]. Der wahre Gott und wahre Mensch ist wahrhaft gestorben: Der Tod eines jeden Menschen ist dadurch erhöht und erlöst worden.

593 Vgl als Beispiel neben den in der Folge zitierten Äußerungen: *Johannes Paul II.*, Ansprache an die Teilnehmer am Kongreß der italienischen Gesellschaft für Anästhesiologie, 4. Oktober 1984, Insegnamenti di Giovanni Paolo II, VII-2, 748 ff.

594 Vgl GS 27.

595 Vgl AAS 1974, 737 f.

596 Vgl die bereits zitierten Ansprachen *Johannes Paul II.*, 6. September 1984, Insegnamenti di Giovanni Paolo II, VII-2, 332 ff; *ders*, 24. Oktober 1986, Insegnamenti di Giovanni Paolo II, IX-2, 1170 ff; vgl auch *J. Ciupinski*, Principio, 117 ff.

597 Vgl *Johannes Paul II.*, Ansprache an die Teilnehmer am internationalen Kongreß der Vereinigung "Omnia Hominis", 25. August 1990, Insegnamenti di Giovanni Paolo II, XIII-2, 326 ff, 328 f.

Der Tod Christi schenkt uns das ewige Leben, ist zur Quelle ewigen Lebens geworden. Der Tod eines jeden Menschen in Christus hat Anteil an dieser miterlösenden Kraft für die Menschheit. Der Sinn und die Bedeutung des Todes haben sich gewandelt: Er ist nicht mehr Strafe, sondern miterlösende Hingabe. "Durch seinen Tod erhellt Jesus den Sinn des Lebens und des Todes jedes Menschen."[598] Durch seinen Tod am Kreuz, als wir noch Sünder waren, erreicht Christus den Gipfel der Liebe. Vom Kreuz, der Quelle des Lebens her, entsteht das "Volk des Lebens" und breitet sich aus. Durch seinen Opfertod am Kreuz verkündet der Herr, daß das Leben seinen Mittelpunkt, seinen Sinn und seine Fülle erreicht, wenn es verschenkt wird.

Das zweite Merkmal, das *Johannes Paul II.* schon vor EV dem päpstlichen Lehramt hinzugefügt hat[599], ist die Korrektur eines möglichen Mißverständnisses dessen, was die Lehre von der Unterlassung außerordentlicher oder unverhältnismäßiger Maßnahmen besagt: "Das Prinzip der 'Verhältnismäßigkeit der Behandlungsmaßnahmen' schließt den Einsatz bloß experimenteller oder völlig wirkungsloser Mittel aus. Es dispensiert aber nicht von der therapeutischen Pflicht, das Leben zu erhalten sowie dem Kranken mit gewöhnlichen lebenserhaltenden Maßnahmen beizustehen. Auch wenn sie nicht mehr heilen kann, so kann und muß die Wissenschaft doch den Kranken weiterhin pflegen und ihm beistehen."[600] Oder mit anderen Worten: "Auch wenn der Patient unheilbar krank ist, so ist er doch nie unbehandelbar: Wie immer ihr Zustand sein mag, soll der kranken Person entsprechende Pflege zuteil werden."[601] Die Frage, welche Heil— und Pflegemaßnahme im Einzelfall angebracht ist, ist manchmal gar nicht so einfach zu beantworten, und wird uns in der Folge noch beschäftigen.

---

598 EV 50.

599 Die Unterscheidung zwischen Heilbehandlung, die unterlassen werden darf, wenn sie unverhältnismäßig ist, und Pflege, die nicht unterlassen werden darf, findet sich auch in der Erklärung *Iura et bona*, AAS 1980, 551.

600 *Johannes Paul II.*, Ansprache an die Teilnehmer an einem internationalen Studienkreis, 15. November 1985, Insegnamenti di Giovanni Paolo II, VIII-2, 1262 ff, 1265: "Il principio della «proporzionalità delle cure», mentre sconsiglia l'impiego di interventi puramente sperimentali o di nessuna efficacia, non dispensa dall'impegno terapeutico valido a sostenere la vita né dall'assistenza con mezzi normali di sostegno vitale. La scienza, anche quando non può guarire, può e deve curare e assistere il malato."

601 *Johannes Paul II.*, Ansprache an die Mitglieder der Päpstlichen Akademie der Wissenschaften, 21. Oktober 1985, Insegnamenti di Giovanni Paolo II, VIII-2, 1080 ff, 1082: "Even when the sick are incurable they are never untreatable: whatever their condition, appropriate care should be provided for them."

d) Der Katechismus der Katholischen Kirche

Die Randziffern 2277 bis 2279 geben in gedrängter Form die Lehre der Kirche zur Euthanasie wieder. Rz 2277 enthält folgende Definition: "Die direkte Euthanasie besteht darin, daß man aus welchen Gründen und mit welchen Mitteln auch immer dem Leben behinderter, kranker oder sterbender Menschen ein Ende setzt. Sie ist sittlich unannehmbar." Diese Definition unterscheidet sich nicht unwesentlich von jener in *Iura et bona* und in EV. Es fehlt nämlich der Verweis auf die Absicht, "auf diese Weise jeden Schmerz zu beenden." Auf die Bedeutung dieses Unterschieds wird weiter unten eingegangen.

Damit sind wir bei EV angelangt und wenden uns nunmehr der Analyse des dort definierten Handlungsobjekts "Euthanasie" zu.

3. Das Handlungsobjekt "Euthanasie" gemäß EV

a) Die intentionale Struktur der Handlung

Auch hinsichtlich der Euthanasie geht *Johannes Paul II.* von der intentionalen Struktur der Handlung aus. Dieser Zugang ergibt sich aus dem Wesen des moralischen Objekts, wie es in VS charakterisiert wird: "Um den Gegenstand einer Handlung, der sie sittlich spezifiziert, erfassen zu können, muß man sich daher *in die Perspektive der handelnden Person* versetzen. Das Objekt des Willensaktes ist ja ein frei gewähltes Verhalten. (...) Unter »Objekt« einer bestimmten sittlichen Handlung kann man daher nicht einen Prozeß oder ein Ereignis rein physischer Ordnung verstehen, die danach zu bewerten wären, daß sie einen bestimmten Zustand in der äußeren Welt hervorrufen. Das Objekt ist das unmittelbare Ziel einer freien Wahl, die den Willensakt der handelnden Person prägt."[602] Die Frage lautet also: Welches ist das frei gewählte Verhalten, das der Papst als Euthanasie bezeichnet? Welche vorsätzliche Handlung ist unzulässig, weil sie Euthanasie ist?

Auf ihren wesentlichen Kern reduziert lautet die Antwort in EV: Es ist die *vorsätzliche Tötung* aus Mitleid, um Schmerzen zu beenden[603]. Um zu dieser Aussage zu gelangen, nimmt der Papst verschiedene Unterscheidungen, Abgrenzungen und Wertungen vor. Bevor auf diese eingegangen wird, soll nochmals

602 VS 78.

603 Vgl EV 65; *L. Melina*, Corso, 212 ff; *Fr. Coppens*, La loi et la vie humaine, NRT 1997, 49 ff, 49; vgl auch in diesem Sinn schon vor EV *P. Verspieren*, Eutanasia?, 140; *G. Davanzo*, L'eutanasia. Rilievi culturali e pastorali, in: AA.VV. (Hrsg), Eutanasia, Bologna (1987) 27 ff, 33.

darauf hingewiesen werden, daß es sich um Abgrenzungen, nicht um Ausnahmen handelt. Die Frage lautet: *Was* ist eine direkte Tötungshandlung? *Was* ist wirklich Mitleid? Und nicht: Welche Tötungshandlung ist ausnahmsweise und aus welchen Gründen zulässig?

EV definiert Euthanasie folgendermaßen: "Unter *Euthanasie im eigentlichen Sinn* versteht man eine Handlung oder Unterlassung, die ihrer Natur nach und aus bewußter Absicht den Tod herbeiführt, um auf diese Weise jeden Schmerz zu beenden. »Bei Euthanasie dreht es sich also wesentlich um den Vorsatz des Willens und um die Vorgehensweisen, die angewandt werden«."[604] Ergänzend heißt es in derselben Nummer: Die Euthanasie ist eine schwere Verletzung des göttlichen Gesetzes, "insofern es sich um eine vorsätzliche Tötung einer menschlichen Person handelt."

Zunächst ist an dieser Definition hervorzuheben, auf welche Begriffe der Papst *verzichtet.* Wie schon seine Vorgänger, vermeidet *Johannes Paul II.* die Unterscheidung zwischen aktiver und passiver Euthanasie und, wie bereits in *Iura et bona*, auch *terminologisch* den Ausdruck "indirekte Euthanasie". Die Bezeichnung "indirekte Euthanasie" ist, wie schon mehrfach festgestellt, unzutreffend: Jene Handlungen, die auf Grund der Prinzipien des *voluntarium indirectum*, als "indirekt" erkannt werden, scheiden aus dem jeweiligen Tatbestand aus. Sie *sind* daher nicht die jeweils als unsittlich zu erklärende Handlung[605]. Die Tatsache, daß der Papst die Bezeichnung "indirekt" vermeidet, bedeutet nicht, daß er der Sache nach die Lehre von der indirekten Handlung ablehnt. Er legt sie seinen Untersuchungen vielmehr zu Grunde, wie aus seinen wiederholten Hinweisen auf die *direkte* Tötung erhellt[606].

b) *Vorzunehmende Unterscheidungen*

aa) *Die Unterscheidung zwischen aktiver und passiver Euthanasie*

Die Unterscheidung zwischen aktiver (durch ein Tun) und passiver Euthanasie (durch eine Unterlassung) hat vor allem im Strafrecht eine lange Tradition. Trotzdem ist unter Ethikern eine allgemeine Ablehnung dieser Begriffe festzu-

604 EV 65, AAS 1995, 475: "Sub *nomine euthanasiae vero proprioque sensu* accipitur actio vel omissio quae suapte natura et consilio mentis mortem affert ut hoc modo omnis dolor removeatur. «Euthanasia igitur in voluntatis proposito et procedendi rationibus, quae adhibentur, continetur»." Das interne Zitat entstammt der Erklärung *Iura et bona*, AAS 1980, 546.

605 Vgl für die Euthanasie etwa *E. Sgreccia*, Manuale I, 644.

606 Vgl zB EV 57 und 62.

stellen[607]. Diese Ablehnung stützt sich hauptsächlich auf die terminologische Verwirrung, die sich um die Begriffe aktive/passive, direkte/indirekte Euthanasie rankt. Die Verwirrung ist tatsächlich erheblich. So wird der Ausdruck "passive Euthanasie" manchmal verwendet, um — schlicht und ohne weitere Differenzierungen — die Unterlassung lebensverlängernder Maßnahmen zu bezeichnen, andere Male, um die Schmerzlinderung mit indirekter Lebensverkürzung auszudrücken, und wieder andere Male, wenn es um den Verzicht auf therapeutischen Übereifer geht. Damit kommt es jedoch zu einer Gleichsetzung und Vermengung der direkten mit der aktiven, und der indirekten mit der passiven Euthanasie. Die Unterscheidung zwischen aktiver und passiver Euthanasie stellt ursprünglich auf die Unterscheidung zwischen Tun (aktiv) und Unterlassen (passiv) ab. Im oben angeführten Beispiel der Schmerzlinderung mit indirekter Todesfolge wird jedoch ein aktives Tun, nämlich die Verabreichung von Schmerzstillern, als *passive* Euthanasie qualifiziert. Dies wäre nicht weiter schlimm, wenn sich nicht die ethische Wertung darauf stützen würde: Diese Form der Euthanasie sei zulässig, *weil* sie passiv sei. Das ist jedoch unrichtig. Sie ist zulässig, weil und insofern sie *indirekt* ist. Es gibt hingegen Unterlassungen, also Fälle passiver Euthanasie, die direkte Euthanasie und daher unzulässig sind. Die ethisch relevante Grenze verläuft entlang der Unterscheidung zwischen Direktheit oder Indirektheit einer Handlung. Die Tatsache, daß eine Handlung in einem Tun oder einem Unterlassen besteht, ist lediglich von untergeordneter Bedeutung. Es gibt demnach Fälle aktiven Tuns, die direkte Euthanasie (also eine direkte Tötungshandlung) darstellen und andere, die das nicht tun (zB die Verabreichung von Schmerzstillern, auch wenn sie als ungewollte Nebenwirkung das Leben verkürzen). Ebenso gibt es Fälle passiven Unterlassens, die direkte Euthanasie sind (etwa die Verweigerung verhältnismäßiger Maßnahmen der Lebensverlängerung), und andere, die überhaupt keine Euthanasie darstellen (zB der Verzicht auf unverhältnismäßige Lebensverlängerung). EV definiert die Euthanasie gemäß ihrer *ethischen* Relevanz. Das bedeutet: Man kann Euthanasie gleichermaßen durch ein Tun oder ein Unterlassen begehen, aber nur wenn die Handlung direkt ist[608].

---

607 Vgl *M. Cuyas*, Eutanasia. L'etica, la libertà e la vita, Casale Monferrato (1989) 34 und 39; *Fr. Coppens*, NRT 1997, 49; *M. Schooyans*, L'eutanasia oggi, in: M. Toso (Hrsg), Educare alla vita, Rom (1996) 243 ff, 248; Report of House of Lords Select Committee on Medical Ethics, 1994, auszugsweise in: *J. Keown* (Hrsg), Euthanasia examined, Cambridge (1995) 96 ff, 99; *J. Finnis*, A philosophical case, 25; *G. Miranda*, I problemi etici dell'eutanasia nell'Enciclica *Evangelium Vitae*, Medicina e Morale 1995, 719 ff, 723 f.

608 Vgl *G. Miranda*, Medicina e Morale 1995, 724; *J. Laffitte*, «Evangelium vitae». Aspects théologiques et doctrinaux, NRT 1995, 821 ff, 840.

Versuche, die in EV enthaltene Lehre in eine Terminologie zu "übersetzen", die auf die Unterscheidung zwischen aktiver und passiver Euthanasie abstellt, müssen bedenken, daß das *ethische* Kriterium die Direktheit der Handlung ist. Dies ist etwa dann von Bedeutung, wenn juristische Schemata einer moraltheologischen Prüfung unterzogen werden. In diesem Sinn kann man sagen, daß das kategorische Nein der Enzyklika EV grundsätzlich die aktive Euthanasie betrifft, allerdings nur insofern sie direkt ist. Ebenso, daß die passive Euthanasie als erlaubt angesehen wird, allerdings — und dies muß hier unbedingt hinzugefügt werden — nur insofern sie indirekt ist[609].

bb) Unterscheidungen gemäß der Willentlichkeit

Außer den Klassifizierungen in aktive/passive, direkte/indirekte Euthanasie, werden in der rechtspolitischen und ethischen Diskussion weitere Begriffe verwendet, die auf den Grad der Willentlichkeit und die ausführende Person abstellen. Diese Unterscheidungen verändern zwar nicht die grundsätzliche ethische Unzulässigkeit der Handlung, betreffen jedoch im ersten Fall das Maß an Unsittlichkeit und im zweiten auch die Spezies der Handlung. Deshalb müssen sie hier beschrieben werden.

Bezüglich der Willentlichkeit wird unterschieden zwischen

— freiwilliger (*voluntary*) Euthanasie: Der betreffende Patient wird auf sein Ersuchen hin getötet;

— nicht freiwillige (*non-voluntary*) Euthanasie: Die getötete Person ist nicht in der Lage, ein Tötungsverlangen zu äußern noch ein solches Ansinnen zurückzuweisen;

— unfreiwillige (*involuntary*) Euthanasie: Die getötete Person wäre in der Lage, ein Tötungsverlangen zu äußern, hat dies aber nicht getan[610].

Diese Unterscheidungen stellen Stufen einer zunehmenden Mißachtung der Persönlichkeit des Patienten dar und bedeuten daher auch eine zunehmende Schwere der Unsittlichkeit[611].

---

609 Nicht ganz geglückt daher die Formulierung von *J. Reiter*, »Liebe das Leben und diene ihm!«, Communio 1995, 80 ff, 284.

610 Vgl unter anderen n 23 Report of House of Lords Select Committee on Medical Ethics, 1994, in: J. Keown (Hrsg), Euthanasia, 100; *J. Finnis*, A philosophical case, 23; *P. Koller*, Personen, Rechte und Entscheidungen über Leben und Tod, in: E. Bernat (Hrsg), Ethik und Recht an der Grenze zwischen Leben und Tod, Graz (1993), 71 ff, 86 ff.

611 Vgl EV 66.

cc) Unterscheidungen gemäß der ausführenden Person

Die zweite Klassifizierung unterscheidet die direkte Euthanasie als Fremdtötung von jener direkten Euthanasie, die Selbstmord unter Beihilfe eines Arztes darstellt. Diese wird *physician-assisted suicide* (PAS) genannt: Ein Arzt versorgt den Patienten mit einer tödlichen Dosis an Medikamenten oder stellt ihm einen "Selbsttötungsapparat" zur Verfügung; den letzten Tötungsakt führt der Patient selber aus[612]. Für die ethische Bewertung des PAS muß man das Verhalten der beteiligten Personen unterscheiden und einzeln prüfen. Die Einnahme der tödlichen Dosis bzw das Auslösen des Selbstmordapparats steht im Willensbereich des Patienten: Unter der Annahme, daß der Patient Herr seiner Entscheidungen ist und wirklich frei handelt, begeht er eine *Selbst*tötung. Auch diese Handlung bezeichnet EV als Euthanasie. Die Enzyklika unterscheidet in ihrer Definition *nicht* nach der Person, die "den Tod herbeiführt, um auf diese Weise jeden Schmerz zu beenden." Sowohl Fremd— als auch Selbsttötung fallen unter den Begriff der Euthanasie und damit unter deren sittliche Bewertung. Worauf es ankommt, ist die vorsätzliche Tötungshandlung mit der besonderen "Färbung" des Vorsatzes, daß Schmerzen beendet werden sollen. Der Selbstmord eines Patienten unter Beihilfe seines Arztes ist daher Euthanasie im Sinn von EV.

Nicht nur der Patient, auch der Arzt begeht bei der PAS Euthanasie. Scheinbar ist dies nicht der Fall: Der Arzt "tötet" ja nicht den Patienten, er stellt ihm etwas zur Verfügung, womit der Patient sich selbst töten kann, wenn er es will. Wenn er es nicht will, ist der Arzt mit dieser Entscheidung gleichermaßen zufrieden. Scheinbar ist die Handlung des Arztes im Fall der Beihilfe zum Selbstmord nur indirekte Euthanasie. Ein solches Urteil legt jedoch ein verkürztes Verständnis der Handlung zu Grunde. Untersucht man sie von ihrer intentionalen Struktur her, wird deutlich, *was* der Arzt will, worauf sich sein Vorsatz erstreckt: Zumindest nimmt er die Tötung des Patienten in Kauf. Er gibt dem Patienten die tödlichen Mittel bewußt deshalb, weil dieser ihn darum bittet, um sich zu töten. Würde der Patient sich nicht töten wollen, gäbe er sie ihm nicht in dieser Dosis. Der Arzt willigt daher durch seine Handlung in die Tötung einer anderen Person ein. Sein Vorsatz erstreckt sich auf die Tötung des Patienten. Im Fall von PAS begeht der Arzt — moralisch gesehen — *direkte* Euthanasie.

Allgemein für Beihilfe zum Selbstmord gilt, daß sich der Vorsatz auf die Tötung des anderen erstreckt. Ethisch relevant ist allein die Einwilligung und damit Gutheißung dieser Tat, die objektiv eine Verletzung der Personenwürde

612 Vgl n 26 Report of House of Lords, ebda, 100; *Y. Kamisar*, Physician-assisted suicide: the last bridge to active voluntary euthanasia, in: J. Keown (Hrsg), Euthanasia, 225 ff, 229.

und damit unsittlich ist. Beihilfe zum Selbstmord ist nicht bloß ein materieller Beitrag zur Handlung eines anderen, sondern ist immer auch eine eigene Handlung und Wahl, und zwar die ethische Wahl und Enwilligung in die Tötung eines anderen, somit Fremdtötung bzw Mord.

c) Der Doppelcharakter der Euthanasie als Selbst— und Fremdtötung zugleich

Wie eingangs festgestellt, muß man bei PAS zwei Akteure unterscheiden, deren Handlungen sich zwar auf einander beziehen, aber dennoch selb— und eigenständig sind. Sie können daher auch getrennt ethisch bewertet werden. Denkbar wäre zB, daß der Selbstmord einer Person aus subjektiven Gründen (Sinnesverwirrungen, etc) schuldlos wäre. Der Beitrag zu diesem Selbstmord ist eine eigenständige Tat und bleibt als Fremdtötung bzw Mord schwer unsittlich. Die Euthanasie, jedenfalls die freiwillige Euthanasie, hat meist diesen Doppelaspekt. Derjenige, der um die Tötung ersucht, begeht durch dieses Ersuchen Selbstmord, derjenige, der die Tötung ausführt oder Beihilfe zum Selbstmord leistet, begeht Mord. EV fügt daher der sittlichen Verurteilung der Euthanasie folgenden Satz bei: "Eine solche Handlung setzt, je nach den Umständen, die Bosheit voraus, wie sie dem Selbstmord oder dem Mord eigen ist."[613] Wie *J. Ciupinski* mE zu Recht hervorhebt, beabsichtigt der Papst mit dieser Aussage keine Gleichsetzung von Selbstmord und Mord, sondern deren Differenzierung[614]. Er unterscheidet zwischen den möglichen Akteuren, deren jeweiligen Handlungen und der sittlichen Bewertung ihrer Taten. Generalisierend gesprochen, bedeutet Mord in der Regel größeres sittliches Übel als Selbstmord, weil beim Selbstmord eher als beim Mord Faktoren auftreten können, die die subjektive Zurechenbarkeit mindern oder ausschließen.

Die Aufspaltung der Tat in ihre Aspekte als Mord und Selbstmord hat auch wichtige rechtspolitische Folgen. Selbstmord ist eine Handlung, die der rechtlichen Regulierung entgeht, weil sich das Rechtssubjekt selbst durch diese Tat der Rechtsordnung entzieht. Anders jedoch die Fremdtötung bzw Mord — in diesem Fall bleibt der Täter innerhalb des juridischen Beziehungssystems und setzt ein sozialrelevantes Verhalten. Auf diese Unterscheidungen wird noch zurückzukommen sein.

---

613 EV 65 letzter Satz. An Stelle von "... setzt ... voraus", heißt es in der lateinischen Version: "*secum adfert*", also eher "bringt ... mit sich" oder "bedeutet".

614 Vgl *J. Ciupinski*, Il principio, 149.

d) Die Rechtfertigung eines eigenen Handlungsobjekts Euthanasie

An diesem Punkt angelangt, drängt sich eine Frage auf: Warum überhaupt einen eigenständigen Euthanasiebegriff bilden? Warum findet man nicht mit den Handlungsobjekten Mord und Selbstmord ein Auslangen? Die ethische Bewertung der Euthanasie scheint ja auch tatsächlich auf diese zwei Tötungshandlungen zurückführbar zu sein.

Trotzdem ist es gerechtfertigt, einen eigenen Begriff für die Euthanasie herauszubilden, um den spezifischen Lebenssachverhalt adäquat zu beschreiben. Anders ausgedrückt: Es geht um die möglichst präzise Erfassung des ethischen Spezifikums der Handlung Euthanasie. Diese besitzt Charakteristika, die sie von der allgemeinen Tötungshandlung Mord/Selbstmord so weit abheben, daß die Tat einem eigenständigen Handlungsobjekt entspricht.

EV drückt dieses Spezifikum der Euthanasie durch einen Zusatz in der Handlungsdefinition aus, durch den die Finalität, das Motiv der Tat in das Objekt der Handlung einbezogen wird. Euthanasie ist die vorsätzliche Tötung einer menschlichen Person, *um auf diese Weise jeden Schmerz zu beenden*[615]. Als vorsätzliche Tötung (ohne weiteren Zusatz) einer Person, auch einer kranken, leidenden Person, würde sich die betreffende Tötungshandlung nicht von Mord unterscheiden. Das Motiv dessetwegen der Mord geschieht, etwa Bereicherungsabsicht, Rachsucht, Zorn etc verändert das Handlungsobjekt nicht[616]. Nur wenn die Absicht darin besteht, die Schmerzen der betreffenden Person zu beenden, verändert sich das moralische Objekt: Aus Mord oder Selbstmord wird Euthanasie. Der Vorsatz hat dadurch eine besondere "Färbung" angenommen, daß er sich auf die Tötung *als Mittel* zur Schmerzbeendigung erstreckt. Die Intention, Absicht, Finalität, das Motiv bildet im Fall der Euthanasie einen Bestandteil des Handlungsobjekts. Jedenfalls definiert EV es so, in scheinbarer Durchbrechung der Lehre von den Quellen der Moralität, derzufolge das Objekt von der Intention zu unterscheiden ist.

Hiefür können verschiedene Erklärungen gegeben werden. Einerseits ließe sich die Einbeziehung der Intention in die Definition des Objekts durch die Funktion des Motivs als definitorisches Abgrenzungskriterium rechtfertigen, ohne daß es seinen Charakter als bloßes Motiv verlöre. Diese Auffassung hat den Nachteil, daß die Handlung so vom Objekt her sachlich Mord oder Selbstmord bleibt, und sich ein Unterschied erst auf begrifflicher Ebene ergibt. Die Entscheidung, gerade dieses Motiv für eine Objektbildung zu berücksichtigen, ande-

615 Vgl EV 65.

616 Aus diesem Grund scheint mir die in KKK 2277 enthaltene Definition der Euthanasie, die keinen Verweis auf die Schmerzbeendigung enthält, als unzureichend.

re Motive hingegen nicht, erscheint so eher dezisionistisch, begriffsjuristisch, wenn sie sich auch auf die Häufigkeit dieses Phänomens in der Gesellschaft stützen kann. Mit dieser Erklärung wird auch nicht jenen Stimmen entsprochen, die die Einbeziehung von Mord und Selbstmord in den Euthanasiebegriff ablehnen und ein eigenes Handlungsobjekt Euthanasie fordern, das engstens im Zusammenhang mit dem bereits begonnenen Sterbeprozeß und dem Selbstverfügungsrecht des Patienten zu sehen wäre[617].

ME ist eine andere Erklärung für die Einbeziehung des Motivs der Schmerzbeendigung überzeugender. In dieser Sicht ist das Motiv der Schmerzbeendigung in Wirklichkeit trotz der verbalen Formulierung als Finalsatz keine Intention, auch keine durch die Definition "objektivierte" Intention, sondern von vornherein ein Element des spezifischen Handlungsobjekts Euthanasie. Es ist ein originär objektives Element. Dieser Sicht zufolge ist die Euthanasie die *Perversion einer anderen, in sich guten Handlung*: der Schmerzlinderung, des Mitleids. Die Euthanasie liegt unterhalb der Untergrenze dessen, was zur Schmerzlinderung zulässig ist. Sie ist von der Absicht her gesehen Schmerzbeseitigung, aber mit falschen Mitteln. Sie ist gefühlsmäßig Mitleid, aber mit unzulässigen, in sich unsittlichen Mitteln, und ist daher weder Schmerzlinderung noch Mitleid, sondern deren Perversion. So schreibt *Johannes Paul II.*, daß "die Euthanasie als *falsches Mitleid*, ja als eine bedenkliche »Perversion« desselben bezeichnet werden (muß)"[618]. Das Objektiv der Schmerzlinderung gehört mE zum Handlungsobjekt der Euthanasie, weil die Euthanasie *wesensmäßig* falsches Mitleid ist. Sie ist objektiv kein Mitleid, auch wenn diese Haltung subjektiv angestrebt wird, weil es objektiv unmöglich ist, aus Mitleid zu töten. Dies ist im ethischen Sinn gemeint: Es ist unmöglich, eine vorsätzliche Tötung aus dem *Gefühl* des Mitleids heraus als echtes Mitleid bzw Schmerzlinderung zu rechtfertigen. Darauf kommen wir noch bei der Behandlung des eigentlichen Kerns des Problems zu sprechen.

Die Einbeziehung des Ziels der Schmerzbeendigung in das Handlungsobjekt Euthanasie macht auch den Zusammenhang deutlich, der zwischen der moralisch unsittlichen Tötungshandlung und der nicht nur zulässigen, sondern ethisch guten, sogenannten "indirekten Euthanasie" besteht. Diese verdient den Namen Euthanasie nicht, sondern sie entspricht einer wesentlichen christlichen Tugend: der Liebe zu den Kranken, Leidenden, Sterbenden, denen mit allen ethisch zulässigen Mitteln beizustehen und zur ruhigen Annahme des möglichst schmerzfreien Todes zu verhelfen ist. Schmerzlinderung mit (indirekter) Todesfolge und

617 Vgl *V. Eid*, Freie Verfügung über das eigene Leben?, in: V. Eid (Hrsg), Euthanasie, 71 ff, 76 f; *M. Cuyas*, Eutanasia, 10 f.

618 EV 66.

Unterlassung unverhältnismäßiger Maßnahmen der Lebensverlängerung sind daher zunächst und vorrangig aus der Perspektive des positiven Gebots zu sehen. Das Tötungsverbot bildet deren Untergrenze[619]. Dadurch rücken verschiedene Probleme, wie die Unterlassung unverhältnismäßiger Lebensverlängerung und Schmerzlinderung, die weiter unten behandelt werden, in ein richtiges Licht. Jedenfalls wird hier die Meinung vertreten, daß die Schmerzbeendigung ein objektives Element des Handlungsobjekts Euthanasie darstellt.

e) Weitere Elemente des Euthanasiebegriffs gemäß EV

Zunächst ist jedoch noch auf weitere Elemente der Definition einzugehen. EV subsumiert Handlungen und Unterlassungen unter den Begriff Euthanasie, die "ihrer Natur nach" und "aus bewußter Absicht" den Tod herbeiführen. Es gehe um "Vorgehensweisen" und den "Vorsatz des Willens". Diese Begriffe sind Zusätze, die dem Wesen der Euthanasie kaum etwas hinzufügen. Sie verdeutlichen, daß es Vorgehensweisen gibt, die in sich tödlich sind, wie zB die Injektion eines Gifts, und andere, die nicht von vornherein für die Tötung bestimmt sind, es aber durch ihren Einsatz im konkreten Fall werden, wie zB bestimmte Medikamente[620]. So wie die Unterscheidung zwischen aktiver und passiver Euthanasie, ist jedoch auch diese Unterscheidung hinsichtlich der ethischen Bewertung der Euthanasie von untergeordneter Bedeutung, weil es wesentlich auf die intentionale Konfiguration der Handlung ankommt. Dies wird durch eine terminologische Veränderung in EV gegenüber *Iura et bona* unterstrichen[621]. Hatte es in der Erklärung von 1980 geheißen: "Unter Euthanasie im eigentlichen Sinn versteht man eine Handlung oder Unterlassung, die ihrer Natur nach *oder* aus bewußter Absicht den Tod herbeiführt, ...", heißt es nunmehr in EV: "... eine Handlung oder Unterlassung, die ihrer Natur nach *und* aus bewußter Absicht den Tod herbeiführt." Die Verbindung beider Elemente durch das Wort "und" verdeutlicht, daß man sich zur Erfassung des Handlungsobjekts der Euthanasie in die Perspektive der handelnden Person versetzen muß. Es kommt für ethische Belange nie bloß auf das physische Mittel an, sondern darauf, welche Wahl die über sich selbst verfügende, handelnde Person durch den Einsatz gerade dieses Mittels trifft. Es geht also um die intentionale Struktur der Handlung.

619 Vgl für den Charakter der moralischen Verbote als nach oben offenen Weg VS 16 ff, besonders 18.

620 Vgl *G. Miranda*, Medicina e Morale 1995, 725.

621 Vgl *J. Ciupinski*, Il principio, 17.

4. Die Begründung der Unsittlichkeit der Euthanasie

Die Unsittlichkeit der Euthanasie — wie jene des Mordes im allgemeinen — beruht nicht auf dem bloßen biologischen Faktum des Todes, noch darauf, daß dadurch über das eigene Leben verfügt wird. Dies geschieht allenthalben in vielen anderen Entscheidungen des Lebens, ohne daß diese schon deshalb unsittlich wären. Ausschlaggebend ist auch nicht, daß die Entscheidung im Fall der Euthanasie definitiv und irreversibel ist.

Sittlich bewertet werden können immer nur Handlungen. In diesem Fall eine Tötungshandlung. Der Grund für die Unsittlichkeit jener Tötungshandlung, in der die Euthanasie besteht, ist die Negation der Liebe zur Person durch deren Tötung. Unsittlich ist die vorsätzliche Wahl dieser Handlung, die objektiv immer eine Verletzung der Menschenwürde bedeutet.

Wie bereits erwähnt, weist die freiwillige Euthanasie Doppelcharakter auf: Einerseits ist sie Selbst— andererseits Fremdtötung. Beide Aspekte können ein getrenntes ethisches Schicksal erleiden, und müssen daher auch gesondert untersucht werden.

a) Die Unsittlichkeit des Selbstmords und der suizidalen Euthanasie

aa) Der Unterschied zwischen der Hingabe des Lebens und der Selbsttötung

Die Unsittlichkeit der Euthanasie, als Selbstmord betrachtet, bedeutet, daß es immer und ausnahmslos unzulässig ist, sich selbst zu töten, auch in Leid und Schmerzen[622].

Diese Aussage steht im Gegensatz zu proportionalistischen Positionen. Diese können folgendermaßen zusammengefaßt werden: "Nach der eventuellen Erlaubtheit der Selbsttötung fragen heißt nach dem Gut fragen, dessen Verwirklichung es rechtfertigen könnte, das Übel der Lebensvernichtung zu verursachen."[623] Jene Autoren, die diesen Ansatz teilen, lehnen konsequenterweise die Argumente des Papstes zumindest implizit ab. So schreibt *J. Fuchs*, daß es auch bei der Euthanasie "um den proportionalen Vergleich zwischen dem fundamentalen, aber nicht absoluten Gut menschlichen Lebens und der jeweils richtigen

622 Vgl EV 66: "Nun ist Selbstmord immer ebenso sittlich unannehmbar wie Mord. Die Tradition der Kirche hat ihn immer als schwerwiegend böse Entscheidung zurückgewiesen."

623 *B. Schüller*, Zur Problematik allgemein verbindlicher ethischer Grundsätze, Theologie und Philosophie 1970, 1 ff, 15, zitiert nach *V. Eid*, Freie Verfügung über das eigene Leben?, in: V. Eid (Hrsg), Euthanasie, 86.

Wertung der zu eliminierenden großen Beschwerden (des Sterbenden, der Angehörigen, der Gesellschaft)" gehe[624]. Suizid sei auch nicht einfachhin, wie der Papst in EV 66 sagt, "Zurückweisung der absoluten Souveränität Gottes über Leben und Tod". Die Ablehnung des Suizids, so *J. Fuchs*, dürfe nicht verallgemeinert werden und den Sonderfall ausschließen, "daß jemand als der doch von Gott bestellte Verwalter seines Lebens urteilen muß, daß die Gründe für seine Tat objektiv schwerwiegender sind als die verpflichtende Achtung des ihm vom Schöpfer zu einer vernünftigen Verwaltung geschenkten und aufgetragenen Lebens."[625]

Auch *V. Eid* vertritt einen proportionalistischen Ansatz[626]. Nicht jedes Töten sei unsittlich, wie die traditionellen Ausnahmen vom Tötungsverbot bewiesen (zB Notwehr, Todesstrafe, gerechter Krieg), sondern nur das ungerechte Töten. Der Tod sei ein vor-sittliches Übel. Erst innerhalb einer konkreten Situation erhalte die Tötung ihre konkrete sittliche Qualität. "Es kommt offensichtlich auf eine klare Beurteilung von Ziel bzw. Absicht und Umständen an, um ein konkretes Töten oder konkrete Selbsttötung sachgerecht sittlich qualifizieren zu können."[627] Auch hinsichtlich der Selbsttötung ließen sich in der klassischen Moraltheologie Ausnahmen finden, in denen die bewußte Hingabe des eigenen Lebens nicht bloß angenommen, sondern durch freie Entscheidung bewirkt und doch gerechtfertigt ist. So etwa, als der hl. Maximilian Kolbe freiwillig den Platz eines schon zur Exekution bestimmten Familienvaters einnahm und sich dadurch für seinen eigenen Tod entschied. Oder im Fall eines Schiffbrüchigen, der seinen Platz in einem überfüllten Rettungsboot einer Mutter überläßt und ohne reale Aussicht auf Rettung zu schwimmen versucht. In diesen Fällen komme "das »Zulassen« oder »Hinnehmen« einem entschiedenen Tun gleich, das mit einem »Bewirken« insofern identisch ist, als die Hinnahme des Todes den Entscheid für den Tod veraussetzt."[628] Wenn von der traditionellen Moraltheologie Ausnahmen vom Tötungsverbot zugelassen werden für Selbstverteidigung, gerechten Krieg und Todesstrafe, warum dann nicht viel eher für so menschliche Motive wie Mitleid und Erbarmen mit Schwerstleidenden?

Für grundsätzliche Überlegungen zum proportionalistischen Ansatz und zum richtigen Verständnis des moralischen Gesetzes kann auf frühere Ausführungen verwiesen werden. Es sei lediglich wiederholt, daß der Versuch, die Ethik auf

624 *J. Fuchs*, Stimmen der Zeit 1995, 588.
625 *J. Fuchs*, ebda, 589.
626 Vgl *V. Eid*, Freie Verfügung, besonders 79 ff.
627 *V. Eid*, ebda, 80.
628 *V. Eid*, ebda, 81. Obwohl seine allgemeinen Ausführungen zur Euthanasie etwas anderes vermuten lassen, lehnt *V. Eid*, ebda, 86 ff die aktive Euthanasie als Ergebnis einer Abwägung ab.

die Grundlage von Abwägung und Verhältnismäßigkeit zu stützen, scheitern muß. Ethische Urteile würden sich mangels eines sicheren und letztverbindlichen Maßstabs in Aporien und infiniten Rekursen verlieren. Entscheidend ist vielmehr das Urteil der praktischen Vernunft über die Hinordnung einer Handlung auf Gott und auf das Wohl des Repräsentanten Gottes, der menschlichen Person, das sich in den Tugenden zum eigenen Glück entfaltet. Auch das Argument der autonomen Ethik fällt ins Leere, der Mensch als Verwalter seines Lebens könne in verantwortlicher Abwägung Ausnahmen vom moralischen Gesetz schaffen, das Gott als Herr des Lebens festgelegt hat. Dies entspräche einer konkurrentiellen Auffassung des natürlichen Sittengesetzes, die in der Freiheit des gesetzgebenden Schöpfergottes eine Einengung der Freiheit des Menschen erblickt. In Wirklichkeit verhält es sich genau umgekehrt: Es gibt keine Freiheit *vom* moralischen Gesetz, weil es keine Freiheit *von* der Wahrheit gibt, sondern nur Freiheit *in* der Wahrheit, dh durch das moralische Gesetz. Was als "Ausnahme" vom moralischen Gesetz erscheinen mag, ist es in Wirklichkeit nicht. Es sind Abgrenzungen, die sich aus der intentionalen Struktur der Handlung ergeben. Dies gilt auch für die zitierten Beispiele von P. Kolbe und dem Schiffbrüchigen. Für andere zu sterben ist *nicht* Selbstmord, weil eben keine Selbst*tötungs*entscheidung vorliegt. Man wählt in diesen Extremfällen die Inkaufnahme des unausweichlichen Todes durch andere Menschen oder durch Naturgewalten, aus Liebe zu anderen: Man darf für andere *sterben*, aber man darf sich *nie* für andere *töten*. Die Tradition der Kirche hiezu ist eindeutig: Nicht einmal zur Bewahrung des Glaubens oder zur Vermeidung schwerster Sünden, darf man sich selber töten[629]. Hingegen ist es erlaubt, verdienstvoll und sogar geboten, den eigenen Tod anzunehmen, wenn man sonst den Glauben verraten oder eine andere Sünde begehen würde. Ebenso ist es unzulässig, sich *selbst zu töten*, um jemandem die eigenen Organe spenden zu können, und diesem so das Leben zu retten. Gleichfalls darf in einem gerechten Krieg zwar das eigene Leben zur Verteidigung der Heimat eingesetzt werden, niemals darf man sich jedoch — auch nicht in einem ansonsten gerechten Krieg — etwa als Selbstmordbombe zur Verfügung stellen. Hier würde die Selbsttötung direkt als Mittel gewählt werden. Man darf sich nicht selbst töten, wohl aber darf man für einen anderen sterben, wenn die Tötung durch andere oder Naturgewalten ausgeht und unvermeidlich ist. Der durchaus bewußte und entschiedene Vorsatz richtet sich diesfalls auf die Annahme des ungerechten oder schicksalhaften Todes, nicht auf die Selbsttötung. Auch hier macht es keinen Unterschied, ob die Handlung "aktiv" oder "passiv" ist, dh ob der selbstmörderische Organspender, um dieses Beispiel zu verwenden, sich erschießt oder verhungern läßt, oder man die Handlung P. Kolbes als

629 Vgl die einschlägige Analyse von *J. Ciupinski*, Il principio, 67 ff.

aktiven Schritt in den Hungerbunker oder passives Erdulden des Hungertodes und der lethalen Injektion begreift. Worauf es ankommt ist, welche Handlung man — als Ziel oder als Mittel — wählt. Wählt man direkt die Selbsttötung als Ziel oder als Mittel, um etwas Gutes zu erreichen, ist die Handlung unzulässig. Wählt man hingegen die Annahme des eigenen Todes, um den Tod anderer auf sich zu nehmen, ist die Handlung höchst verdienstvoll. Es ist die größtmögliche Äußerung der Liebe.

In der direkten freiwilligen Euthanasie wird die Selbst*tötung* gewählt: Der Vorsatz richtet sich auf die Tötung als Mittel zur Schmerzbeendigung. Besteht der Vorsatz jedoch in der Annahme des unausweichlichen Todes (wie etwa bei der Unterlassung unverhältnismäßiger Mittel zur Lebensverlängerung), so liegt *keine* Euthanasie vor, sondern eine andere Handlung, nämlich die Annahme des Todes.

Zwischen der direkten Euthanasie und den zitierten Beispielen bestehen weitere *objektive* Unterschiede. In den Beispielen von P. Kolbe und dem Schiffbrüchigen gibt jemand aus Liebe sein Leben hin, um das Leben anderer zu retten. Er nimmt dabei Qualen, Schmerzen, Ängste und Leid in Kauf. Bei der Euthanasie ist genau das Gegenteil der Fall: Man *nimmt sich* das Leben (man gibt es nicht hin), um vor den Schmerzen zu fliehen. Schon daran erkennt man ganz deutlich die intentionale Struktur der Handlung, die es ermöglicht, die Handlung als solche zu analysieren und jene Wahl zu bezeichnen, die in sich, *intrinsece*, und damit immer und ausnahmslos unsittlich ist.

Wer dies ablehnt oder für unbeachtlich hält, dessen Gesichtspunkt muß sich notwendigerweise verschieben. Da dann der Vorsatz, sich selbst zu töten, nicht mehr *in sich* schlecht ist, muß er noch darüber hinausgehend spezifiziert werden. Es kommt dann nicht mehr darauf an, *daß* man einen Menschen, nämlich sich selbst, tötet, sondern in welchen Umständen man sich befindet, aus welchen Gründen und mit welchen Mitteln man dies tut, etc. Es könnte so unter bestimmten Umständen durchaus richtig sein, sich selbst zu *töten*. Man gelangt so als nächsten Schritt zur Bildung einer Kategorie von Menschen, für die es besser ist, sich zu töten. Ebenso werden auch die einzelnen Handlungen, insofern sie Mittelcharakter tragen, von einander ununterscheidbar. Direkte und indirekte Euthanasie werden in eins geworfen und mit einander verwechselt, weil beide Handlungsweisen *physisch* den Tod verursachen.

bb) Der Grund für die Unsittlichkeit der Selbsttötung — individualethische Bewandtnis

Gegen das bisher Gesagte kann nun eingewandt werden, daß dem tatsächlich so sein mag, daß also in der Tat ein objektiver Unterschied zwischen Sterben (indirekte Euthanasie) und Töten (direkte Euthanasie) besteht, aber daß nicht einsichtig ist, warum die Person sich nicht unter bestimmten schrecklichen Extremumständen *direkt töten* dürfe. Der Einwand richtet sich also nicht gegen die getroffenen Unterscheidungen, sondern gegen deren ethische Bewertung. Ist es nicht unmenschlich und barbarisch, und somit auch unmoralisch, unnütze Leiden aufzuzwingen? Sind die ethischen Normen gegen Selbstmord nicht irrationale Tabus bloß religiösen Ursprungs? Im Fall unheilbarer und unüberwindlicher Schmerzen und des Todeswunsches des Patienten hat das Leben doch keinerlei Würde, Schönheit, Bedeutung, Sinn, Zukunftsperspektiven mehr. Warum soll sich dann jemand nicht töten dürfen? Verlangt die Würde des Individuums nicht Respekt vor dessen Entscheidung? Ist es nicht besser, sich schnell zu töten und anderen nicht mehr zur Last zu fallen als lange dahinzusiechen?

Keine dieser und anderer ähnlicher Fragen, die im Zusammenhang mit Leid und Tod gestellt werden, darf leichtfertig beantwortet werden. Sie verlangen größten Respekt vor dem individuellen Schicksal und dem Leid der einzelnen Personen, deren wahren Glück die Ethik dient. Die Euthanasie ist eine Antwort, eine falsche Antwort zwar, aber eine Antwort, auf ein tatsächlich bestehendes Problem. Jede Befassung mit der Euthanasie muß sich diesem Problem stellen und versuchen, seinen Kern zu erfassen.

Zunächst sei wiederholt, daß es hier vorerst um die Euthanasie als *Selbst*tötung geht. Es soll also untersucht werden, warum Selbstmord im allgemeinen und die Euthanasie im speziellen unsittlich ist. Es werden noch nicht jene Probleme untersucht, die für einen Dritten oder die Gesellschaft aus dem Ersuchen um Beihilfe zum Selbstmord oder um aktive Euthanasie erwachsen. Ebenso beschränken sich die nachstehenden Überlegungen auf die Selbst*tötung*, dh es bleiben jene Fälle außer Betracht, die bereits weiter oben als Martyrium oder heroische Selbsthingabe abgegrenzt wurden. Ebenso sind die Formen indirekter Euthanasie auszuklammern, die den Großteil aller praktischen Probleme ausmachen: die Unterlassung sinnloser, unverhältnismäßiger Maßnahmen der Lebensverlängerung, die Schmerzlinderung, auch wenn sie das Leben verkürzt, den Todeswunsch bei starken Schmerzen, etc.

Es geht also um das Kernproblem: Die direkte Selbsttötung von eigener Hand (ohne Ersuchen um Beihilfe) durch ein Tun oder ein Unterlassen, um alle Schmerzen zu beenden. Warum ist diese Handlung immer und ausnahmslos unzulässig, unabhängig von den Zielen, die damit verfolgt werden?

Die Beantwortung dieser Frage stößt zunächst tatsächlich auf eine Schwierigkeit. Bei den Erörterungen über das Tötungsverbot im allgemeinen, wurde darauf hingewiesen, daß es ein originär sozialethisches Prinzip ist: Verboten ist die Tötung eines *anderen* Menschen. Dieses Prinzip ist die Grundlage jeder Gemeinschaft, wie es durch das Element der "Unschuld" zum Ausdruck kommt (es ist immer unzulässig, einen unschuldigen Menschen zu töten). Die Unschuld des getöteten Menschen begründet die personale Betroffenheit durch eine Tötungshandlung. Sie ist ein Strukturelement des Rechts, nämlich das Grundelement der Soziabilität: Jeder Mensch steht immer schon in Gemeinschaft, ist Person und befindet sich in einem Gewebe prinzipieller gegenseitiger Anerkennung als Rechtsträger. Der Selbstmörder stellt jedoch die prinzipielle Anerkennung anderer nicht in Frage. Der Selbstmord scheint vorerst keine oder wenig negative sozialethische Bewandtnis zu haben. Zumindest erscheint sie als fragwürdig. Freilich kann es Fälle geben, in denen sich jemand durch den Selbstmord seinen Pflichten gegenüber der Familie, Gläubigern, der Gesellschaft, dem Staat, etc entkommen möchte. Aber dies ist bei der Euthanasie gerade nicht der Fall, vielmehr eher das Gegenteil: Der Patient fühlt sich als Last und meint, seine Angehörigen und die Gesellschaft von sich zu "befreien".

Weiters entzieht sich der Selbstmord der rechtlichen Regulierung: Das Rechtssubjekt hört auf zu existieren, der Normadressat verschwindet. Es ist unmöglich, die Tat als solche[630] sowie den Täter rechtlich zu erfassen, und es wäre kriminalpolitisch höchst unklug, den Versuch zu bestrafen. Trotzdem stellt die Selbsttötung erhebliches sozialethisches Unrecht dar. Zunächst soll jedoch auf individualethische Aspekte eingegangen werden.

Die Argumente, die zu Gunsten der Euthanasie vorgetragen werden, haben verschiedene Ausgangspunkte gemein. Zunächst, Furcht vor den neuen technischen Möglichkeiten zur Lebensverlängerung, die sich aus den Entwicklungen besonders der Intensivmedizin ergeben haben. Auf diese berechtigte Skepsis wird im Zusammenhang mit der indirekten Euthanasie bei Unterlassung unverhältnismäßiger Mittel zur Hinauszögerung des Todes eingegangen werden. Der Befürwortung der direkten Euthanasie liegt weiters die Überzeugung zu Grunde, daß ein erlöschendes Leben voll Schmerzen sinnlos sei, und daß jedes Individuum über sein eigenes Leben verfügen könne und daher auch die Freiheit besitze es zu beenden. Diese zwei Argumente — Sinnlosigkeit des Lebens in bestimmten Situationen und Freiheit es zu beenden — scheinen mir den Kern des Problems zu bilden[631]. Auf diese zwei Probleme lassen sich alle anderen Fragen um die Euthanasie zurückführen. Ihre Klärung und Lösung beantwortet auch die Frage nach der Sittlichkeit der Euthanasie.

---

630 Einzelne Konsequenzen des Selbstmords sind sehr wohl einer rechtlichen Regulierung zugänglich, vgl etwa den Ausschluß des Selbstmords in den gängigen Allgemeinen Vertragsbedingungen bei Lebensversicherung: Der Versicherungsbegünstigte erwirbt keinen Anspruch auf Auszahlung der Prämie, wenn der Versicherungsnehmer sich selbst das Leben genommen hat.

631 In diesem Sinn auch *L. Melina*, Corso, 208.

Was bedeutet nun die Aussage, ein erlöschendes Leben voll Schmerzen habe keinen Sinn mehr? Was bedeutet denn "Sinn" überhaupt? Was bedeuten all die Worte, die die Befürworter der Euthanasie benützen, um das Leben *vor* seiner terminalen Phase zu charakterisieren? Was heißt das: Das Leben hat keinen Sinn *mehr*? Welchen Sinn hatte es denn vorher? Beantwortet man diese Fragen gemäß der Grundstimmung der gegenwärtigen westlichen Zivilisation, so besteht das höchste Ziel des Menschen, sein Sinn, nicht darin, gut zu sein, sondern sich wohl zu *fühlen* und die Welt durch die Vermehrung angenehmer Gefühle zu optimieren. Was gemäß dieser Sicht einen Menschen und sein Leben für sich selbst und andere kostbar macht, ist nicht sein Menschsein, sondern sind bestimmte Zustände, Erlebnisse und Interessen, deren Träger der individuelle Mensch ist. Sobald jemand in einen Zustand gerät, in dem es unmöglich ist, daß er je wieder positive Gefühle und Erlebnisse haben wird, in dem er nur Schmerzen und Leiden erfährt, kann ein solches Leben als Konsequenz dieser Grundeinstellung keinen Sinn mehr haben[632].

Die Wurzel dieser Sicht liegt im rationalistischen Weltbild, das Zielursächlichkeit methodisch ausblendet und die Wirkursächlichkeit zum alleinigen Deutungsschema erhebt. Ohne Zielursächlichkeit kann es aber nichts geben, was in ursprünglicher Wortbedeutung "Anziehung", "Zweck", "Motiv", "Bedeutung" und daher auch "Sinn" menschlichen Lebens ausmacht. Alles, auch der Mensch und seine Lebensäußerungen, werden auf ein Wirkursache-Wirkungsschema reduziert, das zwar das Woher, nicht aber das Wohin erklären kann. Und somit kann es keine Ethik und auch keine Antwort auf die Frage nach dem Sinn geben. Eine hedonistische Lebensphilosophie, die sich mit Impuls— und Triebbefriedigung zufrieden gibt, findet — eine zeitlang — mit diesem Ursache-Wirkungsschema das Auslangen: Was Gefallen erregt ist gut, was Schmerz verursacht schlecht. Allerdings nicht lange: Einerseits "funktioniert" dieser Mechanismus nur sehr unvollkommen, andererseits läßt sich im moralischen Wesen Mensch die Frage Wozu und die Frage nach dem Guten, dh der ethische Gesichtspunkt, nicht zum Schweigen bringen.

Eine Reaktion auf die unbefriedigenden Antworten technisch-rationalistischer Logik besteht in der Flucht in die "Logik des Gefühls"[633]. Die Logik der Technik, mit ihren kalten Ableitungen, Beweisen, Schlußfolgerungen und deren Anwendung auf den Menschen als ein Objekt mehr eines verengten Wissenschaftsbegriffs wird als unmenschlich empfunden. Die Gegenreaktion blieb nicht aus: der Sentimentalismus. An die Stelle der Vernunft tritt das Gefühl und die

632 Vgl *R. Spaemann*, Es gibt kein gutes Töten, in: R. Spaemann/Th. Fuchs (Hrsg), Töten oder Sterben lassen? Freiburg/Basel/Wien (1997) 12 ff, 15 f.

633 Vgl *Fr. Coppens*, NRT 1997, 62.

Phantasie, anstatt zu denken wird empfunden und gemeint, anstatt ethisch abzuleiten und schlußzufolgern, wird gefühlsmäßig gewertet. Ohne die Wichtigkeit des "guten Herzens" des Menschen für die ethische Erkenntnis zu schmälern, muß der Sentimentalismus als Sackgasse bezeichnet werden. Das Gefühl ist ein subjektiver Ich-Zustand, der nicht unbedingt mit der Wirklichkeit übereinstimmen muß, und dies *de facto* oft nicht tut. Außerdem mündet die "Gefühlslogik" leicht in eine oberflächliche Flucht vor dem Schmerz: Hin— und hergetrieben von widersprüchlichen sentimentalen Impressionen ist sie in Gefahr, sich schließlich für den weichsten Ausweg zu entscheiden, der scheinbar niemandem wehtut, selbst dann, wenn diese Gefühlsseligkeit auf Kosten anderer geht, die sich nicht äußern können (so bei der Abtreibung), oder nur zum Preis der eigenen Menschenwürde und damit des eigenen langfristigen Glücks erlangt werden kann (so etwa bei der direkten Unfruchtbarmachung des ehelichen Aktes). So verbindet sich der Sentimentalismus mit dem praktischen Materialismus. Dieser zwingt dem Menschen eine Wertordnung auf, die ihm nicht konform ist. Existentielle und unausweichliche menschliche Erfahrungen wie Liebe und Hingabe, Selbstvergessenheit, Schmerz, Leid und Tod werden unerklärlich, weil der Erklärungsansatz in der Prämisse ausgeklammert wird. Der Mensch betrachtet sich selbst nicht mehr als eine vorgefundene Person, deren natürliche individuelle und soziale Struktur geachtet werden soll, und dessen Leben sich durch die Liebe entfaltet, sondern als Daseinsprojekt, dessen Erfüllung in der Befriedigung der einzelnen Sinne geschieht, ohne diese in das Gesamtwohl der Person zu integrieren. Einer hedonistischen Einstellung kann die menschliche Person — in anderen und in einem selbst — , wenn diese krank oder aus sonstigen Gründen "belastend" ist, als Störung erscheinen, weil sie sich der sinnlichen Befriedigung oder dem Wohlgefallen in den Weg stellt. Wenn sie sich verselbständigen, versperren die Sinne den Zugang zum Sinn.

Bedenklich ist der Sentimentalismus weiters deshalb — und dies ist der hauptsächliche philosophische Einwand —, weil er die Prämissen des technizistischen, rationalistischen Vernunftbegriffes übernimmt. Gerade gegen dessen Konsequenzen reagiert ja die Logik des Gefühls, aber nur auf der Ebene der Symptome. Die Reduktion aller Ratio auf die naturwissenschaftliche Logik, wie es für das rationalistische Verständnis typisch ist, wird nicht überwunden. Vernunft bleibt naturwissenschaftliche Vernunft, und da man diese nicht will, meint man ohne Vernunft auskommen zu müssen und wendet sich dem Gefühl zu. Es wird nicht versucht, die Verengung zu überwinden, sondern das Verengte als solches wird als unzureichend abgelehnt.

Mehr als eine theoretisch untermauerte spekulative Position ist die "sentimentale Wende" ein praktisches Phänomen: Es ist die "Methode", mit der anthropologische und ethische Probleme zu lösen versucht werden. Man begegnet ihr allenthalben in der Auseinandersetzung um künstliche Fortpflanzung, Abtreibung, Empfängnisverhütung, Sterilisierung, Scheidung, Euthanasie, etc. Auf sentimentale Weise gelangt man jedoch ganz gewiß nicht zur Erkenntnis des Sinns des Lebens, denn erkennen kann man grundsätzlich nur mit der Vernunft. Worum es geht, ist die Vernunft für die Gesamtheit der Wirklichkeit zu öffnen und sie von methodischen Voreingenommenheiten und Scheuklappen zu befreien. Es geht darum, *rational* die in der Natur liegenden Finalitäten zu erkennen, die den Sinn menschlichen Lebens ausmachen. Gefühle sind dabei sehr wichtig, aber an dem ihnen zukommenden Platz, ohne "ethische Kurzschlüsse" auf Kosten der Menschenwürde zuzulassen. Vor allem ist — es sei wiederholt — die Wehleidigkeit oder Schmerzflucht als alleiniges oder hauptsächliches Prinzip der Ethik völlig unbrauchbar. Es wäre eine bittere Illusion, das Gute tun zu wollen, ohne je dabei leiden zu wollen. Es wäre eine traurige Unkenntnis der menschlichen Natur mit verheerenden praktischen Folgen, glücklich sein zu wollen, aber ohne Schmerzen. Eine eigene Kardinaltugend, jene der Tapferkeit, vervollkommnet unsere Neigung, das Gute zu tun, obwohl es schwer fällt. Das Leid ist der Härtetest des Lebenssinns. Wer im Leben nichts hat, wofür es sich lohnt zu leiden und sogar zu sterben, der hat auch nichts, wofür es sich lohnt zu leben.

Sinn als Finalität des Lebens wird nicht selten wie das Ziel eines Unternehmens, der Plan und der Zweck einer Aktivität verstanden. Aber diese Auffassung stößt an ihre Grenzen, wenn es um das Leben als Ganzes, den Tod oder die Tötung geht. Die "Planung des eigenen Lebens" ist nicht mit der Planung irgendeiner Unternehmung gleichzusetzen, in dem wir unseren Tod bzw terminale Schmerzen als einen Faktor mehr berücksichtigen. "Das Wissen um den eigenen Tod ist nicht ein Wissen unter anderem. Es ist nicht eine Information, die wir einfügen können in einen sinnvollen Zusammenhang, der uns eine rationale Lebensführung erlaubt."[634] "Unternehmungen" während unseres Lebens befinden sich im Rahmen unserer gewöhnlichen Rationalität: Wir definieren Ziele oder übernehmen von anderen definierte Ziele, im Verhältnis zu denen es eine rationale Mittelwahl gibt. Es wäre jedoch eine Täuschung, *das Leben selbst* als solche Unternehmung zu betrachten, dessen sinnvolle Gestaltung uns aufgegeben ist. Um dies tun zu können, bräuchten wir einen Rahmen der Bedeutsamkeit, der es uns erlaubt mit Bezug auf das Leben als *ganzes* eine Art Bilanz zu ziehen. Aber: Unser "Leben als ganzes" das *sind* wir selbst. Wir können unser eigenes Leben, unsere eigene Existenz nicht "bewerten". Im Verhältnis wozu könnte der Wert der Existenz einer Person bestimmt werden? Ein Vergleich braucht mindestens zwei Termini: Wenn die Alternative in der Aufhebung meiner selbst etwa im

634 *R. Spaemann*, Personen, 125.

Selbstmord besteht, fehlt der zweite Terminus. Ein Vergleich ist unmöglich. Es ist unmöglich, Ich mit Nicht-Ich in Abwägung zu bringen, weil Nicht-Ich nicht existiert. Diese Alternative ist eine Aporie.

Der Sinn des Lebens ist nicht etwas, was der Mensch in sein eigenes Leben hineinlegen könnte gleichsam als *homo faber sui ipsius*. Der *homo faber* verleiht als Schöpfer technischer Artefakte diesen ihren Sinn. Der Sinn eines Sessels, eines Autos, einer Uhr, etc. sind vom Menschen bestimmte Finalitäten. Auch im menschlichen Leben gibt es viele solcher Ziele und Zwecke, die wir jeweils (vorübergehend) als Sinn empfinden (zB Erfolg, Spaß, Fortschritt, Wissen, Arbeit, ...), aber gerade angesichts des Todes, der terminalen Situation, der Endlichkeit wird jeder dieser Bedeutungszusammenhänge relativ: Es gibt ihn nur unter der Voraussetzung des Lebens, also kann er nicht für das Leben selbst gelten. Die Ziele werden willentlich verfolgt, weil wir leben und weil wir leben wollen. Aber, wenn wir nicht mehr leben wollen, können die außerhalb der Person liegenden Ziele keinen Sinn ergeben. Innerhalb des Lebens hat es mit den Dingen eine Bewandtnis. Mit dem Leben selbst hat es keine Bewandtnis. Das Ganzwerden des Lebens, die Erreichung des Sinns, die Erfüllung, ist nicht die Vollendung von irgendeinem nicht-personalen Standpunkt von außen her, auch nicht die Erreichung irgendwelcher künftiger Ziele, Zustände oder Empfindungen, das ständige Ausgespanntsein auf zu Erreichendes, sondern es geschieht mitten *im* und *anläßlich* des Lebens, "wenn sich die Person auf eine bestimmte Art und Weise zu ihrem Leben verhält."[635] "Sinn", so formuliert es *R. Spaemann*, "ist im Bewußtsein der Endlichkeit gehärtete Bedeutsamkeit. Und unter 'Härtung' verstehe ich die Selbstbehauptung und damit das Zeitloswerden einer Bedeutsamkeit im Angesicht des Todes."[636] Erst das Wissen um die Endlichkeit des Endlichen, der Relativität des Relativen, gibt den Blick auf den Sinn des Lebens und damit auch auf den bedingten Sinn des Relativen frei, der sonst von den relativen, vitalen Bedeutungszusammenhängen verstellt wird. Die Überzeugung, daß ein menschliches Leben sinnlos sein kann, entstammt einem falschen Verständnisses dessen, was den Sinn des Lebens ausmacht. Dies ist der erste — kritische — Schritt, der getan werden muß: die Destruktion irriger Vorstellungen.

Der Sinn des menschlichen Lebens und daher auch des Leidens ist weder in Gefühlen noch im Aktivismus oder in von uns selbst gesteckten Zielen zu suchen, sondern nur in der "Wahrheit der Person" selbst: Es geht darum, mit der Vernunft jene Finalität zu entdecken, die die Zielursache, das Warum? und Wozu?, dh den Sinn des Menschen ausmachen. Es ist ein Sinn, der sich immer

---

635 *R. Spaemann*, ebda, 127.
636 *R. Spaemann*, ebda, 128.

schon *jetzt* bewähren muß, und nicht erst irgendwann einmal in der Zukunft, weil er es ist, der den Zwischenzielen ihren relativen Sinn und Zielcharakter verleiht. Diese Eigenschaften kommen dem letzten Ziel des Menschen zu, also letztlich Gott. Der Sinn des menschlichen Lebens ist sein letztes Ziel, das mittels der Zwischenziele in jedem Augenblick menschlicher Existenz gegenwärtig ist. Das letzte Ziel ist zugleich, wie wir gesehen haben, die Grundlage der Ethik. Es gibt den Richtpunkt ab, auf den sich die Handlungen des Menschen und sein notwendiges Glücksstreben beziehen. Die Sinnfindung durch den Menschen ereignet sich gerade im Ganzwerden der menschlichen Person in den Tugenden, in der Entfaltung seiner Freiheit gemäß der Wahrheit über sich selbst. Die Tugenden sind die ständige gesunde Spannkraft der Person, die wir Freude, Glück, Sinn nennen. Es ist *gegenwärtiger* Besitz, nicht Verweis auf ein künftig zu erlangendes Glück. Das Maß der Tugenden ist die Entfaltungsregel der Natur des Menschen als Gemeinschaftswesen, deren grundlegendes und zugleich zusammenfassendes Prinzip die wohlwollende Bejahung des anderen ist, oder mit anderen Worten die Liebe. Die Liebe ist das grundlegende Strukturprinzip, das Wesen oder die Gestalt aller Tugenden, weil sie die einzige adäquate Haltung gegenüber der Person darstellt. Zugleich besteht unser Glück in der Liebe. Die Freude ist eine Erscheinungsweise der Liebe. Der Sinn des Lebens, wie auch der Freiheit, ist daher die Liebe. Und deshalb hat das Leben immer Sinn, auch wenn man in Schmerzen unentrinnbar dem Tode zugeht, weil es immer möglich ist zu lieben und geliebt zu werden. Auch im Fall völliger Passivität ("Pflegefall") stellt die kranke und hilfsbedürftige Person eine Bereicherung für andere dar und erweist durch ihr bloßes Leben den anderen einen unersetzbaren Dienst: den der Humanisierung, des Zuwachses an Relationalität, in der das Personsein auch besteht.

Für einen Christen ist es besonders deutlich, daß das Leiden Sinn hat. Einerseits, weil wir das Beispiel und die Gnade Jesu Christi besitzen, andererseits weil wir auf Grund der Offenbarung wissen, daß Leiden in Christus, und dazu gehören auch Ohnmacht, Einsamkeit, Hilfsbedürftigkeit, etc. miterlösende Wirksamkeit besitzen — für uns selbst und stellvertretend für andere. Der Glaube erleichtert die Erkenntnis und die Umsetzung einer zutiefst menschlichen Wirklichkeit: den Sinn des Lebens und des Leidens. Einmal mehr erweist sich, daß der christliche Glaube vermenschlicht. Ohne seinen Schöpfer und Erlöser Jesus Christus sinkt das Geschöpf ins Nichts zurück. Es gelingt ihm nicht, im Vollsinn Mensch zu sein[637].

637 Vgl GS 36: "Creatura enim sine Creatore evanescit. Ceterum, omnes credentes, cuiuscumque sint religionis, vocem et manifestationem Eius in creaturarum loquela semper audierunt. Immo, per oblivionem Dei ipsa creatura obscuratur." Vgl auch *C.*

Der Selbstmord im allgemeinen und die Euthanasie als Selbsttötung, um alle Schmerzen zu beenden, im speziellen, negieren radikal die Bindung der Freiheit an die Wahrheit der Person und an die Liebe, und sind daher ethisch unzulässig. Wer Selbstmord für ethisch zulässig erachtet und die Selbsttötung unter Umständen als Handlungsmöglichkeit fordert, der unterstellt, daß es in der Gestalt des "Freitods" eine "Freiheit, nicht mehr zu sein" geben kann, eine "Freiheit vom eigenen Leben". Wir sind jedoch unser eigenes Leben. Eine Freiheit vom eigenen Leben zu fordern, läuft darauf hinaus, "Freiheit von sich selbst" zu fordern, was geradezu denkunmöglich ist. Es als individuelles Recht und Grundfreiheit zu fordern, ist jedenfalls eine Perversion des Denkens, weil der Selbstmord das Subjekt zerstört, auf dem die Rechte und Freiheiten ruhen: die menschliche Person. Als "letzte Freiheit des Lebens" verstanden, als "Freiheit, nicht mehr sein zu müssen", ist der Selbstmord geradezu die Auskristallisierung des bloß *negativen* Freiheitsbegriffs, einer Freiheit, die in Bindungslosigkeit, Indeterminiertheit, Verneinung der materialen Wesenbestimmung der Freiheit besteht. Es ist die Endstation des Versuchs des Menschen, selbst seinem Leben einen beliebigen Sinn zu *er*finden, anstatt diesen im "Gesetz der Liebe" zu *finden.* Das negative Verständnis der menschlichen Freiheit ist, wie weiter oben gezeigt wurde, unzureichend. Es ist ein Verständnis, das den Sinn der Freiheit nicht zu erfassen vermag, und daher tatsächlich sinnlos ist. Wahre, wirkliche Freiheit entsteht nur dort, wo der Mensch liebt und es ihm gelingt, seine Existenz Gott und den Mitmenschen gegenüber zu öffnen. Und wo es wahre Freiheit gibt, dort gibt es wiederum immer Sinn.

In der Euthanasie hingegen versucht der Mensch, seine eigene Endlichkeit, die Wahrheit über sich selbst, die in Leid und Tod unübersehbar und unausweichlich ist, zu *leugnen*, indem er sich zum scheinbaren Herrn dieser Endlichkeit aufspielt. Aber er verstrickt sich dadurch nur in einen Selbstbetrug: Anstatt die Wahrheit anzuerkennen, flieht er vor ihr, aber beweist durch diese Flucht gerade die Unmöglichkeit der Flucht. Anstatt den Tod anzunehmen und anzuerkennen und in Würde zu sterben, indem der Wille stets liebend auf die menschliche Person in sich selbst und den anderen gerichtet bleibt, und so wirklich frei und Herr zu sein, tötet sich die Person in der Euthanasie selbst, verstößt gegen die Liebe und ist unfrei. Euthanasie und Selbstmord widersprechen radikal der Freiheit des Menschen, sie verstoßen gegen die Liebe zu sich selbst und zu Gott und sind daher individualethisch unzulässig[638].

Meves, Der Mensch — Herr über Leben und Tod?, in: Anonymer Herausgeber, Sterbehilfe. Mitleid oder Mord?, Wiesbaden (1984) 79 ff, besonders 86.

638 Vgl auch *Thomas von Aquin*, S. Th. II-II, q. 64 a. 5.

cc) Sozialethische Bewandtnis von Selbstmord und Euthanasie

Selbstmord und Euthanasie haben — wie bereits angedeutet — über die individualethischen Aspekte hinausgehend auch sozialethische Bewandtnis. Nachwievor wird hier vorerst nur von der Euthanasie gesprochen insofern sie Selbstmord ist. Fragen der Beihilfe zum Selbstmord und der Fremdtötung werden weiter unten behandelt. Daß die suizidale Euthanasie auch sozialethische Aspekte aufweist, ist wichtig. Die Tatsache nämlich, daß etwas im individualethischen Sinn Unrecht ist, reicht in der Regel nicht aus, eine rechtliche Relevanz zu begründen. Ebenso ist der ethische (materiale, wahre) Freiheitsbegriff für die staatliche Rechtsordnung und die Staatslehre nicht unmittelbar maßgeblich: Jedenfalls muß die soziale Dimension hinzukommen und berücksichtigt werden.

Worin besteht nun die Sozialschädlichkeit des Selbstmords und daher seine Relevanz für die Rechtsordnung? Ist es möglich, den Selbstmord nicht nur als straffreie, sondern auch als rechtmäßige Handlung zu begreifen? Die Frage muß aus folgenden Gründen verneint werden. Durch seine Handlung verletzt der Selbstmörder die Menschenwürde in seiner eigenen Person. Er stellt das Grundprinzip der Rechtsordnung durch dessen Verletzung sich selbst gegenüber in Frage. Wer sich selbst das Leben nimmt, der sagt damit auch etwas über das Leben aller anderen aus, nämlich daß es Situationen geben könne, in denen es — dem Urteil der praktischen Vernunft zufolge — richtig wäre, sich selbst zu töten.

Weiters beraubt der Selbstmörder — durch seine Tat — die anderen seiner selbst. Die bloße Existenz eines Menschen — so belastend und "zeitraubend" sie auch im ökonomischen Sinn sein mag — ist eine Bereicherung für andere. Sie ermöglicht die Relationalität, die Hingabe und die Liebe anderer, und damit überhaupt erst die Entstehung dieses Wesenselements menschlicher Personalität.

Die beiden genannten Aspekte sind sozialer Natur und begründen daher die rechtliche Relevanz des Selbstmords für die Rechtsordnung. Freilich kann die Rechtsordnung — wie bereits erwähnt — den Selbstmord *als solchen* (die Tat und den Täter) nicht erfassen: Er entzieht sich einer rechtlichen Regulierung, weil das handelnde Rechtssubjekt aufhört zu existieren. Eine Bestrafung des Selbstmörders oder andere Sanktionen gegenüber seiner Person sind daher denkunmöglich und absurd. Auch die Bestrafung des Selbstmordversuchs ist höchst unratsam: Es würde den potentiellen Selbstmörder lediglich dazu treiben, einen Fehlschlag mit allen Mitteln zu vermeiden, und eine Person, die einen Selbstmordversuch überlebt, noch weiter belasten. Die Rechtsordnung kann den Selbstmord nicht verbieten oder faktisch verhindern, aber sie darf ihn auf Grund seiner Sozialrelevanz nicht für rechtmäßig erklären. Der Selbstmord ist nicht strafbar, aber er bleibt Unrecht, auch für die staatliche Rechtsordnung. Ein staatliches Gesetz, das das Gegenteil behauptete und den Selbstmord ausdrücklich erlaubte, würde gegen die sozialethische Grundlage der Rechtsordnung verstoßen und wäre daher nichtig. Ein analoges Problem, das außer jeder Diskussion steht, ist die Sklaverei, bzw moderne Erscheinungsformen persönlicher Unfreiheit und Abhängigkeit. Es ist *faktisch* kaum zu verhindern, daß sich ein Mensch einer anderen Person gegenüber versklavt, dh freiwillig auf die eigene Freiheit verzichtet, man denke etwa an Unterwerfungsakte verschiedenster Art, Prostitution und Drogenkonsum. Trotzdem sind jene die Unfreiheit begründenden Willenserklärungen und —übereinkünfte rechtlich unmaßgeblich. Die Rechtsordnung kann sie nicht als rechtsgültig anerkennen, will sie sich nicht selbst aufheben und *ad absurdum* führen. Die damit verbundenen Verträge, Versprechungen, Anzahlungen, sonstigen Leistungen, etc können und dürfen nicht rechtsförmlich geltend gemacht werden, obwohl sie *freiwillig* erfolgt sind.

Gleiches gilt für den Selbstmord und die Euthanasie: Zum Schutz des Lebens und der Freiheit anderer, zum Schutz dieser grundlegenden Prinzipien darf die Rechtsordnung die faktisch nicht vermeidbare Handlung des Selbstmordes nicht für rechtmäßig erklären. Dies ist vor allem von Bedeutung für Fragen des *physician-aided suicide* und der Fremdtötung, worauf noch später einzugehen sein wird. Vorerst müssen jedoch noch andere Probleme von erheblicher praktischer Bedeutung behandelt werden.

5. Darf man sich den Tod wünschen?

Aus dem bisher Gesagten könnte vielleicht der unzutreffende Eindruck entstanden sein, daß es immer und in allen Umständen, selbst unter schwersten terminalen Schmerzen, notwendig sei, weiterleben zu wollen bzw daß es unzulässig sei, sich den Tod zu wünschen. An sich müßte es hinreichend klar geworden sei, daß die unzulässige Handlung in der Tötung besteht, der Tod hingegen ein Ereignis ist, dessen unausweichlichen Eintritt der Mensch annehmen muß. Die Frage ist jedoch, an welchem Punkt der Vorsatz umschlägt: Wann die durch den freien Willen bewirkte Selbstverfügung der Person über sich selbst nicht mehr Annahme des Todes, sondern dessen Herbeiführung ist. Wir begegnen dieser Problematik vor allem im Zusammenhang mit der Unterlassung lebensverlängernder Maßnahmen, die den Tod, zumindest dessen früheren Eintritt verursacht. Bevor auf dieses Problem eingegangen wird, muß eine Vorfrage geklärt werden: Darf man sich überhaupt den Tod wünschen? Darf man überhaupt sterben wollen? Bzw, wenn der Tod unausweichlich vor einem steht: Muß man dann den Tod wollen? Besteht die Annahme des Todes im aktiven Wollen des Todes?

Wie eingangs festgestellt, ist der Tod ein Ereignis. Der Sterbewunsch hingegen ist eine Handlung und als solche einer moralischen Bewertung zugänglich. Der "Wunsch zu sterben", an sich und ohne weitere Spezifizierung, ist zweideutig: In bestimmten Fällen ist er unsittlich, in anderen dagegen zulässig[639]. Unzulässig wäre er als Ausdruck der Verzweiflung, der Negation der Liebe zu sich selbst, zu anderen und Gott, als Manifestation der Sinnleere. Ebenso als bedingter Tötungsvorsatz, dh wenn der Wunsch besteht, das Leben aktiv zu beenden, die Person jedoch vor der eigenhändigen Ausführung zurückschreckt, auf die Gelegenheit wartet, getötet zu werden und dies als Sterbewunsch manifestiert. In diesem Fall liegt jedoch kein *Sterbe*wunsch, sondern — wie gesagt — ein bedingter Tötungsvorsatz vor. Dieser entsteht oft gerade aus seinem scheinbaren Gegenteil, nämlich der *Sterbeangst*. Die Furcht vor dem Sterben schlägt in eine Flucht in Tötungsaktivismus um. Diese Handlungen wären als direkte Verletzungen der Personenwürde unzulässig.

Hingegen dürfen wir uns das Ende aller Schmerzen und das ewige Leben wünschen. Dieser Wunsch schließt den Tod als Tor zum ewigen Leben ein, aber er wird diesfalls *indirekt* gewollt. Es ist durchaus vernunftgemäß, und daher sittlich zulässig, den Tod als willkommene Befreiung von unerträglichen Schmerzen zu empfinden und diese *Befreiung* zu wünschen, aber das ist etwas anderes als das *moralische Urteil*, es sei für die Person besser zu sterben, es wäre für alle besser, diese Person wäre tot oder diese Person sollte sterben. Dieses Argument behandelt das Leben der Person zu Unrecht als einen bloßen Faktor, das wie Geld oder andere instrumentelle Güter, abgewogen und zum untergeordneten Teil eines Gesamtkalküls gemacht werden könnte: Sollte sich das Leben nicht als "qualitätvoll genug" erweisen, könne es abgelegt werden. Dieser Zugang und ein solches Urteil verletzen die Menschenwürde, weil das Leben eines Menschen sein Sein ist. Es macht seine Existenz aus: Wir sind unser Leben. Der Vorsatz, der auf Grund des oben geschilderten moralischen Urteils *direkt* den Tod wünscht, reduziert das menschliche Leben und damit die Person selbst, zum nützlichen (instrumentellen) Gut: Dadurch wird jedoch das Prinzip der Menschenwürde verletzt, demzufolge der Mensch nie bloß Mittel, sondern immer Zweck ist.

Die Annahme des Todes, wie schon das Wort besagt, besteht daher nicht in einem direkten, aktiven Wollen des Todes. Direkt und aktiv wollen darf (und soll) man den Willen Gottes, der uns die irdische Existenz als zeitlich befristetes Gut geschenkt hat. Nur Gott, und daher auch sein Wille, ist das absolute Gut, das um seiner selbst willen absolut gewollt und geliebt werden darf. Ein geschaffe-

639 Vgl *G. Grisez*, Is It Wrong to Wish for Death?, The Linacre Quarterly 1995 H 2, 30 ff, 32 f.

nes Gut so zu wollen, wäre Sünde. Auch das menschliche Leben ist ein geschaffenes, kontingentes und damit relatives Gut, obwohl zu unterstreichen ist, daß der Mensch als Repräsentant und Ebenbild Gottes, nur Gott und sonst keinem Geschöpf — auch nicht sich selbst gegenüber — relativ ist. Das direkte Wollen des Willens Gottes, das Streben nach dem ewigen Leben, die Sehnsucht nach Befreiung von allen Schmerzen schließen daher — indirekt — als nicht direkt gewollte, notwendige Bedingung den eigenen Tod ein, der angenommen werden muß.

6. Die Unterlassung unverhältnismäßiger Maßnahmen zur Lebensverlängerung

a) Grundsätze

So wie es unsittlich und unchristlich ist zu töten, dh die unbedingte Annahme des Lebens in Frage zu stellen, ebenso unsittlich ist es, die Annahme des Todes zu verweigern, dh den Eintritt des unvermeidlichen Todes mit unverhältnismäßigen Mitteln verhindern zu wollen. Der Fortschritt der Medizin hat dazu geführt, daß Krankheiten, die früher tödlich waren, heute geheilt werden können. Situationen, in denen der Tod früher unvermeidlich eintrat, können heute überwunden, kranke Menschen ihren Familien und der Gesellschaft zurückgegeben werden. Bei allem Fortschritt der Medizin wird es jedoch auf Grund der sterblichen Natur des Menschen immer eine Grenze geben, an die menschliche Kunst stößt. Es mag gelingen, diese Grenze immer weiter hinauszuschieben, immer jedoch wird man letztlich an einen Punkt gelangen, ab dem Heilung nicht mehr möglich ist, und die medizinisch-technische Intervention auf die Verhinderung des Todes hinausläuft. EV bezeichnet diese Haltung als "therapeutischen Übereifer" (*vehementia therapeutica*[640]): "bestimmte ärztliche Eingriffe, die der tatsächlichen Situation des Kranken nicht mehr angemessen sind, weil sie in keinem Verhältnis zu den erhofften Ergebnissen stehen, oder auch, weil sie für ihn und seine Familie zu beschwerlich sind." Oder in einer Kurzdefinition: "außergewöhnliche oder unverhältnismäßige Heilmittel." Der Verzicht darauf "ist nicht gleichzuset-

640 CCE 2278 verwendet den Ausdruck *"saevitia therapeutica"*. In der korrespondierenden deutschen Rz 2278 KKK fehlt dieser Begriff. Es handelt sich um einen der Zusätze im CCE, der klarstellen wollte, daß die Zurückweisung des therapeutischen Übereifers gerade in der Unterlassung unverhältnismäßiger Maßnahmen der Lebensverlängerung besteht.

zen mit Selbstmord oder Euthanasie; er ist vielmehr Ausdruck dafür, daß die menschliche Situation angesichts des Todes akzeptiert wird."[641]

Wenn in der Folge der Verzicht auf unverhältnismäßige Mittel näher untersucht wird, soll sich die Untersuchung auf die Fälle "lauterer Absicht" beschränken. Damit sind jene ärztlichen Maßnahmen gemeint, die vom Wohl der betreffenden sterbenden Person motiviert sind. Von vorneherein als unzulässig, weil gegen die Menschenwürde, können jene Vorgehensweisen abgegrenzt werden, die den Todeszeitpunkt aus finanziellen Interessen, zum Beweis eigener Kunstfertigkeit oder als Experiment verschleppen[642]. In diesen Fällen ist der Sterbende nicht Selbstzweck, sondern Mittel zu Zwecken außerhalb seiner selbst, was seine Würde verletzt.

Die Unterlassung unverhältnismäßiger Maßnahmen zur Verlängerung des Lebens ist zulässig, auch wenn sicher feststeht, daß der Tod daraufhin eintreten wird. Diese Handlung stellt keine Euthanasie dar, weil es sich um einen Fall *indirekter* Intentionalität handelt: Gewollt wird *nicht* die Tötung, sondern die Annahme des Todes[643]. Auch in dieser Frage wird also vom Handlungs*objekt* ausgegangen und nicht von der Intention. Seit der Erklärung *Iura et bona* stellt das Lehramt zur Abgrenzung des Objekts auf die Verhältnismäßigkeit des Eingriffs ab. Der Sache nach dürfte aber schon vorher mit dem Ausdruck "gewöhnliche" bzw "außergewöhnliche Maßnahme" dasselbe gemeint gewesen sein, was dadurch unterstrichen wird, daß etwa in EV 65 "unverhältnismäßig" und "außergewöhnlich" gleichgesetzt werden. Die Verhältnismäßigkeit zwischen dem vorzunehmenden ärztlichen Eingriff und der Situation des Kranken ist — wie in allen Fällen des *voluntarium indirectum* — ein objektives Indiz für die Struktur des Vorsatzes. Es wird ersichtlich, worauf sich der Wille wirklich richtet. Das Kriterium der Verhältnismäßigkeit hat daher schon auf Grund der allgemeinen Regeln über das *voluntarium indirectum* in dieser Frage eine große Bedeutung.

Es gibt jedoch darüberhinaus noch einen weiteren Grund, warum die Verhältnismäßigkeit im Fall des Verzichts auf "therapeutischen Übereifer" eine so entscheidende Rolle spielt. Tatsächlich ist ja in diesem Fall die Verhältnismäßigkeit die Grenzlinie, die zwischen direkter und indirekter Tötung verläuft und daher über Unzulässigkeit oder Zulässigkeit der Handlung entscheidet. Dieser Grund knüpft an die Ausführungen zur Definition des Handlungsobjekts der Euthanasie an, besonders zum "gefärbten Vorsatz" der Handlung. Die Euthanasie ist die unzulässige Untergrenze, die "Perversion" einer anderen, positiven Handlung: Mitleid, Hilfe, Schmerzlinderung, etc. Auch die Problematik des the-

641 EV 65.
642 Vgl *A. Eser,* Sterbehilfe, 59.
643 Vgl auch KKK 2278.

rapeutischen Übereifers muß in erster Linie aus dem Blickwinkel eines positiven Gebotes gesehen werden, und zwar der Lebenserhaltung[644]. Was begrenzt werden muß, ist ja diesfalls nicht der Tötungsvorsatz, der in sich schlecht ist, sondern vielmehr sein Gegenteil: Der Wunsch, das Leben zu erhalten, was dem genannten positiven Gebot entspricht. Als positives Gebot kennt es jedoch, anders als die negativen Verbote, nicht allgemeingültige, von den Umständen unabhängige, zeitlos unveränderliche Formulierungen, sondern seine Anwendung bezieht sich vielmehr stets auf einen bestimmten Fall, in dessen Umständen entschieden werden muß, unter welchen Opfern, wie lange, zu welchen Kosten, etc das menschliche Leben zu erhalten ist. Wie allen positiven Geboten, entsprechen der positiven Pflicht zur Lebenserhaltung viele verschiedene Verhaltensweisen, und gibt es in den Einzelfällen viele verschiedene Antworten[645]. Abstrakt gesehen besteht die Antwort in der Verhältnismäßigkeit zwischen Eingriff und Situation. Deshalb spielt das Prinzip der Verhältnismäßigkeit hier eine über die Regeln des *voluntarium indirectum* hinausgehende Rolle.

Aus ihrem Charakter als positives Gebot leitet sich auch eine weitere Eigenschaft der Pflicht zur Lebenserhaltung ab: Sie gilt nicht unbegrenzt, sondern sie kennt eine Obergrenze. Wird diese überschritten, verändert sich die sittliche Natur der Handlung: Aus Lebenserhaltung wird *vehementia therapeutica.* An dieser Grenze schlägt die positive Handlungspflicht in eine Unterlassungspflicht bzw ein Verbot um. Ab einem hohen Grad an Unverhältnismäßigkeit der Maßnahme, ist der Verzicht darauf nicht nur zulässig, sondern sogar verpflichtend. Die Enzyklika tut diesen Schritt nicht ausdrücklich, sondern stellt nur die Zulässigkeit des Verzichts fest. Doch lassen sich die Aussagen von EV gemäß der allgemeinen Tugendlehre zu Ende denken: Die gute Handlung, die Tugend, ist ein Höhepunkt zwischen zwei Extremen. Die Lehre der Enzyklika zur Euthanasie bezweckt dies: Es geht sowohl darum, die Macht auszuräumen, den Tod direkt herbeizuführen, dh zu töten, als auch den Todeszeitpunkt durch eine Art "biologische Tyrannis" hinauszuzögern (therapeutischer Übereifer), was die Menschenwürde ebenfalls verletzt[646].

Um die im Rahmen einer Verhältnismäßigkeitsprüfung erforderlichen Abwägungen leichter vornehmen zu können, wurden verschiedene Kriterien entwickelt, die deutlich machen, welche Güter zur Abwägung gebracht werden. Von Seiten des Lehramts stellt die Erklärung *Iura et bona* einige solche Anhaltspunkte zur Verfügung[647]: Ein medizinischer Eingriff kann unterlassen oder

644 Vgl *M. Cuyas*, Eutanasia, 23 ff.
645 Vgl VS 52.
646 Vgl *E. Sgreccia*, Manuale I, 650; *R. Spaemann*, Personen, 131; *Fr. Coppens*, NRT 1997, 61 f.
647 Vgl AAS 1980, 550 f.

abgebrochen werden, wenn der erhoffte Erfolg nicht eintritt; wenn der medizinische und finanzielle Aufwand in keinem Verhältnis zu den erhofften Wirkungen steht; wenn der Eingriff starke Schmerzen oder sonstige Nachteile verursacht, die die Vorteile überwiegen; wenn die Maßnahme zwar allgemein üblich, aber doch nicht ungefährlich oder im konkreten Fall zu belastend wäre; wenn der Eingriff für den Patienten oder seine Familie zu beschwerlich wäre. EV 65 faßt diese Kriterien in zwei Gruppen zusammen: 1. Unverhältnismäßigkeit zwischen Eingriff und erhofften Ergebnissen; 2. übermäßige Beschwerlichkeit für den Patienten und seine Familie.

Wichtig ist es jedenfalls festzuhalten, daß *nie* das Leben des Patienten als solches abgewogen oder bewertet wird. Es kommt nicht darauf an, ob der Patient oder Dritte das Leben für lebenswert oder nicht erachten. Das Leben als solches ist inkommensurabel: Der Mensch hat Würde, nicht Wert. Sein Leben kann daher nicht in anderen Größen wie etwa Vergnügen, Geld, Selbstverwirklichung, etc bewertet und bemessen werden. Das Leben selbst entzieht sich einer Abwägung. Was abgewogen wird sind immer die *Mittel* im Bezug auf dieses Leben. Es muß festgestellt werden, ob ein medizinischer Eingriff in einer bestimmten Situation eine unverhältnismäßige Belastung bedeutet, wenn man die Gesamtverfassung der Person berücksichtigt. Zu dieser Gesamtverfassung gehören die physische und psychische Belastungsfähigkeit des Patienten und seiner Familie und vor allem auch die Patientenautonomie, dh der Wille des Sterbenden und seiner Angehörigen. Es müssen aber auch die jeweils konkret zur Verfügung stehenden medizinisch-technischen und finanziellen Mittel kalkuliert werden. Dieses Problem stellt sich immer dann, wenn über die Verteilung knapper Resourcen entschieden werden muß, zB wenn einer begrenzten Anzahl von Intensivstationplätzen eine größere Zahl an Patienten gegenübersteht. Diesfalls muß entschieden werden, welche Patienten aufgenommen und welche abgewiesen und damit ihrem Schicksal überlassen werden. Die Entscheidung in diesen Fällen ist schwer und schmerzlich: Es muß nämlich nicht nur die Verhältnismäßigkeit im jeweiligen Einzelfall festgestellt werden, sondern auch die Relation zwischen den einzelnen Patienten. Für einige Autoren besteht diese schwierige Abwägung im Verhältnis zwischen dem "Wert des Lebens" oder der "Lebensqualität" der todkranken Person und den zur Lebensverlängerung erforderlichen Mitteln[648]. Dies setzt voraus, daß das Leben als solches einer Bewertung zugänglich wäre, was aber nicht zutrifft. Bewertet werden können die Heilungsaussicht, die Belastung, die familiäre Situation (zB Sorgepflichten), etc. Zur Lösung dieser

648 Vgl zB *P. Koller*, Personen, 90 (er schreibt allerdings zum analogen Problem der passiven unfreiwilligen Euthanasie: Eine todkranke Person möchte weiterleben und verlangt unverhältnismäßige Mittel.)

schwierigen sanitätsökonomischen Probleme, muß also zunächst jeder Einzelfall für sich beurteilt und die Verhältnismäßigkeit oder Unverhältnismäßigkeit eines Eingriffs in der konkreten Situation festgestellt werden. Je nach dieser Verhältnismäßigkeit muß eine Reihung der Patienten vorgenommen werden. Dadurch ist auch ein Vergleich zwischen den einzelnen Patienten unvermeidbar, aber nicht deren Leben oder Person werden gegen einander abgewogen, sondern die jeweilige Verhältnismäßigkeit des konkret notwendigen Eingriffs. Dazu gehört, wie gesagt, auch die familiäre Situation, dh es kann sein, daß einem Eingriff mit geringer Erfolgsaussicht bei einem Familienvater mit mehrfacher Sorgepflicht der Vorzug zu geben ist vor einem Eingriff mit relativ größerer Erfolgsaussicht bei einer ledigen Person. Dies jedoch nicht, weil eine Person "wertvoller" wäre als die andere, sondern weil die Verhältnismäßigkeit des Eingriffs verschieden ist: Verglichen werden nicht zwei Leben, sondern zwei Relationen.

Hier wird an etwas angeknüpft, was bereits weiter oben angesprochen wurde: Ab einem bestimmten, hohen Grad an Unverhältnismäßigkeit schlägt die Zulässigkeit der Unterlassung dieser Maßnahmen in die *Pflicht* zu ihrer Unterlassung um. Patientenautonomie und damit das Recht, lebensverlängernde Maßnahmen abzulehnen oder sie zu verlangen, sind nicht gleichbedeutend mit dem Recht, den eigenen Todeszeitpunkt zu bestimmen. Es wäre zB unsittlich, große Summen des Sanitätshaushaltes, Apparate und Personal, die das Leben anderer retten könnten, etc dafür zu beanspruchen, das eigene bereits erloschene Leben um Stunden oder Tage zu verlängern. Die Medizin dient der Person, in ihrer körperlichen Dimension zwar, aber der Person, nicht dem isolierten biologisch-technischen Apparat "Mensch"[649]. Jede therapeutische Entscheidung ist daher immer eine Entscheidung, die die Person betrifft und somit eine ethische Wahl. Das ethische Kriterium kommt nicht von außen, nachträglich zum medizinischen Urteil hinzu, sondern es ist von vorneherein ein originär medizinisches Kriterium. Um wirklich *medizinisch* korrekt zu sein, muß die medizinische Entscheidung ethisch korrekt sein. Die Ethik ist konstitutiv für die Medizin, insofern sie praktische Wissenschaft ist. Beim konkret vorliegenden Problem hat die Medizin zwei Grenzen zu beachten: Wo anderen geschadet wird, darf man den eigenen Tod nicht mit völlig unverhältnismäßigen Mitteln zu verhindern trachten. Dies käme einem verzweifelten Festklammern am Leben und der Negation der Annahme des Todes gleich.

Im Rahmen dieser Arbeit ist jedoch das andere Extrem von größerer Bewandtnis: Maßnahmen der Lebensverlängerung dürfen nicht unterlassen werden, wenn diese Unterlassung Mord bzw Selbstmord wäre. Theoretisch ist diese

---

649 Vgl *A. Eser*, Sterbehilfe, 59; *L. Gormally*, Walton, Davies, Boyd and the legalization of euthanasia, in: J. Keown (Hrsg), Euthanasie, 113 ff, 117 f.

Grenze relativ leicht zu ziehen: Richtet sich der Vorsatz nicht auf die Annahme, sondern auf die Herbeiführung des Todes, ist sie überschritten und die Handlung ist als Euthanasie unzulässig. Dieser Vorsatz äußert sich objektiv in der Verhältnismäßigkeit des erforderlichen Eingriffs: Ist der Eingriff so verhältnismäßig einfach, daß von der "Annahme des unausweichlichen Todes" nicht die Rede sein kann, liegt Euthanasie vor. Im gegenteiligen Fall nicht. In der Praxis ist die Grenzziehung alles andere als einfach. Es läßt sich fast nie mit letzter Sicherheit sagen, ob ein Eingriff nun verhältnismäßig oder unverhältnismäßig ist bzw war. Der Patient, seine Angehörigen und der Arzt verfügen in dieser Frage über einen relativ breiten Entscheidungs— und Ermessensspielraum, was auch bewirkt, daß gleichgelagerte Fälle durchaus verschieden beurteilt und gelöst werden können: Was für eine Person verhältnismäßig ist, belastet eine andere zu sehr. Diese "Bewertungsunschärfe" und Unvorhersehbarkeit des jeweils ethisch korrekten Verhaltens ergibt sich auch aus dem Prinzip der Patientenautonomie. Aus mehreren Gründen obliegt es dem Patienten, frei und autonom zu bestimmen, welche Maßnahmen für ihn oder sie verhältnismäßig ist und welche nicht. Dies beruht zunächst auf dem medizinethischen Grundsatz, daß der Arzt nur jene Rechte besitzt, die der Patient ihm ausdrücklich oder stillschweigend überträgt[650]. Angelegenheiten der eigenen Gesundheit fallen primär in den Verantwortungsbereich der erwachsenen, ihrer selbst mächtigen Person. Der Arzt wird seiner Verantwortung, helfend und heilend zu unterstützen, am besten dadurch gerecht, daß er die primäre Verantwortung anerkennt.

Darüberhinaus weiß der Patient selbst am besten, wann ein Eingriff für ihn zu belastend ist und welche Pflichten er gegenüber seiner Familie zu erfüllen hat. Es gibt Verpflichtungen, die die Pflicht zur Wiederherstellung der Gesundheit einschränken oder modifizieren können: Krankheit oder geringe Belastbarkeit der Angehörigen, die ökonomische Situation der Familie, etc. Diese kann der Patient selbst am besten einschätzen und so hinsichtlich der Verhältnismäßigkeit einer Therapie urteilen[651]. Allerdings stößt diese Autonomie an Grenzen: Einerseits die sinnlose, unverhältnismäßige Lebensverlängerung zum groben Schaden anderer, andererseits die moralische oder physikalische Selbstzerstörung, wenn die Belastung durch einen Eingriff objektiv so gering ist, daß der Unterlassungswunsch nichts anderes sein kann als der objektive Ausdruck eines Tötungsvorsatzes. Der Eingriff ist diesfalls objektiv so verhältnismäßig, daß der Sterbewunsch unmoralisch ist. Das kann etwa der Fall sein, wenn er auf einer irrationalen, unbegründeten Angst vor einer Infusion, einem Medikament, etc beruht. Meist können diese Schwierigkeiten im Gespräch, mit psychologischer und

650 Vgl schon *Pius XII.*, Ansprache 13. September 1952, AAS 1952, 779 ff, 782.
651 Vgl *L. Gormally*, Walton, 118.

seelsorglicher Hilfe überwunden werden. Sollte dies jedoch nicht möglich sein, ist der Arzt mE in diesen Fällen auch gegen den ausdrücklichen oder mutmaßlichen Willen des Patienten zur Lebensrettung berechtigt und verpflichtet. Der Arzt kann sich nicht mit der Selbstmordabsicht des Patienten rechtfertigen, sondern ist zum Eingriff verpflichtet, wenn dieser zur Lebensrettung notwendig und so geringfügig ist, daß eine ernstzunehmende Belastung gar nicht in Frage kommt. Anders als der gerechtfertigte Wunsch, den unvermeidlichen Tod anzunehmen und in Würde zu sterben, verlangt uns der Selbsttötungsvorsatz keinen Respekt und keine Achtung ab. Freilich muß mit dieser Frage sehr behutsam umgegangen werden, steht ja die Patientenautonomie und damit eine Grundlage medizinischen Tätigwerdens auf dem Spiel. Ist die suizidale Absicht einer Behandlungsverweigerung nicht klar, kann und muß dem Patientenwunsch entsprochen werden, weil gerade in diesen Zweifelsfällen der Patient zur Entscheidung berufen ist. Der Arzt ist auch nicht verpflichtet, Nachforschungen anzustellen, sondern kann es beim Wunsch des Sterbenden bewenden lassen. Etwas anderes ist es jedoch, wenn die Selbstmordabsicht geäußert wird oder ersichtlich ist: In diesen Fällen eindeutiger Verhältnismäßigkeit des Eingriffs stellt die vorsätzliche Unterlassung der Lebensverlängerung direkte und daher unzulässige (passive) Euthanasie dar[652].

b) Zwei Spezialprobleme

aa) Das Auftreten einer heilbaren Krankheit in der Sterbephase

In diesem Zusammenhang stellen sich zwei Sonderprobleme hinsichtlich der Abgrenzung des moralischen Objekts Euthanasie und damit auch der Zulässigkeit der betreffenden Handlung. Das erste betrifft das Auftreten einer an sich heilbaren Krankheit (zB Lungenentzündung), die zur terminalen Phase einer schmerzhaften tödlichen Krankheit hinzukommt. Wenn in diesem Fall nicht eingegriffen wird, tritt der Tod schneller ein. Es fragt sich, ob diese Unterlassung zulässig ist, oder nicht vielmehr direkte Euthanasie darstellt. Verschiedene Lösungen werden vertreten. Einerseits sei zu bedenken, daß die hinzukommende Krankheit, auch wenn sie leicht heilbar sein sollte, in ganz besonderen Umständen auftritt und daher nicht mit dem gleichen pathologischen Phänomen in einer gesunden Person verglichen werden kann. Die Abwehr der Lungenentzündung, um beim Beispiel zu bleiben, würde den Sterbeprozeß verlängern bzw in seiner ursprünglichen Länge wiederherstellen, aber ihre "Heilung" könnte die Gesund-

652 Vgl auch *J. Finnis*, A philosophical case, 33.

heit im eigentlichen Sinn nicht zurückgeben: Es wäre eine Heilung ohne Sinn. Gemäß diesem Ansatz wäre die Unterlassung der Heilung der hinzukommenden Krankheit zulässig[653].

Andererseits kann dagegen eingewandt werden, daß es bei der Unterlassung unverhältnismäßiger Maßnahmen der Lebensverlängerung nie darum geht, die Gesundheit wiederherzustellen oder Eingriffe vorzunehmen, die im Hinblick auf eine Heilung sinnvoll wären. Es liegt ein irreversibler Sterbeprozeß vor und insofern sind alle Maßnahmen "sinnlos": Der Tod ist jedenfalls nicht mehr zu verhindern. Es geht darum, gemäß den genannten Kriterien festzustellen, ob ein bestimmter Eingriff in einer konkreten Situation zu belastend und daher unverhältnismäßig ist. Dieser Ansatz schließt generelle Regeln von vorneherein aus. Es ist daher auch für den Fall einer hinzukommenden Krankheit nicht möglich, den allgemeinen Satz aufzustellen, daß die Heilung grundsätzlich unterlassen werden darf. Dies trifft nur dann zu, wenn die konkrete Heilmaßnahme unverhältnismäßig ist. Besteht diese etwa bloß in der Verabreichung von Antibiotika wird sie — im allgemeinen — nicht unverhältnismäßig und daher vorzunehmen sein[654].

Zur Verdeutlichung des Gesagten kann eine Unterscheidung hilfreich sein, die für das zweite Sonderproblem zentral ist: jene zwischen medizinischer Heilbehandlung und Pflege. Bereits bei der Darstellung der Lehre von *Johannes Paul II.* vor EV wurde darauf hingewiesen, daß der Papst diese Unterscheidung vornimmt[655]. Auch die Erklärung *Iura et bona* und die Enzyklika EV betonen ausdrücklich, daß man zwar auf unverhältnismäßige Heilversuche verzichten darf, "ohne daß man jedoch die normalen Bemühungen[656] unterläßt, die in ähnlichen Fällen dem Kranken geschuldet werden."[657] Wenn, wie in den hier behandelten Fällen terminaler Krankheiten, die Gesundheit definitiv nicht mehr wiederhergestellt werden kann, besteht keine Pflicht, das Leben durch medizinisch-technische Erhaltung des "biologischen Apparats" zu verlängern. Es ist nicht Aufgabe der Medizin, das menschliche Leben unabhängig von der Gesundheit der lebenden Person zu erzwingen. Es geht nicht um Lebensverlängerung um je-

653 Vgl *M. Cuyas*, Eutanasia, 35 ff.

654 Im Ergebnis derselben Meinung *L. Leuzzi/M. Pangallo*, Medicina e Morale 1985, 899 ff, besonders 901: Sie rezensieren den Artikel von *M. Cuyas*, Quid sentiendum sit de euthanasia, pendet a re quae hoc nomine veniat, Periodica de re morali canonica liturgica 73 (1984) 153 ff, in dem *M. Cuyas* seine oben dargestellte Position vertritt.

655 Vgl *Johannes Paul II.*, Ansprache 21. Oktober 1985, Insegnamenti di Giovanni Paolo II, VIII-2, 1080 ff; *ders*, Ansprache 15. November 1985, ebda 1262 ff.

656 Im lateinischen Text wird das Wort "cura" also "Pflege", verwendet.

657 EV 65. Es handelt sich um ein wörtliches Zitat der Erklärung *Iura et bona*, AAS 1980, 551: "...haud intermissis tamen ordinariis curis, quae in similibus casibus aegroto debentur." Ebenso KKK 2279.

den Preis, sondern um das Wohl eines konkreten Menschen. Die Medizin dient der Person. Ihre primäre Aufgabe ist es daher, die Gesundheit (möglichst) zu erhalten und Schmerzen zu lindern, damit die betreffende Person sich, vor allem durch die Beziehungen zu anderen Menschen entfalten kann[658]. Die Gesundheit selbst ist schon ein wichtiger Teil der leiblichen Dimension dieser Entfaltung. Sie ist daher in sich ein Gut. Darüberhinaus stellt sie die notwendige Bedingung vieler anderer Lebensäußerungen dar. Sie ist daher auch Mittel, instrumentelles Gut. Obwohl nun dieses Gut in den terminalen Phasen einer Krankheit oder im Sterbeprozeß allgemein nicht mehr erreichbar ist, bleibt trotzdem die Person als solche, das "Gut der Person"[659], in ihrer Würde bestehen. Diese Würde verlangt von den Angehörigen, dem Arzt, dem Sanitätspersonal und allgemein den Mitmenschen jene minimale Pflege, die einem Sterbenden entgegengebracht wird: Ernährung, Wasser, Krankenbett, Wärme, Hygiene, etc. Die Gewährung dieser Pflege ist unverzichtbarer Ausdruck unserer Anerkennung der Menschenwürde des Kranken, der nicht im Stich gelassen oder als Last "entsorgt" werden darf[660]. Es geht hierbei gar nicht um Heilung, sondern um die Anerkennung des Patienten als unverfügbare Person, die um ihrer selbst willen geliebt werden muß.

Obwohl nun die Heilung jener Krankheiten, die in der Sterbephase hinzukommen, streng genommen nicht zur Pflege gehören, weil es sich eben um Heilmaßnahmen handelt, gehört die Behandlung dieser Krankheiten mE zum Minimum, das die Anerkennung des Sterbenden als Person ausdrückt. Freilich immer unter der Voraussetzung, daß die erforderlichen Heileingriffe verhältnismäßig und in sich nicht zu belastend sind. Die Behandlung einer Lungenentzündung, anderer Infektionskrankheiten, die Senkung von Fieber, etc sind so einfach, daß sie wie die Behandlung von Liegegeschwüren und palliative Maßnahmen der Schmerzbeseitigung angezeigt erscheinen. Freilich hat sich der Arzt auch in dieser Frage primär an die Entscheidung des gebührend informierten Patienten zu halten. Er oder sie ist am ehesten dazu berufen, über die eigene Belastbarkeit zu befinden.

bb) Künstliche Ernährung des komatösen Patienten

Dies führt uns zum zweiten Spezialproblem, das hier behandelt werden soll. Gehört die künstliche Ernährung eines Patienten, der sich permanent in einem vegetativen Zustand oder einem irreversiblen Koma befindet, zu den erforderlichen

---

658 Vgl *E. Schockenhoff*, HK 1995, 545; *M. Cuyas*, Eutanasia, 27.

659 Vgl VS 50.

660 Vgl auch *H. Steiger*, Recht auf Leben im deutschen Verfassungssystem, in: Pontificium Consilium de legum textibus interpretandis et al. (Hrsg), "Evangelium vitae" e diritto, 289 ff, 305.

Pflegemaßnahmen oder stellt sie eine unverhältnismäßige Heilbehandlung dar, die unterlassen werden darf und sogar — ab einem bestimmten Grad an Unverhältnismäßigkeit — unterlassen werden muß?

Manche Autoren bewerten die künstliche Ernährung auf Grund ihrer medizinischen Funktion in diesen Umständen als Heilbehandlung. Dies hat zur Folge, daß sie abgestellt werden kann, sobald sich herausstellt, daß sie medizinisch sinnlos geworden, dh daß ein Erwachen aus dem Koma oder aus dem vegetativen Zustand unmöglich oder höchst unwahrscheinlich ist. So wie künstliche Beatmung oder Dialyse, ersetze die künstliche Ernährung eine ausgefallene physiologische Funktion, nämlich die orale Nahrungsaufnahme. Weder Beatmung noch Dialyse tragen zur Heilung bei oder stellen die ausgefallene Körperfunktion wieder her, sie ersetzen sie bloß. Trotzdem zweifle niemand an deren Charakter als "Heilbehandlung", die unterlassen werden darf, und niemand würde sie zur notwendigen Pflege dieser Person zählen[661]. Bei jenen Personen, die in einen komatösen Zustand geraten und vorher gesund waren (zB nach einem Unfall) wird fast immer ein Heil— und Belebungsversuch notwendig sein. Scheitert dieser, stellt sich das Problem des Behandlungs— und des Nahrungsentzugs. Psychologisch fällt der Entzug einer Maßnahme schwerer als deren Beginn. Würde man sich daher, so wird behauptet, nicht darauf einigen, daß auch der völlige Behandlungsabbruch, Nahrungsentzug eingeschlossen, zulässig sei, bestehe das Risiko, daß Ärzte zögern würden, eine möglicherweise erfolglose Behandlung überhaupt erst einzuleiten: Aus Furcht vor einer langen Zeitspanne sinnloser Behandlung, wenn sich herausstellen sollte, daß die Therapie tatsächlich nicht erfolgreich ist[662]. Das hauptsächliche ethische Argument dafür, die künstliche Ernährung zu entziehen, wenn ein Erwachen ausgeschlossen werden kann, bestehe darin, daß ihre Fortsetzung keinen Vorteil bringe. Der Grund für die Einleitung der künstlichen Ernährung war die Ermöglichung eines Heilversuchs. Scheitert dieser, sei die Erhaltung des Zustands überflüssig[663].

Dagegen ist folgendes einzuwenden: Es ist zwar zutreffend, daß künstliche Beatmung und Dialyse Körperfunktionen ersetzen und als Heilbehandlung eingestuft werden. Als solche dürfen sie nicht ohne weiteres unterlassen werden, sondern nur, wenn sie unverhältnismäßig sind, dh wenn die Komplikation, der Aufwand, die Belastung, die Kosten, etc der Maßnahme bei weitem die erhofften Ergebnisse übersteigen. Bei der künstlichen Beatmung wäre dies etwa der Fall, wenn die Person hirntod ist, oder das Abstellen der Beatmung den unmittelbaren

661 Vgl *B. Jennet*, Letting vegetative patients die, in: J. Keown (Hrsg), Euthanasia, 169 ff, 181 f mit weiteren Nachweisen.

662 Vgl *B. Jennet*, ebda, 177.

663 Vgl *B. Jennet*, ebda, 180.

Zusammenbruch des bereits unheilbaren Organismus bewirken würde oder dieser nur durch die Beatmung biologisch existiert, oder die Beatmung in sich unerträglich schmerzhaft wäre, oder nur ein Beatmungsgerät zur Verfügung stünde, das mehreren Personen mit verschiedener Verhältnismäßigkeit dienen muß, etc. Für die Dialyse läßt sich Ähnliches sagen.

Hinsichtlich der Ernährung besteht dagegen ein Unterschied. Es ist eine Konstante menschlicher Existenz, in bestimmten Phasen des Lebens von anderen ernährt werden zu müssen: im Säuglings— und Kindesalter, in Krankheit und im hohen Alter, etwa. Die Schluckfähigkeit kann in verschiedenem Ausmaß beeinträchtigt sein, aber die Nahrungszufuhr durch Pflegepersonen ist Ausdruck einer grundlegenden mitmenschlichen Basissolidarität, die ganz unabhängig ist von der "Heilungsaussicht" dieser Maßnahme. Die Ernährung und Wasserzufuhr ("künstlich" oder nicht) dürfen nicht als "sinnlose, belastende Therapie" unterlassen werden, denn sie sind keine Therapie, sondern ein anderer, noch allgemeinerer Ausdruck der Bejahung des anderen als Person. Pflege ist nicht "sinnlos" oder "erfolglos", denn ihr Sinn und ihr Erfolg bestehen darin, Ausdruck der Liebe zur betreffenden Person zu sein. *Kein* Ausdruck der Liebe hingegen ist es zu urteilen, daß es für diese Person besser wäre tot zu sein, denn das Leben einer Person kann nicht als etwas für diese Person Instrumentelles begriffen werden. Das Leben einer Person ist sie selbst, und der lebende menschliche Organismus, so krank oder leidend er auch sein mag, ist — solange er lebt — immer personales Leben. Ernährung, Hydratation, die Entfernung von Lungensekreten, die Reinigung von Liegegeschwüren, Mundhygiene und andere Maßnahmen der gewöhnlichen Pflege eines Sterbenden dürfen daher nicht unterlassen werden, auch nicht im Fall irreversiblen Komas oder im vegetativen Zustand: Scheinbar bloß "biologische" Pflege ist immer personale Pflege[664]. Ihre Unterlassung stellt eine Verletzung der Menschenwürde des Sterbenden dar. Geschieht sie vorsätzlich und führt sie zum vorhersehbaren Tod, so handelt es sich um Mord bzw um Euthanasie, wenn durch die Tötung alle Schmerzen beendet werden sollen.

Obwohl der Grundsatz betreffend die Verpflichtung zur künstlichen Ernährung klar ist, bleiben doch Zweifel hinsichtlich des Maßes der Pflicht bestehen: Mit welchen Mitteln muß die künstliche Ernährung bewirkt werden? Wie lange muß sie aufrecht erhalten werden? Diese Unschärfe besteht, obwohl es um ein negatives Verbot einer in sich schlechten Handlung geht (Mord— und Euthanasieverbot), weil dieses negative Verbot die Untergrenze verschiedener positiver Gebote bildet: die Pflicht, das Leben zu erhalten, den Sterbenden zu pflegen und — zugleich — den unausweichlichen Tod anzunehmen. Obwohl also Euthanasie

664 Vgl *E. Sgreccia*, Manuale I, 652 und 654; *J. Boyle*, A case for sometimes tubefeeding patients in persistent vegetative state, in: J. Keown, Euthanasia, 189 ff, 194.

und die Unterlassung der Ernährung und sonstiger Pflege immer und überall, in sich und unabhängig von Umständen und Motiven schlecht sind, fragt es sich, was im Einzelfall Ernährung und Pflege ist bzw welches Maß an Ernährung und Pflege erforderlich ist. Dies deshalb, weil Ernährung und Pflege *positive* Gebote sind und der Umfang ihrer Verpflichtung je nach Situation variiert. Tatsächlich wird daher auch von den Autoren, die eine grundsätzliche Pflicht zur (künstlichen) Ernährung und Pflege im komatösen Patienten annehmen, ein unterschiedliches Maß dieser Verpflichtung vertreten. *J. Finnis* etwa gibt als Maß an: "... the food, water and cleaning that one can provide at home."[665] *J. Harris* kritisiert diese Position mE zu Recht: Schwerkranke Personen können mit der familiären Pflege zu Hause nur wenige Stunden überleben. Die Unterlassung der Spitalspflege in diesen Fällen wäre ungerecht, weil es eine Entscheidung zur Tötung des Patienten wäre[666]. Tatsächlich setzt *J. Finnis* hier die Latte mE zu tief an, allerdings ergibt sich aus dem Zusammenhang des Zitats, daß er lediglich skizzenhaft und ohne näher darauf einzugehen, die unterste Grenze umreißen will. Mit den von *J. Harris* angeführten Einwänden und Beispielen wäre er wohl einverstanden. Zumindest ergäbe sich dies aus dem Gesamtzusammenhang seiner sonstigen Ausführungen. *J. Boyle* vertritt eine vermittelnde Position. Nachdem er dargelegt hat, daß der komatöse Zustand eines Patienten nicht ausreicht, um diesem ohne weiteres die Nahrung zu entziehen, weil dies die Menschenwürde und die Liebe zu dieser Person verletzen würde, behauptet er, daß man umgekehrt auch nicht *jeden* Nahrungsentzug in allen Fällen als vorsätzliche Tötung bezeichnen könne[667]. Es sei zwar unumstößlich, daß man Kranken und Sterbenden Achtung und Liebe entgegenbringen müsse, aber dadurch sei noch nicht das Mindestmaß erforderlicher Pflege festgelegt. Dieses werde durch die Fähigkeiten, Möglichkeiten, Resourcen und sonstigen Verpflichtungen der Pflegenden gemäß den jeweiligen Umständen des Einzelfalls bestimmt. Solche Umstände seien zB eine Willenserklärung bezüglich künstlicher Ernährung, die der Patient eventuell abgegeben hätte, bevor er in Koma gefallen ist, die Pflegekosten, die Möglichkeiten zur Pflege, sonstige sittliche Verpflichtungen der Pflegenden. In Fällen, in denen ihre Vorteile so gering seien, daß sie den Aufwand nicht rechtfertigten, dürfe die künstliche Ernährung komatöser Patienten abgebrochen werden. Der Vorsatz erfasse diesfalls nicht die Tötung des Patienten, sondern nehme den Tod lediglich indirekt als Nebenwirkung in Kauf[668].

665 *J. Finnis*, A philosophical case, 33.

666 Vgl *J. Harris*, The philosophical case against the philosophical case against euthanasia, in. J. Keown (Hrsg) Euthanasia, 36 ff, 42 ff. *J. Harris* vertritt jedoch die Zulässigkeit der Euthanasie sowie einen Personbegriff, der hier abgelehnt wird.

667 Vgl *J. Boyle*, A case, 197 ff.

668 Vgl *J. Boyle*, ebda, 197.

ME geht *J. Boyle* in diesen Aussagen zu weit, zumindest sind sie mißverständlich. Die Kriterien, die er angibt, ähneln nämlich der Verhältnismäßigkeitsprüfung, wie sie bei der Heilbehandlung durchgeführt wird. Diese ist aber bei der Pflege *nicht* am Platz: Es gibt keine "unverhältnismäßige Pflege". Die Pflege ist gerade jenes Minimum, das bei Unterlassung unverhältnismäßiger Behandlung, erhalten und gewährt werden muß. Die Grenze ist hier mE nicht die Verhältnismäßigkeit der Pflege, sondern ihre *Möglichkeit*. Ein positives moralisches Gebot verpflichtet nicht zu Handlungen, die jenseits der konkreten Möglichkeiten liegen[669]. Solange die technische, medizinische, ökonomische, etc Möglichkeit zur Ernährung des komatösen Patienten besteht, muß sie aufrecht erhalten werden. Ist sie *unmöglich*, und nicht bloß belastend, schwierig, unverhältnismäßig, etc, kann sie nicht weitergeführt werden und besteht daher auch keine Verpflichtung dazu. Die eingangs gestellte Frage nach dem erforderlichen Ausmaß der Pflege wird also hier mit dem Verweis auf deren Möglichkeit beantwortet. Nicht von entscheidender Bedeutung sind in diesem Zusammenhang der vermutliche Wille des Sterbenden, die künstliche Ernährung zu unterbrechen, da der Wunsch nach Unterlassung dieses Mindestmaßes an Pflege ein suizidaler Vorsatz und daher nicht maßgeblich ist. Ebensowenig ist das Faktum ausschlaggebend, daß sich ein Patient schon lange, eventuell sogar Jahre lang, in Koma befindet. Man darf diesbezüglich nicht "sentimentalistisch" urteilen, vor allem ist — aus den bereits wiederholt genannten Gründen — das moralische Urteil unhaltbar, daß es für diese Person besser wäre tot zu sein. Die künstliche Ernährung eines komatösen Patienten muß also fortgesetzt werden, solange sie möglich ist.

7. Schmerzlinderung

Ein wesentliches und entscheidendes Element der Pflege macht die Schmerzlinderung aus. Oft ist es die Flucht vor Schmerzen, die im Patienten den Wunsch nach Euthanasie auslöst: Er sieht sich vor die Alternative eines scheinbar sinnlosen, schmerzerfüllten Weiterlebens oder der Euthanasie gestellt. Diese Alternative ist jedoch unrichtig. Die wahre Alternative zu Schmerz und Einsamkeit besteht nicht in der Tötung, sondern in der Schmerztherapie und der Sterbebegleitung. Gelänge den Familien und den medizinischen Institutionen das glaubwürdige Versprechen und die tatsächliche Durchführung der Sterbebegleitung bis

669 Vgl VS 52.

zum Tod, wäre einem Großteil der Sterbeangst als einer der treibenden Kräfte für den falschen Ausweg durch Töten wahrhaft menschlich begegnet[670].

EV anerkennt daher die "besondere Bedeutung"[671] palliativer Behandlungsmethoden in der modernen Medizin. Sie machen das Leiden im Endstadium der Krankheit erträglicher und gewährleisten eine angemessene menschliche Begleitung des Patienten[672]. EV hebt sich in diesem Abschnitt von der Erklärung *Iura et bona* ab. Die Erklärung formuliert zurückhaltender: Sie geht von der positiven Bedeutung des Schmerzes in christlicher Sicht aus. Angesichts dessen sei es nicht verwunderlich, daß Christen beim Gebrauch schmerzstillender Mittel Maß zu halten wünschen. Da es jedoch unklug sei, diese Haltung zur allgemein verbindlichen Norm zu erheben, sei bei den meisten Kranken die Schmerzlinderung angezeigt, obwohl daraus eine Bewußtseinstrübung oder sogar die Verkürzung des Lebens als Nebenwirkung resultieren könne[673]. EV wiederholt, zum Teil wörtlich, dieselbe Lehre, wählt aber die positive Einschätzung der Palliativmedizin als Ausgangspunkt weiterer Überlegungen, vielleicht auch auf Grund der medizinischen Fortschritte in diesem Bereich. Mit der ausdrücklichen oder mutmaßlichen Einwilligung des Patienten besteht die *Pflicht* des Arztes, die Schmerzen soweit wie möglich zu beseitigen bzw zu lindern[674]. Dies hilft dem Sterbenden, Geistesklarheit und Ruhe zu bewahren, seine Angelegenheiten geordnet zu hinterlassen, Abschied zu nehmen und sich auf die Begegnung mit Gott vorzubereiten.

Das ethische Problem im Zusammenhang mit diesem positiven Gebot zur Schmerzbeseitigung besteht — wie schon bei der Pflicht zur Annahme des unausweichlichen Todes — in der Erkenntnis der Untergrenze, die nicht unterschritten werden darf. Diese besteht bekanntlich in der vorsätzlichen Tötung des Kranken, um den Schmerz zu beenden, was Euthanasie wäre. Nun kommt es jedoch vor, daß Mittel, die mit der Absicht verabreicht werden, die Schmerzen zu stillen, den voraussehbaren Nebeneffekt haben, den Eintritt des Todes des Patienten zu beschleunigen. Schon *Pius XII.* hat festgestellt, daß diese Vorgehensweise gemäß den Regeln über das *voluntarium indirectum* als *actus duplicis ef-*

---

670 Vgl *H.—B. Wuermeling*, Zur Euthanasie in neuer Dringlichkeit, Communio 1996, 34 ff, 39.

671 Im lateinischen Text (AAS 1995, 476) heißt es : "magis magisque emergunt", also "zunehmende Bedeutung".

672 Vgl EV 65.

673 Vgl *Iura et bona*, III. Kapitel, AAS 1995, 547 f.

674 Vgl hiezu *Pius XII.*, Ansprache 24. Februar 1957, AAS 1957, 144, der von dieser Pflicht spricht und die Meinung ablehnt, es bestehe die moralische Verpflichtung, Schmerzen zu ertragen und ihre Beseitigung zu verhindern, um vor Gott Verdienste zu sammeln.

fectus zulässig ist[675]: Das Todesrisiko der Schmerzlinderung darf eingegangen werden, wenn der Tod nicht direkt als Mittel zur Schmerzbeendigung angestrebt wird und ein entsprechend schwerwiegender Grund für den Einsatz von Analgetika vorliegt.

Iura et bona, der KKK und EV bestätigen diese Wertung und betonen, daß eine solche Handlung, obwohl sie physisch gesehen den Tod verursacht, nicht mit Euthanasie gleichgesetzt werden darf. So heißt es in der Erklärung der Glaubenskongregation: "In diesem Fall (Schmerzlinderung mit Todesrisiko) wird der Tod offensichtlich keineswegs beabsichtigt oder gewollt, obwohl dessen Risiko aus vernünftigen Gründen eingegangen wird. Vom Vorsatz wird nur die wirksame Schmerzlinderung erfaßt, durch Anwendung jener Analgetika, die der Medizin zur Verfügung stehen."[676] Im KKK Rz 2279: "Schmerzlindernde Mittel zu verwenden, um das Leiden des Sterbenden zu erleichtern selbst auf die Gefahr hin, sein Leben abzukürzen, kann sittlich der Menschenwürde entsprechen, falls der Tod weder als Ziel noch als Mittel gewollt, sondern bloß als unvermeidbar vorausgesehen und in Kauf genommen wird." Und in der Enzyklika: "Denn in diesem Fall wird der Tod nicht gewollt oder gesucht, auch wenn aus berechtigten Gründen die Gefahr dazu gegeben ist: Man will einfach durch Anwendung der von der Medizin zur Verfügung gestellten Analgetika den Schmerz wirksam lindern."[677]

In beiden Zitaten kommt die intentionale Struktur der Handlung deutlich zum Ausdruck: Schmerzlinderung mit Todesrisiko *ist* nicht Euthanasie, weil der Vorsatz nicht die Tötung der Person erfaßt. Sie bildet deshalb keinen Teil des moralischen Objekts "Euthanasie", sondern liegt als eine ihrer indirekten Erscheinungsformen außerhalb dieses Handlungsobjekts[678].

Wie im Laufe dieser Arbeit bereits öfters wiederholt, ergibt sich die primäre und eigentliche ethische Relevanz und Identität einer Handlung aus ihrer vom Vorsatz strukturierten Intentionalität, die von der Intention oder dem Motiv die-

---

675 Vgl *Pius XII.*, ebda, AAS 1957, 146. Für den Rechtsbereich vgl etwa *A. Eser*, Sterbehilfe, 61 f; *P. Schick*, Todesbegriff, Sterbehilfe und aktive Euthanasie. Strafrechtsdogmatische und kriminalpolitische Erwägungen, in: E. Bernat (Hrsg), Ethik und Recht, 121 ff, 132 f.

676 AAS 1980, 548: "Quo in casu, uti patet, mors nullo modo est animo intenta aut quaesita, etsi rationabili de causa in eius periculum incurritur; id tantummodo in propositis fuit, ut dolores efficaciter lenirentur, adhibitis ad id analgesicis remediis, quae medicae arti praesto sunt."

677 EV 65. AAS 1995, 476: "Etenim tunc neque cupitur mors nec quaeritur, quamquam iustis de causis eius subest periculum: voluntas ea dumtaxat est ut efficaciter deleniatur dolor, adhibitis analgesicis viis quae auxilio datae sunt medicae arti."

678 Vgl in diesem Sinn auch *A. Fisher*, Theological aspects of euthanasia, in: J. Keown (Hrsg), Euthanasia, 315 ff, 323.

ser Handlung zu unterscheiden ist. Es geht um die Wahl einer Handlung. Es besteht ein Unterschied zwischen dem Vorsatz, jemanden mit Analgetika zu töten (vielleicht nicht in einer einzigen Dosis, sondern auf drei Tage verteilt, um kein Aufsehen zu erregen), um den Patienten von Schmerzen zu befreien, und dem Vorsatz, jemandes Schmerzen zu lindern, auch wenn man vorhersieht, daß die Dosis, die notwendig ist, um die Schmerzen zu beseitigen, in drei Tagen zum Tod führen wird. Die erste Handlung stellt Euthanasie dar und ist unzulässig, die zweite ist grundsätzlich nicht Euthanasie[679]. Wie schon im Kapitel über das *voluntarium indirectum* im allgemeinen festgehalten wurde, ist diese Unterscheidung Konsequenz der Innerlichkeit ethischer Wahl und ihres Charakters als Selbstverfügung über das eigene Ich. Es bedarf innerer Lauterkeit, um diese Regeln anzuwenden. Werden sie als Vorwand benützt, mag vielleicht ein äußerer Schein an Rechtfertigung erzeugt werden, doch lassen sich Gott und das eigene Gewissen nicht betrügen. Die Handlungen im angegebenen Beispiel sind äußerlich und physisch kaum von einander zu unterscheiden: womöglich die gleiche Dosis, dieselbe Anzahl von Tagen, beide Male tritt der Tod ein. Und doch bestehen objektive Unterschiede, die sich vom Vorsatz her ergeben: Bei der Euthanasie wird die Tötung gewollt und direkt als Mittel angestrebt. Die Dosis des Medikaments ergibt sich von daher. Bei der Schmerzlinderung hingegen wird der Tod gar nicht gewollt: Ließe sich ein Medikament oder eine Dosis finden, die den Tod vermiede, käme diese zur Anwendung. Es kommt also darauf an, was wirklich gewollt wird. Ist es die Tötung des Patienten — als Ziel oder als Mittel —, dann liegt Euthanasie vor; andernfalls nicht.

Auch bezüglich der Schmerzlinderung mit Todesrisiko spielt das Prinzip der Verhältnismäßigkeit eine zentrale Rolle. Möglicherweise kommt dies hier weniger zur Geltung als bei der Problematik der Lebensverlängerung, die ja ausdrücklich über die Verhältnismäßigkeit gelöst wird: Einerseits weil es sich um einen Anwendungsfall des *voluntarium indirectum* handelt, andererseits weil es um die Begrenzung einer positiven Pflicht geht. Beides trifft nun auch auf die Schmerzbeseitigung mit Todesrisiko zu, freilich auf die spezifische Problematik bezogen. Während es bei der Unterlassung unverhältnismäßiger Maßnahmen der Lebensverlängerung um das Verhältnis zwischen der Belastung durch den Eingriff und der Heilungsaussicht geht, besteht die zu bewertende Relation bei der Schmerzlinderung zwischen der Größe des Schmerzes und der Beeinträchtigung der Bewußtseinsklarheit: Man darf "den Sterbenden nicht ohne schwerwiegenden Grund seiner Bewußtseinsklarheit berauben."[680] Eigene Abwägungskriterien wie bei der Unterlassung unverhältnismäßiger Lebensverlängerung werden nicht

679 Vgl für das Beispiel *J. Finnis*, A philosophical case, 27.
680 EV 65; zitiert wörtlch *Pius XII.*, Ansprache 24. Februar 1957, AAS 1957, 145.

explizit entwickelt. Das Lehramt weist jedoch auf Situationen hin, in denen die Gründe (dh die Schmerzen) besonders schwerwiegend sein müssen, damit eine Bewußtseinstrübung gerechtfertigt sein kann. Gemeint sind jene Situationen, in denen ein Sterbender noch religiöse und moralische Verpflichtungen zu erfüllen hat, an deren Ausführung ihn eine Schmerztherapie hindern würde[681]. Beispielsweise könnte es sich um Wiedergutmachungspflichten handeln, denen der Patient durch Verfügungen auf dem Krankenbett nachkommen könnte; um die Bitte um oder die Gewährung von Verzeihung; die Erstellung des Testaments, etc. Bei den religiösen Pflichten ist in erster Linie an den Empfang der Sterbesakramente, besonders des Bußsakraments, an die Versöhnung mit Gott und der Kirche zu denken. Die Schmerzbeseitigung sollte bewirken, daß dem Sterbenden die Erfüllung dieser Pflichten erleichtert wird. Ist dies unmöglich, weil die Schmerzlinderung nur mit Bewußtseinstrübung erreicht werden kann, so soll dem Sterbenden vor Einleitung der Therapie Gelegenheit und Hilfe zu ihrer Erfüllung geboten werden. Allerdings besteht keine Pflicht, die Schmerzbeseitigung hinauszuschieben bis der Sterbende seinen Obliegenheiten entsprochen hat: Weigert er sich hartnäckig, sie zu erfüllen, können und müssen die palliativen Methoden dennoch zum Einsatz kommen. Die Nichterfüllung seiner religiösen und moralischen Pflichten ist ja nicht Folge der Schmerzbeseitigung, sondern der unmoralischen Entscheidung des Patienten. Beseitigt man seine Schmerzen oder beseitigt man sie nicht, sein Verhalten bleibt dasselbe: Er erfüllt seine Pflichten nicht. Die Verweigerung der Schmerzbeseitigung könnte sogar das Gegenteil bewirken und den Sterbenden in der Sünde verhärten[682].

8. Euthanasie und Rechtsordnung

a) Die in EV aufgestellten Grundsätze

Bereits im vorangehenden Kapitel wurde darauf hingewiesen, daß auch Selbstmord und Euthanasie in ihrer suizidalen Form soziale Unrechtsrelevanz besitzen, obwohl ihre strafrechtliche Erfassung unmöglich bzw unangebracht ist. Die juridische Bewandtnis der Euthanasie wird umso deutlicher je mehr andere Personen in sie involviert sind. Beim *physician-assisted suicide* leistet der Arzt Beihil-

---

681 Vgl *Pius XII.*, ebda, 147; *Iura et bona*, AAS 1980, 548; EV 65.

682 Vgl *Pius XII.*, AAS 1957, 146: "Celle-ci *(la faute commise)*, en effet, ne dépend pas de la narcose, mais de la volonté immorale du patient; qu'on lui procure ou non l'analgésie, son comportement sera identique: il n'accomplira pas son devoir. Si la possibilité d'un repentir n'est pas exclue, on ne possède toutefois aucune probabilité serieuse; et même qui sait s'il ne s'endurcira pas dans le mal?"

fe zur Selbsttötung des Patienten, setzt also eine eigenständige, wenn auch untergeordnete Handlung, weil die unmittelbare Tötungshandlung vom Patienten ausgeführt wird. Bei der aktiven freiwilligen Euthanasie sind die Rollen gleichsam vertauscht: Der Arzt setzt die unmittelbare Tötungshandlung, während der Patient darum ersucht, wodurch wiederum er eigenständig handelt und Selbstmord begeht. Am deutlichsten ist die Sozialrelevanz schließlich in den nichtfreiwilligen und unfreiwilligen Erscheinungsformen der Euthanasie: Dritte verfügen über das Leben der sterbenden bzw kranken Person. Alle drei geschilderten Handlungen betreffen die Rechtsordnung. Ihre Zulässigerklärung verändert die Beziehungsstruktur des Rechts, das Handeln Dritter wird eingefordert, ein rechtlich relevantes Verfahren ist nötig[683]. Die Rechtsgemeinschaft steht vor der Frage, ob sie solche Taten legitimieren, erlauben oder bestrafen soll.

Die Antwort, die EV darauf gibt, ist eindeutig: Der Staat darf Euthanasie nicht erlauben und schon gar nicht legitimieren. Euthanasie muß vielmehr grundsätzlich bestraft werden.

Für den Nachweis der Richtigkeit dieser Analyse kann vieles von dem vorausgesetzt werden, was zum differenzierten Schuldvorwurf hinsichtlich der Abtreibung gesagt wurde. Jene Passagen von EV, die die juridische Erfassung der Abtreibung behandeln, beziehen sich — mit einer einzigen Ausnahme — immer ausdrücklich auch auf die Euthanasie[684]. Wie bezüglich der Abtreibung, richtet sich die Hauptaussage der Enzyklika gegen die *Rechtmäßigerklärung* der Euthanasie als gesetzlich anerkanntes Freiheitsrecht: Diese Form der Legitimierung verleihe der gesellschaftlichen Situation einen "bisher unbekannten und womöglich noch widerwärtigeren Aspekt"[685]; sie sei das "subversivste und verwirrendste Gesicht" des Problems[686]. "Das Recht auf (...) Euthanasie zu fordern und es gesetzlich anzuerkennen heißt der menschlichen Freiheit eine *perverse, abscheuliche Bedeutung* zuzuschreiben: nämlich die einer *absoluten Macht über die anderen und gegen die anderen.*"[687] Wie sich aus dem Zusammenhang von EV 4 mit der vorangehenden n 3 ergibt, beziehen sich diese Aussagen auch auf den freiwilligen Selbstmord. EV 3 zitiert GS 27, in dem eine Reihe von Handlungen angeführt werden, die zum Leben selbst in Gegensatz stehen. Dazu zählt das Konzil den freiwilligen Selbstmord. EV 4 schließt an diesen Text an und beklagt, daß die Legitimierungsbestrebungen, das heißt die Rechtmäßigerklärung auch des Selbstmords, dieses Panorama noch verdüstern.

---

683 Vgl *F. D'Agostino*, Diritto e eutanasia, in: A. Tarantino/M.L. Tarantino (Hrsg), Eutanasia e diritto all vita, 105.

684 Vgl EV 4, 18, 20, 71 ff.

685 EV 4.

686 EV 18.

687 EV 20.

Johannes Paul II. fordert darüberhinaus auch grundsätzlich die gesetzliche Unterdrückung der Euthanasie: Euthanasie darf gesetzlich nicht toleriert werden, "weil die Gesellschaft das Recht und die Pflicht hat, sich vor den Mißbräuchen zu schützen, die im Namen des Gewissens und unter dem Vorwand der Freiheit zustande kommen können."[688] Gesetze, die Euthanasie zulassen und begünstigen, stellen sich radikal gegen das Gut des einzelnen und gegen das Gemeinwohl und sind daher ganz und gar ohne Rechtsgültigkeit. Wenn ein Gesetz Euthanasie billigt, ist es "eben darum kein wahres, sittlich verpflichtendes staatliches Gesetz mehr."[689]

Es wurde in der Beschreibung der lehramtlichen Äußerungen zur Abtreibung im Verlauf des 20. Jahrhunderts gezeigt, daß diese im historischen Kontext erfolgt sind. Sie reagierten auf bereits erfolgte oder vorherzusehende Gesetzesänderungen. Es darf daher nicht überraschen, wenn in früheren lehramtlichen Texten kaum ausdrücklich zum Problem der gesetzlichen Regulierung der Euthanasie Stellung genommen wird. Am strafbewehrten Verbot der Tötung aus Mitleid wurde gesellschaftlich nicht gerüttelt. Es bestand diesbezüglich ein weitgehender Konsens unter Juristen und Gesetzgebern. Die Tätigkeit des Lehramts bezog sich daher — wie bereits dargestellt — auf die Klärung und Vertiefung der moralischen Grundsätze.

Der Großteil der staatlichen Rechtsordnungen hat bis heute den strafrechtlichen Schutz des erlöschenden Lebens aufrechterhalten. Allerdings ist es bereits in einigen Staaten zu einem Abbröckeln und Aufweichen dieses Schutzes gekommen, weshalb nunmehr eine einschlägige moralische Orientierung durch EV angebracht war.

Anders als bezüglich der Abtreibung erübrigen sich bei Erörterung der juridischen Prinzipien hinsichtlich der Euthanasie die Unterscheidungen zwischen Rechtfertigung und Strafausschließung, Überlegungen bezüglich der Wirkung von Indikationen, etc. Diese haben für die Euthanasie keine Bewandtnis, weil der strafrechtliche Schutz des Lebens möglichst lückenlos aufrechterhalten werden soll. Schon 1984 forderte daher *Johannes Paul II.* dazu auf, jedem Versuch, die Euthanasie zu legalisieren, entschlossen entgegenzutreten[690]. In EV wird diese Lehre dadurch deutlich wiederholt und hervorgehoben, daß der Papst die Grundsätze der Erklärung über die vorsätzliche Abtreibung aus dem Jahr 1974 auf die Euthanasie anwendet: "Es ist daher niemals erlaubt, sich einem in sich ungerechten Gesetz, wie jenem, das Abtreibung und Euthanasie zuläßt, anzupas-

688 EV 71 Abs 3.

689 EV 72 Abs 3.

690 Vgl *Johannes Paul II.*, Ansprache 6. September 1984, Insegnamenti di Giovanni Paolo II, VII-2, 333.

sen, »weder durch Beteiligung an einer Meinungskampagne für ein solches Gesetz noch dadurch, daß man bei der Abstimmung dafür stimmt«."[691] Tatsächlich befindet sich die Gesellschaft im Jahr 1995 hinsichtlich der Euthanasie in einer ähnlichen Lage wie im Jahr 1974 hinsichtlich der Abtreibung: grundsätzliche Strafbarkeit der Handlung, Ausnahmen in einzelnen Staaten, eine breite gesellschaftliche Diskussion und starker Druck der öffentlichen Meinung in Richtung Straffreistellung. Freilich gibt es auch unübersehbare Unterschiede: Inzwischen hat sich eine allgemeine Ernüchterung hinsichtlich der Illusionen breitgemacht, die sich eine frühere Generation aus Liberalisierung und Antiautorität gemacht hatte; das marxistische staatliche Unrechtssystem ist zusammengebrochen und mit ihm die Agitation durch die destabilisierenden Kräfte, die von diesen Staaten ausgingen; auch in der Sache gibt es Unterschiede: Euthanasie ist keine "Frauenfrage"; es ist eine Handlung, die einem jeden ihrer Befürworter selber widerfahren könnte: wer sie fordert, muß gewärtigen, daß er selber ihr Opfer sein könnte, während das bei Abtreibung unmöglich ist. Diese und andere Gründe erklären, warum sich eine allgemeine Ablehnung der Euthanasie abzeichnet und den Mahnungen der Kirche hinsichtlich der Euthanasie kein ähnliches Los beschieden sein dürfte wie jenen bezüglich der Abtreibung. Jedenfalls bezieht der Papst — wie schon gesagt — die Euthanasie nicht ausdrücklich in die Möglichkeit "schadensbegrenzenden Abstimmungsverhaltens" ein, das er in EV 73 Abs 3 hinsichtlich der Abtreibung eröffnet. Unbeschadet der grundsätzlichen Gültigkeit der Argumente, die ein solches Verhalten hinsichtlich der Abtreibung zulässig erscheinen lassen, auch hinsichtlich der Euthanasie, soll am *Status-Quo* ihrer Strafbarkeit nicht getastet werden. Dieser Unterschied ist die einzige Ausnahme von der Gleichstellung von Abtreibung und Euthanasie, was ihre juridische Erfassung betrifft.

b) Begründung

Mit diesen sozialethischen Grundsätzen wendet sich die Kirche an den säkularen Staat, weil sie Forderungen des natürlichen Sittengesetzes und daher rational begründbar sind. Schon im vorangehenden Kapitel wurde ausführlich begründet, warum Selbstmord individual- und sozialethisches Unrecht darstellt und daher vom säkularen Staat — im eigenen Interesse — nicht für gerechtfertigt erachtet

691 EV 73 Abs 2. AAS 1995, 486: "Si ergo de lege agitur suapte natura iniqua, ut est quae abortum permittit et euthanasiam, numquam licet eidem se accomodare, nec quisquam «potest esse particeps alicuius motus publicae opinionis qui eiusmodi legi faveat, neque potest latis suffragiis sustinere»."

werden darf[692]. Es handelt sich dabei nicht um bloß "moralische" Forderungen, schon gar nicht um Prinzipien einer katholischen Eigenmoral, die keine Allgemeinverbindlichkeit beanspruchen könnten, sondern um einen Ausdruck dessen, was originär das Wesen des Staats und der Rechtsgemeinschaft ausmacht[693]: den Schutz des Gemeinwohls, der Person, ihrer Freiheit und ihrer Rechte. Der Selbstmord ist Ausdruck des Sinnverlusts und der Negation der Freiheit der Person. Wird dieses Scheitern in die Sprache des subjektiven Rechts darauf gekleidet, so kann das nur zu einer Vermehrung persönlicher Tragödien und zur Widersprüchlichkeit und zur Unverständlichkeit der Rechtssprache führen[694]. Das Wesen des subjektiven Rechts als Aspekt der positiven Entfaltung der Person wird verkehrt, es wird mit der Fähigkeit und der Macht zur Selbstzerstörung identifiziert. Eine solche Handlung darf die Rechtsordnung nicht schützen. Die faktische Fähigkeit zum Selbstmord und die Straflosigkeit des Selbstmörders bedeuten — wie gesagt — nicht dessen Erlaubtheit, noch, daß ein Recht darauf bestünde.

Von besonderer Konsequenz ist der Unrechtscharakter im Fall jener Handlungen, bei denen die Gründe für die Straflosigkeit des Selbstmords wegfallen. Dieser entgleitet der rechtlichen Erfassung, weil sich das Subjekt dem juridischen Beziehungsnetz entzieht. Außerdem ist die Handlung in vielen Fällen subjektiv nicht zurechenbar, wenn Schuldausschließungsgründe vorliegen. Die Handlungen anderer aber, die den Selbstmord eines Mitmenschen auslösen, fördern oder stellvertretend ausführen, finden innerhalb dieses Beziehungsnetzes statt und unterliegen daher dessen Gesetzen und Prinzipien. Diese Handlungen nehmen an einem Unrecht teil und sind selbst schwerstes Unrecht, weil sie das Grundprinzip der Soziabilität verletzen: das unverfügbare, unschuldige menschliche Leben. Gemäß der schon weiter oben vorgenommenen Unterscheidung zwischen Selbst— und Fremdtötung sind auch beim Euthanasieersuchen verschiedene Aspekte getrennt zu analysieren.

aa) Der Anspruch desjenigen, der um Euthanasie ersucht; die Einwilligung des Getöteten

Wer sich selbst töten will, um alle Schmerzen zu beenden, der hat über sich selbst das Urteil gebildet, daß es sich nicht mehr lohnt zu leben, daß es für ihn

---

692 Anderer Auffassung etwa *A. Eser*, Sterbehilfe, 67.

693 Verfehlt daher die Ausführungen von *R. Kautzky*, Die Freiheit des Sterbenden und die Pflicht des Arztes, in: V. Eid (Hrsg), Euthanasie, 25 ff, besonders 42 — 44.

694 Vgl *R. Sherlock*, Preserving Life. Public Policy and the Life not worth living, Chicago (1987) 199.

oder andere besser wäre, er sei tot[695]. Wer andere ersucht, diesen Entschluß an ihm auszuführen, beansprucht von seinen Mitmenschen und von der Gesellschaft, daß sie dieses Urteil teilen. Er mutet dem Ersuchten zu, zu sagen: Du sollst nicht mehr sein. Diese Zumutung ist, wie *R. Spaemann* es pointiert formuliert hat, eine Ungeheuerlichkeit[696], denn sie impliziert eine Negation der Liebe, der Freiheit, der Personenwürde und damit der Grundlagen der Rechtsordnung. Ungeheuerlicher noch als das Ersuchen um Tötung ist das Ansinnen, dieses Ersuchen zu legalisieren. Gemäß allgemeiner strafrechtlicher Tradition gilt der römisch-rechtliche Grundsatz *volenti non fit iniuria* bei Verletzungen des Lebensrechts und der Menschenwürde nicht. Die Einwilligung des Opfers hat keine rechtfertigende Kraft. Mit gutem Grund. Euthanasie (und im allgemeinen jede Beihilfe zu Selbstmord) ist eine zu innerst rechtswidrige Handlung, nicht nur weil sie gegen ethische Werte oder die ideellen Grundlagen der Rechtsordnung verstößt, sondern weil die Zulassung der Euthanasie im Widerspruch zur Aufgabe und zur Struktur des Rechts selbst steht. Wer um Euthanasie ersucht, der verlangt, daß an ihm eine Tötungshandlung vollzogen werde. Er beansprucht *de facto*, daß die kategorische Grundlage der Rechtsordnung aufgehoben werde. Legalisiert man den Euthanasievorsatz, so bedeutet dies, daß es unschuldiges menschliches Leben geben könne, das getötet werden darf, und daß es nicht mehr genügt Mensch zu sein, um den Anspruch auf Schutz vor jeder Tötungshandlung zu besitzen. Der Ruf nach Legalisierung des *physician-assisted suicide* und des Euthanasieersuchens impliziert den Anspruch auf Anerkennung eines bestimmten Menschenbildes, das mit der Achtung des Menschen als Person unvereinbar ist. Er dokumentiert die Überzeugung, daß das Leben nur als Mittel zur Erreichung oder Erhaltung wünschenswerter Zustände achtenswert ist und daß der Mensch sich selbst beiseite räumen darf, wenn sein Leben als Mittel versagt. Wie aber schon mehrfach ausgeführt, stehen wir zu unserem eigenen Leben nicht in einem rein instrumentellen Verhältnis[697], sondern ist es gerade umgekehrt unser Menschsein, das allen anderen Eigenschaften ihre ethische Relevanz verleiht.

---

695 Die Erfahrung lehrt, daß wer diesen Wunsch äußert, in Wahrheit nicht *so* weiterleben will, wie er es jetzt tut, aber durchaus ohne Schmerzen würde weiterleben wollen. Trotzdem wird hier um des Argumentes willen vom Selbsttötungswunsch ausgegangen.

696 Vgl *R. Spaemann*, Es gibt kein gutes Töten, 26.

697 Vgl *R. Spaemann*, ebda, 19.

bb) Tötung — aus Mitleid?

Daraus ergeben sich Konsequenzen für diejenige Person, die um Tötung ersucht wird: Sie muß dieses Ersuchen zurückweisen und darf dem falschen Unwerturteil nicht zustimmen, das der Kranke über sich selbst gemacht hat. Die Bitte um Euthanasie ist eine Bitte um Schmerzlinderung, um menschliche Nähe und Verständnis, um Mitleid und Liebe. Es ist nicht nur unerlaubt oder unzulässig oder verboten aus Mitleid zu töten, sondern es ist *objektiv unmöglich*: Jemanden zu töten, eine Person auszulöschen, ist von der objektiven Bedeutung der Tötungshandlung her *nie* Mitleid, sondern dessen Perversion. Jemanden zu töten ist die Negation der Liebe zu dieser Person. Gefühlsmäßig mag in manchen Extremfällen ein gewisser Impuls bestehen, die leidende Person zu töten angesichts der eigenen Unfähigkeit, die Schmerzen zu lindern, aber bereits auf der Gefühlsebene drängen sich unüberhörbar Fragen auf: Eine Liebe, die tötet? Eine Zuneigung, die den anderen von der Last des eigenen Lebens befreit? Ein Mitleid, das denjenigen beseitigt, dessen Leid es nicht mehr ertragen kann? Eine Fürsorge, die angesichts der eigenen Ohnmacht zu heilen, Leben auslöscht? Was ist das für eine Liebe, für eine Zuneigung, für ein Mitleid, für eine Fürsorge? Gerade jene Personen, die sich der Sterbebegleitung widmen, lehnen die Euthanasie ab und machen die Erfahrung, daß es gar keine wirklichen Euthanasieersuchen gibt. Wer um Tötung bittet, meint *so* nicht weiterleben zu können. Beseitigt man die Ursache der Beklemmung, der Angst, der Einsamkeit, etc. erwacht der Lebenswille selbst eines Terminalpatienten von neuem[698].

Auf rationaler Ebene ist dieses Urteil noch deutlicher. Die Entsprechung einer Tötungsbitte wäre die Zustimmung zu einer Selbsteinschätzung, die radikal der Liebe widerspricht und die der Aufgeforderte — und daher auch die Rechtsordnung — zurückweisen muß, will er der Person des anderen gerecht werden[699]. Die Bitte um Euthanasie stellt die Rechtsordnung vor die Grundsatzentscheidung, welches Interesse der Staat am Leben eines Individuums hat und ob der Schutz der Person in allen Konsequenzen ernst genommen wird. Ohne zu dramatisieren, geht es wirklich um Leben und Tod. Das Tötungsersuchen stellt das Wesen staatlicher Gesetzgebung in Frage. Soll das Gesetz einen Zweifel

---

698 Vgl *E. Kübler-Ross*, Leben bis wir Abschied nehmen, in: Anonyme Herausgeber, Sterbehilfe, 13 ff, 15: "Bei aktiver Sterbehilfe tritt das Problem auf, daß man es selber nicht ertragen kann, daß ein Mensch leiden muß, und daß man (...) aus falscher Pietät dann diesem Menschen verspricht, seinem Leiden ein Ende zu setzen. Leute, die es für nötig halten, einem Sterbenden aktiv das Leben zu verkürzen, haben ihre eigenen Probleme."

699 Vgl *G. Angelini*, La fedeltà alla vita e l'obbedienza di fronte alla morte, in: AA.VV., Eutanasia, Bologna (1987) 73 ff, 98.

über den Wert menschlichen Lebens ausdrücken, das in gewissen, als sinnlos erachteten Situationen beendet werden dürfe, oder verbietet das Gesetz, das menschliche Leben je der individuellen Verfügung unterzuordnen und schützt es die Person auch in ihrer Beziehungsstruktur[700]? Im Lauf dieser Arbeit wurde kein Zweifel daran gelassen, daß das Recht auch den Charakter einer objektiven Wertordnung hat, in welcher der Mensch als personales Gemeinschaftswesen vor Fremd— und Selbstzerstörung geschützt werden muß. Ein Freiheitskonzept, das die Freiheit zur Selbstzerstöruung inkludiert, ist in sich sinnlos. Auf das Euthanasieersuchen angewandt, ist ein solches Modell auch in sich widersprüchlich. Es verlangt nämlich, daß die Gesellschaft sich in den Dienst der individuellen Autonomie begibt, was aber gerade einen Ausgangspunkt des negativen Freiheitsbegriffs aufhebt, nämlich, daß Freiheit zu ihrer Verwirklichung keiner Gemeinsamkeit bedarf[701]. Ist sie aber scheinbar doch erforderlich, so verlangt dies eine Neubesinnung über die Bedingungen der Möglichkeit von Freiheit, die zu einem materiellen Freiheitsbegriff und damit zum Ausschluß der Euthanasie führt.

Wenn der Mensch sich selbst, seine Autonomie, seinen Willen und seine subjektive Individualität absolut setzt, dann werden jene Ereignisse, die seine Begrenztheit und seine Relativität ontologisch greifbar machen und ihm die Wahrheit über sich selbst durch Evidenz aufzwingen, unerklärlich, ja anstößig. Auf lange Sicht äußert sich diese Flucht vor der Wahrheit in Utopie und Ideologie, auf kurze Sicht — in einem konkreten Anwendungsfall — etwa in Euthanasie. Das Recht muß der Ideologie und der Utopie widerstehen, es muß dem Menschen, und damit auch seiner Endlichkeit und Geschöpflichkeit, gerecht werden, weshalb es das Individuum auch an selbstzerstörerischen Handlungen hindern darf und muß, deren Gutheißung die Aufgabe eines gesellschaftstragenden Prinzips bedeuten würde. Durch das Verbot der Euthanasie behauptet die Rechtsordnung sich selbst, sie bestätigt ihren Seinsgrund, nämlich den kategorischen Schutz und die ausnahmslose Unverletzlichkeit des Unschuldigen. Durch die gesetzliche Legalisierung der Euthanasie hebt sich die Rechtsordnung selbst auf. Wenn das Recht zum Instrument der "reibungslosen" Selbstvernichtung wird, dann hat es jeglichen humanisierenden Effekt verloren: Gerade dort, wo es am meisten darauf ankäme, versagt die Gemeinschaft. Wie bei der Abtreibung steht auch bei der Legalisierung der Euthanasie nicht bloß die Euthanasie auf dem

700 Vgl als Anschauungsbeispiele für die Reduktion staatlicher Menschenrechtsgarantien auf individuelle Interessen die Gerichtsurteile, die *C. Anderson*, The Linacre Quarterly 1996 H 3, 69, kritisch analysiert: Menschenrechte, die bislang als unveräußerlich galten, sind verfügbar geworden.

701 Vgl *Fr. Coppens*, NRT 1997, 53 f.

Spiel, sondern die Qualität des Lebensrechts als solches, der Charakter der Menschenrechte als unverfügbare Garantien und letztlich die Rechtsordnung selbst.

cc) Die entsolidarisierende Wirkung der legalen Euthanasie

Die Legalisierung der Euthanasie verändert die ganze Rechtsgemeinschaft. Es mutet allen Rechtsunterworfenen zu, in einer Ordnung zu leben, in dem ihr eigenes Leben prinzipiell nicht mehr unverfügbar ist. Das Argument, daß die Freigabe der Euthanasie ja niemanden zur Euthanasie zwingt, geht am Wesentlichen vorbei und ist eine sophistische Spitzfindigkeit. Abgesehen davon, daß es auch einen "sanften Zwang" zur Euthanasie durch den Erwartungsdruck jener Personen gibt, die die sterbenskranke Person umgeben, kommt es auf die Schutzpflicht des Staates an und auf das Menschenbild, das den Menschenrechtsgarantien zu Grunde liegt. Diese werden jedoch durch Euthanasie allen gegenüber verändert. Diese Wirkung tritt bereits durch die Tat desjenigen ein, der in seine eigene Tötung einwilligt oder seine Tötung verlangt: Er bedroht dadurch faktisch das Leben anderer Mitglieder der Gesellschaft, weil er ein praktisches Unwerturteil gefällt hat, das universalisierbar ist. Er bringt zum Ausdruck, daß in gleichgelagerten Situationen dieselbe Wertung möglich wäre. Aber in unvergleichlich höherem Maß zersetzt die Legalisierung der Euthanasie die Menschlichkeit des Rechts: Es erklärt eine Tötung zum Normalfall. Wo Selbstmord, Beihilfe zum Selbstmord, Euthanasie gesetzlich erlaubt und gesellschaftlich gebilligt werden, entsolidarisiert sich die Gesellschaft gerade dort, wo es am meisten darauf ankommt und das einzige Motiv für weitere Pflege und Hilfe die Liebe ist. Die Konsequenzen sind verhängnisvoll: Die sterbende Person hätte alle Mühen, Kosten, Entbehrungen, etc zu verantworten, die Angehörige, Pflegepersonen und das staatliche Gesundheitssystem für sie aufbringen müssen. Nicht Schicksal, Sitte, Solidarität, Gesetz verlangen ihnen dieses Opfer ab, sondern der Pflegebedürftige selbst legt es ihnen auf, da er sie ja leicht und legal — als normativ geregelter *Normal*fall — davon befreien könnte. "Wenn etwas geeignet ist, dem Leidenden sein Leben als lebensunwert erscheinen zu lassen, dann ist es die Entsolidariserung der Gesellschaft durch moralische Rehabilitierung des Selbstmords und durch Legalisierung der Tötung auf Verlangen, also durch den stillen Hinweis: 'Bitte, da ist der Ausgang'."[702] Es ist dem Kranken, Sterbenden, Alten, Behinderten, etc nicht geholfen, wenn man sie darauf hinweist, ihr Leben sei unwürdig und sinnlos, wenn man sagt, ihr Leben habe alle Qualität verloren, und sei nur mehr ein Dahinvegitieren. Es ist ihnen dadurch nicht geholfen, und es ist grundverkehrt: Jeder Mensch ist eine einzigartige und

702 *R. Spaemann*, Es gibt kein gutes Töten, 20 f.

unwiederholbare, unersetzbare Person, die, solange sie lebt, von allen anderen Menschen geliebt werden, sich lieben lassen und die anderen lieben muß. Jeder Mensch ist eine Person, die in einem ebenso einzigartigen und unwiederholbaren Beziehungsgefüge steht und die personale Entfaltung aller anderen Menschen bewirkt.

Es ist kein Zufall, daß das Hauptmotiv für den Sterbewunsch *nicht* in den Schmerzen besteht, sondern vielmehr im Gefühl der Würdelosigkeit, der Angst vor Abhängigkeit, vor Hilflosigkeit und Entstellung[703]. Dies sind jedoch Beziehungsqualitäten, die dem Verhältnis des Sterbenden zu seiner Umgebung entstammen. Ihnen ist daher durch eine Verbesserung der menschlichen Beziehungen beizukommen, durch Sterbebegleitung, Schmerzlinderung, Gespräch und menschliche Nähe. Echtes Mitleid setzt Mit*leben* mit der kranken Person voraus: Man kann nur mit-leiden, wenn man mit-lebt[704]. Gerade in dieser Hinsicht gibt es viele Versäumnisse nicht nur von Seiten der umgebenden Personen, die zur Pflege und Fürsorge aufgerufen sind, sondern vor allem auch von Seiten der Kranken, die sich oft isolieren, zurückziehen und sich selbst für eine unnütze Last erachten. Durch diese freiwillige und selbstverschuldete Vereinsamung und dem daraus resultierenden Sinnlosigkeitsgefühl kann das Phänomen des sogenannten "sozialen Tods" entstehen: das Abgleiten in ein "Beziehungsvakuum", in dem es weder Mitleben noch Mitleid gibt. Die Legalisierung der Euthanasie wäre lediglich ein kurzschlüssiges und gefährliches Verdrängungsmittel, das die Versäumnisse der Beteiligten noch zementieren würde[705].

---

703 So haben holländische Untersuchungen ergeben, zitiert nach *Th. Fuchs*, Euthanasie, 57.

704 *P. Verspieren*, Euthanasie?, 173, berichtet von den zahlreichen positiven Wirkungen, die Mitleben seiner Erfahrung nach zeitigt: Angst und Beklemmung des Sterbenden werden geringer, es kann zur gelassenen Annahme seiner Situation kommen; manche versöhnen sich mit ihren Familienangehörigen nach Jahren des Streits und der Spaltung; andere verabschieden sich von ihren Lieben, natürlich unter Tränen, aber nicht ohne die innere Freude, von lieben Menschen umgeben zu sein; andere sprechen vielleicht zum ersten Mal in ihrem Leben wirklich aufrichtig, ohne sich zu verstellen und ohne irgendeine Rolle zu spielen; andere überwinden das Gefühl des Mißerfolgs und der Schuld und entdecken, daß ihr Leben einen Sinn hatte; wieder andere bitten um Verzeihung, stellen sich endlich der Wahrheit über ihr eigenes moralisches Elend; andere vollenden ihren religiösen Weg.

705 Vgl *A. Eser*, Sterbehilfe, 70; *V. Eid*, Freie Verfügung, 93.

X. Abschließende Zusammenfassung

1. Ausgangspunkte

Die drei Prinzipien, die EV feierlich verkündet, lauten:

1. "Mit der Petrus und seinen Nachfolgern von Christus verliehenen Autorität *bestätige ich* daher in Gemeinschaft mit den Bischöfen der katholischen Kirche, *daß die direkte und freiwillige Tötung eines unschuldigen Menschen immer ein schweres sittliches Vergehen ist.* Diese Lehre, die auf jenem ungeschriebenen Gesetz begründet ist, das jeder Mensch im Lichte der Vernunft in seinem Herzen findet (vgl. *Röm* 2, 14-15), ist von der Heiligen Schrift neu bestätigt, von der Tradition der Kirche überliefert und vom ordentlichen und allgemeinen Lehramt gelehrt" (EV 57).
2. "Mit der Autorität, die Christus Petrus und seinen Nachfolgern übertragen hat, erkläre ich deshalb in Gemeinschaft mit den Bischöfen — die mehrfach die Abtreibung verurteilt und, obwohl sie über die Welt verstreut sind, bei der eingangs erwähnten Konsultation dieser Lehre einhellig zugestimmt haben — daß die *direkte, das heißt als Ziel oder Mittel gewollte Abtreibung immer ein schweres sittliches Vergehen darstellt, nämlich die vorsätzliche Tötung eines unschuldigen Menschen.* Diese Lehre ist auf dem Naturrecht und auf dem geschriebenen Wort Gottes begründet, von der Tradition der Kirche überliefert und vom ordentlichen und allgemeinen Lehramt der Kirche gelehrt" (EV 62).
3. "Nach diesen Unterscheidungen bestätige ich in Übereinstimmung mit dem Lehramt meiner Vorgänger und in Gemeinschaft mit den Bischöfen der katholischen Kirche, daß *die Euthanasie eine schwere Verletzung des göttlichen Gesetzes ist*, insofern es sich um eine vorsätzliche Tötung einer menschlichen Person handelt, was sittlich nicht zu akzeptieren ist. Diese Lehre ist auf dem Naturrecht und auf dem geschriebenen Wort Gottes begründet, von der Tradition der Kirche überliefert und vom ordentlichen und allgemeinen Lehramt der Kirche gelehrt" (EV 65).

Wie schon im Vorwort angekündigt, habe ich versucht, die Lehre der Kirche mitten in die Gesellschaft hineinzustellen und ihre heilende, erlösende Kraft für den Staat *ab intra* darzulegen. Dies kommt nicht von ungefähr. Es entspricht der Intention und der Sorge des Papstes, die ihn zur Abfassung dieser Enzyklika veranlaßt haben. Die Forderung nach gesetzlichem Lebensschutz betrifft den

Staat *als solchen.* Die gegenwärtigen Lebensrechtsverletzungen sind weit schlimmer als alle sozialethischen Probleme, auf die die Kirche bisher hat reagieren müssen. Bei Abtreibung und Euthanasie geht es nämlich um die direkte, vorsätzliche Tötung von Menschen, die der Staat in Abtreibungs— und Euthanasiegesetzen ausdrücklich gutheißt. Der Staat gibt sich jedoch selber auf, wenn er in seiner Rechtsordnung ausdrücklich den Lebensschutz aufgibt. In EV werden nicht Teilaspekte oder partielle Verpflichtungen des Staates eingemahnt, sondern es geht um das "Staatsein" des Staates. Wo der Staat nicht die grundlegenste aller Forderungen des Gemeinwohls erfüllt, die sein Zweck ist, wo er seine eigene Grundlage, nämlich das Lebensrecht verrät, dort hört er auf überhaupt Staat zu sein. Der Staat selber ist krank, oder, um es theologisch zu formulieren: Er ist erlösungsbedürftig. So wie alles Geschaffene, hat Christus auch den Staat erlöst, und bedarf dieser der ständigen Aktualisierung dieser Neuschöpfung in Christus.

Diese erlösende Lehre darzustellen, war Aufgabe der vorliegenden Arbeit. Um die drei ethischen Prinzipien des dritten Kapitels der Enzyklika zur vollen Geltung kommen zu lassen, war es zunächst erforderlich darzustellen, *als was* sie verkündet werden, nämlich als moralisches Gesetz, das Teil des Naturrechts ist und bestimmte Handlungen als in sich schlecht verbietet. Für ein richtiges Verständnis dieser Lehre, muß eine eingeengte, legalistische Auffassung vom moralischen Gesetz überwunden werden.

2. Das moralische Gesetz

Von einem kurzen historischen Überblick über die Ursachen dieser verengten Sichtweise im Voluntarismus ockhamscher Prägung ausgehend, wurde dargelegt, daß die post-tridentinische und manualistische Moral gewisse Prämissen des moralischen Voluntarismus nicht überwinden konnte und zum ethischen Legalismus neigte. Die Unzufriedenheit mit dieser Moraltheologie führte zur Wiederentdeckung der Tugendethik, in der das moralische Gesetz eine dienende Funktion als Untergrenze der Tugend und zugleich als "nach oben offener Weg" ausübt. Die Ethik kreist nicht mehr ausschließlich um das Gesetz und seine möglichen Verletzungen. Ihr Hauptaugenmerk richtet sich auf die volle Entfaltung der menschlichen Person durch und in den Tugenden. In dieser Sicht ist die Existenz des moralischen Gesetzes durchaus mit Freiheit, Autonomie, Innerlichkeit, Spontaneität, etc vereinbar. Mehr noch, das moralische Gesetz ist Garant der Freiheit, weil es die Verknüpfung von Freiheit und Wahrheit der Person garantiert. Die Tugenden sind die "Gebrauchsanweisung" der menschlichen Natur; das moralische Gesetz bezeichnet in seinen Verbotsnormen die nicht zu unterschreitenden Minimalbedingungen, die zugleich auf die volle Enfaltung der

Freiheit durch ihren Sinn, der die Liebe ist, verweisen. EV geht von diesem, in VS grundgelegtem Verständnis des moralischen Gesetzes aus. Die argumentative Rolle, die die "Wahrheit der Person" in VS hatte, nimmt in EV das menschliche Leben ein. Der Zusammenhang zwischen Leben und Freiheit wird hervorgehoben: Sie sind in ihrem Sinn, dh in ihrer Finalität verbunden, der für beide die Liebe ist: "Diese Liebe als aufrichtige Selbsthingabe ist der eigentlichste Sinn des Lebens und der Freiheit der Person." (EV 96)

Eine Darstellung des moralischen Gesetzes wäre ohne Bezug auf Jesus Christus und auf den Hl. Geist unvollständig. Jesus selbst ist das "neue Gesetz". Christliche Moral ist wesentlich Nachfolge Christi und Lebensgemeinschaft mit ihm. Die *Nachfolge Christi* ist "das wesentliche und ursprüngliche Fundament der christlichen Moral. (...) Es handelt sich hier nicht allein darum, auf eine Lehre zu hören und ein Gebot im Gehorsam anzunehmen. Es geht ganz radikal darum, *der Person Jesu selbst anzuhängen*, sein Leben und sein Schicksal zu teilen durch Teilnahme an seinem freien und liebenden Gehorsam gegenüber dem Vater" (VS 19). Das "Neue Gesetz" oder das Gesetz des Evangeliums ist ein Gesetz, das dem Menschen aufgrund seines hauptsächlichen Elements innerlich ist. Dieses Element enthält alle Kraft und Dynamik des Neuen Gesetzes: Es ist die Gnade des Hl. Geistes, die der Mensch durch den Glauben an Jesus Christus empfängt, die den Menschen rechtfertigt und die durch Werke der Liebe heilbringend wirksam ist. Das Gesetz Christi ist demnach in erster Linie Gnade, Geschenk. In anderen Worten: Das Gesetz Christi ist in erster Linie Befähigung, Kraft, Neigung des Menschen, die göttlichen Pläne zu kennen, sie aus Liebe freiwillig zu erfüllen und so aktiv an der Vorsehung teilzuhaben, die uns zum eigenen Glück führt.

EV verwendet auch dieses Verständnis des moralischen Gesetzes: In Christus wird das "Gesetz des Lebens" endgültig zum "Evangelium des Lebens", wird das Tötungsverbot zum Weg der Selbsthingabe.

Wie sich der Leser wird erinnern können, wurde das Verhältnis von Glaube und Vernunft im Einleitungskapitel dargelegt. Obenstehende Ausführungen über die christologische und pneumatologische Grundlage des moralischen Gesetzes sind kein Hindernis für den Dialog mit dem säkularen Staat. Christus offenbart dem Menschen auch den Menschen. Der christliche Glaube ist universaler als die bloße Vernunft, die Geheimnisse des christlichen Glaubens ermöglichen in ihrer Bedeutungsfülle und —tiefe einen breiteren rationalen Diskurs in der Gesellschaft mit höherer Zustimmungserwartung als dies die bloße Ratio leisten kann. Es ist eine schwer "beweisbare", aber stets unmittelbar beobachtbare und damit rationale Erfahrung, daß, wer sich mit dem "reinen Humanum" begnügen will, hinter dem Humanum zurückbleibt und unmenschlich wird.

3. Die Erneuerung der Lehre vom natürlichen Sittengesetz

Trotzdem bleibt das natürliche Sittengesetz auch rein rational erkennbar. Die Existenz der *lex naturalis* zu bekräftigen, ist gerade eines der Kernanliegen von VS, vor allem was die Existenz universaler und unveränderlicher, kategorischer und ausnahmsloser Verbote angeht. VS bewegt sich im Rahmen des traditionellen, thomasischen Verständnisses, leistet jedoch auch innovative und originäre Beiträge.

Das natürliche Sittengesetz ist das Licht der menschlichen Vernunft, in dem der Mensch Gut und Böse unterscheiden kann. Es besteht aus Urteilen der praktischen Vernunft und heißt "natürlich" nicht im Blick auf die Natur der vernunftlosen Wesen, sondern weil die Vernunft, die dieses Gesetz erläßt, zur menschlichen Natur gehört.

Das hermeneutische Prinzip des natürlichen Sittengesetzes ist die menschliche Person: Die objektiven Handlungsnormen natürlicher Sittlichkeit sind die Entfaltungsregeln der Person gemäß der ihr eigenen Logik beseelter Leiblichkeit.

Der typisch neuzeitliche Einwand gegen die Naturrechtslehre, daß aus dem Sein kein Sollen abgeleitet werden kann, verfehlt völlig sein Ziel. Er trifft die Wirklichkeit nicht. Ausgangspunkt der Ethik und des natürlichen Sittengesetzes ist nämlich nicht die Physik oder die Metaphysik, sondern die sittliche Erfahrung. Das "Sollen" ist nicht eine von außen an den Menschen herangetragene, abstrakt entworfene und heteronom abgeleitete Dimension, sondern eine innere, ursprünglich und von vornherein im Menschen anwesende Wirklichkeit. Die ethische Reflexion über die ersten Prinzipien natürlicher Sittlichkeit sind nicht aus dem Sein abgeleitete Sollenssätze, sondern sie sind ein Nachvollziehen des vom Menschen erlebten Sollens und seiner gelebten Sollensurteile. Die praktische Vernunft ist aus sich heraus unmittelbar präzeptiv (normativ), die Vernunft als solche ist jedoch nicht unmittelbar aus sich heraus praktisch. Sie ist dies nur, weil und insofern sie in die inklinative Struktur (der Strebenatur) der menschlichen Person eingebettet ist. Diese inklinative Struktur wird einerseits vom Willen, andererseits jedoch auch vom gesamten nicht-geistigen appetitiven Bereich konstituiert. Die *recta ratio* begründet *in* den naturhaften Neigungen die Einheit des Gesamtwohls der menschlichen Person, sie integriert alle Strebevermögen in die Einheit des handelnden Subjekts. Diese "Einordnung" ist das natürliche Sittengesetz: Es bezeichnet jene Klassen von Gütern (=allgemeinste Prinzipien), deren Erstrebbarkeit durch die einzelnen natürlichen Neigungen des Menschen dem Wohl der Person entspricht. Dieses Wohl der Person ist ihre Entfaltung und daher ihr Glück durch und in den Tugenden. Diesen Tugenden entsprechen Gebote (jene des Dekalogs), deren negative Formulierung (Verbote) die angestrebten Güter vor Verletzung schützen. Die drei ethischen Prinzipien sind solche Verbote. Sie definieren aber auch ein "Handlungsobjekt".

4. Das moralische Objekt

Das gewählte Objekt ist eine der Quellen der Sittlichkeit der Handlung: Ihr "Stoff", der den sittlichen Charakter eines Willensaktes bestimmt. Das Wort "Objekt" kann im physischen Sinn mißverstanden werden: als Gegenstand, "Erfolg", Konsequenzen, etc einer Handlung. Das ist jedoch *nicht* das *moralische* Objekt einer Handlung. "Das Objekt ist das unmittelbare Ziel einer freien Wahl, die den Willensakt der handelnden Person prägt." (VS 78) Zwei Schritte sind erforderlich. Zunächst geht es um die Erkenntnis dessen, was die ethisch relevante Handlung ausmacht. Dafür verweist der Papst in VS auf die Perspektive der handelnden Person, auf ihren Willen, ihre Wahl, etc. Dies ist als "Intentionalität" bezeichnet worden. Die ethische Relevanz und Identität einer Handlung ergibt sich aus ihrer vom Vorsatz strukturierten Intentionalität, die von der darüberhinausgehenden Intention oder dem Motiv dieser Handlung zu unterscheiden ist. Der Vorsatz ("das, was ich will") grenzt die Handlung ab, er bestimmt ihre Struktur, indem er durch seine Wahl bestimmte Elemente zu handlungsbestimmenden und daher konstitutiven Elementen macht, andere hingegen nicht erfaßt.

Der zweite Schritt ist die ethische Bewertung des Vorsatzes; die Überprüfung, ob sich der Vorsatz, der sich schon ursprünglich in der sittlichen Dimension befindet, auf ein richtiges praktisch-sittliches Urteil der Vernunft stützt. Diese Überprüfung erfolgt an Hand des *ordo rationis*. Es muß festgestellt werden, welche objektiv-sittliche Bedeutung die vom Vorsatz abgegrenzte Handlung hat. Das ist gemeint, wenn wir vom moralischen Objekt als Quelle der Sittlichkeit sprechen: Es ist der "objektive Gehalt", der "Sinn", die "personale Bedeutung" der Handlung. Das moralische Objekt ist in diesem Sinn die sittliche Definition einer Handlung.

Die "Definition" oder die "personale Bedeutung" einer Handlung wird durch das ordnende und normative Urteil der praktischen Vernunft erkannt. Dieses Urteil entsteht durch die Inbeziehungsetzung des vom Vorsatz erfaßten Verhaltens zu Gott und damit zum Wohl der menschlichen Person, dh zum glücklichen Leben, das das notwendige und naturgegebene, dh der Freiheit vorausliegende und sie strukturierende dynamische Prinzip der menschlichen Natur ist. Das moralische Objekt sucht eine entscheidende Vorfrage zu beantworten: Ob das letzte Ziel Gott sein *kann*, ob die Einzelhandlung objektiv auf Gott hingeordnet werden kann. Die "gute Absicht" genügt nicht: Wenn eine Handlung nicht auf das wahre Gut der Person hinzuordnen ist, dann ist sie sittlich schlecht und steht im Gegensatz zum höchsten Gut, dh Gott selbst, der unser Glück will. Andererseits wird auch deutlich, daß die Hinordenbarkeit des moralischen Objekts auf das letzte Ziel nur *ein* Element der sittlichen Güte ausmacht: Die Handlung muß auch effektiv auf Gott hingeordnet *sein*.

Die Eindeutigkeit der Bedeutung einer Handlung, dh die Eindeutigkeit ihres Objekts, liegt durchgängig lediglich im Bereich jener Handlungen vor, die die Person *verletzen* (negative Norm oder Verbotsnorm). Dies deshalb, weil die Ausdrucksformen auf das Wohl der Person hinordenbarer Akte (positive Norm oder Gebotsnorm) nicht von vornherein begrenzbar und vorhersehbar sind, die Verletzungen der Person hingegen schon. Es gibt bestimmte Handlungen, durch die die Person immer verletzt wird. Es sind diese Handlungen, deren objektive Bedeutung dem Wohl der Person entgegengesetzt und deshalb vom moralischen Gesetz verboten sind, die VS im Anschluß an die christliche Tradition "in sich schlechte Handlungen" (*intrinsece malum*) nennt. Mit großer Eindringlichkeit unterstreicht und wiederholt das päpstliche Lehramt die Existenz absoluter, ausnahmslos geltender Normen und die Existenz von Handlungen, die immer in sich schlecht und unzulässig sind. Als solche verkündet EV die drei ethischen Prinzipien.

5. Der dogmatische Rang der Prinzipien

Im Vorwort wurde das Problem ihres dogmatischen Rangs als Vor— bzw Nebenfrage bezeichnet, weil das Hauptinteresse der Dissertation ein anderes ist. Tatsächlich hat diese Frage eine über EV hinausgehende Bedeutung: Sie betrifft einen "Stil" des päpstlichen Lehramts, der sich auch in anderen Dokumenten niederschlägt.

Zunächst ist festzuhalten, daß die normativen Äußerungen in EV — für sich alleine genommen — *keine* Glaubenswahrheiten *de fide divina et catholica* darstellen und daher auch nicht die mit einem Dogma im engen Sinn verbundenen kirchenrechtlichen Konsequenzen zeitigen. Sie sind jedoch "definitive" Lehraussagen in einer Materie, in welcher der Kirche von ihrem göttlichen Stifter das Charisma der Unfehlbarkeit verliehen ist. Eine eingehende Analyse der Konzilsdokumente ergibt, daß auch das sogenannte sekundäre Objekt der Infallibilität vom Charisma der Unfehlbarkeit erfaßt ist. Das postkonziliäre Lehramt, besonders die Instruktion *Donum Veritatis* mit der *Professio Fidei 1989*, der KKK und VS haben weitere Unterscheidungen vorgenommen und offene Fragen geklärt. Was EV betrifft ergibt sich aus diesen Dokumenten folgendes: Wenn die Kirche eine heilsnotwendige Glaubens— und Sittenlehre als definitiv vorlegt, also als unveränderlich und endgültig, die fest anzunehmen und beizubehalten, unter Eid innerlich für wahr zu halten und nach außen zu lehren ist, dann kann Gott seine Kirche, Säule und Fundament der Wahrheit, nicht im Stich lassen. Es handelt sich um eine wahre Lehre, die durch das Charisma der Unfehlbarkeit vor allem Irrtum bewahrt ist. Bei den drei in EV enthaltenen Prinzipien handelt es sich um eine solche Lehre. Der Papst macht den Konsens des Bischofskollegiums in seiner Enzyklika sichtbar: Die von ihm aufgestellten Prinzipien *sind* der kristallisierte und ausformulierte Konsens der über die Welt verstreuten Bischöfe, daß die drei feierlich verkündeten Erklärungen bezüglich Mord, Abtreibung und Euthanasie definitiv beizubehalten sind. Es handelt sich daher um unfehlbare Sittenlehre im Sinn von LG 25 Abs 2, ohne Dogmen im Sinn der cc 750 f CIC zu sein.

6. Das moralische Objekt des Tötungsverbots

Damit sind die Grundlagen und Voraussetzungen geklärt, und kann die inhaltliche Darstellung vorgenommen werden. EV stellt das Mordverbot als Grundprinzip auf, aus dem die ethische Ablehnung von Abtreibung und Euthanasie hervorgehen. Euthanasie und Abtreibung sind moralisch unzulässig, *weil und insofern* sie die vorsätzliche Tötung eines (unschuldigen) Menschen sind.

Johannes Paul II. entfaltet das Tötungsverbot in einer doppelten Formulierung: Zunächst positiv, indem er das unschuldige Menschenleben als absolut unantastbar erklärt, dann negativ in der schon bekannten Verurteilung der direkten und freiwilligen Tötung eines unschuldigen Menschen.

Sittliche Bedeutung hat die Tötungshandlung nicht auf Grund des biologischen Faktums des Todeseintritts eines Menschen, sondern im Blick auf die Person — hermeneutisches Prinzip des natürlichen Sittengesetzes. Als objektives Kriterium, wann durch eine Tötungshandlung die Person getroffen ist, führt der Papst im Anschluß an die diesbezügliche Tradition der Kirche die "Unschuld" als Element des moralischen Objekts an. Die "Unschuld" ist der springende Punkt der Definition, weshalb gerade um ihn die meisten Auseinandersetzungen geführt werden. Die Untersuchungen haben ergeben, daß es sich um einen spezifischen Unschuldsbegriff handelt.

"Unschuld" ist das Grundelement der Soziabilität, die Voraussetzung dafür, daß Menschen überhaupt zusammenleben und sich gegenseitig als Rechtsträger anerkennen können. "Unschuld" ist ein Strukturelement des Rechts insofern, als nur das gegenseitige Vertrauen darauf, daß der andere die Ordnung der Gerechtigkeit achten wird, ein Zusammenleben in einer rechtlich verfaßten Gesellschaft ermöglicht. Die Unschuld ist ein ursprüngliches Charakteristikum jedes Menschen insofern er oder sie immer schon in Gemeinschaft steht. Jede Person ist wesentlich auch relational. Unschuld wird nicht verliehen, jeder wird unschuldig geboren, kann die Unschuld jedoch durch schuldhaftes, dh freies, rechtswidriges Verhalten verlieren.

Das Element der Unschuld hat Begründungs— und Abgrenzungsfunktion: Es begründet die personale Betroffenheit durch eine Tötungshandlung und grenzt jene Handlungen ab, die keine Verletzungen des Lebensrechts darstellen. Dazu zählen vor allem Notwehr und Todesstrafe. Notwehr richtet sich gegen den unrechtmäßigen Angreifer. Die notwendige Verteidigungsmaßnahme wahrt die Ordnung der Gerechtigkeit. Notwehr ist auch dann zulässig, wenn der Angreifer aus Mangel an Vernunftgebrauch nicht verantwortlich wäre. In diesem Fall sind jedoch die Regeln über das *voluntarium indirectum* anzuwenden.

Hinsichtlich der Todesstrafe waren eingehendere Auseinandersetzungen erforderlich. Als Ergebnis ist folgendes festzuhalten: In den gegenwärtigen Umständen stellen die Verhängung oder Androhung der Todesstrafe in den liberalen, rechtsstaatlichen Demokratien eine Sünde und eine unmenschliche Grausamkeit dar, die der Entwicklung des Menschenrechtsbewußtseins in der Gesellschaft nicht entspricht. Für die Begründung dieser Aussage wurden zwei Ebenen unterschieden: Zunächst die prinzipielle Ebene, auf der die Frage beantwortet werden muß, ob die Todesstrafe *in sich* schlecht ist. Dies wird unter Verweis auf die Bedeutung der "Schuld" des Verbrechers verneint. Die Todesstrafe ist prinzipiell auch als Strafe und nicht bloß als "kollektive Notwehr" zulässig. Damit ist jedoch noch nicht entschieden, ob die Todesstrafe einfachhin zulässig ist. Es bleibt noch die "pragmatische Ebene" zu erörtern, denn die angemessene und notwendige Sühne muß nicht im Tod bestehen. Es gibt kein Verbrechen, das den Tod "verlangt", so daß es der fortschreitenden Vermenschlichung der Gesellschaft widerspricht, die Todesstrafe außer in jenen "schwerwiegensten Fällen" zu verhängen, in denen der Schutz der Gesellschaft nicht anders möglich ist. Diese Fälle sind jedoch "schon sehr selten oder praktisch überhaupt nicht mehr gegeben" (EV 56).

7. *Voluntarium indirectum*

So wie Notwehr und Todesstrafe sind auch alle "indirekten Tötungshandlungen" vom moralischen Objekt Mord abzugrenzen. Jene Handlungen, die auf Grund der Regeln über das *voluntarium indirectum* (Handlungen mit doppeltem Effekt) gerechtfertigt sind, fallen nicht unter das jeweilige moralische Objekt. Nach eingehender Erörterung einschlägiger Gegenpositionen, wird hier die These vertreten, daß die Regeln über das *voluntarium indirectum* nicht zur Definition oder zur Erkenntnis des moralischen Gesetzes als solchen dienen. Dieses ist ein Urteil der praktischen Vernunft, mit dem wir erkennen können, welche Handlungen auf Gott und die menschliche Person hingeordnet werden können und welche nicht. Die Regeln über das *voluntarium indirectum* dienen der Analyse der Bedeutung einer konkreten komplexen Handlung, die eine oder mehrere negative Folgen aufweist. Sie dienen der Erkenntnis der intentionalen Struktur einer Handlung, dh der Unterscheidung zwischen Folgen, die für die objektive Bedeutung einer Handlung konstitutiv und solchen, die es nicht sind. Es soll also unterschieden werden zwischen der Handlung, die als Mittel oder Ziel gewählt wird, und der Nebenwirkung, die nicht gewollt, sondern toleriert wird. Diese Unterscheidung ergibt sich nicht durch die Ausrichtung des Willens auf einen entsprechenden Grund, sondern durch die objektive Struktur der Handlung wie sie durch den Vorsatz gebildet wird.

Die Regeln des *voluntarium indirectum* kreisen um das moralische Objekt der betreffenden Handlung mit doppeltem Effekt. Dieses darf nicht in sich schlecht sein, oder mit anderen Worten: Die schlechte "Folge" darf nicht direkt — als Zweck oder Mittel — gewollt werden. Jene Fälle hingegen, die vom Lehramt als "indirekt" bezeichnet werden, gehören nicht zum Objekt der Handlung. Sie sind "etwas anderes". "Indirekte Tötungshandlungen" sind eben keine Tötungshandlungen. Man sollte daher auch die Bezeichnung "indirekter Mord", "indirekte Abtreibung", "indirekte Euthanasie", etc vermeiden, weil sie mißverständlich sind. Man bezeichnet ja auch nicht den ehelichen Akt als "zulässige Unzucht".

8. Abtreibung

Im folgenden achten Kapitel wenden wir uns ganz der Darstellung und Begründung der christlichen Lehre hinsichtlich der direkten Abtreibung zu. Die Abgrenzungen auf Grund des *voluntarium indirectum* auch bezüglich der Abtreibung wurden bereits im vorangehenden Kapitel vorgenommen. EV definiert Abtreibung ausdrücklich als "beabsichtigte und direkte Tötung eines menschlichen Geschöpfes in dem zwischen Empfängnis und Geburt liegenden Anfangsstadium seiner Existenz", "wie auch immer sie vorgenommen werden mag" (EV 58). Damit werden alle Formen der Tötung embryonalen Lebens erfaßt, auch des präimplantiven oder extra-uterinen Embryos. Einnistungsverhindernde Präparate werden ausdrücklich als Abtreibung bezeichnet. Auf tödliche Embryonenversuche, auf die Verwendung von Föten als "Organlieferanten" und auf andere tödliche Eingriffe wird die sittliche Bewertung der Abtreibung ausdrücklich angewandt, ohne daß sie *terminologisch* mit Abtreibung gleichgesetzt würden. Das moralische Objekt der Abtreibung wird ausdrücklich von jenem der Empfängnisverhütung unterschieden.

Der springende Punkt der Begründung des Abtreibungsverbots besteht darin, daß EV den Embryo ab dem Moment der Empfängnis als menschliche Person betrachtet. Nach eingehenden Überlegungen und gründlicher Auseinandersetzung mit Gegenpositionen, kann diesbezüglich folgendes als Ergebnis festgehalten werden:

Ausdrücklich verkündet EV nur die "deontologische" Persönlichkeit des Embryos, nämlich, daß ein Embryo wie eine Person zu behandeln ist.

Dies ist jedoch gleichbedeutend mit der Aussage, daß der Embryo eine menschliche Person ist, denn Rechtspersönlichkeit besteht in der sozialen Bedeutsamkeit des Menschen, die nicht juridisch fingiert werden darf.

Sobald jemand der Spezies Homo Sapiens angehört, tritt mit ihm etwas Unbedingtes in die menschliche Gesellschaft ein, das von den anderen Menschen unbedingt geachtet und respektiert werden muß.

Jede direkte Abtreibung stellt schweres sittliches Unrecht dar. Das moralische Gesetz kennt keine "Indikationen", bei deren Vorliegen unschuldiges menschliches Leben direkt getötet werden dürfte. Kein Umstand, kein Zweck, kein staatliches Gesetz kann die direkte Abtreibung statthaft machen. Auch die medizinische Indikation, bei deren Vorliegen die Abtreibung als Mittel zur Rettung des Lebens der Mutter gewollt wird, wird als moralisch unzulässig abgelehnt.

Vor diesem Hintergrund wird der *konkrete Schuldvorwurf* im Einzelfall allerdings in zweierlei Hinsicht differenziert. Einerseits kann die Schuld der Frau, die sich zu einer Abtreibung entschließt, vermindert werden. Andererseits dehnt *Johannes Paul II.* die Schuld auf andere Personen aus. Dies gilt besonders für den Vater des Kindes, den weiteren Familienverband und den Freundeskreis, wenn sie die Frau zu diesem Schritt bewegen.

Die Differenzierungen des Schuldvorwurfs sind vor allem für den staatlichen Bereich von Bedeutung. Die lehramtlichen Äußerungen des 20. Jahrhunderts zur Abtreibung tragen alle sozialethischen Charakter. Sie reagieren auf bereits erfolgte oder vorherzusehende Gesetzesänderungen. Es überrascht nicht, daß die Forderungen des Lehramts an das staatliche Abtreibungsrecht eine Entwicklung durchgemacht haben, die sich schon auf Grund des verschiedenen historischen Kontextes der einzelnen Dokumente ergibt. Um die spezifische Problematik zu verstehen, in die EV im Jahr 1995 hineingestellt ist, muß auf die juristische Unterscheidung zwischen der Rechtfertigung und der bloßen Straffreistellung einer Handlung verwiesen werden. Die Rechtfertigung einer Tat verleiht ihr "Heimatrecht" in der Rechtsordnung: Sie wird zum erlaubten, freien, beanspruchbaren Normalfall. Die Straffreistellung hebt — aus verschiedenen Gründen — nur die Strafe auf, beläßt es aber beim grundsätzlichen Unrechtscharakter der Tat. Der Papst schließt *jedenfalls* die rechtfertigende Wirkung der Abtreibungsgesetze aus, und zwar hinsichtlich aller Indikationen. Dies ist geradezu die juristische Hauptaussage der Enzyklika. Dies wird vom Brief des Papstes an die deutschen Bischöfe vom 11. Januar 1998 betreffend die Abtreibungsgesetzgebung und Schwangerenkonfliktberatung bestätigt. Allerdings kann daraus nicht abgeleitet werden, daß der Papst sich mit der Straffreistellung der Abtreibung abfinden würde: Er wendet sich auch gegen deren Zulassung. Der Staat darf die Abtreibung nicht tolerieren.

Verlangt der Papst Bestrafung auch bei medizinischer (vitaler) und kriminologischer Indikation? Für die Frage des Umfangs der Strafpflicht des Staats ist die Differenzierung des Schuldvorwurfs von Bedeutung. Keine Strafe darf ohne Schuld verhängt werden, daher muß sich die typisch verminderte Schuld der Frau bei Schwangerschaft in Lebensgefahr und nach Vergewaltigung auch auf staatlicher Ebene widerspiegeln. *Johannes Paul II.* fordert die Anerkennung der schuldmindernden Umstände auch für den juristischen Bereich. Für die rechtstechnische Umsetzung stehen je nach Rechtsordnung verschiedene Modelle zur Verfügung. Vom Indikationenmodell wird abgeraten.

EV hat die Pflichten eines Politikers bei Abstimmung über ein straffreistellendes Abtreibungsgesetz klargestellt, das die Zulässigkeit der Abtreibung einschränkt. Unter folgenden Bedingungen kann ein Abgeordneter in Alternative zu einem bereits geltenden oder zur Abstimmung gestellten ungleich freizügigeren Gesetz ein restriktiveres Gesetz begünstigen: 1. Das restriktivere Gesetz muß die negativen Folgen des die Abtreibung straffreistellenden Gesetzes objektiv einschränken; 2. die vollständige Abwendung oder Beseitigung des Abtreibungsgesetzes ist unmöglich; 3. der persönliche absolute Widerstand des Abgeordneten gegen die Abtreibung muß notorisch sein. Bei Vorliegen dieser Bedingungen ist die Abstimmung für ein solches Gesetz vom Objekt her etwas anderes als die unzulässige Mitwirkung an einem ungerechten Gesetz. Sie ist der legitime und gebührende Versuch, die ungerechten Aspekte zu begrenzen.

EV eröffnet diese Möglichkeit ausdrücklich nur für Abstimmungen hinsichtlich der Abtreibung. Hier wird die Meinung vertreten, daß das Argument grundsätzlich auch für die Euthanasie gilt, obwohl es sehr restriktiv angewandt werden muß: Die Menschen guten Willens dürfen sich nicht von vorneherein mit Schadensbegrenzung abfinden.

9. Euthanasie

Damit sind wir zum ethischen Prinzip hinsichtlich der Euthanasie gelangt. Die erste und entscheidende Aufgabe, die sich diesbezüglich stellt, ist jene der ethischen Begriffsbildung, weil es dabei um die Erfassung des moralischen Objekts jener Handlung geht, die Euthanasie bedeutet. Die historische lehramtliche Begriffsbildung wurde dargestellt. Sie verläuft entlang zweier Entwicklungslinien. Eine ergibt sich aus den sozialen Umständen (zunächst Euthanasie im kollektiven Interesse, nunmehr im Namen des Individualismus), die andere entspringt der Vertiefung und Ausweitung des Begriffsverständnisses im Inneren der Moraltheologie und der Lehrverkündigung. EV definiert Euthanasie folgendermaßen: "Unter *Euthanasie im eigentlichen Sinn* versteht man eine Handlung oder Unterlassung, die ihrer Natur nach und aus bewußter Absicht den Tod herbeiführt, um auf diese Weise jeden Schmerz zu beenden. »Bei Euthanasie dreht es sich also wesentlich um den Vorsatz des Willens und um die Vorgehensweisen, die angewandt werden«" (EV 65). Ergänzend heißt es in derselben Nummer: Die Euthanasie ist eine schwere Verletzung des göttlichen Gesetzes, "insofern es sich um eine vorsätzliche Tötung einer menschlichen Person handelt."

Johannes Paul II. vermeidet die Unterscheidung zwischen aktiver und passiver Euthanasie, weil sie ethisch kaum bedeutsam ist. Relevant ist die Direktheit oder Indirektheit einer Tötungshandlung im dargestellten Sinn. Der Papst verwendet aus den genannten Gründen auch nicht den Ausdruck "indirekte Euthanasie".

Hingegen fällt suizidale Euthanasie unter den Euthanasiebegriff der Enzyklika: Der Selbstmord eines Patienten unter Beihilfe seines Arztes ist Euthanasie im Sinn von EV. Die Beihilfe des Arztes, der dem potentiellen Euthanasiewerber tödliche Mittel bloß zur Verfügung stellt, ist *direkte* Euthanasie.

Euthanasie ist immer sittlich unzulässig, weil es sich um Mord oder Selbstmord handelt. Es fragt sich, warum dann überhaupt ein eigenes Handlungsobjekt Euthanasie gebildet wird. Diese Frage wurde durch den Hinweis auf die "Färbung" des Vorsatzes beantwortet: Euthanasie ist die vorsätzliche Tötung eines Menschen, um auf diese Weise jeden Schmerz zu beenden. Die Absicht wird in die Handlungsdefinition einbezogen. Verschiedene Erklärungen dafür wurden untersucht. Hier wird die Meinung vertreten, daß das Motiv der Schmerzbeendigung ein originär objektives Element ist, das ursprünglich zum moralischen Objekt gehört. Dieser Sicht zufolge ist die Euthanasie die *Perversion einer anderen, in sich guten Handlung*: der Schmerzlinderung, des Mitleids. Die Euthanasie liegt unterhalb der Untergrenze dessen, was zur Schmerzlinderung zulässig ist. Sie ist von der Absicht her gesehen Schmerzbeseitigung, aber mit falschen Mitteln. Sie ist gefühlsmäßig Mitleid, aber mit unzulässigen, in sich unsittlichen Mitteln, und ist daher weder Schmerzlinderung noch Mitleid, sondern deren Perversion. Das Objektiv der Schmerzlinderung gehört mE zum Handlungsobjekt der Euthanasie, weil die Euthanasie *wesensmäßig* falsches Mitleid ist. Sie ist objektiv kein Mitleid, auch wenn diese Haltung subjektiv angestrebt wird, weil es objektiv unmöglich ist, aus Mitleid zu töten.

Die Unsittlichkeit der so umrissenen Handlung Euthanasie wurde in mehreren Schritten begründet. Ausgegangen wird von der Frage, warum Selbstmord und suizidale Euthanasie unsittlich seien, und zwar zuerst unter individualethischem Gesichtspunkt. Dazu war es zunächst erforderlich, den objektiven Unterschied zwischen der Hingabe des Lebens und der Selbsttötung herauszuarbeiten. Dieser ergibt sich aus der intentionalen Struktur der Handlung. Bei der Hingabe des Lebens richtet sich der Vorsatz auf die Annahme des unvermeidlichen Todes, der von Naturgewalten oder anderen Menschen ausgeht, bei der Selbsttötung eben auf Tötung, wenn sie auch bloß als Mittel gewollt ist. Man darf für andere zwar *sterben*, aber man darf sich *nie* für andere *töten*.

In der Folge wurde auf die Einwände eingegangen, ein schmerzerfülltes, verlöschendes Leben habe keinen Sinn, und jedes Individuum habe die Freiheit, sein Leben in solchen Umständen zu beenden.

Der Sinn des menschlichen Lebens und daher auch des Leidens ist weder in Gefühlen noch im Aktivismus oder in von uns selbst gesteckten Zielen zu suchen, sondern nur in der "Wahrheit der Person" selbst. Der Sinn des Lebens, wie auch der Freiheit, ist die Liebe. Und deshalb hat das Leben immer Sinn, auch wenn man in Schmerzen unentrinnbar dem Tode zugeht, weil es immer möglich ist zu lieben und geliebt zu werden.

Der Selbstmord im allgemeinen und die Euthanasie als Selbsttötung, um alle Schmerzen zu beenden, im speziellen, negieren radikal die Bindung der Freiheit an die Wahrheit der Person und an die Liebe, und sind daher ethisch unzulässig. Wer Selbstmord für ethisch zulässig erachtet und die Selbsttötung unter Umständen als Handlungsmöglichkeit fordert, der unterstellt, daß es in der Gestalt des "Freitods" eine "Freiheit, nicht mehr zu sein" geben kann, eine "Freiheit vom eigenen Leben". Wir sind jedoch unser eigenes Leben. Eine Freiheit vom eigenen Leben zu fordern, läuft darauf hinaus, "Freiheit von sich selbst" zu fordern, was geradezu denkunmöglich ist. Es als individuelles Recht und Grundfreiheit zu fordern, ist jedenfalls eine Perversion des Denkens, weil der Selbstmord das Subjekt zerstört, auf dem die Rechte und Freiheiten ruhen: die menschliche Person. Als "letzte Freiheit des Lebens" verstanden, als "Freiheit, nicht mehr sein zu müssen", ist der Selbstmord die Auskristallisierung des bloß *negativen* Freiheitsbegriffs, einer Freiheit, die in Bindungslosigkeit, Indeterminiertheit, Verneinung der materialen Wesenbestimmung der Freiheit besteht. Es ist die Endstation des Versuchs des Menschen, selbst seinem Leben einen beliebigen Sinn zu *er*finden, anstatt diesen im "Gesetz der Liebe" zu *finden*. Das negative Verständnis der menschlichen Freiheit ist, wie weiter oben gezeigt wurde, unzureichend. Es ist ein Verständnis, das den Sinn der Freiheit nicht zu erfassen vermag, und daher tatsächlich sinnlos ist. Wahre, wirkliche Freiheit entsteht nur dort, wo der Mensch liebt und es ihm gelingt, seine Existenz Gott und den Mitmenschen gegenüber zu öffnen. Und wo es wahre Freiheit gibt, dort gibt es wiederum immer Sinn.

In der Euthanasie hingegen versucht der Mensch, seine eigene Endlichkeit, die Wahrheit über sich selbst, die in Leid und Tod unübersehbar und unausweichlich ist, zu *leugnen*, indem er sich zum scheinbaren Herrn dieser Endlichkeit aufspielt. Aber er verstrickt sich dadurch nur in einen Selbstbetrug: Anstatt die Wahrheit anzuerkennen, flieht er vor ihr, aber beweist durch diese Flucht gerade die Unmöglichkeit der Flucht. Anstatt den Tod anzunehmen und anzuerkennen und in Würde zu sterben, indem der Wille stets liebend auf die menschliche Person in sich selbst und den anderen gerichtet bleibt, und so wirklich frei und Herr zu sein, tötet sich die Person in der Euthanasie selbst, verstößt gegen die Liebe und ist unfrei. Euthanasie und Selbstmord widersprechen radikal der Freiheit des Menschen, sie verstoßen gegen die Liebe zu sich selbst und zu Gott und sind daher individualethisch unzulässig.

Selbstmord und suizidale Euthanasie besitzen jedoch auch sozialethische Bewandtnis. Durch seine Handlung verletzt der Selbstmörder die Menschenwürde in seiner eigenen Person. Er stellt das Grundprinzip der Rechtsordnung durch ihre Verletzung sich selbst gegenüber in Frage. Wer sich selbst das Leben nimmt, der sagt damit auch etwas über das Leben aller anderen aus, nämlich daß es Situationen geben könne, in denen es — dem Urteil der praktischen Vernunft zufolge — richtig sei, sich selbst zu töten.

Weiters beraubt er die anderen seiner selbst. Die bloße Existenz eines Menschen — so belastend und "zeitraubend" sie auch im ökonomischen Sinn sein mag — ist eine Bereicherung für andere. Sie ermöglicht die Relationalität, die Hingabe und die Liebe anderer, und damit überhaupt erst die Entstehung dieses Wesenselements menschlicher Personalität.

Zugleich muß hervorgehoben werden, daß die Rechtsordnung den Selbstmord als solchen (die Tat und den Täter) nicht erfassen kann: Er entzieht sich einer rechtlichen Regulierung, weil das handelnde Rechtssubjekt aufhört zu existieren.

Von der Euthanasie müssen jene Handlungen abgegrenzt werden, die *indirekt* und daher keine Euthanasie sind:

1. Der Wunsch zu sterben (ohne Tötungsvorsatz), weil der Tod das Ende aller Schmerzen und das Tor zum ewigen Leben darstellt;
2. Die Unterlassung unverhältnismäßiger Maßnahmen zur Lebensverlängerung. Vom Vorsatz erfaßt ist nicht die Tötung, sondern die Annahme des Todes. Auch in dieser Frage wird vom Vorsatz, dh vom moralischen *Objekt*, ausgegangen und nicht von der Intention. Zur Abgrenzung des Objekts geht das Lehramt von der Verhältnismäßigkeit der Heilmaßnahme aus. Dies aus zwei Gründen: Als objektives Indiz für die Struktur des Vorsatzes, gemäß den all-

gemeinen Regeln über das *voluntarium indirectum*, und aßerdem als Begrenzung der positiven Pflicht zur Lebenserhaltung nach oben hin. Wichtig ist, daß nicht das Leben als solches abgewogen wird, sondern die Heilmaßnahme im Verhältnis zu diesem Leben. Als Kriterium für diese Abwägung stellt EV auf: a) Unverhältnismäßigkeit zwischen Eingriff und erhofften Ergebnissen; b) übermäßige Beschwerlichkeit des Eingriffs für den Patienten und seine Familie. Von besonderer Bedeutung ist in diesem Zusammenhang die Patientenautonomie. Deren Grenze ist die Selbsttötung: Wird die Selbstmordabsicht geäußert oder ist sie ersichtlich, darf dem Patientenwillen nicht entsprochen werden.

Hinsichtlich der Unterlassung unverhältnismäßiger Heilmaßnahmen wurden zwei Spezialprobleme behandelt:

— Das Auftreten einer heilbaren Krankheit während der Sterbephase. Hier gelangen wir zum Ergebnis, daß ihre Heilung nicht ohne weiteres und einfachhin unterlassen werden darf, sondern nur insofern sie in sich unverhältnismäßig wäre.

— Die künstliche Ernährung des komatösen Patienten. Da diese eine Pflege— und keine Heilmaßnahme ist, muß sie eingeleitet und fortgesetzt werden, insofern und solange die Möglichkeit dazu besteht. Ihre Unterlassung würde die minimale Achtung der Menschenwürde unterschreiten. Eine Verhältnismäßigkeitsprüfung findet hier nicht statt.

3. Schmerzlinderung. EV wählt die positive Einschätzung der Palliativmedizin als Ausgangspunkt weiterer Überlegungen. Ein Todesrisiko bei Schmerzlinderung darf eingegangen werden, wenn der Tod nicht direkt als Mittel zur Schmerzbeendigung angestrebet wird und ein entsprechend schwerwiegender Grund für den Einsatz von Analgetika vorliegt. Auch diesbezüglich muß die Verhältnismäßigkeit geprüft werden. Das Lehramt stellt keine ausdrücklichen Kriterien auf, verweist jedoch auf die Erfüllung moralischer und religiöser Pflichten als einen Umstand hin, der die Zulässigkeitsvoraussetzungen für die Bewußtseinstrübung erschwert.

Die Dissertation schließt mit einem Kapitel über Euthanasie und Rechtsordnung. Die Grundsätze, die EV für das Abtreibungsrecht aufstellt, gelten auch für die Euthanasie. Keinesfalls darf eine Verletzung des Lebensrechts für rechtmäßig erklärt werden. Dies bezieht sich auch auf den Selbstmord. *Johannes Paul II.* fordert darüberhinaus auch grundsätzlich das gesetzliche Verbot der Euthanasie: Euthanasie darf gesetzlich nicht toleriert, sondern muß bestraft werden. Es handelt sich diesbezüglich nicht um Prinzipien einer katholischen Eigenmoral, sondern um Forderungen des natürlichen Sittengesetzes, die rational nachvollziehbar sind: Durch das Verbot der Euthanasie behauptet die Rechtsordnung sich selbst, sie bestätigt ihren Seinsgrund, nämlich den kategorischen Schutz und die ausnahmslose Unverletzlichkeit des Unschuldigen. Durch die gesetzliche Legalisierung der Euthanasie hebt sich die Rechtsordnung selbst auf. Wenn das Recht zum Instrument der "reibungslosen" Selbstvernichtung wird, dann hat es jeglichen humanisierenden Effekt verloren: Gerade dort, wo es am meisten darauf ankäme, versagt die Gemeinschaft. Die Legalisierung der Euthanasie verändert die ganze Rechtsgemeinschaft. Es mutet allen Rechtsunterworfenen zu, in einer Ordnung zu leben, in dem ihr eigenes Leben prinzipiell nicht mehr unverfügbar ist. Die Gesellschaft entsolidarisiert sich, und die Folgen sind verhängnisvoll.

Literaturverzeichnis

1. Lehramtliche Dokumente.

a) Dokumente des päpstlichen Lehramts

PIUS XI., Enzyklika "Casti Connubii", 31. Dezember 1930, AAS 1930, 539 ff.

PIUS XII., Enzyklika "Mystici Corporis", 29. Juni 1943, AAS 1943, 193 ff.

PIUS XII., Apostolische Konstitution "Sacramentum Ordinis", 30. November 1947, AAS 1948, 5 ff.

PIUS XII., Ansprache an den Katholischen Hebammenverband Italiens, 29. Oktober 1951, AAS 1951, 835 ff.

PIUS XII., Ansprache an die Vereinigung kinderreicher Familien, 26. November 1951, AAS 1951, 855 ff.

PIUS XII., Ansprache an die Teilnehmer am 1. Internationalen Kongreß für Histopathologie des Nervensystems, 13. September 1952, AAS 1952, 779 ff.

PIUS XII., Radiobotschaft an die Teilnehmer des 7. Internationalen Ärztekongresses, 11. September 1956, AAS 1956, 677 ff.

PIUS XII., Ansprache an die italienische Gesellschaft für Anästhesiologie, 24. Februar 1957, AAS 1957, 129 ff.

PIUS XII., Ansprache an die Teilnehmer am Kongreß des Instituts "Gregor Mendel", 24. November 1957, AAS 1957, 1027 ff.

PAUL VI., Enzyklika "Humanae Vitae", 25. Juli 1968, AAS 1968, 481 ff.

PAUL VI., Apostolische Konstitution "Sacram unctionem infirmorum", 30. November 1972, AAS 1973, 5 ff.

JOHANNES PAUL II., Enzyklika "Dominum et Vivificantem", 18. Mai 1986, AAS 1986, 809 ff.

JOHANNES PAUL II., Enzyklika "Centesimus Annus", 1. Mai 1991, AAS 1991, 793 ff.

JOHANNES PAUL II., Enzyklika "Veritatis Splendor", 6. August 1993, AAS 1993, 1133 ff.

JOHANNES PAUL II., Enzyklika "Evangelium Vitae", 25. März 1995, AAS 1995, 401 ff.

JOHANNES PAUL II., Enzyklika "Ut unum sint", 25. Mai 1995, AAS 1995, 921 ff.

JOHANNES PAUL II., Ansprache an den Kongreß der "Associazione Cattolica degli Operatori Sanitari", 26. Januar 1980, in: Insegnamenti di Giovanni Paolo II, III-1, 191 ff.
JOHANNES PAUL II., Ansprache an die Teilnehmer am 54. Fortbildungskurs der Katholischen Universität "Sacro Cuore", 6. September 1984, in: Insegnamenti di Giovanni Paolo II, VII-2, 332 ff.
JOHANNES PAUL II., Ansprache an die Teilnehmer am Kongreß der italienischen Gesellschaft für Anästhesiologie, 4. Oktober 1984, in: Insegnamenti di Giovanni Paolo II, VII-2, 748 ff.
JOHANNES PAUL II., Ansprache an die Teilnehmer am Kongreß des italienischen "Movimento per la Vita", 12. Oktober 1985, in: Insegnamenti di Giovanni Paolo II, VIII-2, 933 ff.
JOHANNES PAUL II., Ansprache an die Mitglieder der Päpstlichen Akademie der Wissenschaften, 21. Oktober 1985, in: Insegnamenti di Giovanni Paolo II, VIII-2, 1080 ff.
JOHANNES PAUL II., Ansprache an die Teilnehmer an einem internationalen Studienkreis, 15. November 1985, in: Insegnamenti di Giovanni Paolo II, VIII-2, 1262 ff.
JOHANNES PAUL II., Ansprache an Vertreter des "Movimento italiano per la Vita", 25. Januar 1986, in: Insegnamenti di Giovanni Paolo II, IX-1, 190 ff.
JOHANNES PAUL II., Ansprache an den "Movimento per la Vita", 19. Oktober 1986, in: Insegnamenti di Giovanni Paolo II, IX-2, 1124 f.
JOHANNES PAUL II., Ansprache an die Teilnehmer am 3. Kongreß der "Associazione Cattolica degli Operatori Sanitari", 24. Oktober 1986, in: Insegnamenti di Giovanni Paolo II, IX-2, 1170 ff.
JOHANNES PAUL II., Ansprache in Münster, 1. Mai 1987, in: Insegnamenti di Giovanni Paolo II, X-2, 1499 ff.
JOHANNES PAUL II., Ansprache an die Teilnehmer am internationalen Kongreß der Vereinigung "Omnia Hominis", 25. August 1990, in: Insegnamenti di Giovanni Paolo II, XIII-2, 326 ff.
JOHANNES PAUL II., Ansprache zum Angelus, 3. Februar 1991, in: Insegnamenti di Giovanni Paolo II, XIV-1, 285 f.
JOHANNES PAUL II., Den Frieden auf soliden Grundlagen aufbauen. Ansprache anläßlich des Symposiums zum Thema "Die Kirche und die Menschenrechte", in: Päpstlicher Rat *Justitia et Pax* (Hrsg), Die Kirche und die Menschenrechte. Historische und theologische Reflexionen, Arbeitshilfen Nr. 90 des Sekretariats der deutschen Bischofskonferenz, Bonn (1991) 7 ff.
JOHANNES PAUL II., Brief an die Familien "Gratissimum sane" vom 22. Februar 1994, AAS 1994, 868 ff.

JOHANNES PAUL II., Apostolisches Schreiben vom 22. Mai 1994 "Ordinatio sacerdotalis", AAS 1994, 545 ff.
JOHANNES PAUL II., Brief an die Frauen, 29. Juni 1995, AAS 1995, 803 ff.
JOHANNES PAUL II., Brief an die deutschen Bischöfe, 11. Januar 1998, OR (ital) 28. Januar 1998, 5 f.

b) Dokumente römischer Kongregationen

HL. OFFIZ, De directa insontium occisione ex mandato auctoritatis publicae peragenda, 2. Dezember 1940, AAS 1940, 553.
GLAUBENSKONGREGATION, Erklärung vom 24. Juni 1973 "Mysterium Ecclesiae", AAS 1973, 396 ff.
GLAUBENSKONGREGATION, Erklärung vom 18. November 1974 zur vorsätzlichen Abtreibung, AAS 1974, 730 ff.
GLAUBENSKONGREGATION, Erklärung über die Euthanasie "Iura et bona", 5. Mai 1980, AAS 1980, 542 ff.
GLAUBENSKONGREGATION, Instruktion vom 22. Februar 1987 über die Achtung vor dem beginnenden menschlichen Leben und die Würde der Fortpflanzung "Donum Vitae", AAS 1988, 70 ff.
GLAUBENSKONGREGATION, Instruktion vom 24. Mai 1990 über die kirchliche Berufung des Theologen "Donum Veritatis", AAS 1990, 1550 ff.
GLAUBENSKONGREGATION, Responsio ad propositum dubium vom 28. Oktober 1995, AAS 1995, 1114.

c) Ortskirchliche Dokumente

DEUTSCHE BISCHÖFE, Gemeinsames Hirtenwort "Menschenwürde und Menschenrechte von allem Anfang an" vom 26 September 1996, n 57 der vom Sekretariat der deutschen Bischofskonferenz herausgegebenen Reihe "Die deutschen Bischöfe".

2. Bücher und Artikel

AA.VV. (Hrsg), Eutanasia, Bologna (1987).
AERTNYS I./DAMEN C., Theologia Moralis, Rom, 17. Auflage (1956).
ANDERSEN C., Una nuova cultura della vita, Studi Cattolici 1995, 445 ff.

ANDERSON C., Waiting for Hippocrates: The "Right to Die" and the U.S. Constitution, The Linacre Quarterly H 3/1996, 60 ff.

ANGELINI G., La fedeltà alla vita e l'obbedienza di fronte alla morte, in: AA.VV. (Hrsg), Eutanasia, 73 ff.

ANONYMER HRSG, Sterbehilfe. Mitleid oder Mord? Wiesbaden (1984).

ANTÓN A., «Ordinatio sacerdotalis»: Algunas reflexiones de 'gnoseología teológica', Gregorianum 75 (1994) 723 ff.

ATKINSON G., Human Nature as a Ground for Absolute Prohibitions, The American Journal of Jurisprudence 1986, 137 ff.

AUBERT J.—M., Compendio della Morale Cattolica, Mailand (1989).

AUNER N., Die Enzyklika Evangelium vitae aus ärztlicher Sicht, Imago Hominis 1995, 87 ff.

BECKER K., Competencia del magisterio y alcance de sus declaraciones, in: Lucas Lucas R. (Hrsg), Comentario interdisciplinar a la 'Evangelium vitae', 299 ff.

BECKMANN R., Fristenregelung mit Beratungsangebot — Anspruch und Wirklichkeit der neuen Abtreibungsregelung, Zeitschrift für Lebensrecht 1995, 24 ff.

BERNAT E. (Hrsg), Ethik und Recht an der Grenze zwischen Leben und Tod, Graz (1993).

BERTONE T., A proposito della recezione dei Documenti del Magistero e del dissenso pubblico, OR (ital) 20.12.1996, 1.

BIFFI I., I tipi dell'adesione del teologo al Magistero della Chiesa, Vatikan (1993), in: Glaubenskongregation (Hrsg), 'Donum Veritatis'. Istruzione e Commenti, 111 ff.

BLÁZQUEZ N., "Evangelium Vitae" o el desafío de la vida, Studium 1995, 179 ff.

BLÁZQUEZ N., La pena de muerte, in: Lucas Lucas R. (Hrsg), Comentario, 403 ff.

BLÁZQUEZ N., Ley natural, in: Del Pozo Abejón G. (Hrsg), Comentarios a la "Veritatis Splendor", 593 ff.

BOCKAMP Chr., Transplantationen von Embryonalgewebe: eine moraltheologische Untersuchung, Frankfurt/M. (1991).

BOLOGNINI F., Brevi considerazioni sull'enciclica *Evangelium vitae* e diritto, in: Pontificium Consilium de legum textibus interpretandis et al. (Hrsg), "Evangelium vitae" e diritto, 455 ff.

BOMPIANI A., Indicazioni all'aborto «terapeutico»: stato attuale del problema, in: Fiori A./Sgreccia E. (Hrsg), Aborto, 191 ff.

BONELLI J. (Hrsg), Der Mensch als Mitte und Maßstab der Medizin, Wien/New York (1992).

BORGONOVO G. (Hrsg), Gesù Cristo, Legge vivente e personale della Santa Chiesa, Casale Monferrato (1996).
BOYLE J., A case for sometimes tube-feeding patients in persistent vegetative state, in: Keown J. (Hrsg), Euthanasia, 189 ff.
BRINKMANN B., Gibt es unfehlbare Äußerungen des 'Magisterium Ordinarium' des Papstes?, Scholastik 1953, 202 ff.
BURRONI U., «Evangelium Vitae»: Una denuncia dei delitti e degli abusi contro la vita, Civiltà Cattolica IV/1995, 358 ff.
CAFFARRA C., La dignità della vita umana, OR (ital) 21.4.1995.
CAFFARRA C., *Veritatis Splendor — Evangelium Vitae*: Il destino dell'uomo, in: Pontificium Consilium de legum textibus interpretandis et al. (Hrsg), "Evangelium vitae" e diritto, 33 ff.
CAMPAGNOLA M., La dimensione ministeriale della donna nella *Evangelium vitae*, in: Pontificium Consilium de legum textibus interpretandis et al. (Hrsg), "Evangelium vitae" e diritto, 511 ff.
CARLOTTI P., Evangelium Vitae. La rilevanza teologico-morale, in: Toso M. (Hrsg), Educare alla vita, 185 ff .
CARRASCO DE PAULA I., Dal *dono* al *vangelo* della vita: per una lettura teologica dell'*Evangelium Vitae*, Medicina e Morale 1995, 757 ff.
CARRASCO DE PAULA I., Evangelium Vitae: Der Weg zu einer neuen ethischen Sensibilität, Imago Hominis 1995, 95 ff.
CARRASCO DE PAULA I., L'uomo immagine di Dio, in: R. Lucas Lucas (Hrsg), Veritatis Splendor, 186 ff.
CARRASCO DE PAULA I., La legge di Dio al servizio dell'uomo, OR (ital) 4.5.1995.
CARRASCO DE PAULA I., Personalità dell'embrione e aborto, in: Pontificio Istituto (Hrsg), Persona, Verità e Morale, 277 ff.
CATTORINI P./REICHLIN M., Sofferenza, Malattia, Eutanasia, in: Russo G. (Hrsg), Evangelium Vitae, 126 ff.
CAVEDO R., Il mistero grande e ineffabile della vita in «Evangelium vitae», in: G. Russo (Hrsg), Evangelium Vitae, 15 ff.
CICCONE L., I problemi etici dell'aborto nell'enciclica *Evangelium Vitae*, Medicina e Morale 1995, 701 ff.
CICCONE L., La vita umana è sacra e inviolabile, in: Russo G. (Hrsg), Evangelium Vitae, 65 ff.
CIUPINSKI J., Il principio della Signoria di Dio sulla vita e il problema dell'eutanasia, theologische Dissertation, Rom (1996).
COLE B., Infallibility: Breadth and Depth, A Possible Explanation, Angelicum 1995, 489 ff.

COLE B., The New Sins Against Faith and *Evangelium Vitae*, Angelicum 1996, 3 ff.
COLOM E., Chiesa e società, Rom (1996).
COMPAGNONI F., La verità della vita umana, Rivista di teologia morale 1995, 169 ff.
COMPOSTA D., Riflessioni sull'enciclica «Evangelium Vitae», Divinitas 1996, 147 ff.
CONNERY J., Abortion: The Development of the Roman Catholic Perspective, Chicago (1977).
CONSORTI P., Il diritto alla vita come fondamento del diritto alla pace. Profili giuridici alla luce della *Evangelium vitae*, in: Pontificium Consilium de legum textibus interpretandis et al. (Hrsg), "Evangelium vitae" e diritto, 497 ff.
COPPENS Fr., La loi et la vie humaine, NRT 1997, 49 ff.
CORRAL TALCIANI H., Sobre la fundamentación de la protección jurídica de la vida humana. El «valor sagrado» de la vida en Dworkin y la encíclica *Evangelium vitae*, in: Pontificium Consilium de legum textibus interpretandis et al. (Hrsg), "Evangelium vitae" e diritto, 541 ff.
COTTIER G., Questions de la Modernité, Paris (1985).
CUERVO F., Principios morales de uso más frecuente, Madrid, 2. Auflage (1995).
CUYAS M., Eutanasia. L'etica, la libertà e la vita, Casale Monferrato (1989).
CUYAS M., Quid sentiendum sit de euthanasia, pendet a re quae hoc nomine veniat, Periodica de re morali canonica liturgica 1984, 153 ff.
D'AGOSTINO F., Diritto e eutanasia, in: Tarantino A./Tarantino M.L. (Hrsg), Eutanasia, 93 ff.
D'AGOSTINO F., Eutanasia, diritto e ideologia, Iustitia 1977, 286 ff.
D'AGOSTINO F., La vita e il diritto: L'*Evangelium Vitae* letta da un giurista, Anthropotes 1995, 129 ff.
DAVANZO G., L'Eutanasia. Rilievi culturali e pastorali, in: AA.VV. (Hrsg), Eutanasia, 27 ff.
DEL POZO ABEJÓN G. (Hrsg), Comentarios a la "Veritatis Splendor", Madrid (1994).
DEMMER K., Optionalismus — Entscheidung und Grundentscheidung, in: Mieth D. (Hrsg), Moraltheologie im Abseits?, 69 ff.
DI IANNI M., La pena di morte, Euntes docete 1995, 207 ff.
DI PIETRO M., La lettera enciclica «Evangelium Vitae» e l'aborto procurato, Vita e Pensiero 1995, 653 ff.
DWORKIN R., Life's Dominion. An Argument about Abortion, Euthanasia, and Individual Freedom, New York (1993).

EICK W.J., Is the Dutch euthanasia regulation compatible with *Evangelium Vitae*?, Medicina e Morale 1996, 469 ff.
EID V. (Hrsg), Euthanasie oder Soll man auf Verlangen töten?, Mainz, 2. Auflage (1985).
EID V., Freie Verfügung über das eigene Leben?, in: Eid V. (Hrsg) Euthanasie, 71 ff.
ERMECKE G., Zur Begründung sittlicher Normen, in: Zsifkovits V./Weiler R. (Hrsg), Erfahrungsbezogene Ethik, FS-Messner, Berlin (1981), 121 ff.
ESCRIVÁ DE BALAGUER, J., Christus begegnen, 4. Auflage, Köln (1977).
ESCRIVÁ DE BALAGUER, J., Freunde Gottes, 2. Auflage, Köln (1979).
ESER A., Sterbehilfe und Euthanasie in rechtlicher Sicht, in: Eid V. (Hrsg), Euthanasie, 45 ff.
FANFANI L., Manuale theorico-practicum Theologiae Moralis I, Pars Fundamentalis, Rom (1959).
FERASIN E., L'aborto nell'enciclica 'Evangelium Vitae', in: Russo G. (Hrsg), Evangelium Vitae, 105 ff.
FERNÁNDEZ A., Teología Moral I, Moral Fundamental, Burgos (1992).
FERNÁNDEZ DE BENITO A., El aborto, «no» a la vida, in: Johannes Paul II, Evangelium vitae. Texto y Comentarios, Valencia (oJ) 217 ff.
FERNÁNDEZ SÁNCHEZ F.—C., Libertad y dominio de la vida humana, in: Johannes Paul II, Evangelium vitae, Valencia (oJ) 163 ff.
FINNIS J., A philosophical case against euthanasia, in: Keown J. (Hrsg), Euthanasia, 23 ff.
FINNIS J., Fundamentals of Ethics, Oxford (1983).
FINNIS J., Le leggi ingiuste in una società democratica. Considerazioni filosofiche, in: Joblin J./Tremblay R. (Hrsg), I cattolici e la società pluralista, 99 ff.
FINNIS J., Moral absolutes: tradition, revision and truth, Washington (1991).
FIORI A./SGRECCIA E. (Hrsg), Aborto. Riflessioni di studiosi cattolici, Mailand (1975).
FISHER A., Theological aspects of euthanasia, in: Keown J. (Hrsg), Euthanasia, 315 ff.
FLEMING J., Euthanasia: Human Rights and Inalienability, The Linacre Quarterly H 1/1996, 44 ff.
FORD/GRISEZ G., Contraception and the Infallibility of the Ordinary Magisterium, Theological Studies 39 (1978) 258 ff.
FRALING B., "Freiheit und Gesetz". Gedanken zur Enzyklika "Veritatis Splendor", in: Mieth D. (Hrsg), Moraltheologie im Abseits?, 129 ff.
FUCEK I., De gravitate obiectiva peccati coniugatorum contraceptione artificiali utentium, Periodica de re morali canonica liturgica 1984, 5 ff.

FUCHS J., Das "Evangelium vom Leben" und die "Kultur des Todes", Stimmen der Zeit 1995, 579 ff.
FUCHS J., Die sittliche Handlung: das intrinsece malum, in: Mieth D. (Hrsg), Moraltheologie im Abseits?, 177 ff.
FUCHS Th., Euthanasie und Suizidbeihilfe. Das Beispiel der Niederlande und die Ethik des Sterbens, in: Spaemann R./Fuchs Th., Töten oder sterben lassen?, 31 ff.
GAFO J., La Bioética desde la perspectiva de la Encíclica «Evangelium Vitae», Miscelánea Comillas 1995, 323 ff.
GARCÍA DE HARO R., La legge morale e le norme civili, in: Pontificio Istituto (Hrsg), Persona, Verità e Morale, 361 ff.
GARCÍA DE HARO R., La vita cristiana, Mailand (1995).
GIL HELLÍN F. (Hrsg), Concilii Vaticani II Synopsis "Lumen Gentium", Vatikan (1995).
GÓMEZ F., Una vez más la pena de muerte en el banquillo, Studium 1995, 11 ff.
GORMALLY L., Walton, Davies, Boyd and the legalization of euthanasia, in: Keown J. (Hrsg), Euthanasie, 113 ff.
GRISEZ G., Is It Wrong to Wish for Death?, The Linacre Quarterly H 2/1995, 30 ff.
GRISEZ G., The Way of the Lord Jesus, vol. 1, Christian Moral Principles, Chicago (1983).
GRISEZ G./SHAW R., Fulfillment in Christ, Notre Dame (1991).
GUARDINI R., Das Wesen des Christentums, München (1984).
GÜNTHÖR A., Chiamata e risposta I, Rom (1982).
HARRIS J., The philosophical case against the philosophical case against euthanasia, in: Keown J. (Hrsg), Euthanasia, 36 ff.
HASIBA G., Euthanasie im Dritten Reich, in: Bernat E. (Hrsg), Ethik und Recht, 27 ff.
HENDRICKX M., Le Magistère et la peine de mort, NRT 1996, 3 ff.
HERRANZ J., Il diritto dell'uomo alla vita, Ius Ecclesiae 1997, 547 ff.
HERRANZ J., L'inalienabile diritto dell'uomo alla vita, in: Majdanski K. et al (Hrsg), Evangelium Vitae, 287 ff.
HERVADA J., La ley del Pueblo de Dios como ley para la libertad, in: Pontificio Istituto (Hrsg), Persona, Verità e Morale, 379 ff.
HÖFFNER J., Christliche Gesellschaftslehre, herausgegeben, bearbeitet und ergänzt von L. Roos, Kevelaer (1997).
HOERSTER N., Abtreibung im säkularen Staat, Frankfurt/Main (1991).
HOUSE OF LORDS SELECT COMMITTEE, Report on Medical Ethics 1994, auszugsweise in: Keown J. (Hrsg), Euthanasia, 96 ff.

HUBER C., Presupposti epistemologici, in: Lucas Lucas R. (Hrsg), Veritatis Splendor, 251 ff.
HUDE H., Il rinnovamento sociopolitico, in: Lucas Lucas R. (Hrsg), Veritatis Splendor, 375 ff.
ILLANES J., La vida, substancia y meta de la historia, Scripta Theologica 1996, 737 ff.
INCIARTE F., Practical Truth, in: Pontificio Istituto (Hrsg), Persona, Verità e Morale, 201 ff.
INCIARTE F., Naturrecht oder Vernunftethik? Rechtstheorie 1987, 291 ff.
INSTITUTO MARTÍN DE AZPILCUETA (Hrsg), Comentario Exegético al Código de Derecho Canónico, Band I — V, Pamplona (1996).
INTERNATIONALE THEOLOGENKOMMISSION, Die Interpretation der Dogmen (Oktober 1989), in: Sekretariat der deutschen Bischofskonferenz (Hrsg), Theologie und Kirche, Arbeitshilfen Nr. 86, Bonn (1991), 75 ff.
IORIO T., Theologia Moralis I, Neapel, 4. Auflage (1953).
JENNET B., Letting vegetative patients die, in: Keown J. (Hrsg), Euthanasia, 169 ff.
JOBLIN J./TREMBLAY R. (Hrsg), I cattolici e la società pluralista. Il caso delle "leggi imperfette", Bologna (1996).
JOHANNES PAUL II, Evangelium Vitae. Texto y Comentarios, Valencia (oJ). Nr. 1 der Schriftenreihe "Humanitas" des Päpstlichen Instituts Johannes Paul II, Spanische Sektion.
KAMISAR Y., Physician-assisted suicide: the last bridge to active voluntary euthanasia, in: Keown J. (Hrsg), Euthanasia, 225 ff.
KASPER W., Ein prophetisches Wort in die Zeit, Communio 1995, 187 ff.
KAUTZKY R., Die Freiheit des Sterbenden und die Pflicht des Arztes, in: Eid V. (Hrsg), Euthanasie, 25 ff.
KEOWN J., Euthanasia examined. Ethical, clinical and legal perspectives, Cambridge, 3. Auflage (1996).
KIELY B., L'atto morale nell'enciclica "Veritatis Splendor", in: Veritatis Splendor. Atti del Convegno dei Pontifici Atenei Romani, 108 ff.
KNAUER P., Das rechtverstandene Prinzip von der Doppelwirkung als Grundnorm jeder Gewissensentscheidung, Theologie und Glaube 1967, 107 ff.
KOLLER P., Personen, Rechte und Entscheidungen über Leben und Tod, in: Bernat E. (Hrsg), Ethik und Recht, 71 ff.
KRIELE M., Die nicht-therapeutische Abtreibung vor dem Grundgesetz, Berlin (1992).
KÜBLER-ROSS E., Leben bis wir Abschied nehmen, in: Anonymer Hrsg, Sterbehilfe, 13 ff.

LAFFITTE J., «Evangelium vitae». Aspects théologiques et doctrinaux, NRT 1995, 821 ff.
LAUN A., Die Enzyklika «Veritatis Splendor», in: Borgonovo G. (Hrsg), Gesù Cristo, Legge vivente e personale della Santa Chiesa, 253 ff.
LÉONARD A., Il fondamento della morale, Mailand (1994).
LOMBARDI RICCI M., Dalla *Donum vitae* alla *Evangelium vitae*, Rivista di Teologia Morale 1995, 175 ff.
LOMBARDÍA P./OTADUY J., La Iglesia y la comunidad política, in: Instituto Martín de Azpilcueta (Hrsg), Manual de Derecho Canónico, Pamplona (1988), 765 ff.
LÓPEZ-GARCIA G., La realidad del aborto espontáneo, in: Pontificio Istituto (Hrsg), Persona, Verità e Morale, 333 ff.
LOSINGER A., »Iusta autonomia«. Studien zu einem Schlüsselbegriff des II. Vatikanischen Konzils, Paderborn (1989).
LUCAS LUCAS R. (Hrsg), Comentario interdisciplinar a la 'Evangelium vitae', Madrid (1996).
LUCAS LUCAS R., *Evangelium vitae*. Estructura lógico-argumentativa y sinopsis doctrinal, Ecclesia 1995, 479 ff.
LUCAS LUCAS R. (Hrsg), Veritatis Splendor. Testo integrale e commento filosofico-teologico, Mailand (1994).
LÜDICKE N., Also doch ein Dogma?, Trierer Theologische Zeitschrift 1996, 161 ff.
MacINTYRE A., After Virtue, Notre Dame, 2. Auflage (1984).
MAJDANSKI ET AL. (Hrsg), Evangelium Vitae. The Encyclical of Salvation for the Family and the World Today, Warschau (1997).
MATTAI G., Evangelium vitae e teologia morale, Asprenas 1995, 565 ff.
MATTÉ M., Evangelium vitae. Epoca dei lumi, ombre di morte, Il Regno/Attualità 1995, 200 ff.
MAUSBACH J./ERMECKE G., Katholische Moraltheologie I, Münster, 9. Auflage (1959).
MAYER-MALY Th., Die Enzyklika Evangelium vitae und das österreichische Rechtsleben, Imago Hominis H 2/1995, 91 ff.
MAYER-MALY Th., Il diritto alla vita e la trasmissione della vita nei diversi sistemi ed esperienze giuridiche contemporanee, in: Pontificium Consilium de legum textibus interpretandis et al. (Hrsg), "Evangelium vitae" e diritto, 77 ff.
MEDINA ESTÉVEZ J., La Fede e il Magistero al servizio della vita, in: Pontificia Academia pro Vita (Hrsg), Evangelium Vitae, 198 ff.
MELINA L., Corso di Bioetica, Casale Monferrato (1996).

MELINA L., Dalla *Veritatis Splendor* all'*Evangelium vitae*, Anthropotes 1995, 111 ff.

MELINA L., Formare la coscienza nella Verità, in: Veritatis Splendor. Atti del Convegno dei Pontifici Atenei Romani, 55 ff.

MELINA L., Il messaggio cristiano sulla vita, Studi Cattolici 1995, 428 ff.

MERKELBACH B., Summa Theologiae Moralis I, Brügge, 11. Auflage (1962).

MEVES C., Der Mensch — Herr über Leben und Tod?, in: Anonymer Hrsg, Sterbehilfe, 79 ff.

MIETH D. (Hrsg), Moraltheologie im Abseits? Antwort auf die Enzyklika "Veritatis Splendor", Freiburg iB, 2. Auflage (1994).

MIETH D., Die Moralenzyklika, die Fundamentalmoral und die Kommunikation in der Kirche, in: ders (Hrsg), Moraltheologie im Abseits?, 9 ff.

MINNERATH R., La vie en droit international: Le débat juridique et son avenir, Revue d'éthique et de théologie moral 1996, 171 ff.

MIRANDA G., «Cultura de la muerte»: Análisis de un concepto y de un drama, in: Lucas Lucas R. (Hrsg), Comentario, 225 ff.

MIRANDA G., I problemi etici dell'eutanasia nell'Enciclica *Evangelium Vitae*, Medicina e Morale 1995, 719 ff.

MOLINA E., La moral entre la convicción y la utilidad, Pamplona (1996).

MOLTEDO CASTAÑO C., Evangelium vitae y derecho del trabajo y de la seguridad social, in: Pontificium Consilium de legum textibus interpretandis et al. (Hrsg), "Evangelium vitae" e diritto, 521 ff.

MORACZEWSKI A., The Human Embryo and Fetus. Ontological, Ethical and Legal Aspects, in: Pontificio Istituto (Hrsg), «Humanae Vitae», 339 ff.

MORI M., L'insolubile questione dell'identità dell'embrione, Rivista di Teologia Morale 1996, 493 ff.

MORRISSEY R., The Canonical Effects of Abortion in the 1983 Code of Canon Law, kirchenrechtliche Dissertation, Rom (1995).

NEGRI L., Con l'«Evangelium vitae», l'umanità varca «le soglie della speranza», Vita e Pensiero 1995, 322 ff.

NOLDIN H., Summa Theologiae Moralis, Innsbruck, 31. Auflage (1956).

OLLERO A., Todos tienen derecho a la vida. ¿Hacia un concepto constitucional de persona?, Iustitia H 2/1994, 121 ff.

ORTEGA I., Eutanasia: Etica y ley frente a frente, theologische Dissertation, Rom (1996).

PÄPSTLICHE BIBELKOMMISSION, Die Interpretation der Bibel in der Kirche, Vatikan (1993).

PRIVITERA S., Cultura contemporanea e magistero morale, Rivista di Teologia Morale 1995, 187 ff.

PALAZZANI L., Il concetto di persona tra bioetica e diritto, Turin (1996).

PÉREZ-MADRID F., Kommentar zu c 1398 CIC, in: Instituto Martín de Azpilcueta (Hrsg), Comentario, Band IV/1, 589 ff.
PHILIPS G., La Chiesa e il suo Mistero. Storia, testo e commento della Lumen Gentium, Mailand, 4. Auflage (1989).
PINCKAERS S., Ce qu'on ne peut jamais faire, Fribourg (1986).
PINCKAERS S., L'Evangile de la vie face à une culture de mort, Nova et Vetera 1995, 5 ff.
PINCKAERS S., La ley nueva, en la cima de la moral cristiana, in: Del Pozo Abejón G. (Hrsg), Comentarios a la "Veritatis Splendor", 475 ff.
PINCKAERS S., Las fuentes de la moral cristiana, Pamplona (1988).
PINCKAERS S., Pour une lecture de "Veritatis Splendor", Paris (1995).
PINCKAERS S., Universalité de la loi morale et liberté, in: Pontificio Istituto (Hrsg), Persona, Verità e Morale, 341 ff.
PÖLTNER G., Achtung der Würde und Schutz von Interessen, in: Bonelli J. (Hrsg), Der Mensch als Mitte und Maßstab der Medizin, 3 ff.
PONTIFICIA ACADEMIA PRO VITA (Hrsg), Evangelium Vitae di Sua Santità Giovanni Paolo II. Enciclica e Commenti, Vatikan (1995).
PONTIFICIUM CONSILIUM DE LEGUM TEXTIBUS INTERPRETANDIS / PONTIFICIUM CONSILIUM PRO FAMILIA / PONTIFICIA ACADEMIA PRO VITA (Hrsg), "Evangelium Vitae" e Diritto. Acta Symposii Internationalis in Civitate Vaticana Celebrati, 23-25 Maii 1996, Vatikan (1997).
PONTIFICIO ISTITUTO GIOVANNI PAOLO II PER STUDI SU MATRIMONIO E FAMIGLIA, UNIVERSITÀ LATERANENSE / CENTRO ACCADEMICO ROMANO DELLA SANTA CROCE, UNIVERSITÀ DI NAVARRA (Hrsg), Persona, Verità e Morale. Atti del Congresso Internazionale di Teologia Morale, Rom (1987).
PONTIFICIO ISTITUTO GIOVANNI PAOLO II PER STUDI SU MATRIMONIO E FAMIGLIA, UNIVERSITÀ LATERANENSE / CENTRO ACCADEMICO ROMANO DELLA SANTA CROCE, UNIVERSITÀ DI NAVARRA (Hrsg), «Humanae Vitae»: 20 anni dopo, Mailand (1989).
POSSENTI V., La "Veritatis Splendor" y la renovación de la vida social y política, in: Del Pozo Abejón G. (Hrsg), Comentarios a la "Veritatis Splendor", Madrid (1994) 739 ff.
POZO C., Valor (nota teológica) de la "Evangelium Vitae", Familia et Vita 1997, 98 ff.
PRAT E., Naturalismus und menschliche Fortpflanzung, Imago Hominis H 2/1995, 121 ff.
PRÜMMER D. M., Manuale Theologiae Moralis I, Barcelona/Freiburg/Rom, 15. Auflage (1961).

RATZINGER J., "Die letzte Wurzel für den Haß gegen das menschliche Leben liegt im Verlust Gottes", HK 1991, 223 ff.
RATZINGER J., Grenzen kirchlicher Vollmacht, Communio 1994, 337 ff.
RATZINGER J., Kirche, Ökumene und Politik, (1987).
RATZINGER J., La via della fede. Saggi sull'etica cristiana nell'epoca presente, Mailand (1996).
RATZINGER J., Non uccidere, in: Pontificia Academia pro Vita (Hrsg), Evangelium vitae di Sua Santità Giovanni Paolo II, 153 ff.
REIG PLÁ J., El núcleo del Evangelio de la Vida y sus consecuencias, in: Johannes Paul II, Evangelium Vitae, Valencia (oJ) 195 ff.
REITER J., »Liebe das Leben und diene ihm!«, Communio 1995, 80 ff.
RHONHEIMER M., Absolute Herrschaft der Geborenen?, Wien (1995).
RHONHEIMER M., Derecho a la vida y estado moderno. A propósito de la *Evangelium vitae*, Madrid (1998).
RHONHEIMER M., Diritti fondamentali, legge morale e difesa legale della vita nello stato costituzionale democratico. L'approcio costituzionalistico all'enciclica "Evangelium vitae", Annales Theologici 1995, 271 ff.
RHONHEIMER M., Minaccia di stupro e prevenzione: un'eccezione? Sc Catt 123 (1995), 75 ff.
RHONHEIMER M., Natur als Grundlage der Moral. Die personale Strukur des Naturgesetzes bei Thomas von Aquin: Eine Auseinandersetzung mit autonomer und teleologischer Ethik, Innsbruck/Wien (1987).
RHONHEIMER M., Sexualität und Verantwortung. Empfängnisverhütung als ethisches Problem, IMABE-Studie n 3, Wien (1995).
ROCK J., *Evangelium Vitae*: Some Highlights, The Linacre Quarterly H 1/1997, 5 ff.
RODRIGUEZ LUÑO A., "Veritatis Splendor" un anno dopo. Appunti per un bilancio (I), AcPhil 1995, 223 ff.
RODRIGUEZ LUÑO A., "Veritatis Splendor" un anno dopo. Appunti per un bilancio (II), AcPhil 1996, 47 ff.
RODRIGUEZ LUÑO A., El acto moral y la existencia de una moralidad intrínseca absoluta, in: Del Pozo Abejón G. (Hrsg), Comentarios a la "Veritatis Splendor", 693 ff
RODRIGUEZ LUÑO A., Etica, Florenz (1992).
RODRIGUEZ LUÑO A., La legge divina del "non uccidere", Studi Cattolici 1995, 435 ff.
RODRIGUEZ LUÑO A., La libertà e la legge nell'enciclica "Veritatis Splendor", in: Veritatis Splendor. Atti del Convegno dei Pontifici Atenei Romani, 43 ff.
RODRIGUEZ LUÑO A., La valoración teológico-moral del aborto, in: Lucas Lucas R. (Hrsg), Comentario interdisciplinar a la 'Evangelium vitae', 419 ff.

RODRIGUEZ P., Pastori e laici: distinzione dei loro ruoli nella dottrina sociale della Chiesa, Bologna (1996), in: J. Joblin/R. Tremblay (Hrsg), I cattolici e la società pluralista, 158 ff.
RUSSO G. (Hrsg), Evangelium Vitae, Commento all'Enciclica sulla Bioetica, Turin (1995).
SANCHIS J., L'aborto procurato: Aspetti canonistici, Ius Ecclesiae 1989, 663 ff.
SARMIENTO A., El respeto a la dignidad personal de la vida humana, exigencia ética fundamental, Scripta Theologica 1996, 759 ff.
SCHEFFCZYK L., Das responsum der Glaubenskongregation zur Ordinationsfrage and eine theologische Replik, Forum Katholische Theologie 1996, 127 ff.
SCHICK P., Todesbegriff, Sterbehilfe und aktive Euthanasie. Strafrechtsdogmatische und kriminalpolitische Erwägungen, in: Bernat E. (Hrsg), Ethik und Recht, 121 ff.
SCHOCKENHOFF E., Insgesamt schlüssig. Eine moralphilosophische Analyse von "Evangelium vitae", HK 1995, 541 ff.
SCHOOYANS M., L'eutanasia oggi, in: Toso M. (Hrsg), Educare alla vita, 243 ff.
SCOLA A., Crisis de la libertad, familia y Evangelio de la vida, Anthropotes 1995, 99 ff.
SEIDL H., L'atto morale: oggetto, circostanze e intenzione, in: Lucas Lucas R. (Hrsg), Veritatis Splendor, 335 ff.
SERRA A., Pari dignità all'embrione umano nell'Enciclica *Evangelium Vitae*, Medicina e Morale 1995, 793 ff.
SGRECCIA E., La Enciclica *Evangelium Vitae*: Quale Novità?, Medicina e Morale 1995, 655 ff.
SGRECCIA E., Manuale di Bioetica I, Mailand, 2. Auflage (1994).
SHERLOCK R., Preserving Life. Public Policy and the Life not worth living, Chicago (1987).
SINGER P., Practical Ethics, Cambridge, 2. Auflage (1993).
SPAEMANN R., Die Unantastbarkeit des menschlichen Lebens, Freiburg/Basel/Wien (1987).
SPAEMANN R., Glück und Wohlwollen. Versuch über Ethik, Stuttgart (1990).
SPAEMANN R., Ende der Modernität?, in: Koslowski P./Spaemann R./Löw R. (Hrsg), Moderne oder Postmoderne?, Weinheim (1986) 19 ff.
SPAEMANN R., Es gibt kein gutes Töten, in: Spaemann R./Fuchs Th., Töten oder sterben lassen?, 12 ff.
SPAEMANN R., Moralische Grundbegriffe, München, 5. Auflage (1994).
SPAEMANN R., Personen — Versuch über den Unterschied zwischen "etwas" und "jemand", Stuttgart (1996).

SPAEMANN R./FUCHS Th., Töten oder sterben lassen? Worum es in der Euthanasiedebatte geht, Freiburg/Basel/Wien (1997).

SPAEMANN R./LÖW R., Die Frage Wozu? Geschichte und Wiederentdeckung des teleologischen Denkens, München/Zürich, 2. Auflage (1985).

SERNA BERMUDEZ P., La vida como problema de justicia: la contribución de la *Evangelium vitae* a la Civilización del Derecho, in: Pontificium Consilium de legum textibus interpretandis et al. (Hrsg), "Evangelium vitae" e diritto, 41 ff.

STEIGER H., Recht auf Leben im deutschen Verfassungssystem, in: Pontificium Consilium de legum textibus interpretandis et al. (Hrsg), "Evangelium vitae" e diritto, 289 ff.

SULLIVAN F.A., The 'Secondary Object' of Infallibility, Theological Studies 54 (1993) 536 ff.

SULLIVAN F.A., The Doctrinal Weight of *Evangelium Vitae*, Theological Studies 56 (1995) 560 ff.

TARANTINO A., Eutanasia e diritto alla vita: problemi etico-sociali, in: Tarantino A./Tarantino M.L. (Hrsg), Eutanasia, 75 ff.

TARANTINO A./TARANTINO M.L. (Hrsg), Eutanasia e diritto alla vita, Lecce (1994).

TEJERO E., Kommentar zu c 749 CIC, in: Instituto de Martín de Azpilcueta (Hrsg), Comentario, Band III, 50 f.

TETTAMANZI D., Verità e Libertà. Temi e prospettive di morale cristiana, Casale Monferrato (1993).

THERON S., Consequentialism and Natural Law, in: Pontificio Istituto (Hrsg), Persona, Verità e Morale, 177 ff.

THOMAS H., Ehrfurcht vor dem Leib oder Furcht vor der Medizin, Medizinische Klinik 1993, 39 ff.

TOOLEY M., Abortion and Infanticide, Oxford (1983).

TOSO M. (Hrsg), Educare alla vita, Rom (1996).

TREMBLAY R., La place du Christ dans l'encyclique de Jean-Paul II «Evangelium vitae», Annales Theologici 1995, 361 ff.

TREMBLAY R., Les enjeux d'*Evangelium vitae*. En guise d'introduction, Studia Moralia 1995, 311 ff.

TRENTIN G., "Evangelium Vitae": Fede ed Etica di fronte alla Vita, Studia Pataviana 1996, 3 ff.

VEREECKE L., Magistero e Morale, in: Veritatis Splendor. Atti del Convegno dei Pontefici Atenei Romani, 33 ff.

VERITATIS SPLENDOR. Atti del Convegno dei Pontifici Atenei Romani, Vatikan (1994).

VERMEERSCH A., Theologiae Moralis Principia-Responsa-Consilia I, Theologia Fundamentalis, Brügge (1922).
VERSPIEREN P., Eutanasia? Mailand (1985).
VIDAL M., Manuale di etica teologica 2, Parte prima. Morale della persona e bioetica teologica, Assisi (1995).
WALD B., Über den Mißbrauch des Personbegriffs zur Rechtfertigung von Abtreibung und Euthanasie, Zeitschrift für medizinische Ethik 1996, 79 ff.
WEINBERGER O., Natürliche Konstituenten der Gerechtigkeit, FS-Krawietz (1993), 563 ff.
WOLBERT W., Die "in sich schlechten" Handlungen und der Konsequentialismus, in: Mieth D. (Hrsg), Moraltheologie im Abseits?, 88 ff.
WUERMELING H.—B., Zur Euthanasie in neuer Dringlichkeit, Communio 1996, 34 ff.
YANGUAS J., Experimentación con embriones humanos, in: Persona, Verità e Morale, 109 ff.
ZALBA M., Theologiae Moralis Compendium, Madrid (1958).
ZEILLER F.v., Commentar über das ABGB, Wien (1802).
ZEILLER F.v., Das natürliche Privatrecht, Wien (1811).